U0448163

南方丝绸之路
与欧亚
古代文明

段渝 著

THE
SOUTHERN
SILK ROAD
AND ANCIENT EURASIAN
CIVILIZATIONS

四川人民出版社

图书在版编目（CIP）数据

南方丝绸之路与欧亚古代文明/段渝著. -- 成都：四川人民出版社, 2023.10
ISBN 978-7-220-13312-1

Ⅰ.①南… Ⅱ.①段… Ⅲ.①丝绸之路—历史—研究—西南地区②世界史—古代史—研究 Ⅳ.①K928.6②K12

中国国家版本馆CIP数据核字（2023）第131653号

NANFANG SICHOUZHILU YU OUYA GUDAI WENMING
南方丝绸之路与欧亚古代文明
段　渝　著

出 版 人	黄立新
项目统筹	章　涛
策划组稿	邹　近
责任编辑	王卓熙　邹　近　周晓琴
版式设计	张迪茗
封面设计	编悦文化
责任校对	舒晓利
责任印制	周　奇
出版发行	四川人民出版社（成都市锦江区三色路238号）
网　　址	http://www.scpph.com
E-mail	scrmcbs@sina.com
新浪微博	@四川人民出版社
微信公众号	四川人民出版社
发行部业务电话	（028）86361653　86361656
防盗版举报电话	（028）86361661
照　　排	四川胜翔数码印务设计有限公司
印　　刷	成都东江印务有限公司
成品尺寸	170mm×240mm
印　　张	36.75
字　　数	470千
版　　次	2023年10月第1版
印　　次	2023年10月第1次印刷
书　　号	ISBN 978-7-220-13312-1
定　　价	198.00元

■版权所有·侵权必究
本书若出现印装质量问题，请与我社发行部联系调换
电话：（028）86361653

目 录

绪　论　丝绸与丝绸之路的形成..001
　　一、丝绸之路的视野 / 001
　　二、南方丝绸之路研究的回顾 / 006
　　　　（一）20世纪80年代以前的研究概况 / 007
　　　　（二）20世纪80年代以来的三个发展阶段 / 009
　　　　（三）20世纪80年代以来的研究概况 / 012

第一章　丝绸的起源与传播..021
　　一、中国丝绸的起源时代 / 022
　　　　（一）古史所见中国丝绸的起源时代 / 022
　　　　（二）考古所见中国丝绸的起源时代 / 027
　　　　（三）文化进化与丝绸起源 / 033
　　二、丝绸之路的形成 / 037
　　　　（一）草原丝绸之路的形成 / 037
　　　　（二）北方丝绸之路的形成 / 042
　　　　（三）海上丝绸之路的形成 / 047

（四）南方丝绸之路的形成 / 051

　三、茶马贸易的兴起与丝绸之路的演变 / 057

　四、丝绸在古代世界的传播 / 063

　　（一）中亚 / 065

　　（二）印度 / 071

　　（三）埃及和拜占庭 / 072

第二章　嫘祖与中国丝绸的起源 075

　一、嫘祖与丝绸起源 / 075

　　（一）嫘祖时代考 / 075

　　（二）嫘祖地理考 / 078

　　（三）嫘祖史迹考 / 085

　　（四）嫘祖先蚕考 / 090

　二、嫘祖与巴蜀蚕桑丝绸的起源 / 095

　　（一）释蜀 / 095

　　（二）嫘祖与蜀山氏、蚕丛氏 / 098

　　（三）嫘祖、蚕丛氏与蚕女马头娘的传说 / 103

　三、巴蜀丝绸对中国和世界文明的贡献 / 107

　　（一）嫘祖东迁与蚕桑丝绸的东传 / 107

　　（二）巴蜀丝绸与丝绸之路 / 110

第三章　南方丝绸之路的连接 122

　一、"支那"（Cina）名称起源研究的回顾 / 123

　二、"支那"非秦说 / 129

　　（一）伯希和"秦代说"辨误 / 129

　　（二）张星烺"秦国说"考辨 / 134

（三）饶宗颐"秦之蜀地说"商榷 / 140

三、"支那"非荆说 / 145

　　（一）关于"支那"名称内涵的问题 / 145

　　（二）关于楚、蜀关系的问题 / 146

　　（三）关于"庄蹻王滇"的问题 / 148

　　（四）关于楚、印文化交流的问题 / 149

四、"支那"为蜀之成都说 / 152

　　（一）蜀身毒道贸易与"支那"名称本源 / 152

　　（二）蜀在西南夷地区的影响与蜀身毒道的开通 / 157

　　（三）"支那"为成都对音说 / 162

五、古希腊罗马文献所载"赛里斯"（Seres）研究 / 167

　　（一）"赛里斯"（Seres）的内涵 / 169

　　（二）关于赛里斯之长寿者的传说 / 175

第四章　西南夷与南方丝绸之路 …………………………… 181

一、西南夷文化和族群 / 182

二、西南夷的年代 / 204

三、西南夷青铜文化的分布及其关系 / 208

四、西南夷海贝的来源与蜀身毒道 / 217

五、三星堆文化在西南夷地区的扩张 / 219

　　（一）古蜀文化在青衣江、大渡河流域的传播和扩张 / 220

　　（二）古蜀文化在金沙江、安宁河流域的传播和扩张 / 224

　　（三）古蜀文化在滇文化区的传播和扩张 / 228

　　（四）三星堆文化对西南夷青铜文化的历史性影响 / 232

第五章　南方丝绸之路交通线 237

一、南方丝绸之路国外段的走向 / 238

（一）南方丝绸之路西向交通 / 238

（二）南方丝绸之路南向交通 / 247

（三）南方丝绸之路东南方向交通 / 251

二、南方丝绸之路国内段交通 / 254

（一）南方丝绸之路西线（蜀身毒道）西路：
牦牛道—博南道—永昌道 / 256

（二）南方丝绸之路西线（蜀身毒道）东路：
五尺道—博南道—永昌道 / 264

（三）南方丝绸之路滇越道 / 267

（四）南方丝绸之路牂牁道 / 269

三、五尺道的开通时代 / 272

（一）五尺道并非秦人开凿 / 272

（二）五丁力士与五尺道 / 276

（三）五尺道是蜀通西南夷的重要通道 / 282

（四）五尺道是古蜀王国的官道 / 284

四、南方丝绸之路形成的生态条件和性质 / 287

（一）南方丝绸之路形成的生态条件 / 287

（二）南方丝绸之路的性质 / 289

第六章　三星堆青铜文化与商文明 296

一、蜀与商的关系 / 298

（一）殷墟甲骨文中的蜀 / 298

（二）商、蜀和战与资源贸易 / 303

（三）蜀与商的文化交流 / 309

二、商文明的青铜冶金术 / 316

　　三、古蜀文明的青铜冶金术 / 320

　　四、三星堆青铜雕像群与商文化的关系 / 324

第七章　青铜文化与南方丝绸之路 345

　　一、南方丝绸之路国外段青铜器的分布关系 / 346

　　二、古蜀青铜雕像形制的文化来源 / 348

　　　　（一）三星堆青铜雕像群与文化的进化 / 351

　　　　（二）文化飞地还是文化移入 / 357

　　　　（三）三星堆青铜雕像群与近东文明 / 363

　　三、柳叶形青铜短剑形制的文化来源 / 373

　　　　（一）柳叶形青铜短剑来源地的争论 / 373

　　　　（二）中国柳叶形青铜短剑的出现年代 / 375

　　　　（三）柳叶形短剑与青铜兵器组合 / 378

　　　　（四）柳叶形青铜短剑与近东和印度文明 / 382

　　　　（五）柳叶形青铜短剑的传入路线 / 384

　　四、南方丝绸之路与东南亚青铜文化 / 391

　　　　（一）古蜀文化南传东南亚的几点原因 / 391

　　　　（二）蜀王子安阳王的南迁 / 393

　　　　（三）古蜀青铜文化与班清文化 / 400

　　　　（四）铜鼓文化的传播 / 402

第八章　黄金文化与南方丝绸之路 404

　　一、商代中国黄金制品的南北系统 / 404

　　　　（一）商代黄金制品的北方诸系统 / 405

　　　　（二）商代黄金制品的南方系统 / 414

二、南北系统的技术异同 / 424

三、南北系统的功能差异 / 428

四、三星堆黄金制品的文化来源 / 430

（一）金杖与九鼎 / 430

（二）金杖与近东文明 / 436

第九章　城市文明与南方丝绸之路 443

一、三星堆古城的发现与确认 / 445

二、三星堆古城的形成 / 451

三、三星堆古城的功能、结构与布局 / 454

四、十二桥文化与金沙遗址：成都城市的形成 / 455

五、成都城市的功能、结构与布局 / 462

六、古蜀城市文明的中外比较 / 465

（一）城市规模比较 / 465

（二）早期城市体系比较 / 470

（三）城市起源模式比较 / 473

第十章　海贝象牙与南方丝绸之路 475

一、三星堆海贝与南方丝绸之路 / 475

（一）三星堆海贝来源地的疑问 / 475

（二）齿贝的原产地 / 477

（三）三星堆海贝的来源 / 479

（四）三星堆海贝用途的讨论 / 484

二、成都平原象牙与南方丝绸之路 / 485

（一）古蜀文明的象牙祭祀 / 486

（二）古蜀文明象牙的来源 / 492

第十一章　艺术形式与南方丝绸之路 502

一、偶像式构图与情节式构图艺术形式的来源 / 502

二、三星堆文化的带翼龙 / 508

三、巴蜀印章和青铜器图像中的"英雄擒兽"母题 / 511

（一）巴蜀文化"英雄擒兽"母题的来源 / 511

（二）中国西南其他地区发现的"英雄擒兽"母题青铜器 / 517

四、"英雄擒兽"与"瑟瑟" / 524

（一）"瑟瑟"与"英雄擒兽"的关联 / 525

（二）蜀商与岭南珠饰 / 531

第十二章　藏羌彝走廊与南北丝绸之路 539

一、藏羌彝走廊与丝绸之路的关系 / 540

（一）藏羌彝走廊南北两端的丝绸之路 / 540

（二）南北丝绸之路的连接带 / 542

二、古代氐羌与丝绸之路 / 544

（一）氐羌南下的通道 / 544

（二）江源松潘地区的古代族群 / 550

结　语 554

参考文献 561

| 绪 论 |

丝绸与丝绸之路的形成

一、丝绸之路的视野

"丝绸之路"是一个从狭义到广义的扩展概念。从19世纪晚期到20世纪前期,有三位学者对丝绸之路的研究作出了卓越的贡献。首先是德国地理学家李希霍芬(F. Von Richthofen)。从1868年到1872年,李希霍芬在中国进行了7次考察活动,1872年李希霍芬回国,用后半生大部分精力撰写《中国——亲身旅行和据此所作研究的成果》,这部五卷巨著历时35年才出齐。在1877年出版的第一卷中,李希霍芬首次提出了"丝绸之路"的概念,并在地图上予以标注。但他所提出的"丝绸之路"概念,仅指汉代从中国到中亚地区的贸易通道,甚至只是特指公元前128—150年的交通道路。此后,德国历史学家赫尔曼在1910年出版的《中国与叙利亚之间的古代丝绸之路》一书中引申了李希霍芬关于丝绸之路的空间概念,将从中国出发的丝绸之路线路从中亚延伸到西亚的叙利亚。1936年，李希霍芬的学生斯文·赫定出版了一部题为《丝绸之路》的著作，尽管他的这部著作采取的是游记形式，但正因如此，更易于为人们所接受，传播更广，"丝绸之路"的名称由此逐渐为国际社会所知晓、接受，并迅速传播开来。斯文·赫定对"丝绸之路"的理解是："这条交通干线是穿越整个旧世界的最长的路。从文化—历史的观点看，这是连结地球上存在过的各民族和各大陆的最重要的纽带。"[①]以上三位学者的"丝绸之路"，均属狭义的丝绸之路概念。

我们认为，丝绸之路是以丝绸为符号的东西方（欧亚）政治经济文化交流、文明互鉴的载体，这应是广义上的丝绸之路概念。

丝绸之路不仅是丝绸贸易的路线，更是欧亚文明交流互动的载体。丝绸贸易只是丰富多彩的文明互动的内容之一。事实上，早在丝绸贸易之前，在后来被定义为"丝绸之路"的中外交通线上，中外经济文化交流已经以不同形式在不断开展，物质文化、技术文化和精神文化的交流以及人群或民族迁徙已在不断发生。因此，从丝绸之路起源、发展和演变的视角看，它必然包括丝绸贸易之前不同形式的中外经济文化交流和中外交通线的不同方式的连接。因此，丝绸之路的概念已突破李希霍芬、赫尔曼以及斯文·赫定等早年所给出的单纯以丝绸贸易为主的中西经济、技术和文化交流路线的狭义定义，它事实上是历史上中外政治经济文化交流和文明互动互鉴的载体，这属于广义上的丝绸之路概念。

虽然丝绸之路在早期曾有过一段时间是以丝绸贸易为主，但事实上，

---

① 斯文·赫定：《丝绸之路》，江红、李佩娟译，乌鲁木齐：新疆人民出版社，1996年，第215页。

其主要内容包括政治军事、经济贸易、技术传播、思想碰撞、文化交流、民族迁徙等诸多方面。先秦时期丝绸之路以经济贸易、技术传播、文化交流和民族迁徙为主要内容，秦汉时期及以后的丝绸之路内容更为丰富多彩，发展出多种形式的交流、互动、互鉴以至交融。

丝绸之路对于早期的区域文明化进程和文化全球化起到了开风气之先的作用，它开始了中国与缅甸、印度等国及与中亚、西亚乃至欧洲地中海区域的从商品贸易、技术交流到其他方面经济交流和文化交往等联系，并推动了中国以外地区之间以丝绸为纽带的经济文化以至政治方面的多种联系和交流。虽然说这种联系和交流在最初时期的规模不是很大，但它毕竟开启了东方和东方、东方和西方以及西方和西方之间联系的通道。

丝绸之路对西方的影响并不因为丝绸贸易规模的大小而变化。罗马帝国就因丝绸贸易致黄金大量流出，削弱了自身的国力。罗马帝国控制丝绸贸易，在印度洋上拆解中国丝绸转卖给其他地区[1]，而中国的丝织技术传播到叙利亚和埃及[2]，使更多国家和地区受到以丝绸贸易、丝织技术为代表的商品贸易及技术传播的影响，从最广泛的意义上说也是把中国符号传播到了欧亚各地。可以说，由丝绸贸易所引起的丝绸之路的开通，由丝绸之路

---

[1] 《三国志·魏书·乌丸鲜卑东夷传》裴松之注引《魏略·西戎传》记载，大秦"又常利得中国丝，解以为胡绫，故数与安息诸国交市于海中"，罗马人在印度洋上拆解中国丝绸，制成"胡绫"售卖给安息和其他国度。

[2] Philippa Scott引 *Candida Sidonio perlucent filo/Quod Nilotis acus percussum pectine Serum/Solvit et extenso laxavit stamina velo*，认为："'通过西顿人的织物而闪闪发光，而西顿人的织物来源于赛里斯（Seres）使质地细腻的技能，以及尼罗河工人的分离和开松的缝纫技术。'这些织物所用的线通常被理解为来源于中国织造的丝绸，中国丝绸在西顿（叙利亚）染色，而后在埃及被拆解并再织成。"见Philippa Scott, *The Book of Silk*, London: Thames & Hudson, 1993, p.79。

的开通所开创的东西方文明交流和互鉴，对于古代世界来说，具有重大的历史意义，产生了深远的历史影响。

关于丝绸之路的中国视野，理应包括丝绸之路国内段与国外段。中国史的范围，是指现今中华人民共和国范围的历史。但中国史是与周边国家和地区的历史联系在一起的，中国史研究自然应包括对历史上与中国密切相关的地区或国家的研究。如按历史上历朝历代疆域的变迁来看，各朝代的地理空间范围并不是一成不变的。丝绸之路也是如此。丝绸之路有国内段与国外段之分，国内段与国外段范围的分野，当然应按照中国史的范围划分。从这个观点出发来看，当前国内关于丝绸之路的研究，还是多局限在国内段研究范围内，对于国外段的研究，大都比较笼统，不甚具体，主要原因在于国外段资料的缺乏以及对涉及国外段的有关国家和地区历史的了解的不足。

丝绸之路的欧亚视野，即是欧亚古代文明的视野。欧亚古代文明，并不分别是欧洲和亚洲的古代文明。我们是将欧亚大陆作为整体看待，将欧亚大陆的古代文明作为相互关联的文明看待，因而不是从地域上特别强调分出欧洲或亚洲。尤其是，西方学术界普遍认为，西方文明的根源在东方，也就是美索不达米亚[①]。古希腊与古代东方的文明传播和交流，这种欧洲和亚洲的文明接触，应该属于早期的欧亚古代文明。古罗马（不论西罗马还是东罗马）地跨欧亚，形成连接东西方的大帝国，从某种意义上看都属于欧亚古代文明。至于亚历山大东征，从文化及文明的意义上看，也同样属于欧亚古代文明的接触、交流和传播。正是在这样的历史背景下，中国参

---

① 参见C.沃伦·霍利斯特：《西方传统的根源》，鲁品越、许苏明译，郑州：河南人民出版社，1990年；约翰·霍布森：《西方文明的东方起源》，孙建党译，济南：山东画报出版社，2009年。

与了欧亚古代文明的创造。如果说，中国出产的丝绸直接或间接地把早期的欧亚文明连接起来，成为欧亚古代文明的黏合剂，那么，丝绸之路正是在这种黏合剂所产生的相互作用中成为中华文明与其他欧亚古代文明接触、交流和互动的载体。通过丝绸之路，中华文明的一些因素传播到其他地区，其他文明的一些因素传播到中国。南方丝绸之路的创造亦是如此。

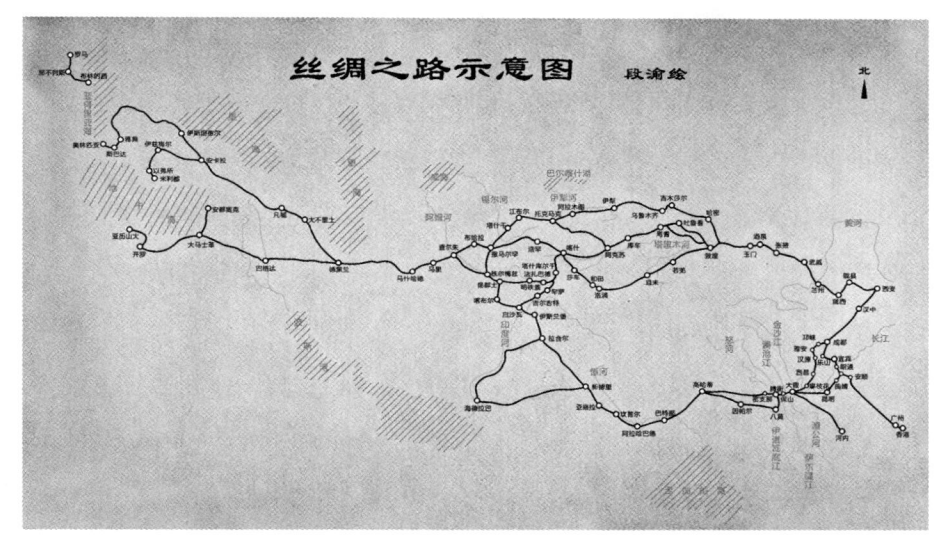

丝绸之路示意图

不少西方学者认为，丝绸之路诞生于公元前6世纪波斯帝国的扩张，将小亚细亚沿岸地区与巴比伦、苏萨（Susa）和波斯波利斯（Persepolis）纵横相连的交通网，使人们可以在一天内到达1600英里以外的地方[①]。

其实，在纪元以前世界历史演进背景下，丝路各主要路段的政治经济

---

① 彼得·弗兰科潘：《丝绸之路——一部全新的世界史》，邵旭东、孙芳译，杭州：浙江大学出版社，2016年，第2页。

文化及道路已经初步或大体上分节连通。在中国、东南亚、南亚、中亚、西亚、欧洲地中海地区的范围内，民族迁徙、商业贸易和战争（如亚历山大东征）等因素客观上引起丝路的连通；丝绸之路沿线各地的需求，如资源尤其是稀缺资源和战略资源的需求与获取，政治上的需要，经济上和技术上的需求等因素，都引起各段节点之间的连通，形成我们所称的广义"丝绸之路"。

丝绸之路各节点并非在同一时间点上出现，而是随着丝绸之路线路的延伸有早晚之别，因而整体连通的时间需要注意。但是，要在历史文献中探寻到这一点，事实上很难做到，考古资料的不足征，同样也难以复原各个节点的时间早晚。或许因此，一般的丝绸之路著述大多把丝绸之路整体连通的时间段划定在公元前6世纪波斯的大扩张，但公元前6世纪这个时间点显然大大晚于已知的丝绸之路上一些节点形成的时间。不过，这个问题关系到以什么标准来界定丝绸之路，具体说，就是以什么物质文化形式作为丝绸之路节点形成的标志。例如，在东西方出现的相同或相似的某种物质（这个标志一定是东西方所共有的，否则不能称之为丝绸之路），如黄金面罩、青铜短剑等，不必一定是丝绸。当然，这是使用广义丝绸之路的概念。如果我们承认丝绸之路的定义有广义和狭义之分，那么我们就不应该仅仅拘泥于字面上的"丝绸"二字，而应该把东西方文化与文明的交往和交流作为丝绸之路的内涵，物质文化、技术文化、精神文化等层面的传播、交流和互动则是丝绸之路的表征。

二、南方丝绸之路研究的回顾

古代从四川经云南、贵州、广西等出域外，分别至东南亚、印度、阿富汗、中亚、西亚及欧洲地中海等国家和地区的国际交通线,学术界称为南方丝绸之路或西南丝绸之路,简称"南丝路"。南方丝绸之路的起点为中国西南古代文明的重心——成都,由此向南分为东、中、西三线南行。西线有东、西两条干道,西道为从四川经云南、缅甸到印度的蜀身毒道,东汉时又称灵关道或牦牛道,后称为川滇缅印道;东道为从四川经贵州入云南并在大理会合西道前行的五尺道,这条线路通往中亚、西亚和欧洲地中海区域。中线为从四川经云南到越南的步头道和进桑道,或又统称为安南道,后来称为中越道。东线为从四川经贵州、广西、广东至南海的牂牁道,或称为夜郎道、南夷道。东、中、西三条线路都在古代中国西南地区的对外经济文化交流中发挥了积极而重要的作用。

古代中国在西南方向对外部世界的联系和交流,大多是经由南方丝绸之路进行的[①],它是古代中国西南地区同东南亚、南亚、中亚、西亚及欧洲地中海地区文明交流互动的载体。

(一)20世纪80年代以前的研究概况

中国古代文献关于从西南地区通往缅、印、阿富汗的最早记载,出自《史记·西南夷列传》和《史记·大宛列传》,称此线路为蜀身毒道,即后来学术界通称的南方丝绸之路。《三国志》裴松之注引三国时人鱼豢的《魏略·西戎传》里,提到罗马帝国"有水通益州(四川)"。此后,《新唐书·地理志》《蛮书》等也对这一交通线路有较详记述。古代中国与中南半岛的关系,则略见于《水经注》引《交州外域记》以及诸史所引

---

① 在中国南方,南方丝绸之路还通过东线道路以及长江走廊与海上丝绸之路相连接,实现对外交往,但在西南方向,主要是通过南方丝绸之路进行的对外经济文化交流。

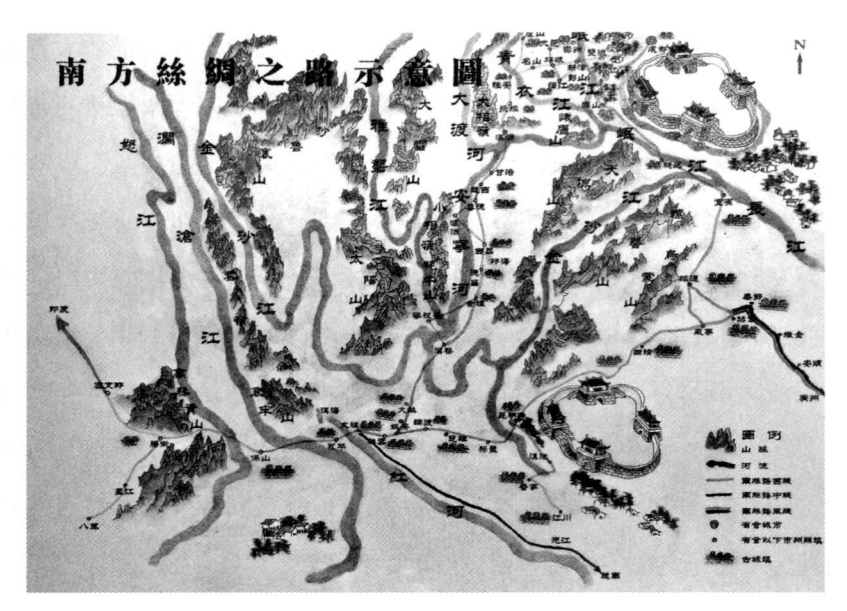

南方丝绸之路示意图

《南越志》等。但是，诸书所载史事大多语焉不详，或相互抵牾，颇难缕析。在西方古文献，尤其古希腊、古罗马的各种文献里，也有一些关于古代中国西南与印度、中亚和东南亚关系的记载，但大多简略而模糊，足以据信者并不多。

近世以来，中外学者对中国西南的早期国际交通问题颇为关注，不少名家曾对这个问题进行过探讨。梁启超在20世纪20年代发表《中国印度之交通》一文，根据唐贞元间宰相贾耽的记述，论述中印之间有六条交通线，其中第六条是滇缅路。方国瑜在1941年发表的《云南与印度缅甸之古代交通》中认为，"中印文化之最初交通，当由滇蜀道"。夏光南于1948年出版《中印缅道交通史》，亦据此对早期中印缅交通有所考证。张星烺、冯承钧、方豪、丁山、岑仲勉、季羡林、饶宗颐、桑秀云、严耕望、杨宪益、陈炎、徐中舒、蒙文通、任乃强等先生分别从某一或某些方面对古代中缅印和中越交通或文化交流进行过研究。但诸家所引证的资料未必尽确，且有任意比附之嫌，尤其没有引入考古资料所提供的证据，因而许多结论未获学术界认同。

国外学者对古代中缅印交通问题向来十分关注。法国汉学家伯希和（P. Pelliot）的《交广印度两道考》是这一领域的名作，但详于交广道而略于中印道。美国东方学者劳费尔（B. Laufer），法国汉学家玉尔（Henry Yule）、沙畹（E. Chavannes），日本学者藤田丰八等，先后对此有过专门研究。英国学者哈威（G. E. Harvey）的《缅甸史》、缅甸学者波巴信的《缅甸史》，亦对中缅印早期交通进行过阐述，英国学者霍尔（D. G. E. Hall）的《东南亚史》对此也有涉及，但多据伯希和之说，缺乏创新研究。越南陶维英《越南古代史》（科学出版社1959年中译本）、黎文兰等《越南青铜时代的第一批遗迹》（河内科学出版社1963年版），则从越南历史和考古的角度对先秦两汉时期越南与中国西南的文化和族群等关系问题发表了不尽相同的意见，其中明显存在与历史事实不相符合甚至歪曲之处。

以上各项成果，主要是从交通路线的角度对古代中国西南与南亚、中亚、西亚和东南亚的关系所进行的考证和论述，这些研究具有开拓性意义。尽管由于文献资料和相关考古资料的匮乏，这一时期的研究对许多问题缺乏深入探讨，所涉及的领域也比较有限，但对于日后南方丝绸之路研究的广泛开展，却有着十分重要的引导作用。

（二）20世纪80年代以来的三个发展阶段

20世纪80年代以来的南方丝绸之路研究经历了三个发展阶段。

1. "南方丝绸之路"概念的提出

20世纪80年代，在改革开放的大背景下，古代中国西南地区与南亚、东南亚的交通与贸易问题逐步受到重视。在政府的支持下，学术界迅速开展研究，提出"南方丝绸之路"的概念，发展至今，掀起了三次南方丝绸之路学术研究高潮，取得了较为丰富的成果。

20世纪80年代中期，在全国推进改革开放的形势下，西南地区开始迫切探索走向世界的道路，学术界敏锐地提出，中国西南地区通往东南亚、南亚、中亚以至西亚和地中海地区的交通线路早有文字记载，即《史记》所记载的蜀身毒道。结合西南地区的考古发现，学术界提出"南方丝绸之路"的概念。在学术界和地方政府的共同努力下，南方丝绸之路研究掀起了高潮。

这一时期主要的研究成果是明确了南方丝绸之路的开通时间、主线路及道路的主要作用：在先秦时期，中国西南地区就有通往南亚、东南亚的交通线路，这条线路是古代民族迁徙的通道，是中国西南地区与域外进行对外贸易和文化交流的通道，学术界将这条交通线称为南方丝绸之路或西南丝绸之路。

2．"南方丝绸之路"概念的扩展

进入21世纪，在大力推进我国西南地区与南亚、东南亚经济文化交流与合作的形势下，南方丝绸之路的研究也进一步受到学术界和政府的重视。以往对南方丝绸之路的研究主要集中在对我国境内段的考察和线路研究上，学界对南方丝绸之路还缺乏完整而全面的认识，不能适应改革开放的形势需要，尤其是难以适应文化建设方面的需求。

在既往学术研究的基础上，学术界将这一阶段研究的突破口定位在南方丝绸之路促进文化交流的功能之上。研究内容包括经由南方丝绸之路，川、滇、黔三省之间的文化交流，西南地区与中原地区之间的文化交流，西南地区与南亚、西亚以及东南亚地区的文化交流。

这一时期学术研究的特点，是在李绍明、何耀华、李学勤、耿昇、林向等老一辈学者的号召与支持下，川、滇、黔三省的历史学、考古学和民族学学者联合起来，从三个学科的研究角度出发，共同攻关，将南方丝绸之路学术研究推向了新高度。

3. 南方丝绸之路的新视野

2013年9月和10月，国家主席习近平分别提出建设"丝绸之路经济带"和"21世纪海上丝绸之路"的合作倡议，随着"一带一路"建设的不断发展，学术界也以更大热情投入南方丝绸之路研究，在以往研究成果的基础上全面推进，掀起了第三次学术高潮。这一时期的研究，不仅有古代历史学方面的新成果，还有联系现实经济文化建设的思考；不仅有对中国与南亚、东南亚关系的研究，还有将南方丝绸之路放到整个欧亚古代文明中的探索，取得了更加丰硕的成果。

这一时期的学术研究重点是南方丝绸之路与欧亚古代文明的形成与发展。对中国西南地区以巴蜀文化、滇文化为代表的古代文明在整个欧亚古代文明形成与发展中的地位与作用进行系统研究，并且深入研究中华文明经由南方丝绸之路的对外传播，探讨其传播时间、路径、机制、内容等，探明南方丝绸之路是中华文明对外传播的重要路径之一，中国西南地区是古代中华文明向东南亚传播的"文化集中地"、向印度东北部传播最重要的通道。相关研究还表明，经由印度东北部，中华文明传播到了西亚及地中海地区。

改革开放40余年来，经过三次学术研究高潮的推进，南方丝绸之路的研究得到相当程度的发展，逐渐为学术界和社会各界普遍认同和关注。

（三）20世纪80年代以来的研究概况

20世纪80年代以来，学术界掀起南方丝绸之路的研究热潮。相比之前，20世纪80年代以来的研究不但更加深入，而且涉及时空领域都更加广泛，主要集中在以下六个方面。

1. 南方丝绸之路的走向

自20世纪80年代以来，学术界对南方丝绸之路的研究逐步深化，一致认为南方丝绸之路国内段的起点为蜀文化的中心——成都，从成都向南分为东、中、西三条主线。西线经今四川双流、新津、邛崃、雅安、荥经、汉源、越西、喜德、泸沽、西昌、德昌、会理、攀枝花，越金沙江至云南大姚、姚安，西折至大理，这条线路被称为零关道（或作灵关道，东汉时又称牦牛道）。中线从成都南行，经今四川乐山、峨眉、犍为、宜宾，再沿五尺道经今云南大关、昭通、曲靖，西折经昆明、楚雄，进抵大理。中、西两线在大理会合后，继续西行至今永平，这条线路被称为博南道。从永平翻博南山、渡澜沧江，至保山，从保山渡怒江，出腾冲至缅甸密支那，或从保山出瑞丽抵缅甸八莫，这条线路被称为永昌道。东线从四川经贵州西北，经广西、广东至南海，这条线路被称为牂牁道，或称夜郎道。

南方丝绸之路是中国古代的国际通道，它的国外段有西路、中路和东路三条。西路即历史上有名的蜀身毒道，也有学者称川滇缅印道，从四川出云南经缅甸八莫或密支那至印度、巴基斯坦、阿富汗、伊朗、土耳其、叙利亚、埃及、希腊。这条纵贯亚洲并延伸到欧洲和北非的交通线是古代欧亚大陆线路最漫长、历史最悠久的国际交通大动脉之一。中路是一条水陆相间的交通线，水陆分程的起点为云南步头，先由陆路从蜀、滇之间的五尺道至昆明、晋宁，再从晋宁至通海，利用红河下航越南，这条线路是沟通云南与中南半岛的最古老的一条水路。徐中舒教授和蒙文通教授认为,秦灭蜀后,蜀王子安阳王即从此道南迁至越南北部立国。东路,据《水经·叶榆水注》和严耕望教授考证,应是出昆明经弥勒,渡南盘江,经文山出云南东南,入越南河江、宣光,抵达河内。

2. 南方丝绸之路的开通时代

一种观点认为南方丝绸之路的开凿起于秦并巴蜀之后,通于西汉时期,五尺道为秦灭巴蜀后初创,秦始皇时期基本建成,汉武帝时期完成。最新的研究成果认为,五尺道在秦王朝正式开凿之前就已存在,要比常頞开凿(前221)早得多。

1986年四川广汉三星堆遗址发掘后,学者们注意到其中明显的印度和近东文明[①]的文化因素集结,于是提出南方丝绸之路在商代即已初步开通的新看法,认为其年代可上溯到公元前15、前14世纪,早于曾由季羡林教授所提中、印交通起于公元前4世纪,向达教授所提公元前5世纪,丁山教授所提公元前6世纪,日本藤田丰八所提公元前11世纪等说法。有的学者提出,从考古资料看,南方丝绸之路至迟可以追溯到遥远的旧石器时代晚期。但此说还缺乏科学证据。

3. 南方丝绸之路的性质

学术界认为,南方丝绸之路至少发挥了三种功能:文化交流、对外贸易、民族迁徙。

南方丝绸之路的文化交流功能已为学术界所公认,没有异议。

对外贸易是南方丝绸之路的主要功能之一,这一点也没有人提出异议。学者们指出,先秦时期成都工商业繁荣,并与中亚、东南亚、东北亚

---

① 这里所指近东文明,其地域范围包括古代西亚、埃及,也部分地包括爱琴海诸岛。参阅H. R. Hall, *The Ancient History of the Near East*, 1947。

等地发生了直接或间接的经济和文化交往。

古蜀对外贸易中最著名的货物是丝绸。古史传说西陵氏之女嫘祖发明蚕桑丝绸并非虚言，青铜器铭文和《左传》等记载均可证实。四川是中国丝绸的原产地和早期起源地之一，至迟在战国时代已具有相当规模。1936年在阿富汗喀布尔以北考古发掘出许多中国丝绸，学术界认为这些丝绸有可能是从成都经"西南丝道"运到南亚次大陆，然后转手到达中亚的。《史记》多次提到"蜀布"等"蜀物"，是张骞在中亚看到的唯一的中国商品。张骞在中亚大夏（今阿富汗）所看见的"蜀布"，其实就是蜀地生产的丝绸，由蜀人商贾长途贩运到印度出售，而由大夏商人从在印度经商的蜀地商贾手中买回。

为什么张骞把四川生产的丝绸称为"蜀布"呢？印度学者Haraprasad Ray教授指出，在印度阿萨姆语里，"布"可以用来表示"丝"的意义，因为当时印度没有丝，当然就不会有丝的语词，而用印度语言来替代。大夏商人沿用印度语言，也把四川丝绸称为"蜀布"，张骞自然也就沿用了大夏商人的称呼。扬雄《蜀都赋》说蜀地"黄润细布，一筒数金"，意思是蜀地的丝绸以黄色的品质尤佳。印度考古所前任所长乔希（M. C. Joshi）曾指出，古梵文文献中记载印度教大神都喜欢穿中国丝绸，湿婆神尤其喜欢黄色蚕茧的丝织品。这种黄色的丝织品，应该就是扬雄所说的"黄润细布"。印度教里湿婆神的出现年代相当早，早在印度河文明时期已有了湿婆神的原型，后来印度教文明中的湿婆神就是从印度河文明居民那里学来的。从印度古文献来看，湿婆神的出现时间至少相当于中国的商代，那时中原尚不知九州以外有印度的存在，而古蜀成都已经同印度发生了丝绸贸易关系，最早开通了丝绸之路。

多数研究者认为，南方丝绸之路国际贸易行用的货币是一种产于印度洋的白色海贝。古代文献对印度洋地区使用贝币有相当多的记载，方国瑜教授认为这种海贝就是货币，彭信威先生认为云南用贝币的历史悠久，是受印度的影响所致。在古蜀腹地三星堆以及云南地区都出土了大量海贝，应是从印度地区交换而来。也有学者认为西南地区出土的海贝是装饰品，或认为海贝来源于南海。

学术界普遍认为，自秦汉以后，南方丝绸之路是由中央王朝掌控的贸易线，而对先秦时期经由南方丝绸之路进行的对外贸易的性质则有不同认识。一种观点认为主要是民间自由贸易，另一种观点认为主要是官方贸易，这可以三星堆遗址为代表的考古发现为证，象牙、海贝等外来文化因素等，更多地集结在像三星堆这样的大型都城和区域统治中心内，应属明证。古蜀经由南方丝绸之路进行的对外贸易，主要有直接贩运和转口贸易两种形式。在转口贸易中，古蜀产品要抵达南亚等地，需由古蜀—滇—外国商人经过多次转口交易来完成。

古代文献记载表明，先秦时期中国西部存在一条由北而南的民族迁徙通道。费孝通先生提出了"民族走廊"和"藏羌彝走廊"概念。李绍明教授指出，从民族学的角度来看是一条民族走廊，而从历史地理学的角度来看，则是一条古代交通线，南方丝绸之路即是藏羌彝走廊中的一条通道。笔者认为，藏羌彝走廊是连接南、北丝路的枢纽，而南、北丝路是古代中国最早的世界窗口。

4. 南方丝绸之路与东南亚文明

1983年童恩正教授发表《试谈古代四川与东南亚文明的关系》，除了提到巴蜀向越南等东南亚大陆地区传播中原文化外，还简略讨论了巴蜀文化本身在北越地区的传播，这主要是指青铜文化。同年蒙文通教授遗著《越史丛考》由人民出版社出版，其中的"安阳王杂考"一章提出，战国末秦代之际，蜀人向越南的大规模南迁，对越南民族的形成产生了很大的影响。蒙文通教授的观点，在越南学术界有不同认识。

学术界比较认同的观点是，从远古时代起，中国与东南亚就发生了若干文化联系。在相互间的各种交往中，中国常常处于主导的地位，而东南亚古文化中明显受到中国影响的某些重要因素，其发源地或表现得相当集中的地区，就是古代巴蜀，云南则是传播的重要通道。

5. 南方丝绸之路与南亚文明

季羡林教授《中国蚕丝输入印度问题的初步研究》及德国雅各比（H. Jacobi）在普鲁士科学研究会议报告引公元前320年至前315年印度旃陀罗笈多王朝憍胝厘耶（Kautilya）所著书，说到'支那'（Cina）产丝与纽带，贾人常贩至印度"。公元前4世纪成书的梵文经典《摩诃婆罗多》（Mahabharata）和公元前2世纪成书的《摩奴法典》（Manou）等书中有"丝"的记载及"支那"名称，陈茜先生认为这些丝织品来自中国四川。法国汉学家伯希和考证，"支那"（Cina）一名，乃是"秦"的对音。有学者指出，Cina中译为"支那"，或"脂那""至那"等，是古代成都的对音或转生语，其出现年代至迟在公元前4世纪，或更早。印度古书里提到"'支那'产丝和纽带"，又提到"出产在'支那'的成捆的丝"，即是指成都出产的丝和丝织品，Cina这个名称从印度转播中亚、西亚和欧洲大陆后，又形成其转生语，如今西文里对中国名称的称呼，其来源即与此直接相关。Cina名称的西传，是随丝绸的西传进行的，说明了古蜀丝绸对西方的影响。南方丝绸之路上使用的通用货币为海贝，反映了南亚文明对中国西南文化的影响。三星堆遗址出土的海贝、海洋生物雕像以及象征南亚热带丛林文化的大量象牙，其城市文明、人体装饰艺术、神树崇拜，都从不同的方面证实了中华文明与南亚文明的交流关系。何崝教授从文字源流的角度分析了印度河文明的文字与中国商代文字的异同，认为三星堆刻符与印度河文字有紧密联系，在中国原始文字符号传播到印度河地带时起了桥梁作用。日本成家彻郎教授认为，巴蜀古文字与中亚阿拉米文字有关，古代中国的印章发源于四川，而巴蜀印章是从古印度和中亚引入的文化因素。这几个问题都至关重要，必须寻找更多的证据加以进一步实证，从而深化对古代中国对外开放与交流的认识。

6. 南方丝绸之路与近东和欧洲古代文明

考古学证据表明，中华文明经由西南地区与近东文明之间的接触和交流，在公元前第二个千年的中期就已存在了，其间文化因素的交流往还，就是经由南方丝绸之路进行的。三星堆出土的金杖、金面罩、青铜人物全身雕像、人头像、人面像、包括兽面像等，在文化形式和风格上与中国本土的其他文化有所不同，在殷商时代的中国范围内找不到这类文化因素的渊源，而青铜人物雕像、金杖、金面罩的传统见于美索不达米亚、埃及和印度，权杖起源于美索不达米亚，古埃及也有使用权杖的传统，黄金面罩也是最早见于美索不达米亚，商代三星堆遗址出土的青铜雕像群和金杖、金面罩，由于其上源既不在巴蜀本土，也不在中国其他地区，但却同上述世界古代文明类似文化形式的发展方向符合、风格一致、功能相同，在年代序列上也处于比较晚的位置，因而就有可能是吸收了上述文明区域的有关文化因素进行再创作而制成。张增祺研究员注意到了西亚文化对中国西南地区古文化的影响，巴蜀和滇文化区西亚石髓珠和琉璃珠的发现，都证明中国西南与西亚地区的经济贸易和文化关系早已发生的事实。张正明教授亦认为，从人类学的角度看，西南夷青铜文化确有西亚文明的因素。

西方地中海区域的古希腊、古罗马，最早知道的中国丝绸，便是古代蜀国的产品。早在公元前4世纪，古希腊人的书中便出现了"赛里斯"（Seres）这个国名，意为"丝国"。据西方的考古发现，中国丝绸早在公元前11世纪就已西传到了埃及，在西方历史文献中，欧洲人公元前4世纪也已知道Cina这个名称，并把梵语Cina（成都）一词，按照欧洲人的语言，音转成了西语的Seres，而Seres名称和Sindhu（印度）名称同传中亚，是从今印度经由巴基斯坦西传的。张骞所说蜀地商贾在身毒进行贸易活动，身毒即是Sin-dhu的汉语音译，指印度西北部印度河流域地区。由此可知，从中国西南到印度，再从印度经巴基斯坦至中亚阿富汗，由此再西去西亚、欧洲地中海地区和北非埃及，这条路线正是南方丝绸之路西线所途经的对外交通线。欧洲地中海地区和埃及考古中均发现中国丝绸，这些丝绸在织法上多与四川丝绸相同，表明四川是古代丝绸之路的重要发源地之一。

2010年6月，在国家文物局和云南省联合在云南省普洱市召开的"中国文化遗产保护普洱论坛——茶马古道遗产保护"会议上，我们在题为"以古代西南国际大通道为载体的综合开发思路"的演讲中，梳理了南方丝绸之路的十项基本要素，这十项要素实际上就是丝绸之路所包含的10个基本内容，包括古代文明、茶文化、饮食文化、文艺戏剧、民族民俗文化、宗教文化、抗战文化、古城古镇文化、动植物生态文化、玉石文化。2013年10月，笔者在四川省社会科学院与印度国际经济管理学院在成都市举办的"中印论坛"上，发表题为"建设中国西南—印度国际文化走廊"的演讲中，概括梳理了南方丝绸之路中印之间在空间上相互重合的9条国际文化走廊，提出南方丝绸之路中印国际文化走廊的概念，包括由古代文明走廊、中国丝绸西传走廊、佛教文化走廊、古城镇文化走廊、茶文化走廊、玉文化走廊、黄金文化走廊、民族民俗文化走廊、抗战文化走廊。也就是从分类的角度对丝绸之路进行研究，而不是像以往的研究那样仅仅着眼于丝绸或丝绸贸易，也不是仅仅对丝绸之路作笼统的研究。

随着对三星堆文化内涵及其与越南、缅甸、印度和近东文明关系认识的不断深化，我们对南方丝绸之路的认识也向着更加深入的层面发展。我们认为，在南方丝绸之路的研究上，两个十分重要而无法回避的学术问题越来越明显地摆在面前：一是以往学术界对南方丝绸之路的研究，绝大多数集中在国内段，研究领域、对象和资料等多限于中国西南地区，而对南方丝绸之路国外段的研究则非常缺乏，难以形成南方丝绸之路的整体研究；二是我们在研究过程中认识到，南方丝绸之路不仅是一条贸易通道，它实际上是古代中国同东南亚、南亚、西亚乃至欧洲等地各文明之间碰撞、交流、互动的重要纽带，是欧亚大陆相互影响、促进发展的文明载体，对欧亚古代文明的发展和繁荣有着非常重要的历史作用，而古代中国与欧亚文明关系的发展又对南方丝绸之路的演变产生了重要影响。基于这样的认识，我们认为应当将南方丝绸之路放在欧亚古代文明的背景下进行深入系统的研究，这样才能充分发掘出南方丝绸之路的重大学术价值和历史价值，并且大大丰富欧亚古代文明的研究内容。

南方丝绸之路是中国丝绸之路体系的重要组成部分，是古代中国对外经济文化交流不可或缺的重要一环。中外学术界对丝绸之路的研究，如果从1877年李希霍芬提出"丝绸之路"这个概念算起，至今已有140多年，取得了大量举世瞩目的成果。南方丝绸之路在丝绸之路的总体研究体系里，是一个年轻的伙伴，从"南方丝绸之路"概念的正式提出至今，仅有40余年的研究史。因此，在南方丝绸之路的研究中，有相当多的问题没有解决，需要我们去努力探索，更有相当多的问题还没有进入学者们的视野，需要我们去深入发掘、深入钻研，以期在中国与欧亚古代文明的探索与研究中作出新贡献。

最后需要说明的是，本书研究涉及的时代范围为先秦秦汉时期，空间范围主要为南方丝绸之路沿线地区。由于三星堆青铜文化必然涉及与商文化的关系，因此安排专章进行讨论。

| 第一章 |

丝绸的起源与传播

尽管国内外学者对丝绸之路作了长期研究,但多属对丝绸之路线路的研究或丝绸贸易的研究,很少对丝绸的起源和参与丝绸贸易的丝绸的来源地进行细致讨论,而这理所当然地是丝绸之路研究的重要内容。不言而喻,既然是丝绸之路,首先就必须涉及丝绸的起源、丝绸供应的来源等方面的研究,必须正本清源,否则不论是丝绸贸易还是丝绸之路,都成了无源之水、无本之木。

中国是世界上蚕桑、缫丝技术、丝绸的发源地,素有"丝国"之称。从公元前第一个千年或更早开始,中国丝绸就已横穿欧亚大陆,远播至西方。西方世界对中国的认识,也是伴随着中国丝绸的西传逐步形成的。从某种意义上看,丝绸或许是中国对世界物质文化最大的一项贡献[1]。由于丝绸对包括东西方在内的世界文明的发展和繁荣作出了重要贡献,在世界文

---

[1] 夏鼐:《中国文明的起源》,北京:文物出版社,1985年,第49页。

明史上占有特殊地位,因此,长期以来对于中国丝绸的研究一直是中外学术界所共同关心的重大课题。

一、中国丝绸的起源时代

（一）古史所见中国丝绸的起源时代

传世文献对中国丝绸的最早记载,见于《尚书·禹贡》。此篇记载的丝绸种类有丝、织文（有花纹的丝织品,应即绮[1]）、玄纤缟（纤细的黑缯和白缯）、玄纁玑组（黑色和浅红的丝织品）等。至于此篇提到的"织贝",郑玄注以为"锦名",即所谓"贝锦",实误,应当是细纻和贝壳两种物品[2],即把贝壳磨成小粒扁圆珠并缝缀于麻质（纻）衣物上,这是海洋文化的产物,在殷墟考古中曾有出土[3]。不管怎样,《禹贡》的记载表明,早在中华文明兴起的初期,中国丝织品已经形成了多种类、多样化的发展格局。显然,中国丝绸的起源时代,还远在《禹贡》的成书年代之前。那么,《禹贡》成书于什么时代呢？这是一个颇有争论的问题。近世以来对此问题主要有六种意见：（1）西周前期说,以辛树帜为代表[4]；

---

[1] 郑玄以为"织文"是"锦绣之属",但从锦产生于商代以后的史实看,所谓"织文",其实应当是绮,即《说文》所说"绮,文缯也",并不是锦。

[2] 《尚书·禹贡》孔安国《传》（《伪孔传》）。

[3] 林惠祥、凌纯声持此说,见凌纯声：《中国古代海洋文化与亚洲地中海》,《海外杂志》第3卷第10期,1954年。

[4] 辛树帜：《禹贡新解》,北京：农业出版社,1964年。

（2）战国说，以顾颉刚为代表[①]；（3）春秋说，以王成组为代表[②]；（4）汉代说，以日本学者内藤虎次郎和德国赫尔曼教授等为代表[③]；（5）不同时代说，其中的"九州"篇所记生态环境反映的是公元前第二个两千年间的情况，其蓝本当出自商朝史官对夏代的追记[④]。（6）商周说，刘起釪先生根据考古资料，提出《禹贡》蓝本可能出于商朝史官之手，而其定稿则可能是由西周史官完成的[⑤]。从《禹贡》所记贡丝织品的地域同古史的参验比较来分析，"九州"篇本出公元前第二个千年即夏商之际的看法较为接近历史实际。基于这种认识反观先秦文献，可以看出，夏商时代中国丝绸已经发展到了相当水平。

如果说先秦文献对于中国早期丝织品发展水平的记载十分简略的话，那么这些文献中直接反映丝绸文化起源的材料就更加贫乏，总共不过四五条。虽然如此，我们仍然可以从中获得有关丝绸起源时代的大致情况。

《礼记·礼运》记载：

昔者先王未有宫室，……未有麻丝，衣其羽皮。后圣有作，……治其麻丝，以为布帛，以养生送死，以事鬼神上帝，皆从其朔（按：朔，初也）。

[①] 《禹贡注释》，载侯仁之主编《中国古代地理名著选读》第1辑，北京：科学出版社，1959年。

[②] 见《禹贡新解》所引。

[③] 内藤虎次郎之说，见江侠庵编译《先秦经籍考》，上海：商务印书馆，1931年；赫尔曼之说，见《禹贡》第2卷第5期引。

[④] 邵望平：《禹贡"九州"的考古学研究》，载《考古学文化论集2》，北京：文物出版社，1989年，第11—30页。

[⑤] 刘起釪：《〈禹贡〉的写成年代与九州来源诸问题探研》，引自《九州》第3辑，北京：商务印书馆，2003年。

此篇所说"后圣有作","治其麻丝",所指即是丝绸起源时代的情形。

《易·系辞下》记载：

> 黄帝、尧、舜垂衣裳而天下治。

孔颖达《疏》云：

> 垂衣裳者，以前衣皮，其制短小，今衣丝麻布帛，所作衣裳，其制长大，故云垂衣裳也。

这表明，中国丝绸的起源是在黄帝时代。

关于《礼记》和《易·系辞》的成书年代，论者或有争议，以为是汉代人的作品。但是关于《礼记》源出先秦，早在汉代就有清楚明确的记录，《汉书·景十三王传》载：汉景帝时，河间献王"所得书皆古文先秦旧籍书《周官》《尚书》《礼》《礼记》《孟子》《老子》之属"。《汉书·艺文志》和《说文·叙》亦并谓孔壁中有《礼记》，可见大小戴《礼记》本出古文[①]，原为先秦旧籍，并非西汉作品。至于《易·系辞》，《史记·孔子世家》记载，"孔子晚而喜《易》《序》《彖》《系》《象》《说卦》《文言》"，虽不一定完全可信，但《系辞》为先秦旧籍是可以肯定的。王充《论衡·正说》："孝宣皇帝之时，河内女子发老屋，得逸《易》《礼》《尚书》各一篇，奏之。宣帝下示博士，然后《易》《礼》《尚书》各益一篇。"所得逸《易》，应指《说卦》。《隋书·经

---

① 王国维：《汉时古文本诸经传考》，《观堂集林》卷七，北京：中华书局，1959年。

籍志》："及秦焚书，《周易》独以卜筮得存，唯失《说卦》三篇。后河内女子得之。"这里所说三篇，即《说卦》《序卦》《杂卜》三篇，并不包括《系辞》，可见《系辞》并非汉代人伪作，而是传自先秦的文本。据此，《礼记·礼运》和《易·系辞》所记丝绸源自黄帝时代，这一说法应当就是先秦时代累世相传的旧说。

传出《淮南子》所引的《蚕经》①，对蚕桑丝织起源于黄帝时代也有明确的记载，其文曰：

《蚕经》云："黄帝元妃西陵氏始蚕。"

对于这条《蚕经》的年代，论者有所争议，或以为出自宋元时期的伪作。但是，至少有两个证据可以表明，此条《蚕经》原为先秦旧史所传，绝非宋元人伪作。

其一，《世本》（见《大戴礼记·帝系》引②）记载："黄帝居轩辕之丘，娶于西陵氏之子，谓之嫘祖氏，产青阳及昌意。青阳降居泜水（按：《史记·五帝本纪》引作"江水"），昌意降居若水。昌意娶于蜀山氏，蜀山氏之子谓之昌濮氏，产颛顼。"这条材料本是先秦时代中原旧籍所传，并见于成书于西周中叶以前南方古史所传的《山海经·海内经》，表明有着真实的历史内容。黄帝、嫘祖之子昌意娶于蜀山氏，恰恰显示了古代从利用桑蚕之丝到驯养家蚕并抽丝织帛这一重大历史性变革（详后），意味着中国丝绸起源于黄帝时代。这与上引《礼记·礼运》和

---

① 《授时通考》卷七二引。
② 据《尚书序正义》，"《大戴记·帝系》出于《世本》"，故知此篇为先秦《世本》原文。

《易·系辞》是恰相一致的。因此，不论从材料本身还是所反映的历史背景来看，这条《蚕经》都出自先秦，当可肯定。

其二，根据《荀子·赋篇·蚕》的记载，战国时已发展了关于蚕的义理，称为"蚕理"，而蚕理的形成年代足可追溯到"五帝"时代[①]。《荀子》既称蚕理，则当时已有总结和阐述关于蚕理的书籍传世，当可肯定。《荀子》此篇还提到一种流布广远的传说，即蚕与马的关系，说"五帝占之曰：此夫身女好而头马首者"，并说这是蚕理之一，可知此说是一种来源久远的传说。《周礼·夏官·马质》"禁原蚕者"句下郑玄注云："原，再也，天文辰为马。《蚕书》：'蚕为龙精，月直大火，则浴其种。'是蚕与马同气。"郑注引证的这部《蚕书》，虽然并未注明为何时之书，不过从它的内容与《荀子》所述蚕、马关系有所关联来看，应当就是战国时代关于蚕理一类的书，出自先秦旧本，当无疑义。秦始皇时，尽烧天下《诗》《书》、百家语，"所不去者，医药、卜筮、种树之书"[②]，有关蚕理一类先秦文献，即属"所不去者"之流，因而得以保存并流传下来，至汉初为淮南王刘安《淮南子》所取用。由于汉初并称先秦义理之书为经，所以淮南王刘安在引用此书时称其为《蚕经》，这是符合汉初风气的。至汉武帝时，设五经博士，只有经学称经，其他诸书则不再称经，所以东汉郑玄引用此书时称其为《蚕书》。由此可见，《淮南子》引用的《蚕经》，原为先秦旧本所传，并非后人伪作。这种情况，与汉初许多古籍抄自先秦旧本一样，不足为异。当然，除这部《蚕经》而外，刘安本人是否写过一部

---

① 此篇"五帝"二字，为宋本原文，元刻本则作"五泰"。见王先谦《荀子集解》引卢文弨之说。
② 《史记·秦始皇本纪》。

《淮南王养蚕经》[①]，因文献阙如，难以考察，只能存而不论。

至于今本《淮南子》不见这条《蚕经》，也并不足怪，这是此书在传抄过程中有所脱漏而出现的现象，正如许多书籍在传抄中有所脱漏一样。问题的关键并不在于佚文辑自哪个时代的哪一部书，而在于佚文是否合乎它自身所反映的史实和背景，是否有可靠依据。以此来看这条《蚕经》，不难知道它出自先秦旧本，绝非宋元间人士的伪作。

总而言之，通过对上引各条先秦文献的考证和分析，可以确认这样一个事实，即：中国蚕桑、缫丝和丝绸的起源是在黄帝时代，"西陵氏始蚕""治丝茧以供衣服"等古史传说有着充分的历史根据，并非后人向壁虚构之说。

（二）考古所见中国丝绸的起源时代

迄今为止，在中国考古中发现的最早一件与蚕相关的实物资料，是1977年在浙江余姚河姆渡遗址第二次发掘中所出土的牙雕小盅[②]。这件牙雕小盅的外壁，雕刻着一圈编织纹和蚕纹图案。从蚕纹图像观察，首尾上翘，腹背向上弯起，整个体态呈明显的弓形，表现了活泼激烈的动态形象。从生物学知识可以知道，河姆渡蚕纹具有野蚕的诸种特征，还不是家

河姆渡文化牙雕小盅

---

① 见《中国农学书录》。
② 河姆渡遗址考古队：《浙江河姆渡遗址第二期发掘的主要收获》，《文物》1980年第5期。

蚕。野蚕除具有暗色斑等形体特征外，还具有行进活泼、动作激烈、腹背弓起幅度大等运动特征。河姆渡蚕纹与野蚕的这些特征恰相符合，表明是对野蚕形象的刻画。值得注意的是，发掘中还同时出土一批纺织工具，有木卷布棍、骨机刀和木经轴，均为织机的部件，表明已有织机。将野蚕纹与编织纹和织机等因素联系起来看，7000年以前的河姆渡文化，可能已经开始利用野生蚕茧作为纺织原料。不过，即令如此，由于还不懂得将野蚕驯化为家蚕，所以它还停留在利用家蚕缫丝织绸这种真正意义上的丝绸起源时代之前，正如在中国家蚕种传入西方以前，西方曾利用野蚕茧得到丝一样。

另外几件与野蚕有关的考古实物资料分别发现于山西夏县西阴村[1]和河北正定杨庄[2]，两个出土点的层位均属仰韶文化地层，距今五六千年。

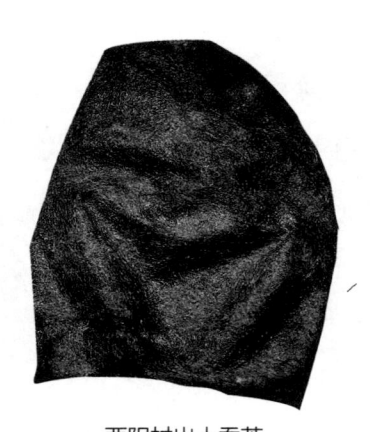

1928年，李济在西阴村遗址内发现了一个半割的茧壳，切割的部分"极平直"，有着整齐的切割边缘。曾有学者据此以为仰韶文化时期中国已有养蚕业，但夏鼐认为这个发现本身是靠不住的，更不能根据这个靠不住的"孤证"来断定仰韶文化已有养蚕业[3]，当然也就谈不上与丝绸的起源有关。即使这件半割的蚕茧的出土地层可靠，也不是为了用蚕

西阴村出土蚕茧

---

[1] 李济：《西阴村史前的遗存》，清华大学研究院第3种，1927年，第22—23页。
[2] 唐云明：《我国育蚕织绸起源时代初探》，《农业考古》1985年第2期。
[3] 夏鼐：《我国古代蚕、桑、丝、绸的历史》，《考古》1972年第2期。

茧缫丝，因为一经割开，它即成为废品①，所以有学者认为是取蛹供食用。至于河北正定杨庄仰韶文化地层内出土的两件陶蚕蛹，只能说明人们对蚕蛹本身所具有的一种崇拜观念，而与利用蚕茧缫丝织绸谈不上有什么关系，自然也与丝绸的起源无关。

从家蚕起源的角度看，中国的桑蚕驯养并不起源于一个地区和一个时期，它既是多中心的，又是不同期的。

1958年在浙江吴兴钱山漾遗址的第二次发掘中，出土了一批盛在竹筐中的丝织品，有绢片、丝带和丝线等②。经鉴定，原料是家蚕丝，绢片为平纹组织，经纬密度为每厘米48根，丝带为带子组合，观察为10股，每股单丝3根，共计单纱30根编织而成。据研究，绢片的经纬密度显示出，必然已有了比较完备的织机，从丝线绞捻组合、单丝纤维平整光洁以及条纹等方面观察，绢织物无疑是先缫后织的③。钱山漾遗址属于长江下游的良渚文化，其

钱山漾遗址出土丝线

钱山漾遗址出土丝绢残片

---

① 牟永抗、吴汝祚：《水稻、蚕丝和玉器——中华文明起源的若干问题》，《考古》1993年第6期。
② 浙江省文物管理委员会：《吴兴钱山漾遗址第一、二次发掘报告》，《考古学报》1960年第2期。
③ 周匡明：《养蚕起源问题的研究》，《农业考古》1982年第1期。

年代与龙山文化大致相当，属于中国考古学上的龙山时代。根据对钱山漾遗址中与丝织品同一层位同探坑内的稻谷标本所做的碳-14测定结果，绝对年代距今4715±100年，为公元前2750±100年[1]。

河南荥阳青台遗址出土的丝织品残片

汪沟遗址碳化丝绸和头盖骨

河南巩义双槐址出土的牙雕蚕

河南荥阳市青台遗址发现的丝绸，则为中国丝绸的多元起源提供了重要证据。河南青台遗址的发现，为我们提供了判定丝绸起源时代的更多证据。1984年，河南荥阳县青台村一处仰韶文化遗址中发现了公元前3500年前的丝麻纺织品，这些纺织品大多发现于儿童瓮棺葬内，用来包裹儿童尸体。经鉴定，在仰韶文化中期早段文化堆积层内发现的W164瓮棺内发现的纺织物的原料为丝，并有平纹和二经纹罗纹两种。前者尺寸为30毫米×25毫米，经向密度为每厘米10根，纬向密度为每厘米8根；后者尺寸为25毫

---

[1] 夏鼐：《碳-14测定年代和中国史前考古学》，《考古》1977年第4期。

米×12毫米，经向密度为每厘米30根，纬向密度为每厘米8根[①]。这些丝织品中，不仅有平纹织物，还有罗纹织物，只是组织十分稀疏。这就表明，至迟在仰韶时代中期，中国丝绸已经出现。

那么，考古学上的仰韶文化时期与古史上的黄帝时代是什么关系呢？以下分析表明，所谓黄帝时代，其实约相当于仰韶文化时期。对此，可以从三个方面加以论证。

首先，从考古学上看，在石器时代与青铜时代之间，有一个铜石并用时代，它的早期相当于仰韶文化的晚期，而它的晚期大体上与龙山时代相当。从古史上看，"轩辕、神农、赫胥之时，以石为兵"，"至黄帝之时，以玉为兵"，"禹穴之时，以铜为兵"[②]，所说以石、玉、铜为兵的三个时期，分别与考古学上的石器、铜石并用和青铜三个时代相吻合，表明"以玉为兵"的黄帝时代，大约就相当于铜石并用时代，亦即考古学上的新石器时代晚期。

其次，仰韶文化时期是一个相当长的时期，黄帝时代究竟处于这个时代的哪一阶段呢？我们知道，在古史传说中，黄帝、昌意、乾荒、颛顼之后分化为几大支系，其中的鲧、禹一系便是夏王朝的先公。对应于考古资料，二里头文化（夏文化）之前的是中原龙山文化，则鲧的时代应为龙山时代的晚期。据《世本》记载，"鲧作城"，恰恰在龙山时代的晚期，黄河流域和长江流域以及辽河流域出现了中国历史上第一批城堡，与《世本》的记载正相吻合，这不是偶然的，它表明了古史传说包含真实可信的历史内容，不容轻易否定，同时也表明了鲧的时代确实是龙山时代晚期这

[①] 郑州市文物考古研究所：《荥阳青台遗址出土纺织物的报告》，《中原文物》1999年第3期。

[②] 《越绝书》卷一一。

一事实。既然如此,那么早于鲧在世数百年的黄帝,其所处时代必然就是仰韶文化时期。

最后,从古史上看,黄帝时代是中国史前历史发生重大变化的时代,不但社会分化加剧,战争加剧,各地区之间的文化交流和文化重组加剧,日益出现文明与国家起源的诸因素,而且在物质文化和科学技术上还产生了许多新的发明创造,如《世本·作篇》记载的"作市""作兵器""作煮盐""始穿井""作旃""作冕旒""作占日""作占月""作占星气""造律吕""作甲子""作算数""作调历""作书""作图""作衣裳",以及其他诸多发明创造,丝绸亦是其中的重大发明创造之一。考古学上,恰恰是在仰韶文化时期,各地文化出现了若干明显的变化,这些变化与古史传说中黄帝时代的若干特征基本能够相互对应,如丝绸的起源就在这个时期,冶铜以作兵器乐器也始于这个时期,这个时期铜器的较多发现以及制铜技术的进步,与古史所载"黄帝采首山铜,铸鼎于荆山下"[①]的传说有着内在联系,而战争的加剧和各地文化的普遍进步以及相互之间交流的扩大等,也可以从这一时期各考古区系文化之间的深刻联系和相互影响中得到确切证明,社会分化的加剧则是这一时期考古学上常见的确定不移的事实。由此可见,黄帝时代便是仰韶文化时期,应是没有什么疑问的。

李伯谦先生认为:"据文献从神农到黄帝社会发生重大转型的记载与考古学文化在仰韶文化半坡类型到庙底沟类型之间的显著变化相对应,参考碳十四测年结果,推定这一社会重大转型的年代应在距今5500年至4300年范围内,取其中值为距今4900年,与从口耳相传到文献史学推定的年代

---

① 《史记·封禅书》。

较为接近。"[①]李先生的分析与我们的结论是大体一致的。

（三）文化进化与丝绸起源

中国丝绸起源于仰韶文化时期，这当然不是偶然的，它既与史前时代中国各地的气候、生态等自然条件有关，更与当时中国文化的普遍进化有关，以至可以说是文化进化的直接产物。

根据竺可桢对西安半坡和安阳殷墟动物群所作的气候变迁研究[②]，我们知道，仰韶文化时期和殷墟时期是中国的温暖气候时代。又据贾兰坡和张振标的研究[③]，我们更清楚地知道，仰韶文化时期的气温最为温暖，屈家岭文化中期和晚期，气温与仰韶文化时期相比呈下降趋势，而龙山文化时期气温又比屈家岭文化中期和晚期有所回升。这两份研究成果的结论是一致的，表明龙山时代的气温虽然比仰韶文化时期所处的温暖期有所差异，但总的看来仍然属于温暖时代。

至于稍早于仰韶文化（约公元前第五个千年前叶后段至公元前第四个千年中期）的河姆渡文化（公元前5000年前后）时期的气候情况，根据王开发、张玉兰对孢粉组合变化的研究[④]，沪杭地区的史前气温，公元前5500年到前3050年是第一暖期，气候湿热，基本上相当于现在珠江流域的气候

[①] 李伯谦：《黄帝时代的开始——黄帝文化与中国古代文明起源研究》，《光明日报》2017年8月26日第11版。

[②] 竺可桢：《中国近五千年来气候变迁的初步研究》，《考古学报》1972年第1期。

[③] 贾兰坡、张振标：《河南淅川县下王岗遗址中的动物群》，《文物》1977年第6期。

[④] 王开发、张玉兰：《根据孢粉分析推论沪杭地区一万多年来的气候变迁》，《历史地理》创刊号，上海：上海人民出版社，1981年。

条件。河姆渡遗址的动植物群[①]，也显示了同样的气候结论。

以上关于黄河流域和长江下游史前气候的研究成果表明，河姆渡文化所处的气温最高，犹如今日的珠江流域；仰韶文化和龙山时代黄河流域的气温低于河姆渡文化时期长江下游的气温，但远比今日为高，其气温条件约与今日的长江流域大体相当。

根据上述史前的气候条件，我们再来看当时各地与蚕相关的事物，就会发现，在相似的气候条件和生态环境下，蚕桑、丝绸的起源与演进完全取决于文化的进化。

如前所述，河姆渡文化时人们可能已开始利用野蚕丝作为纺织原料，表明人们已发现了蚕丝的秘密。虽说当时的温暖气候条件较宜于蚕桑，但发现了野蚕的秘密并不等于可以驯养野蚕为家蚕，当时人们的知识和经验还没有演进到这样的程度。河姆渡文化所经历的年代不长，使其对于野蚕的观察和野蚕丝的利用历程中断，因而无法从中直接发展到驯养家蚕的阶段，自然也就谈不上丝绸的起源。

仰韶文化时期的气候条件同样适宜于桑树的生长和野蚕的驯化、发育，山西夏县西阴村发现的"半割的茧壳"和河北正定杨庄发现的陶蚕蛹，都表明了当时人们对于野蚕的不同方面的利用，但却并没有在这种有利环境下进一步发展出蚕桑和丝绸，这同样也是因为知识和经验的积累还不足以导致丝绸的产生。

但是在气温条件基本相同的中原的荥阳、东南的良渚及西南的巴蜀，却几乎同时进入了丝绸起源时代。这种情况表明，仰韶文化时期所取得的

[①] 浙江省博物馆自然组：《河姆渡遗址动植物遗存的鉴定研究》，《考古学报》1978年第1期。

各项文化成就，推动着丝绸起源的进程，是促使丝绸起源的诸种原因当中最重要的原因。

从家蚕起源的角度看，中国的桑蚕驯养并不起源于一个地区和一个时期，它既是多中心的，又是不同期的。有的日本学者曾提出中国北方是家蚕起源的唯一中心的看法[1]，但这种看法已为考古发现所否定。

关于巴蜀驯养桑蚕为家蚕的诸问题，我们将在后面详细论证，这里仅对良渚文化家蚕的起源稍作分析。

考古学和纺织学已经确认，良渚文化丝织物的原料是家蚕丝。从良渚文化时期另一个遗址吴江梅堰出土的一件黑陶器上，还发现了家蚕的浅刻图案[2]，确凿无疑地表明良渚文化是中国最早的家蚕饲养中心之一。良

良渚文化丝线

渚文化之所以能够取得从驯养桑蚕到家蚕这一重大进步，当然是同它明显的文化进化直接相关的。关于此点，只要了解到良渚文化时期被称为"玉器时代"就足够说明问题了，而它的物质基础是稻作农业和植物栽培业的极大发展和进步。此外，文化交流也是一个相当重要的原因。考古学界认

---

[1] 转引自蒋猷龙：《就家蚕的起源和分化答日本学者并海内诸公》，《农业考古》1984年第1期。

[2] 陈玉寅：《江苏吴江梅堰新石器时代遗址》，《考古》1963年第6期。

为，长江下游的河姆渡文化与马家浜文化是两支并列发展的原始文化[①]，而马家浜文化和良渚文化有着十分密切的内在联系，良渚文化应是马家浜文化的发展和继续[②]。这一文化发展序列及其演变传承关系，当可说明良渚文化继承当地更早时期的文化传统，在长期观察的基础上进入驯养桑蚕并进一步发展到家蚕的饲养，从而进入家蚕的起源时代这一文化交流与演进的历史。虽然这一历史进程的具体细节我们已无法确知，但是它大体说明了长江下游家蚕起源的情况。

既然中原和东南地区以及巴蜀地区都是中国早期蚕桑丝绸起源的中心，那么为什么在《禹贡》"九州"所记产丝的地区中却偏偏没有良渚和巴蜀地区，而均为中原和北方系统的兖州、青州、徐州、豫州以及长江流域中部的荆州呢[③]？这个问题涉及中国古史的两大系统，比较复杂。扼要说来，《禹贡》出自商朝史官对夏代的追述，对夏代以前的历史不可能有全面系统的了解和掌握，尤其是夏与商在古史中分别属于帝颛顼和帝喾两大系统，巴蜀与夏同系，它的丝绸起源史只见载于黄帝、颛顼系统所传古史，而不见载于帝喾系统所传古史，因此在帝喾系统的商朝史官那里无法知道巴蜀丝绸起源的历史。至于东南地区，根据《史记·越王句践世家》的记载，"其先禹之苗裔，而夏后帝少康之庶子也"，在夏代时属于颛顼、禹的系统，而在此之前则略无史载，属于一个独立的文化系统。其地与中原和其他文化区不同的玉器时代，便说明了它独立的文化性质，表明

---

① 《浙江省新近十年的考古工作》，载《文物考古工作十年（1979—1989）》，北京：文物出版社，1991年，第117页。
② 牟永抗、魏正谨：《马家浜文化和良渚文化——太湖流域原始文化的分期问题》，《文物》1978年第4期。
③ 《禹贡》扬州所贡"织贝"并非丝织品，见前文。

它既不属于颛顼系统，又不属于帝喾系统，因此商朝的史官同样无从知道良渚文化丝绸起源的历史。其他诸州由于丝绸起源较晚，距商不远，并且这些地区在商代又多为商文化深刻影响的地区，与商王朝的关系比较密切，或本身就是商文化区（如豫州），或商文化亚区，所以这些地区的丝绸情况能被商朝史官熟知并掌握，而将其载入所作《禹贡》之中，乃是势有必致，理所固然，这种情况，自然不能与巴蜀和良渚同日而语，所以《禹贡》所记产丝的地区中，没有作为早期丝绸起源地的巴蜀和良渚，是不奇怪的。

二、丝绸之路的形成

丝绸之路兴起于先秦，发展于两汉，在魏晋南北朝及以后的历史时期发生了若干变化。南方丝绸之路在从先秦到清代的整个古代史上都一直存在着盛衰兴替的发展变化，北方丝绸之路在唐代以后变化较大，海上丝绸之路在魏晋南北朝以后得到较大发展，草原丝绸之路则在汉晋以后随北方草原民族势力的消长而时有盛衰。

（一）草原丝绸之路的形成

草原丝绸之路是指横贯欧亚大陆北方草原地带的交通道路，它分为南北两线。北线东起于西伯利亚高原，经蒙古高原向西，再经咸海、里海、黑海，直达东欧；南线东起辽海，沿燕山北麓、阴山北麓、天山北麓，西去中亚、西亚和东欧。草原丝绸之路除了这两条横贯东西的主要道路之外，还有纵向交通，可以南达中原地区，北接蒙古、西伯利亚。草原丝绸之路至迟在公元前5世纪已经形成，并且其形成是从东西两端分别进行的。

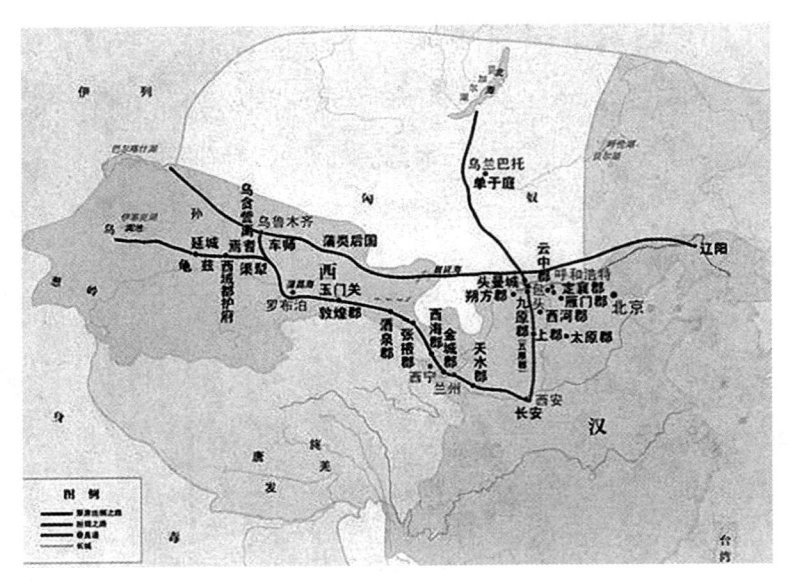

西汉时期草原丝绸之路示意图

　　草原丝路中亚至地中海段开通，与波斯帝国的兴起有着十分密切的关系。波斯帝国建立了全长2400公里的完善的驿路网，使地中海东岸地区到中亚的交通变得更为便利。公元前4世纪，亚历山大的东征，使欧洲与中亚建立了直接的联系。至此，阿尔泰山以西地区的丝绸之路已经畅通无阻。成书于公元前5世纪的希罗多德的《历史》一书大致描述了当时欧亚草原上诸族的分布，其范围西起多瑙河流域，东至阿尔泰山、天山。

　　考古资料说明，至迟在公元前5世纪，通过草原丝绸之路的丝绸贸易已经存在了。1973年，在内蒙古杭锦旗和桃红巴拉匈奴墓中，发现了春秋时代丝织品残片[①]。这是目前在匈奴居住地已发现的最早的丝织品实物。1960年在内蒙古土默特旗水涧沟门的一座战国时期的匈奴墓中，也有丝织品的

---

① 田广金、郭素新：《西沟畔匈奴墓反映的诸问题》，《文物》1980年第7期。

痕迹①。由此可见，早在春秋战国时代丝织品已经传入匈奴所居住的河套等地区。1976年至1978年，吐鲁番盆地西缘阿拉沟东口、鱼儿沟车站地段发现了古代墓葬群。在第28号墓中出土了一件春秋时期的凤鸟纹刺绣②。在阿尔泰山北麓的乌拉干河畔发现的巴泽雷克墓群也出土了不少春秋时期的丝绸品③，这些发现充分证明至迟在公元前5世纪中国的丝织品已在阿尔泰山一带流传。这两地发现的丝绸为我们勾勒了春秋时期草原丝路东段丝绸的分布。因此，至迟在公元前5世纪，贯通欧亚大陆的草原丝绸之路已经全线开通，并在发展中西贸易、传播中西文化方面发挥着十分重要的作用。

阿拉沟凤鸟纹刺绣

汉晋时期，由于北方丝绸之路的兴起，草原丝绸之路作为北方与西域交通的重要通道的作用逐渐为北方丝绸之路代替，不过这条道路并没有废弃，它仍然还发挥着传播文明、促进文化交流和经济交往的重要作用。西汉初年，匈奴通过和亲，从汉朝得到了大批的绢帛。掌握草原丝路这一

---

① 内蒙古文物工作队编：《内蒙古文物资料选辑》第四编"战国时期"，呼和浩特：内蒙古人民出版社，1964年。
② 王炳华：《西汉以前新疆和中原地区历史关系考索》，《新疆大学学报（哲学社会科学版）》1984年第4期。
③ 刘迎胜：《丝路文化·草原卷》，杭州：浙江人民出版社，1995年。

横贯中西的大通道的匈奴,通过与汉朝的交换获得大量丝绸,满足西方,特别是罗马等地对丝绸的大量需求,以谋取利润。在河西走廊丝绸之路还未打通之时,匈奴向西方贩运丝绸的道路由河西走廊草原道经天山和伊塞克湖一带而至中亚河中地区。及至匈奴退出河西走廊,南匈奴归顺汉朝以后,北匈奴居于阴山一带,向西越过了今宁夏北部。西经居延海、巴里坤湖、吉木萨尔,入天山的山间草原通道,直趋伊犁、伊塞克湖而达河中[①]。张骞出使西域后,游牧在伊犁、伊塞克湖一带的乌孙与汉结盟,因与匈奴不和,匈奴经过这一地区的丝绸贸易受到阻隔,转而走漠北单于庭,西沿杭爱山,经科布多盆地,穿过阿尔泰山,沿乌伦古河,向西南至塔城直趋塔拉斯及河中地区。

三国时期,曹魏据有北方之地,与北方草原地区的鲜卑、乌丸等地相接。据《三国志·魏书》裴松之注曰:"鲜卑……其地东接辽水,西当西域。"东汉时期,鲜卑据有北方草原的广大地界,但由于与中原和周边其他民族常常处于战争状态,这一时期的草原丝绸之路并未能充分发挥其职能。

五胡十六国和北魏前期,草原丝绸之路的东段即中国北方草原地带,成为草原民族迁徙往来的主要通道,除了前所述及的吐谷浑部的迁徙外,西晋末年,鲜卑拓跋部从大兴安岭北端迁居盛乐(今内蒙古和林格尔),后又迁都平城。北魏时期西行路线,即以平城为起点,经君子津、统万城(夏州)、灵州至姑臧,西行与居延道相连进入西域,形成贯通中国北方的东西国际交通路线。

北朝末期,突厥崛起,于6世纪中期活跃于北方草原,与北齐、北周都

[①] 苏北海:《汉、唐时期的我国北方的草原丝路》,载张志尧主编《草原丝绸之路与中亚文明》,乌鲁木齐:新疆美术摄影出版社,1994年,第29页。

保持着密切的关系，并有姻亲往来，同时也与西域诸国有频繁的接触。在与波斯为争夺对丝绸贸易的控制权而失和后，突厥与东罗马建立了直接联系，将丝绸生意做至罗马，并与罗马建立同盟关系，共同对付波斯。突厥的强盛和扩张，客观上阻断了中原地区与西域的交通，但却在很大程度上充当了中原地区与西域交通的中介[1]。

唐太宗贞观三年（629）灭东突厥，"斥地自阴山北至大漠"[2]，并对降唐的东突厥实行羁縻制度，将其安置在东自幽州（今北京），西至灵州（今宁夏灵武）的广大地区。贞观二十年（646）又灭漠北代东突厥而立的薛延陀汗国，设六州七府，仍行羁縻制度。至此，唐朝中央政府的政治管辖权直接行使到整个大漠南北，唐太宗也被尊称为"天可汗"，并在大漠南北开辟了"参天可汗道"，沿途设置馆舍68处，方便了中原与漠北以及漠北各地之间的交通联络。高宗显庆二年（657）击败西突厥，两年后，西突厥全境为唐朝占领，唐朝的势力伸展到欧亚草原腹地。唐王朝灭东、西突厥后，通过草原丝绸之路进行的东西方贸易活动进入了一个新的繁荣时期。

8世纪中叶至9世纪中叶，吐蕃占据了塔里木盆地、帕米尔高原、费尔干纳时，塔里木盆地南北两道的丝绸之路均被切断，唐与西域的直接联系中断，遣使也只能"间道历诸胡自回纥中来"，取道北庭向北越过阿尔泰山，过杭爱山，再经阿尔浑河上游，辗转到达长安。这一时期的北方草原为回纥所控制，因此北方草原丝路一度被称作回鹘道。突厥汗国灭亡后，回纥逐渐强大起来。唐德宗贞元四年（788），回纥可汗上表请求改为回

---

[1] 石云涛：《3—6世纪的草原丝绸之路》，《社会科学战线》2011年第9期。
[2] 《新唐书·李靖传》。

鹘。回纥汗国与唐朝保持着友好的关系，回纥利用政治上与唐的特殊关系，获得了大量的丝绢，操纵着草原丝绸贸易达百年之久。唐朝中央政府与安西、北庭都护府的联系，唐朝与西域各国的交往，完全要绕道回纥地区，在从漠北经北庭都护府（今吉木萨尔）、伊犁、碎叶通向河中的道路上，形成了北庭、伊犁、碎叶三个中心，用以经营丝绸贸易。

（二）北方丝绸之路的形成

北方丝绸之路是从长安（或洛阳）出发，向西沿渭河至甘肃天水后，折而向北到达甘肃张掖郡等四郡，最终与西域诸国建立联系的河西走廊丝路。该路在中国境内分为东西两段，东段自西安至敦煌、玉门关、阳关；西段自敦煌、玉门关、阳关入新疆。

其东段分为南路、北路和青海道，其中南路为主道，北路和青海道为辅道。南路从长安出发，经咸阳、扶风、凤翔、陇县（陇州）、天水（秦州）、甘谷（伏羌）、陇西（渭州）、临洮（临州）、兰州（金城）、永登（广武）、古浪（昌松）、武威（凉州）、张掖（甘州）、酒泉（肃州）、安西（瓜州）、敦煌（沙州）；北路从西安、咸阳、彬州（邠州）、泾川（泾州）、平凉、固原（原州）、靖远（会州）与南道会合至敦煌；青海道从南路的天水或兰州西经乐都（鄯州）、西宁（鄯城），通过大雪山扁都口至张掖，或自西宁过日月山（赤岭），沿青海湖南岸至伏俟城（吐谷浑国都），北上穿当今山口至敦煌，或从伏俟城沿柴达木盆地南缘，经都兰、格尔木、西出阿尔金山至若羌，汇入西段的南路[①]。

---

① 徐苹芳：《考古学上所见中国境内的丝绸之路》，载联合国教科文组织、中国社会科学院考古研究所编《十世纪前的丝绸之路和东西文化交流》（沙漠路线考察乌鲁木齐国际讨论会1990年8月19—21日），北京：新世界出版社，1996年。

第一章　丝绸的起源与传播

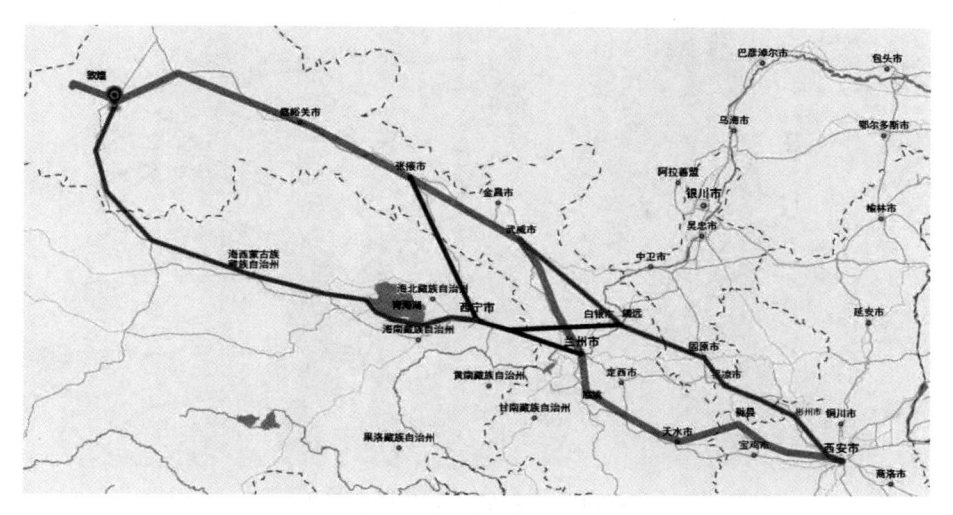

北方丝绸之路东段示意图

西段出玉门关或阳关，穿过白龙堆到罗布泊地区的楼兰。至楼兰分为南北两路。北路西行，经尉犁（今库尔勒）、龟兹（今库车）、姑墨（今阿克苏）至疏勒（今喀什）。南路自鄯善（今若羌），经且末、精绝（今民丰尼雅遗址）、于阗（今和田）、皮山、莎车至疏勒。

从疏勒西行，越葱岭（今帕米尔）至大宛（今费尔干纳）。再往西行可至大夏（今阿富汗）、粟特（在今乌兹别克斯坦）、安息（今伊朗），最远到达大秦（罗马帝国东部）的犁轩（又作黎轩，在埃及的亚历山大城）。通往域外的另一条道路从皮山西南行，越悬渡（今巴基斯坦达丽尔），经罽宾（今阿富汗喀布尔）、乌弋山离（今锡斯坦），西南行至条支（在今波斯湾头）。如果从罽宾向南行，至印度河口（今巴基斯坦的卡拉奇），转海路也可以到达波斯和罗马等地。

北方丝绸之路的开通，以西汉武帝时张骞出使西域为标志。虽然这条道路上的文化交流和民族迁徙一直存在，但常因一些民族或国家的纠纷和

043

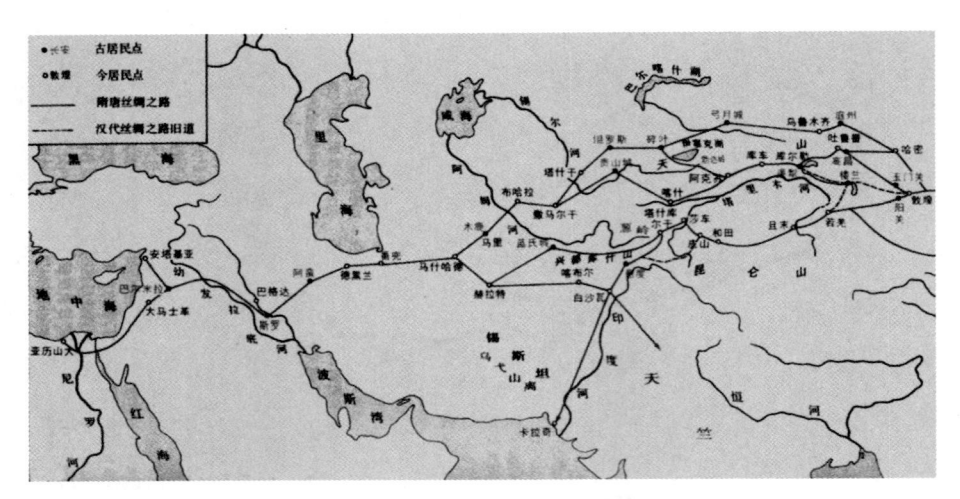

北方丝绸之路西段及域外段线路图

战争而中断。加之路途遥远，缺乏安全保障，通行十分困难。及至张骞通西域之后，西汉王朝在这一地区驱逐了匈奴，建立了西域都护府，采取了各种措施来保证这条道路的畅通和安全，使得这条横贯欧亚的大通道得以发展和繁荣。

汉宣帝神爵二年（前60），匈奴发生内讧，日逐王降汉，匈奴势力全部退出西域，西汉在乌垒城（今新疆轮台县）建立西域都护府，正式在西域设官、驻军、推行政令，开始行使国家主权，这就是《汉书·郑吉传》中所称的"汉之号令班西域矣"。西域都护的设置，是北方丝绸之路进入繁荣和畅通阶段的标志。

王莽篡汉之后，因实行具有歧视性的民族政策，引发了匈奴和西域诸国的反抗，匈奴趁机控制了西域，公元13年，西域都护但钦被杀。紧接着，河西、陇东的官员也反对王莽，长安以西的丝绸之路完全中断。公元91年，西域都护、戊己校尉恢复，班超被任命为西域都护。安帝永初元年（107），安帝以"西域阻远，数有背叛，吏士屯田，其费无已"，下令撤销西域都护，匈奴趁机再占西域。再加上羌人叛乱迭起，丝绸之路再次中断。后经班超之子班勇的争取，赶走占据在吐鲁番一带的匈奴，丝绸之路再次开通。

两汉时期，朝廷在北方丝绸之路沿线设置了邮亭，修筑道路，布置烽燧，设立关卡稽查行旅，并在丝路沿线实行屯田，保证了丝路交通的安全。相对而言，西汉时期，北方丝绸之路一直处于比较畅通的状态，东汉时，虽有几次中断，但总的来说，两汉时期，北方丝绸之路是比较繁荣的，正如《后汉书·西域传》所言："驰命走驿，不绝于时月，商胡贩客，日款于塞下。"通过北方丝绸之路，西域的葡萄、胡麻（芝麻）、胡瓜（黄瓜）、胡葱（大葱）、胡豆（蚕豆等）、胡萝卜等植物和骆驼、驴、马的优良品种传入中原，中原的丝织品和铁器等工艺品、生产品也被源源不断地输往西域，东西方的交流达到了前所未有的程度。

三国时期，曹魏政权在两汉时期北方丝绸之路沙漠地段南北两条道路的基础上新开了北新道，使丝绸之路从敦煌玉门关入西域扩展为三条道路，"从玉门关西出，经婼羌转西，越葱领，经县度，入大月氏，为南道。从玉门关西出，发都护井，回三陇沙北头，经居卢仓，从沙西井转西北，过龙堆，到故楼兰，转西诣龟兹，至葱领，为中道。从玉门关西北出，经横坑，辟三陇沙及龙堆，出五船北，到车师界戊己校尉所治高昌，转西与中道合龟兹，为新道"[①]。北方丝绸之路得到了较好的发展。

西晋建立统一政权后，北方丝绸之路所经过的地区，如焉耆、龟兹、鄯善、疏勒、大宛等地区的首领纷纷接受西晋的册封。东晋十六国时期，统治西北的前凉、前秦、后秦、西秦、后凉、南凉、西凉、北凉等朝，都

---

① 《三国志·魏书·乌丸鲜卑东夷传》裴松之注。

曾采取措施保证北方丝绸之路的畅通。北魏统一北方和西北广大地区后，非常重视与西域的交往，与西域各地互派使者。北魏首都洛阳成为西域和外国商人的聚集之地，还设置了专供这些商人买卖的市场。北齐、北周时期，也非常注意与西域的商品交流。这一时期，进入罗马的中国丝绸逐渐增多，但多经过波斯和中亚等国转手贸易。

东晋南北朝时期，北方丝绸之路的辅道——青海道得到了发展。三国蜀汉联合羌、胡对付曹魏，因曹魏控制着西域走廊丝道，因而蜀汉与青海以及陇西羌人的联系主要通过青海道。诸葛亮北伐时，"凉州诸国王各遣月支、康居胡侯支富、康植等二十余人诣受节度"[①]。247年，陇西、南安、金城、西平诸羌人相约攻魏，南与蜀汉结盟，同时参与这次攻魏的还有凉州胡王治无戴、白虎文。可以看出，三国时期，西域胡侯相为联络攻魏，大概也是为着夺取北丝路河西走廊丝道，因此道不通于蜀汉及羌地，所以凉州胡王进入羌地的路线大抵是自鄯善东界越当金山口，沿柴达木盆地北缘，东向进入青海湖，沿西倾山进入松潘草地。

唐朝时，唐太宗在龟兹首府设立安息都护府，统于阗、碎叶、疏勒，号"四镇"[②]，管理天山以南。702年，唐王朝在庭州设立北庭都护府，管理天山以北的广大地区。两大都护府的设立，使唐朝政府在西域广大地区设立了完整的军政机构，为管理、开通丝路提供了可靠的保障[③]。

唐代北方丝绸之路的繁荣因为唐后期吐蕃对西域的控制而受到很大的影响。吐蕃兴起于7世纪初叶，在松赞干布时代，与唐朝保持着友好的关系，曾帮助唐朝共同保护西域丝绸之路的通畅。647年，唐破西突厥乙毗射

---

① 《三国志·蜀书·后主传》。
② 《新唐书·龟兹传》。
③ 杨建新、卢苇：《丝绸之路》，兰州：甘肃人民出版社，1981年，第36页。

匮可汗，进军龟兹时，吐蕃出兵占领了龟兹西南。648年，唐左卫率府长史王玄策出使西域时，"为中天竺所掠，吐蕃发精兵与玄策击天竺，大破之"[①]。但在此过程中，吐蕃产生了控制西域的意图。从650年至670年，吐蕃多次进攻唐西域，并于670年利用大非川之战控制了安西四镇和天山南路地区，唐王朝被迫"罢龟兹、于阗、焉耆、疏勒四镇"[②]。675年，唐收复四镇，但至682年，四镇再失，西域陷入吐蕃帝国的统治之下。7世纪末，武则天时收复了西域四镇，这种状况一直维持到8世纪中叶。755年的安史之乱给了吐蕃可乘之机，从789年至792年，吐蕃向西域发动大规模的进攻，沙州、庭州、西州、安西相继陷落，吐蕃控制了西域丝路[③]。9世纪后半期，唐朝在回鹘的帮助下，收复了西域，但西域复为回鹘所控制。吐蕃对西域的控制阻隔了中原王朝与西域交流的通道，使双方不得不转而主要依靠草原丝路进行交流。另一方面，吐蕃对西域的控制，客观上有助于北方丝绸之路吐蕃通西域道的开通。

（三）海上丝绸之路的形成

至迟在公元前2世纪，中国汉王朝在南方开辟了海上丝绸之路，该路从中国大陆南端的徐闻、合浦和番禺出发，经过南中国海，与东南亚和印度洋相连接。

关于海上丝绸之路的文献记载，最早见于《汉书·地理志》，据该书记载，"自日南障塞、徐闻、合浦船行可达"，可见这三个港口为汉代海上丝绸之路最早的始发港。

---

① 《旧唐书·吐蕃传》。
② 《资治通鉴》卷二〇一。
③ 《旧唐书·吐蕃传》。

这一时期海上丝绸之路的走向，《汉书·地理志》有明确记载，自日南障塞、徐闻、合浦下海，航行约5个月，有都元国；再航行4个月，有邑卢没国；又航行20余日，有谌离国；由此步行10余日，有夫甘都卢国；再航行两个月，有黄支国。自黄支国返航，船行约8个月，到皮宗；再航行约两个月，就返回日南、象林界。这个记载说明，在西汉时期，中国的商舶和使臣已经可以从中国直航南亚次大陆的南端。据《史记·货殖列传》和《汉书·地理志》记载，汉代从海上丝绸之路进口的货物主要是珠宝、玛瑙、水晶、香药，出口的货物主要是丝绸、黄金等。

两汉时期的海上丝绸之路，以日南障塞、徐闻、合浦为对外通航的始发港口，与东南亚各国通航贸易，最远到达印度与阿拉伯、罗马商人进行货物贸易。在《后汉书》中有不少这方面的记载。在东南亚的许多地方发现了中国汉代的遗物或与中国汉代文化相关的文物，马来西亚柔佛州出土了大量具有汉陶纹样的陶片，中国汉代陶器还在苏门答腊、爪哇和婆罗洲的墓葬中发现，同时在印度尼西亚的加里曼丹沙捞越河口的山猪墓山麓发现了汉代的五铢钱[1]，这些都是海上丝绸之路通行至这一地区的重要证据。汉代中国与大秦的经济文化交流，多为安息和天竺所阻拦，大秦"与安息、天竺交市于海中，利有十倍……其王常欲通使于汉，而安息欲以汉缯彩与之交市，故遮阂不得自达"[2]。97年，班超派遣甘英出使大秦，试图打通海上通道，但未能成功。166年，大秦王安敦遣使自日南徼外献象牙、犀角、玳瑁，始乃一通焉，这是罗马与东汉王朝直接交易的最早记载。

魏晋南北朝时期，由于南北分裂，中国境内的陆上丝绸之路受到

---

[1] 周连宽、张荣芳：《汉代我国与东南亚国家的海上交通和贸易关系》，《文史》第9辑，1980年。

[2] 《后汉书·西域传》。

很大的影响，而海上丝路则得到了继续发展和延伸。三国孙权黄武五年（224），大秦国商人秦论到达交趾，随交趾太守的使者到了吴国[①]。黄龙二年（230）孙权派遣将军卫温、诸葛直率领载有"甲士万人"的庞大船队到达"夷洲"而返。孙权还派使者朱应、康泰出使南海诸国，此行遍及东南亚，并兼带进行丝绸贸易。他们到达的巨延、耽兰和杜薄，即在今菲律宾境内。3世纪时，菲律宾人也横渡南中国海到扶南（今柬埔寨）从事贸易活动。由此可见，在三国鼎立时期，南海航路的丝绸贸易在东南亚范围内，已从中印半岛和印尼群岛扩大到菲律宾群岛。东晋高僧法显写的《法显传》记载了他从印度回国的海路行程，说明东晋时期广州已经是海上丝路的一个重要港口。

南朝宋、齐时，东南亚有十几个国家同中国有直接往来。梁朝时，南海诸国奉中国王朝的"正朔"年号，向梁朝入贡。南北朝时中国的商船经常到达波斯湾，并从波斯湾进入幼发拉底河。在距离古巴比伦废墟约3公里的希拉城附近停泊，同阿拉伯人交易。波斯、印度和东南亚各国商人也经常来华贸易。据《南史·吴平侯景传附子励传》记载，南朝时，每年抵达广州的外国船舶少时三五艘，多则十余艘。

隋朝大业初年，隋炀帝派兵平定交州，水兵沿中南半岛东岸南下至林邑，击破林邑王梵志的象军，密切了隋王朝与东南亚的关系。大业三年（607）十月，常骏、王君政出使赤土（马来半岛西岸），以丝绸作为重要的礼品，受到赤土国的隆重接待。常骏回国时，赤土国国王派遣其王子随行入隋进贡。

唐朝通往南海的丝绸之路以贾耽的《广州通海夷道》（《皇华四达

[①] 《梁书·中天竺传》。

记》）记载最为详细，从广州前往大食的航海路线是先从广州到达狮子国，具体路线从广州出航后先东南行驶出珠江口，转向西南方经数日绕过海南岛东岸，再西南行贴近越南沿海，至占不劳山（今越南岘港以东之占婆岛），南行经陵山（今越南归仁以北的燕子岬）、门毒（归仁），然后西南行经奔陀浪（今越南藩朗）、军突弄山（今越南昆仑岛），航行5日越暹罗湾至海峡（今马六甲海峡）。沿海峡西北行，出峡后经婆国伽兰州（今印度之尼科巴群岛），向西驶过孟加拉湾，抵达狮子国。从狮子国通往大食有两条道路，一道沿印度西海岸北上，经至弥兰大河（今印度河）河口，复西北行入波斯湾，至弗利喇河（幼发拉底河）河口。另一道从狮子国西北横渡阿拉伯海至三兰（今也门亚丁），由此沿阿拉伯半岛南岸东北行，绕阿拉伯半岛东北角达波斯湾口之没巽（今阿曼东北之苏哈尔），驶入波斯湾，沿波斯湾东岸而行，至弗利剌河河口与第一道相汇合[①]。这条航线把中国和三大地区：以室利佛逝为首的东南亚地区，以印度为首的南亚地区，以大食为首的阿拉伯地区，通过海外丝绸贸易连接在一起[②]。唐代海上丝路与域外的交通相对于北方丝绸之路而言，更为便捷，玄奘从印度归国时，戒日王问玄奘"不知师欲从何道而归？师取南海去者，当发使相送"[③]，于此可见一斑。

隋唐时期，海上丝绸之路的航行能力有了很大的提高，不仅扩大了航行的范围，也缩短了航行时间，对促进各国之间的文化交流和经济交往发挥了巨大的作用。隋唐时期通过海上丝绸之路输出的商品主要是丝绸、瓷器和金银、铜钱，从外国输入广州的主要商品是香料、珍珠、象牙、犀角等。

---

① 刘迎胜：《丝路文化·海上卷》，杭州：浙江人民出版社，1995年，第104页。
② 陈炎：《略论海上"丝绸之路"》，《历史研究》1982年第3期。
③ 黄新亚：《丝路文化·沙漠卷》，杭州：浙江人民出版社，1995年，第105页。

唐末的军阀混战使得一些繁荣的海外贸易港口和商业都横遭破坏，海上丝绸之路受到严重的影响。

（四）南方丝绸之路的形成

南方丝绸之路以成都平原为起点，向南分为东、中、西三条线路，西线分为两路，一路为"蜀身毒道"，一路为"五尺道"；中线为从成都到中南半岛的"步头道"和"进桑道"，统称"滇越道"或"安南道"；东线为从成都到广州、香港的"牂牁道"。

南丝路西线的西路从成都出发，沿牦牛道南下，出四川双流、新津、邛崃，经名山、雅安、芦山、荥经、汉源、越西、西昌、会理、攀枝花，云南大姚、姚安、楚雄，西折至大理。东路从成都平原南行，经今四川彭山、乐山、犍为、峨眉山、宜宾，沿五尺道进入云南，经今云南大关、昭通、贵州威宁，折向云南曲靖，西经昆明、楚雄至大理。两道在大理汇为一道继续西行，经云南保山、腾冲，抵达缅甸密支那，或从保山出瑞丽进抵缅甸八莫，向北进至东印度阿萨姆和曼尼普尔[1]，至南亚、中亚和西亚地中海地区[2]。

南方丝绸之路国外段也有西线、中线和东线三条。西线即"蜀身毒道"，从成都平原出云南至缅甸，西行至印度、巴基斯坦、阿富汗至中

---

[1] 伯希和：《交广印度两道考》，冯承钧译，北京：中华书局，1955年；桑秀云：《蜀布邛竹杖传至大夏路径的蠡测》，《"中研院"历史语言研究所集刊》41本10分，1969年；饶宗颐：《蜀布与Cinapatta——论早期中、印、缅交通》，《"中研院"历史语言研究所集刊》45本4分，1974年。

[2] 段渝：《中国西南早期对外交通——先秦两汉的南方丝绸之路》，《历史研究》2009年第1期。

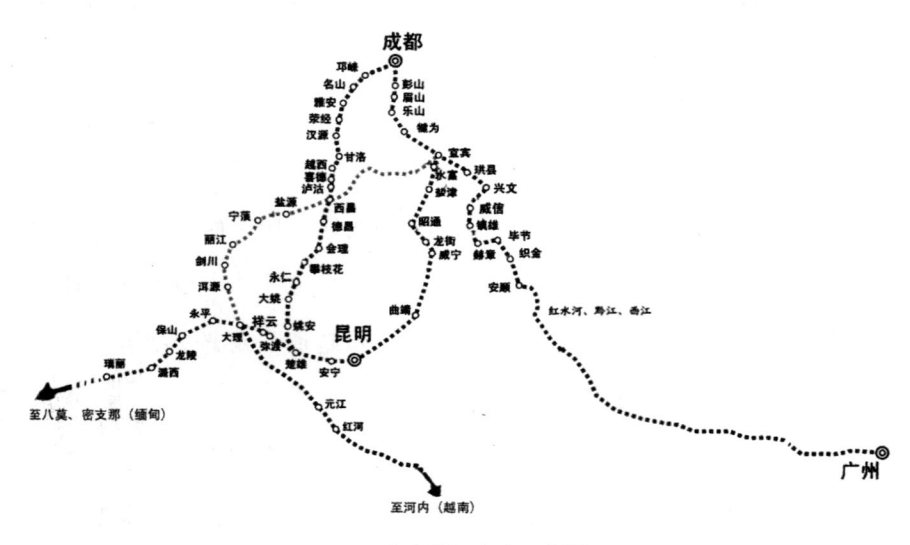

南方丝绸之路示意图

亚、西亚，这条纵贯亚洲的交通线，是古代欧亚大陆最长、历史最悠久的对外交通大动脉之一。南方丝绸之路国外段中线称为步头道，是一条水路相间的道路，从四川经云南元江下红河至越南，这条线路是沟通云南和中南半岛交通的最古老的一条水道。东线称为进桑道，从蜀入滇，至昆明，经弥勒，渡南盘江，经文山，出云南东南隅，经河江、宣光，循盘龙江，直抵河内。

  关于南方丝绸之路的形成年代，学术界有多种看法。20世纪初，法国学者伯希和认定此道在公元前2世纪已经开通[①]。英国学者布莱恩·哈逊指出："可以肯定，在公元前126年之前，商队就把中国的商品经过云南和上

---

① 伯希和：《交广印度两道考》，冯承钧译，北京：中华书局，1955年，第11页。

缅甸，沿布拉马普特拉河和恒河运到希腊人的巴克特利里亚王国。"[1] 20世纪80年代，任乃强论述了中国西南通往印度、阿富汗的"蜀布之路"，认为其年代远远早于北方丝绸之路[2]。童恩正也研究了从成都经云南、缅甸、印度、巴基斯坦到达中亚的商道情况，提出这条道路在战国时代已初步开通的观点[3]。蓝勇则认为公元前4世纪至前3世纪直到公元2世纪中缅印陆路交通路线确实存在[4]。我们在掌握大量考古资料并对古代中外文献进行充分解读的基础上，将语言学、考古学和文献学相结合进行研究，提出"南方丝绸之路早在商代已经初步开通"的观点[5]。这一观点不仅解释了达罗毗荼人从印度北方迁至恒河流域，又逐步沿印度河流域向东印度、南印度迁徙的历史事实，也解决了三星堆考古发掘中所出现的印度文明因素如象牙、齿贝的原因。就现有考古资料和学者们的研究，我们可以肯定，商代正是南方丝绸之路的形成时期。

西汉时期，汉武帝为与身毒、大夏结盟，共同抗击匈奴，以解除北部边境的威胁，在先秦五尺道的基础上，开拓了南方丝绸之路的官道。建元六年（前135），唐蒙在南越了解到从夜郎经牂柯江可至南越，向汉武帝建议通夜郎道，获武帝赞同。南方丝绸之路的西线灵关道，则由司马相如负责开通。司马相如在安宁河流域开通了灵关道、修建了孙水桥，以通往

---

[1] Brian Harrison：《东南亚简史》，转引自蓝勇《南方丝绸之路》，重庆：重庆大学出版社，1992年，第10页。
[2] 任乃强：《中西陆上古商道——蜀布之路》，《文史杂志》1987年第1、2期。
[3] 童恩正：《略谈秦汉时代成都地区的对外贸易》，《成都文物》1984年第2期。
[4] 蓝勇：《南方丝绸之路》，重庆：重庆大学出版社，1992年，第11页。
[5] 段渝：《中国西南早期对外交通——先秦两汉的南方丝绸之路》，《历史研究》2009年第1期。

邛都，将西南边疆延伸到牂牁江边①。元狩元年（前122），张骞出使西域归来，向汉武帝提及在"大夏时见蜀布、邛竹杖"，认为民间有从蜀地经西南夷通往身毒的道路，即蜀身毒道，于是引发了汉武帝再次开西南夷，打通通往印度至西域道路的雄心壮志。汉武帝即令张骞从"蜀、犍为发间使，四道并出：出駹，出冉，出徙，出邛、僰，皆各行一二千里"②，但这次遣使"四道并出"没有取得预期成效，"终莫得通"。直至东汉永平十二年（69）哀牢王内附，东汉王朝设立永昌郡，中央王朝才最终控制了通往东印度的道路。三国时期，蜀汉再次开通了已关闭百余年的牦牛官道，"开通旧道……复古驿亭"③。《魏略·西戎传》说此期间天竺东南数千里的盘越国，"蜀人贾似至焉"④，盘越即今东印度阿萨姆。可知从两汉至魏晋时期，中央王朝持续对西南夷地区通往东南亚和南亚的道路进行维护和经略。

汉代南方丝绸之路不但有陆路交通，而且还发展了海路交通，与海上丝绸之路相连接，即是大秦（罗马）通益州永昌（云南保山）的"大秦道"航线。《三国志·魏书》裴松之注引鱼豢《魏略·西戎传》记载："大秦道既从海北陆通，又循海而南，与交趾七郡外夷比，又有水道通益州、永昌，故永昌出异物。前世但论有水道，不知有陆道。"其水路路线为：水路从埃及出红海，由亚丁湾至南印度的港口穆季里斯，再绕过南亚次大陆南端，至孟加拉湾，在金洲（Khersonese，泛指下缅甸和马来半岛）登陆，再溯伊洛瓦底江流域或萨尔温江流域北上，即从下缅甸至上缅甸，

---

① 《史记·司马相如列传》。
② 《史记·大宛列传》。
③ 《三国志·蜀书·张嶷传》。
④ 《三国志·魏书》裴松之注引鱼豢《魏略·西戎传》。

至永昌郡，连接南方丝绸之路西线蜀身毒道。此水路也可在缅甸继续航行，绕过中南半岛在交趾登陆①。从交趾绕东南半岛航行至阿拉伯半岛、北非的航线，即是海上丝绸之路。这样，南方丝绸之路在印度洋就与海上丝绸之路相连接了。

这条道路至迟在公元1世纪便已开通，成书于公元80年前后的《厄里特里亚海周游记》（*Periplus of the Erythraean Sea*）为一位侨居埃及的古希腊人所著，他驾船游历了亚洲的印度洋沿岸地区后，遂成此书。他在书中说道："过克里斯国抵'支那国'（Thinae）后，海乃止。"陆路之一是从永昌郡循弥诺江（Chindwan）而下，至印度东北部的曼尼坡，再骑马约3个月越北印度而至阿富汗，商人在那里用中国丝绸换取罗马黄金。另一条陆路是由永昌郡向正西行，经过上缅甸至印度东北部的阿萨姆，再沿着恒河向西行。有学者指出："公元前1世纪，主要的欧亚陆路在很大程度上得到经过印度洋的海路补充。到公元2世纪，这些海路将地中海的商人带到印度和锡兰沿岸，带到东南亚大陆的部分地区和中国。"②

汉末三国时期，从牂牁道通往中南半岛的道路一直畅通无阻。《三国志·蜀书·刘巴传》记载，刘巴受曹操之命招纳长沙、零陵、桂阳，"会先主略有三郡，巴不得反使，遂远适交趾"，而"复从交趾至蜀"。裴松之注引《零陵先贤传》曰："巴入交趾，更姓为张。与交趾太守士燮计议不合，乃由牂牁道。去为益州郡所拘留。"交趾（交阯）郡，三国时属吴，其地在今越南东北部，郡治龙编，今河内东北。刘巴从荆楚至交趾，又从交趾经牂牁道至益州郡（郡治今云南曲靖）至蜀（成都），沿线途中

---

① 汶江：《古代中国与亚非地区的海上交通》，成都：四川省社会科学院出版社，1989年，第46、47页。
② A.L.巴沙姆：《印度文化史》，北京：商务印书馆，1999年，第655页。

全无阻碍。另据《三国志·蜀书·许靖传》，许靖在交趾与曹操书称，欲从交趾上益州，由于刘璋据蜀阻隔"未有报应"，"后刘璋遂使召靖，靖来入蜀"，此亦可知交趾通蜀之牂牁道乃为通途。

南北朝时期，由于北方丝绸之路河西走廊被阻断，南朝与西域的交通也需要借助吐谷浑来实现。南方丝绸之路的起点益州作为南朝接壤吐谷浑的重要城市，同时也是蜀锦的重要生产基地，因此成为吐谷浑与南朝交通的重要中转地，吐谷浑与柔然的商人经常到成都采购丝绸，甚至有西域商人安家到成都附近。《南齐书·芮芮虏传》说，"芮芮常由河南道①而抵益州"。

隋唐时期，由于大一统王朝的建立，中原王朝与西南夷的交往有所加强，改变了三国两晋分裂时期所造成的西南夷与中央政权有所疏离的状况。史万岁西征大理，再次开放了中原与西南夷地区的交通。

唐代南方丝绸之路的主线经今川西、滇西到缅印，分为川滇段和滇缅印段。川滇段从成都经川西到云南大理，唐代称此路为清溪路，又称南路，此路又被称为邛部旧路、巂州道、姚州道。隋唐时代，这条道路是南诏各族入朝进贡的要道。

滇缅印段的开发与唐王朝在西南地区的逐渐经略有很大的关系，唐朝经营云南的起点是成都府，以巂州为据点。高祖、太宗时代，从巂州起东南渡过金沙江到达朗州（云南曲靖附近），然后再向大理盆地推进。玄宗时期，唐王朝意图开通从长安经四川、云南通交州的交通道路，以便利南海贸易，转而关注昆明地区，将姚州作为一大军事基地，开元二十七年

---

① 河南即吐谷浑，因其地位于黄河之南，其王曾被刘宋封为河南王，因此青海道又被称为河南道。

（739）到天宝九载（750），剑南节度使章仇开发步头路，与当地的西爨部族引发了纷争。天宝九载，南诏叛离唐朝，因唐朝数次征讨吴国，不得不中断了对云南的经营。南诏建国后，大力发展佛教，与缅甸建立了密切的交往关系，保持了通往缅甸道路的畅通。南诏南接骠国，北连唐王朝，贞元年间，骠国使团献乐的队伍，是沿着唐代宰相贾耽记载的中缅印路线之一进入大理的[①]，"自羊苴咩城西至永昌故郡……西渡怒江，至诸葛亮城（龙陵）……南至乐城……入骠国境，经万公等八部落，至悉利城七百里。……至骠国（指都城），……西度黑山，至东天竺迦摩波国……又西北渡迦罗都河至奔那伐檀那国……又西南至中天竺国东境恒河南岸羯朱嗢罗国……西至摩羯陀国"[②]。献乐使团到达大理后，经成都到达唐都长安。这条线路正是唐代从蜀身毒道的起点成都经滇、缅入印度的通道。

唐代的南方丝绸之路另有支线石门道、步头道、滇南出口通道和黔州支线。石门道即秦汉之五尺道，唐代《蛮书》称其为北路，"从石门外出鲁望、昆川至云南，谓之北路"，因其途中过石门关，又称石门道。步头道在唐代代替魏晋时期的进桑道成为滇越交通的重要通道。

隋唐时期，南方丝绸之路的政治功能逐渐强化，更多地承担了境内外的进贡回赐和盐、绢丝交易等政治与经济贸易功能。

三、茶马贸易的兴起与丝绸之路的演变

茶马贸易兴起于唐，据唐人封演《封氏闻见记》卷六："按此古人

[①] 吴耶生：《公元802年骠国使团访华考》，《中外关系史译丛》第1辑，上海：上海译文出版社，1984年，第68—70页。

[②] 《新唐书·地理志》。

亦饮茶耳，但不如今人溺之盛，穷日尽夜，殆成风俗，始自中地，流于塞外。往年回鹘入朝，大驱名马，市茶而归。"其后有《新唐书》《文献通考》等史籍沿用。这条史料告诉我们，在唐末，丝绸之路上的茶马贸易已经存在唐与回鹘之间。但不可否认的是，这一时期，唐与西域之间的主要贸易形式仍然为绢马贸易。在北方草原地带，因回鹘在安史之乱时帮助唐王朝收复长安、洛阳，"代宗厚遇之，……岁送马十万匹，酬以缣帛百余万匹"①。这种大规模的流通贸易在唐代宗、德宗和宪宗年间都有发生。茶马贸易相对于绢马贸易而言，无论是规模还是次数都不能相比，可以认为唐代茶马贸易还只是零星地存在，并没有形成规模。

唐时虽然许多名茶已经进入吐蕃，但吐蕃对茶还没有形成多少认识。李肇《唐国史补》卷下记载："常鲁公使西蕃，烹茶帐中，赞普问曰：'此为何物？'鲁公曰：'涤烦疗渴，所谓茶也。'赞普曰：'我此亦有。'遂命出之，以指曰：'此寿州者，此舒州者，此顾渚者，此蕲门者，此昌明者，此溼湖者。'"②赞普虽有不少名茶，但对于饮茶之法尚不了解，而且也不知茶的名字。唐代的吐蕃"俗重汉缯而贵瑟瑟"，丝绸还是他们追求的主要物品。在这一时期，中原与边疆各地茶马贸易的数量非常少。茶马贸易在唐代丝绸之路的贸易中没能形成规模，也与中国茶叶的生产有很大的关系。虽然关于茶的记载早在《周礼》中已经出现，但大规模的饮茶习俗尚未形成。南北朝时，北魏统治者仍对饮茶一事不屑一顾，认为是"苍头水厄"③。南朝则因其地产茶之故，不仅形成了喝茶的习俗，

---

① 《新唐书·食货志》。
② 李肇：《唐国史补》，上海：上海古籍出版社，1979年。
③ 《洛阳伽蓝记·城南》。

并把茶叶列为贡品，"乌程县西有温山，出御荈"[①]。这种饮茶习俗的南北差异，至中唐始被打破[②]。关于茶树的人工种植和栽培技术，在文献中最早的记载也是见于成书于760—780年间的陆羽的《茶经》，该书记载的茶树种植技术，大致反映了唐中期以前的状况。从上述记载可以看出，中唐以前，茶叶生产还不足以支持大规模的茶马贸易。随着饮茶习俗的普及和茶树种植以及茶叶生产技术的改进，到晚唐时，茶树种植的范围大为增加，茶的品种和工艺都有所增加。陆羽《茶经》记载产茶之地有山南、淮南、浙西、剑南、浙东、黔中、江南、岭南八大产区的44州，及至唐末，产茶之地已经发展到98州[③]，晚唐五代时期，中国古代传统的精耕细作农耕技术，已运用到了茶叶生产过程之中，时人韩鄂的《四时纂要》对此有详细的记述。在采茶和制茶方面，不仅采摘春茶，也开始采摘秋茶。在茶的制作工艺方面，除生产团茶、饼茶外，还开始制作散茶。

宋代的茶叶生产在唐末基础上有了更大的发展，东南十路产茶遍及60州242个县。福建的建州每到采茶季节，"千夫雷动，一时之盛，诚为伟观"。北宋还在岭南新辟了许多茶园，到北宋嘉祐四年（1059），东南地区的茶叶产量达到了2000多万斤。作为茶马互市主要供应地的四川，在唐和五代时期，四川茶区占全国茶产地的四分之一，四川茶叶的产量很高，仅蒙顶山茶叶就年产万斤左右[④]。及至两宋时期，四川茶叶生产有了长足的进步，盆地的丘陵区和低山地带都分布有茶园，据宋人测算，"蜀茶岁约

---

① 山谦之：《吴兴记》，《太平御览》卷八六七引。
② 王洪军：《唐代的茶叶生产——唐代茶业史研究之一》，《齐鲁学刊》1987年第6期。
③ 王洪军：《唐代的茶叶生产——唐代茶业史研究之一》，《齐鲁学刊》1987年第6期。
④ 杨晔：《膳夫经手录》。

三千万斤"①。宋代茶叶产量的大增，为茶马互市贸易的开展奠定了可靠的物质基础。

  安史之乱后，唐朝的河西走廊为吐蕃所占有，唐代马政受到严重影响，国家马匹的来源只能依靠回纥而取得，因而产生了绢马贸易。及至北宋建立，其地域较之唐朝大为缩小，北方相继出现了辽、西夏、金等政权。这些游牧政权长期与宋对立，威胁着宋的安全，再加上宋所控制的多为农耕地带，马匹短缺十分严重。宋人深刻地认识到马的重要性，"国之大事在兵，兵在马"，"固国之方，在于置卫，置卫之实，在于市马"。为了解决马匹问题，巩固国防，宋朝积极推行茶马互市。因东北及北方的政权与北宋处于敌对状态，因此西北、西南高山高原地区就成为宋朝马匹的主要来源地，"戎人复不得货马于边郡，则未知中国战马从何而来"②。中原饮茶风俗传至青藏高原以后，到宋代，茶叶已成为藏人的生活必需品，以至"不可一日无茶以生"③。双方的互相需求，为宋代丝绸之路上茶马贸易的繁荣提供了契机。

  北宋初年，出于对马匹的需要，朝廷多以铜钱、布帛、银绢交换西部高原地区的马匹，不过也已经出现用茶易马的情况，据《宋史》记载，"宋初，经理蜀茶，置互市于原、渭、德顺三郡，以市蕃夷之马"④。太平兴国八年（983），宋太宗设买马司，禁止以铜钱买马，而改用茶货易马。及至宋神宗熙宁七年（1074），宋朝夺取安多吐蕃故地（今甘南及青海地区），设置熙、河、洮、岷、叠、宕六州，用以换取西部高原的马匹。同

---

① （宋）吕陶：《净德集》卷一。
② 《续资治通鉴长编》卷四四。
③ 《续文献通考》卷二二。
④ 《宋史·食货志》。

年，在四川实行榷法，实行茶叶专卖。并派官"入蜀经画买茶，于秦（今甘肃天水）、凤（今陕西凤翔）、熙（今甘肃临洮）、河（今甘肃临夏）博马"[1]。元丰四年（1081），宋朝接受群牧判官郭茂恂的建议，并茶马为一司，专以雅州名山茶来易马。这个政策的实施因满足了蕃部对于茶的需求，"蕃马至者稍众"[2]，促进了茶马贸易的发展。

南宋绍兴年间（1131—1162），将川秦茶马司合并为都大提举茶马司，专掌以川茶与少数民族贸易马匹，互市的交易场所重点移至四川雅安一带。川场主要与西南少数民族互市，所得马匹多充作役用；秦场全部与西北少数民族互市，为战马提供来源[3]。元朝因具有广阔的草原地带，因此没有茶马互市的需求。明朝建立后，也存在马匹严重不足的问题。在沿袭宋代的茶马贸易政策的基础上，明朝实行严厉的茶马专营政策，严禁私茶出境。此外，明朝还实行金牌信符，作为官方贸易执照，以严格控制走私，同时严格规定每州的具体纳马数。金牌信符的实施，改变了单纯把马匹作为贸易对象的传统，进而成为明王朝向西北少数民族赋税征收的一个特项[4]。

茶马贸易是丝绸之路在发展过程中所承担的新的功能。唐宋时期，茶马互市所经行的道路主要为北方丝绸之路的唐蕃古道。唐蕃古道的大致路线为由京兆府长安出发，西行经凤翔府，沿河西走廊的陇州、秦州、渭州、临州、河州、鄯州、鄯城、绥戎城、赤岭，西南行经吐蕃界内的大非川、阁川驿等地至逻些（今拉萨）。唐蕃古道入吐蕃之前的道路，正是吐

---

[1]　《宋史·食货志》。

[2]　《宋史·兵志》。

[3]　参见《中国农业百科全书·茶业卷》，北京：农业出版社，1988年，第25页。

[4]　杜常顺：《略论明代甘青少数民族的"差发马赋"问题》，《民族研究》1990年第5期。

谷浑时期形成的北方丝绸之路青海道的走向，在吐蕃经大非川之役控制吐谷浑之后，进入逻些的道路与其相连。这条古道行经现甘肃、青海、西藏等地，是两宋王朝所易之马的主要来源地。除此之外，川茶还沿黎州路和雅州路进入西部高原地区。黎州路沿南方丝绸之路牦牛道，即经雅安、荥经，出大相岭，经牦牛县，过飞越岭、化林坪至沈村，渡大渡河，经磨西，至木雅草原。雅州路经雅州、天全、泸定、鱼通、丹巴、道孚、甘孜，到达德格[①]。早在汉武帝通西南夷时，曾派使者通过此道寻找通往印度的道路，但受阻，未能成功。宋代茶马贸易的兴起，一方面使北方丝绸之路的唐蕃古道和南方丝绸之路牦牛道发挥新的功能，另一方面也开辟了新的道路，赋予南方丝绸之路新的功能。

　　明代，政府为了"联蕃制虏"，以茶叶联络吐蕃，钳制蒙古，严格限制川茶的流通范围。朝廷把保宁、夔州地区的茶叶划为"巴茶"区域，归陕西巡茶御史管理，每年调运"巴茶"100万斤至西宁、河州、洮州易马。"巴茶"以外的川茶则由四川茶盐都转运使管理。这部分川茶又分为供西部高原地区的边茶和供应内地的腹茶。边茶又分供应黎、雅的边茶和供应松潘的边茶，故称"两边一腹"[②]。黎、雅的边茶主要通往打箭炉，从雅州出发分为两道，一道从雅安经荥经、黎州、泸定、磨西至打箭炉，大致相当于沿着宋代雅州路的路线，只是至磨西延伸到了打箭炉。另一道从雅安出发，经天全两河口、马鞍山、岩州，渡过大渡河，经烹坝、大冈到达打箭炉。两路在打箭炉汇合，北行经道孚、章古（炉霍）、甘孜，由林葱（原邓柯县）渡金沙江，经纳夺、江达到达昌都，再转至拉萨。松潘边茶

---

① 任新建：《茶马古道与茶马古道文化》，载《边茶藏马——茶马古道文化遗产保护（雅安）研讨会论文集》，北京：文物出版社，2012年，第47页。
② 贾大泉、尉艳芝：《浅谈茶马贸易古道》，《中华文化论坛》2008年增刊。

则沿着丝绸之路青海道行进，由都江堰沿岷江上行，过茂县、松潘、若尔盖经甘南至河州、岷州，转运至青海。清代基本沿着明代通往打箭炉和拉萨的道路进行茶马互市。

唐宋时期兴起，盛行于两宋、明、清的茶马互市所进行的茶马交易，是依托南、北丝绸之路而进行的，茶马贸易进一步促进了丝绸之路的发展。一方面，茶马互市是丝绸之路在新的时代条件下经济贸易、文化交流功能的继续发挥和创新；另一方面，茶马互市的发展推动丝绸之路支线的发展，唐宋时期唐蕃古道和雅州路，以及明、清时期黎、雅边茶进入康定和拉萨的道路，都是丝绸之路在新时段的发展。

四、丝绸在古代世界的传播

丝绸的起源、丝绸在世界上的传播和发展并不是一个线性的过程，而是以一种复杂的方式跨越了各大洲，穿越了世界的历史。从世界文明史的发展视野看，族群（民族）在移动，边界在演变，一些古文明也在瓦解和消失，但历史文献，尤其是考古发掘，却从丝绸这一特殊的物质文化角度，提供了这些起源和传说的弥足珍贵的线索。通过这些虽然不多且呈碎片化分布的线索，可以把上古时代的东西方联系起来，而联系的途径就是丝绸之路。因此毫无疑问，丝绸的历史，从某种意义上可以说是一部世界史。

西方学术界认为，中国在商代向西开放了贸易，认为商代之所以取名"商"，它的字面意思是商人——中国人从他们的西伯利亚和中亚邻国那里学到了青铜制品。商代墓葬出土青铜礼器铜锈上留下的丝绸碎片，用丝绸包裹的青铜器和玉器表明丝绸也受到特别的尊重①。现藏斯德哥尔摩的一件青铜斧头展示了由三种不同类型的蚕茧织成的丝绸，而现藏瑞典马尔默的一件青铜礼器展示了几种丝线使用的情况，包括野生纺纱机的丝。其中一些纹样显示出菱形图案的编织结构，显示了一种先进的织机技术。在马尔默青铜器皿上发现了丝线刺绣的痕迹，丝线刺绣在缎纹针脚上，很有可能是链式针脚的痕迹②。由于丝绸是最优秀的刺绣线，所以刺绣发展于中国早期是不足为奇的。

丝织品残痕铜片

虽然丝绸在纪元以前若干个世纪已在西方流通，但在西方学术界，如像菲利帕·斯科特（Philippa Scott）在其所著具有权威性的《丝绸之书》里所说，丝绸之路通常被认为是在公元前2世纪罗马人和汉武帝时期开通的。汉武帝的大使们远至西部的波斯和美索不达米亚，带来了包括丝绸在内的礼物。公元97年，汉王朝的大使到达巴格达③。丝绸之路沿线有中国丝绸的重要发现，例如斯坦因在塔里木盆地的楼兰发现了45件单色和多色花纹丝绸，苏联考古学家P. K. 科兹洛夫（P. K. Kozlov）在蒙古北部诺彦乌拉（Noin-Ula）的游牧埋葬土丘中发现了大约20件花纹丝绸，在诺彦乌拉还

---

① Philippa Scott, *The Book of Silk*, London: Thames & Hudson, 1993, p.23.
② Philippa Scott, *The Book of Silk*, London: Thames & Hudson, 1993, p.24.
③ Philippa Scott, *The Book of Silk*, London: Thames & Hudson, 1993, p.24.

诺彦乌拉M12出土的山鸟纹锦

发现了有环形图案的花纹丝绸[①]。而印度本土的丝绸来源于野蚕，野蚕丝织成的丝名为柞蚕丝，其丝绸即是柞蚕丝绸。

（一）中亚

迄今为止，在中亚出土的丝绸中，最早为西方所知的是出土于阿尔泰山脉巴泽雷克（Pazyryk）冰封的斯基泰（Scythian）墓穴内的中国丝绸，其时代可追溯到公元前5世纪至公元前4世纪左右。其中一件，是用链式针绣成精美的飞鸟和飞鸟图案的淡色丝绸，挂在斯基泰人

巴泽雷克斯基泰人墓葬出土的中国丝绸刺绣

[①] 采自С. И. 鲁金科：《匈奴文化与诺彦乌拉巨冢》，孙危译，马健校注，北京：中华书局，2012年，第333页。

的毛毡上，用作马鞍的毯子。刺绣线虽然褪色，但仍可以看出它们的原始颜色：蓝色、深红色、沙色和棕色。

公元前323年，亚历山大大帝击败了波斯国王大流士，烧毁了波斯波利斯。他的军队进一步一路向东前进。当时，帕提亚（中国文献称之为安息）人控制了伊朗高原，帕提亚国王的雕像展示了裹着布的裤子和束带束腰外衣的优雅时尚，上面装饰着镀金的元素。帕提亚国王密特拉底斯（Mithradates，前123—前87）鼓励丝绸之路贸易，挑战罗马的权力。据记载，在卡雷（Carrhae）战役（前53）中，让克拉苏统率的罗马军队大为吃惊的是，帕提亚名将苏雷纳的军队展开的旗帜居然是使用最昂贵的丝绸制成的，它象征着无上的威严和权威。在现在的伊朗发现的最早的丝绸，是在Shahr-i-Qumis发掘的帕提亚时期的一条绿色丝带装饰着的儿童毛毡服装①。帕提亚水神阿纳西塔（Water Goddess Anahita）的象征，则是在丝绸图案中反复出现的石榴。

224年，萨珊王朝开创后，不再满足于充当向西输送生丝和机织丝绸的中间商，他们开始着手建立自己的丝绸工业。萨珊织工的设计非常独特，典型的萨珊主题是圆形的串珠，里面有动物和生命之树、狩猎场景、神秘的野兽和鸟类。动物和鸟类通常被描绘成戴着珍珠项链和飘动的丝带，而萨珊皇室的皇冠则经常被珍珠环绕②。

---

① 这件服装现藏美国纽约大都会艺术博物馆。
② 采自Philippa Scott, *The Book of Silk*, London: Thames & Hudson, 1993, p.52。

粟特丝绸：狮子与生命之树

帕提亚绿丝带儿童毛毡服饰　　帕提亚绿丝带儿童毛毡服饰细节放大　　萨珊斜纹丝绸。保护的象征：圆形串珠内的公鸡

　　早在公元前2世纪罗马帝国与汉朝"正式"开通丝绸之路前，位于里海以西的高加索、亚美尼亚和吉兰就已成为古代丝绸之路的一部分。丝绸是从黑海上的希腊贸易站传到地中海和欧洲的，在多瑙河地区也发现了丝绸，这些丝绸是在公元前6世纪的哈尔斯塔特文化和其他几个早期遗址发现的，是刺绣和编织成的衣服。

　　这个时期丝绸流通的一条路线，可能是通过波斯帝国的"皇家之路"（或译为皇家大道）。这条路从萨珊（位于底格里斯河下游，在帝国的中心）

向西大约2800公里到士麦那（今天土耳其的伊兹密尔）和爱琴海。在那里，地中海东部的港口已经成为纺织品贸易的中心，纺织品贸易一直向北延伸到英国，向南延伸到印度洋。在这个海上贸易中，丝绸还不是主要的货物，但伊特鲁里亚人（Etruscan）的丝绸以及同一时期在卢森堡的奥特里尔（Altrier）发现的公元前5世纪的丝绸表明，某种形式的丝绸确实在欧洲流通。

虽然这是一条古老的线路，但直到波斯阿契美尼德王朝（前550—前300）的建立，皇家大道才得到维护和保护[①]。在萨珊和中国之间还没有同样的道路，直到汉武帝时期开通了丝绸之路之后，中国的丝绸才开始通过皇家大道输送到西方，直到地中海区域。从那时起，中间商用从西方采购的货物交换来自东方的物品，包括丝绸。索格迪亚那（或译为粟特）人、库珊人（其帝国包括大夏）、帕提亚人（其被古罗马人于公元前53年首次见到的战旗是丝绸制成的），以及携带着桑蚕丝绸到叙利亚和希腊的商人，也通过对印度河周围地区的控制进入阿拉伯海，允许货物向南流通到印度西部海岸，那里是埃及船只交换的地方[②]。

所有参与贸易的人都得到了丰厚的利润，使得丝绸到达罗马时，其价值与黄金相当。旅途中的许多丝绸都是未经加工的、未织成的线，或者是普通、非常简单的织物，但是精致的汉朝织物同样也被带到西方。在北方诺彦乌拉蒙古皇室墓葬（前100—100）以及稍晚在尼雅都有发现。在这里，发现了东汉时期的丝绸，上面有文字，夹杂着云和野兽的形象，在叙

[①] *General Notes on Maritime Commerce and Shipping in the Early Centuries C.E.*，http:// depts. washington. html，p. 2.

[②] Lionel Casson, *The Periplus Mar is Erythraei*, *Text with Introduction*, *Translation and Commentary*, Princeton: Princeton University Press, 1989, for an anonymous mid-1st century A. D. account written by a Greek-speaking Egymtian merchant.

利亚的帕尔米拉也发现了同一时期的丝绸,上面还交织着书法文字。

224年,萨珊王朝成为第二个控制从伊拉克西部到中亚地区土地的游牧民族。萨珊人从战败的帕提亚人那里,继承了编织中国丝线的传统。他们从241年到272年控制了叙利亚,很可能是在叙利亚,萨珊人掌握了织布机和养蚕的知识[①]。随着叙利亚的沦陷,萨珊人在他们的里海的总督辖地或各省建立了养蚕业。在萨珊的统治下,波斯帝国工厂的织工开始生产图案丝绸,这些图案后来影响了从西班牙到日本的纺织品设计。

萨珊人因丝绸贸易商所收的通行费而变得越来越富有,这使得丝绸的价格变得如此昂贵,以至于在240年左右,从波斯和叙利亚进口丝绸的埃及人开始直接从中国购买丝绸,经由他们既定的印度洋航线航行到中国,他们这样进行了约两百年。

在这一时期关于丝绸的历史中,有一段经常被重述的故事:地中海地区的丝绸生产始于553年,当时两名聂斯托利修道士将蚕种以及养蚕业从中亚引入君士坦丁堡[②]。据说,这与同萨萨尼德·波斯对最珍贵的丝绸的垄断相抗衡有关,因为6世纪初,拜占庭皇帝查士丁尼一世对这些丝绸课以重税[③]。有学者以为,文献记载东汉三国时期罗马帝国的养蚕业非常发达,人

---

① From the Wei-lio (written before 429 C.E.), for 220–264 C. E., in J. S. Arkenberg's modification from F. Hirth, *China and the Roman Orient: Researchers into their Ancient and Mediaeval Relations as Represented in Old Chinese Records*, Shanghai and Hong Kong, 1885, pp. 35–96 (http: //depts.washington.edu/uwch/silkroad/texts/romchin1.html, 2000), p.10.
② 关于东罗马帝国查士丁尼皇帝从中国引入蚕种的故事,有着不同的版本。法国人亨利·玉尔《古代中国闻见录》卷一记载了两种说法,一是印度僧人取蚕卵到拜占庭,一是波斯人在赛里斯(Seres)把蚕卵藏在竹杖中带归,后携至拜占庭,不知孰是。
③ Rattan C. Rawlley, *Economics of the Silk Industry: A Study in Industrial Organizations*, London: P. S. King, 1919, p.16.

们都穿着刺绣的丝绸服装，如果中国人认为养蚕业已经在罗马帝国建立起来了，那就没有理由对其技术保密①。然而，虽然三国时期鱼豢《魏略·西戎传》记载大秦有"蚕桑"，《后汉书·西域传》记载大秦国"人俗力田作，多种树、蚕桑，皆髡头而衣文绣"；但是《魏略·西戎传》还记载大秦"又常利得中国丝，解以为胡绫，故数与安息诸国交市于海中"，而《后汉书·西域传》记载大秦"有织成细布，言用水羊毳，名曰海西布"，又载"亦用木皮或野蚕丝作……"。从亨利·玉尔《古代中国闻见录》卷一所记载印度僧人从印度取蚕卵到拜占庭的故事可以知道，这一类蚕卵不是家蚕卵而是野蚕卵，因为在中国丝绸传入印度之前，印度并不出产家蚕丝，而印度是有野蚕并用以抽丝的。由此可知，印度僧人带到拜占庭的一定是野蚕而不是家蚕。正如玄奘《大唐西域记》卷一二所记载印度瞿萨旦那国公主藏蚕种于帽絮中，把蚕种从中国带回印度那样。

僧侣们的故事忽略了当时（直到661年）作为拜占庭帝国一部分的叙利亚养蚕业的存在②。在那里，通过进口和本地生产的丝线，足以维持4世纪时在君士坦丁堡和埃及建立的作坊。然而，拜占庭编年史确实记载了6世纪

---

① Xinru liu, op.cit., p.74, note 1. This story is based on the legend that Khotanese smuggled eggs of silkworms from their eastern neighbor, China, and the Nestorian monks smuggled the eggs of silkworms from Serindia, as recorded by the Roman historian Procopius (VIII, XVII, 1-14).

② It also overlooks the provision of Chinese silks by Egyptian (and thus Byzantine) mariners, whose cessation of this trade in about 440 may be accounted for by an increase in supplies nearer to hand. (it may be because by then much of Middle East and Mediterranean was in political disarray, as was Asia until China was reunited under the Tang dynasty in 618.) In addition, mulberry silk rearing is thought to have evolved from wild silk processing in Greek and Aegean islands during this period; see F. Michel, *Recherches sur le commerce, L'usage, et la fabrication des etoffes de soie*, Paris, 1852.

养蚕业的增长，使得君士坦丁堡以外的私人作坊蓬勃发展，就像当时在提尔和贝鲁特所记载的那样。当然，到了5世纪，丝绸之路沿线到处都是丝绸的踪迹，严重扰乱了中国丝绸的供应，直到618年唐朝统一了这个地区。与此同时，一个可以被视为独立的东地中海地区的丝绸工业诞生了[1]。

（二）印度

印度和中国一样，有古老的纺织技术，考古学家曾在大约4000年前的摩亨佐·达罗（Mohenjo-daro）和哈拉帕（Harappa）遗址中发现，这些城市里的达罗毗荼居民居住在规划良好的大型社区里，他们编织织物，懂得如何用凹坑和染料与茜草混合在一起，他们乘船与苏美尔人进行交易。在遗址出土的青铜针似乎表明，缀着珠宝、带有人物图案的织物是缝合起来的。在纳维萨（Nevasa，前1500—前1050）和Chandoi的考古遗址里，考古学家发现了公元前二千纪的野生丝与棉混合的线，但除了这些碎片外，现存印度最古老的复制品似乎是15世纪耆那教的丝绸刺绣。

印度《摩诃婆罗多》记载了吠陀时期（前1500—前500）的口述历史，"中国和来自喜马拉雅山脉的匈奴人带来了尤迪士提拉（Yudhistira）、丝绸和丝绸蠕虫"[2]。印度中部纳维萨还发现了一根尚未定型的丝绸织成的珠线[3]。

印度有许多本土的蚕蛾，其中一些蚕蛾适合织造，因此印度的丝绸与其他国家不同，是用印度本土的纺纱机织成的柞蚕丝丝绸。早期的一些

---

[1] Mary Schoeser, *Silk*, New Haven：Yale University Press, 2007, p.26.

[2] J. P. Hardiman, *Silk in Burma*, Burma：Rangoon Goverment Priting, 1901, p.1.

[3] B.and R. Allchin, *The Rise of Civilization in India and Pakistan*, Cambridge：Cambridge University Press, 1982, pp.273-276.

印度文献把某些由野生茧织成的有质感的丝绸称为"树皮布",并且在北方邦米尔萨普尔(Mirzapur)附近的地区,人们仍然用这个名字称呼柞蚕丝[①]。《三国志·魏书·乌丸鲜卑东夷传》裴松之注引《魏略·西戎传》记载说,印度和大秦"有织成细布,言用水羊毳,名曰海西布"。朱杰勤《中外关系史译丛》载:"又有细布,或言水羊毳,野蚕丝所作也。"在东印度阿萨姆博物馆里,展示了古印度养蚕业的场景:人们在树上养柞蚕,然后用纺纱机把柞蚕丝织成丝绸,即是当地人所说的"树皮布"[②]。

据说,在古普塔时期,一位僧侣或传教士将中国的缂丝技术带到了印度。据推测,他或之前的一位旅行家也带来了桑蚕的卵,因为中国的缂丝技术只适用于这种特殊类型的卵。寺庙捐赠的记录被列为丝绸织工为增加产量而献上的感恩祭,这可能证实了这个故事。在阿萨姆邦,据说最初从中亚移民过来的波多(Bodo)部落带来了缂丝的技艺。

公元1世纪左右,《厄里特里亚航海记》记载了在印度河三角洲上的巴巴里科姆港(Barbaricum),有人从事丝绸、细布、靛蓝、绿松石、青金石和香料等贸易。希腊和印度商人积极地把中国丝绸带到印度,使各种陆路和海路贸易线路把印度与近东相连接,最终与地中海地区连接起来。

(三)埃及和拜占庭

丝绸、香料和稀世珍宝,经常一起从中亚通道通过陆上线路,或通过船只从波斯湾港口到底格里斯河和幼发拉底河的河口,在那里被骆驼商队运到叙利亚和地中海地区的主要露天市场,传播东方的奢侈品。北方的陆

[①] Philippa Scott, *The Book of Silk*, London: Thames & Hudson, 1993, p.62.
[②] 此为笔者2009年考察阿萨姆博物馆展厅所见养蚕场景的陈列。

路运输中国丝绸，而东部的船只运输印度的野生丝绸①。

公元前6世纪，希腊商人在黑海沿岸定居下来，并从小亚细亚把丝绸带到了地中海地区。雅典凯拉米克斯（Kerameikos）公墓的一处公元前5世纪的墓葬中，出土了5种不同的平纹丝绸，其中一种带有刺绣的痕迹，还有不同长度的白色丝线。再往西，位于罗讷河口的另一个古希腊殖民地马赛，很可能是哈尔斯塔特铁器时代凯尔特人刺绣的发源地。

拜占庭或古罗马晚期的丝绸，图案常被称为"狮子摔跤手"

在多瑙河地区，中国丝绸曾被用于在羊毛服装上刺绣和编织独特的凯尔特图案。1977年发现的另一辆哈尔斯塔特（Hallstatt）手推车上有编织的壁挂，门厅里有精美的纺织品。在这里，丝绸也用于刺绣纺织品。显

---

① Philippa Scott, *The Book of Silk*, London: Thames & Hudson, 1993, p.87.

然，在公元前6世纪，即早在公元前2世纪中国与罗马进行丝绸交易之前的许多世纪，中国的丝绸就被欧洲的特权织造者和刺绣师所使用。在一具埃及木乃伊的头发中发现了丝状物，很明显是来自中国的。

从公元1世纪普林尼（Pliny）《自然历史》（Historia a Naturalis）的描写可以知道，古罗马妇女制作丝绸的程序是，先把线穿好，然后再把线织成丝绸，但在浸泡和缫丝的过程中并没有提到茧，这似乎证实了中国丝绸是作为纱线进入了古罗马世界的。既然是把中国丝绸作为纱线，那么就必须首先得把中国丝绸拆解成纱线，然后进行重新编织。普林尼在"bombyx"中写道，解开并重新编织线的过程最初是由一位名叫潘菲勒（Pamphile）的女性发明的，她是普拉修斯（Plateus）的女儿，毫无疑问，她的杰出之处在于，她提出了一项计划，尽可能将女性的衣服简化[1]。关于丝绸被拆解，有一个广为流传而且被经常引用的故事，这个想法是基于诗人卢坎写的诗，描述公元前30年克里奥帕特拉女王雪白的乳房，"通过西顿人的织物而闪闪发光，而西顿人的织物来源于赛里斯（Seres）使质地细腻的技能，以及尼罗河工人的分离和开松的缝纫技术"[2]。这些织物所用的线通常被理解为来源于中国织造的丝绸，中国丝绸在西顿（叙利亚）染色，而后在埃及被拆解并再织成。

---

[1] Philippa Scott, *The Book of Silk*, London: Thames & Hudson, 1993, p.78.
[2] *Candida Sidonio perlucent filo/Quod Nilotis acus percussum pectine Serum/Solvit et extenso laxavit stamina velo.*

| 第二章 |

嫘祖与中国丝绸的起源

中国丝绸起源于黄帝时代。按照古代的性别分工,即古代文献屡次述及的"男耕女织"来看,黄帝正妃西陵氏之女嫘祖"教民育蚕""治丝茧以供衣服",不仅与古文献所传和考古材料所示中国蚕桑、缫丝、丝绸的起源时代正相符合,而且也同古代社会以性别为基础的传统分工恰相一致,显示出嫘祖为中国蚕桑丝绸之祖的合理内涵。

一、嫘祖与丝绸起源

(一)嫘祖时代考

中国丝绸起源于黄帝时代。嫘祖与黄帝同时,为黄帝正妃,此说出自先秦两汉文献,绝无异词,乃是古人的共识。关于此点,《世本》《大戴礼记·帝系》《史记·五帝本纪》等中原所传古史,与《山海经·海内经》所载巴蜀所传古史,以及蜀王后代子孙所传古史,南北两系三方的记载完全一致，足可证明其事属实，绝非伪造。《大戴礼记·帝系》记载：

> 黄帝……娶于西陵氏之子，谓之嫘祖氏，产青阳及昌意，青阳降居泜水，昌意降居若水。昌意娶于蜀山氏，蜀山氏之子谓之昌濮氏，产颛顼。

这段史料出于《世本》①。《史记·五帝本纪》所记，与此大同，其文云：

> 黄帝居轩辕之丘，而娶于西陵之女，是为嫘祖。嫘祖为黄帝正妃，生二子，其后皆有天下：……其二曰昌意，降居若水。昌意娶于蜀山氏女，曰昌濮，生高阳，……是为帝颛顼也。
>
> 帝颛顼高阳者，黄帝之孙而昌意之子也。

《史记·五帝本纪》这段资料的来源，司马迁说是"谱牒旧闻"②，即《世本》一类专记世系来源与分化之书，又有《大戴礼记》的《帝系》和《五帝德》两篇，以及《尚书》《春秋》《国语》等先秦时代流传下来的"古文"③，均属中原系统。

同属中原系统的《吕氏春秋》，也有类似的记载，《古乐篇》云：

> 帝颛顼生自若水。

---

① 《尚书正义》卷一《尚书序》。
② 《史记·太史公自序》。
③ 《史记·五帝本纪》。

这里虽未提及黄帝、嫘祖，但对照上引诸书，可以知道其基本点是毫无二致的。

按照司马迁在《史记·五帝本纪》中所说，他所根据的这些资料，都是源自先秦中原诸夏世代相传的旧说，"总之不离古文者近是"，证明确有其事，并非臆造。上引诸书虽同属中原系统，但其取材之处却并不同源，其间有地域和国度的区别，如《世本》形成于赵，《吕氏春秋》形成于秦，其他诸书又有不同的来源。这些来源非一、流传次第非一的文献，对于嫘祖为黄帝正妃一事有着完全一致的记载，也证明事属真实，断非虚构。

先秦南方所传古史《山海经》，对于黄帝、嫘祖同时亦有确切记载，《海内经》云：

黄帝妻雷祖（嫘祖，嫘、雷二字音近相通），生昌意，昌意降处若水，生韩流。韩流……取淖子（郝懿行疏："濁、蜀古字通，又通淖，是淖子，即蜀山氏子也。"），曰阿女，生帝颛顼。

此篇成书于西周中叶以前[1]，它与《大荒西经》所载帝颛顼和蜀王鱼凫的关系等内容，均出自古蜀人之手，同源于西周时已在蜀地流传的蜀王世系谱牒一类家史，或在蜀中世代相传的旧说，颇为信而有征。

《史记·三代世表》褚少孙补曰：

---

[1] 蒙文通：《略论〈山海经〉的写作时代及其产生地域》，《中华文史论丛》第1辑，1962年。

蜀王，黄帝后世也，至今在汉西南五千里，常来朝降，输献于汉。

这里所说在汉西南五千里的蜀王子孙，是指夏商之际南迁于今云南大姚和四川凉山州地区的蜀王蚕丛后代。《史记·三代世表》之《正义》引《谱记》："蜀之先……历虞、夏、商。周衰，先称王者蚕丛，国破，子孙居姚、嶲等处。"褚少孙所说蜀王为黄帝后世子孙，即指此而言。黄帝子孙之说，当从这些蜀王后代朝降时自己称述得来[①]。这种称述，即是在蜀王后代中累世相承的家史，亦即《史记·五帝本纪》所说"谱牒旧闻"，它与《山海经·海内经》和《大荒西经》关于蜀王家史谱系的记载如出一辙，表明同源于蜀王旧史，故才得以在蜀王子孙中世代相传，至西汉时仍承而不改。

中原系统所传古史与巴蜀系统所传古史以及蜀王子孙所传古史，三者对于黄帝、嫘祖同时均有一致记载，证明其事不诬，可谓信史。

（二）嫘祖地理考

《世本》《大戴礼记·帝系》《史记·五帝本纪》并谓"西陵氏之女为嫘祖"，但是西陵究竟在何处，诸书并未指明，于是造成千古疑案，聚讼难平。

翻检史籍及诸地志书，汉魏六朝时期称为西陵的地方不下四五处，其中为学术界所称引的与嫘祖西陵氏之国有关的约有五处。这五处西陵当中，哪一处可以确定为嫘祖西陵氏之国呢？

西陵氏之国为黄帝时代古国，确定其地望，必须要有共同的准则作为

---

① 蒙文通：《巴蜀古史论述》，成都：四川人民出版社，1981年，第36页。

衡量标尺。我们以为，必须同时满足以下六个条件，才可论定西陵氏之国的地理位置。这六个条件是：

第一，时代。西陵地名必须出现在夏商之前。

第二，地理。西陵之地必须为丘陵地区。《说文》："陵，大阜。"《释名》："陵，隆也，体隆高也。"又曰："土山曰。象形者，象土山高大而上平，可层累而上。"陵为丘陵，既非大山（山，《说文》："有石而高。"），亦非平原江河湖泽之区，于此可明。

第三，方位。既称西陵，乃相对于东陵而言，因此必须在东陵之西。

第四，流域。夏商以前的东陵，史籍仅一见，即是《尚书·禹贡》"导江"部分所载"岷山导江，东别为沱，又东至于澧，过九江，至于东陵"，文中，"澧"即今澧水；"九江"不是指实之词，"九"乃言其多，依其文意，观其地理，所谓"九江"，应指今洞庭湖一带诸水汇流之地，其东即东陵。宋蔡沈《书集传》："东陵，巴陵也，今岳州巴陵县也。"地在今湖南岳阳。巴陵又称巴丘，相传后羿"断修蛇于洞庭"[①]，"其骨若陵，故谓之巴陵"[②]，其后夏禹导江，命之曰东陵。既然东陵在长江流域，则西陵也必然在长江流域。但是，西陵却并不在长江干流，而在长江支流地区。这是因为，《禹贡》对于长江干流其导江所过之地，均有记载，假如西陵在长江干流，《禹贡》自当记入；《禹贡》"导江"既不载西陵，显然意味着西陵必不在长江干流，而在支流地区。

第五，近邻。西陵氏必须与蜀山氏相近。《世本》《大戴礼记·帝系》《史记·五帝本纪》《山海经·海内经》诸书并载黄帝、嫘祖之子昌

---

① 《淮南子·本经训》。
② 《太平御览》卷一七一"岳州"条引《寻江记》。

意"娶于蜀山氏",则西陵氏之国必然与蜀山氏为近邻。

第六,民俗。西陵之地必须有蚕桑丝织传统,并有大量相关的民俗和地缘文化,方能同嫘祖"始蚕""治丝茧以供衣服"相对应。

根据以上六条,我们对有关的几个西陵进行扼要考察,便可明确何处是嫘祖西陵氏之国。

1. 湖北宜昌

宜昌之为西陵,其名晚出,三国吴时始有此称,其前为夷陵,秦置,汉因,《汉书·地理志》隶之于南郡。宜昌古为夷陵,先秦时已是如此。《史记·楚世家》记其地为楚邑,楚顷襄王二十一年(前278),秦将白起拔郢都,"烧先王墓夷陵",即此地。夷陵为楚陵墓之名,张守节《正义》曰"夷陵,陵名,后为县,属南郡",即其证。夷陵之名,源自夷山,《水经·江水注》"夷陵县"下引应劭曰"夷山在西北,盖因山以名县也",王莽时改称居利,吴黄武元年更名西陵,晋太康元年又恢复夷陵旧名。至于西陵峡之名,其名亦同样晚出,先秦时原称为夷山,至三国时改夷陵县为西陵县后,方始称西陵峡,而后世沿之不改。由此可见,宜昌之西陵,不可确定为嫘祖西陵氏之国。

2. 湖北黄冈西北

黄冈之为西陵,战国已见记载,为楚邑。《史记·楚世家》记载:楚顷襄王二十年(前279),"秦将白起拔我西陵"。《集解》引徐广曰:"属江夏。"《正义》引《括地志》云:"西陵故城在黄州黄山西二里。"秦于其地置西陵县,汉因而未改,属江夏郡。《汉书·地理志》"江夏郡西陵县"下班固原注"有云梦官",可见其地临古之云梦泽。再以方位揆之,黄冈西陵已在《禹贡》东陵之东。很明显,既然黄冈西陵不论在地理、方位、流域还是在近邻诸方面均与六条标准不符,自然也就谈不上与嫘祖西陵氏之国有什么关系了。

3. 湖北浠水

在黄冈以东的浠水流域，三国时吴于此地置有西陵郡，甘宁"拜西陵太守"①，即指此地，治所为今湖北浠水县。这个西陵郡，郡名既晚出，又显然因袭了黄冈西陵之名，就更谈不上与嫘祖西陵有关了。

4. 四川茂县叠溪

今四川西北岷江上游茂县叠溪，《汉书·地理志》记为"蚕陵"，乃蜀之先王蚕丛氏发祥兴起之地，此即岷江"南过蚕陵山，古蚕丛氏之国也"②。《水经·江水注》引《益州记》称引其地为"西陵县"，沈炳巽谓西陵为蚕陵之误，但王国维及其他校本并不以为有误，当实有其名。《益州记》原有两种，一为刘宋任豫《益州记》，一为梁李膺《益州记》，这两种《益州记》，并为《水经注》所引用。此处《水经·江水注》所引《益州记》，乃李膺所著。据此，称汉之蚕陵县为西陵县，当属南北朝时易名。

有学者认为黄帝所娶西陵氏女当为蚕陵氏女，蚕陵所在叠溪之"叠"，应出于"嫘祖"二字合文之省③。此说对于字形的解释虽颇有道理，但以此认定蚕陵为嫘祖西陵氏之国则失允当。蚕陵其先为蜀山氏之所居，蚕丛氏乃是蜀山氏之后。黄帝时代，蜀山既为黄帝、嫘祖之子昌意娶女之国，如何可能同时又是嫘祖之国？显然，这是自相矛盾、难以成立的。虽然如此，还是应当看到，蚕陵之称又确与嫘祖有关，而蜀山也确曾

---

① 《三国志·吴志·甘宁传》。
② 陈登龙：《蜀水考》卷一。
③ 邓少琴：《巴蜀史迹探索》，成都：四川人民出版社，1983年，第136页。

被称为"西山"①，但不是嫘祖发祥的西陵氏之国，而是嫘祖子昌意娶于蜀山氏时，按古代地名随人迁徙的"名从主人"之例，将西陵之名带至，而命名蜀山为西山，表现了蜀山氏文化同嫘祖文化千丝万缕的联系。关于此点，后面将详细论及。

总之，叠溪之为西陵，其名不但晚出，而且在其他一些方面也与六条标准不符，因此同样不能确定为嫘祖西陵氏之国。

以上四处西陵，共同点是都具有西陵名义，但是在时代、地理、方位（叠溪、宜昌除外）、流域、近邻、民俗诸方面，却多与六条标准不符，因而难以将其与西陵氏之国联系起来。

5. 四川盐亭

盐亭之为西陵，经四川省盐亭县嫘祖文化研究会多年的调查、考证，从史籍、民间传说、地缘文化、出土文物、唐开元年间《嫘祖圣地》石碑遗文等多方面论证盐亭为嫘祖故里西陵氏之国，颇有根据，足资凭信。这里根据上述六条标准，试为之进一步论证。

盐亭位于四川盆地北缘的低丘地区，年平均温度17.3℃，无霜期长，年平均降水量825.8毫米，年平均相对湿度73%，年平均日照时数1353.9小时，气候温和，降水集中，四季分明，春早、夏热、秋短、冬温，光热资源丰富，霜期历时短促，针、阔混生，乔、灌、草并存，属亚热带湿润气候和亚热带常绿阔叶林区，生态环境优越②，极适合于蚕桑。这里出土了古桑树化石和石斧，表明史前时代已是宜于农桑之地。盐亭境内，自古遗有西陵山、西陵寺等古地名，其北有绵阳边堆山和广元张家坡、邓家坪等一

---

① 《华阳国志·蜀志》。

② 《盐亭县志》，成都：四川文艺出版社，1991年，第67—73、91—93页。

系列相当于龙山时代的考古遗址①，表明其农桑文化属于黄帝时代，殆无疑义。

按照六条标准，《禹贡》东陵既在岳阳，则西陵必在岳阳以西的丘陵地带，并且必在长江支流地区。从长江流域的地势分析，岳阳以西直至宜昌，均为平原江河湖泽之地，不存在确定西陵位置所在的地理条件。自巫山山脉以西，续有大巴山、米仓山、龙门山等四川盆地以北山系，在此山系之间，也不存在确定西陵位置所在的地理条件。以东陵位于此数山系之东的低丘地区而言，西陵的地理位置自应确定在此数山系之西的低丘地区，东西二陵才能上下呼应，隔山相望，构成一张巨形弯弓之两端，这样才与东西二陵的内涵相符合。从这个弓形座标出发来看，盐亭位于川北山系以南、四川盆地北部边缘的低丘地区，北临龙门山，长江支流梓江（古称梓潼水）穿县而过，东隔米仓山、大巴山、巫山，与岳阳遥遥相望，恰恰位于弓形坐标的西端。不论其地理、方位还是流域，均与确定西陵位置所必须具备的几个条件相符合，且当地自古遗留有西陵山、西陵寺以及西陵绸等古地名和古丝绸名，因此确定盐亭为嫘祖西陵之国的所在是有着充分根据的。

盐亭与古蜀山相近，盐亭以北的龙门山与古蜀山（今岷山山脉的南段，即茶坪山）几乎是连为一体的，汉代即以龙门山等川北山系为蜀山②。考古发掘表明，新石器时代盐亭北面的绵阳边堆山遗址（距今4500年上下，相当于龙山时代，即黄帝时代），文化面貌同广汉三星堆文化第一期

---

① 王仁湘、叶茂林：《四川盆地北缘新石器时代考古新收获》，载《三星堆与巴蜀文化》，成都：巴蜀书社，1993年，第257—265页。

② 李充《蜀记》："蜀山自绵谷葭萌道径险窄北来。"见曹学佺《蜀中广记》卷五八引。

有若干近似之处①，其间存在某种渊源关系，有可能是构成四川盆地早期蜀文化的因素之一②。直至商代，盐亭地区仍与古蜀文明保持着密切的关系。20世纪80年代曾在盐亭境内发现数件三星堆古蜀文明独有的石璧③；2020年，考古人员通过近两年的调查，在盐亭张家坝发现一处规模上万平方米、距今3600年前后三星堆文化时期的重要遗址，已发现的遗迹有房基、灰坑、墙体等，遗物有石璧、陶罐、陶豆、鸟头形勺把等，与三星堆文化二、三期文化面貌一致。专家们认为，该遗址是目前涪江流域发现的规模最大、保存最好、遗迹最丰富、遗址性质最明确的三星堆文化时期大型聚落遗址，为盐亭县嫘祖故里传说提供新的实物资料，为古蜀文明研究提供了新材料，具有重要意义和价值④。盐亭发现的三星堆文化遗址和遗物，表明该地是三星堆文化的一处重要祭祀区域。倘若不是盐亭之地对于古蜀文明有着特殊意义，那么古蜀王国在该地以石璧举行盛大的祭天典礼是绝不可能的⑤。

盐亭自古以来重蚕桑之业，留下了大量相关的文化遗迹和民俗、民间文化。据盐亭县嫘祖文化研究会初步统计，反映蚕桑丝绸史迹的遗迹有桑林坝、古树（桑）坡、茧子山、蚕丝山、丝源山、丝姑垭、丝织坪、织机台、水丝山、丝姥山、丝姑山、丝姑庙、蚕姑庙、西陵绸等；反映嫘祖史迹的遗迹还有嫘祖山、嫘祖坪、嫘祖穴、嫘祖井、轩辕坡、嫘轩宫、嫘

---

① 郑若葵、叶茂林：《四川绵阳市边堆山新石器时代遗址调查简报》，《考古》1990年第4期。
② 段渝：《四川通史》第1册，成都：四川大学出版社，1993年，第23、24页。
③ 石璧现藏四川省盐亭县文化馆。
④ 《盐亭发现三星堆文化时期重要遗址》，《绵阳日报》2020年5月17日。
⑤ 如《周礼·春官》："以苍璧礼天。"

轩殿、嫘祖墓、嫘宫山、西陵寺等，而祭祀嫘祖的庙宇有上百处之多。《四川通志·舆地志十七》"潼川府盐亭县"下记载："蚕丝山在县东北六十里。"原注引《舆地纪胜》："山在永泰县西二十里。"又引《九域志》："梓潼有蚕丝山，每上春七日，远近士女多游于此，以祈蚕丝。"[①]足证这种文化传统源远流长。

综上诸证，盐亭作为嫘祖故里西陵氏之国的所在，不仅在时代、地理、方位、流域、近邻、民俗等诸方面有着可靠的证据，而且在文献、考古和古地名等方面也有明确的内证，因此是肯定的、可信的。

其实，唐人对于嫘祖故里在盐亭已有清楚的认识，唐开元年间赵蕤所题《嫘祖圣地》碑文对此即有明确记载。引起争论者，主要在于历代史地之书对于西陵国之地略而不载，而见诸文献者又多与西陵氏之国无关，于是附会者有之，曲解者有之，其真相反而被各种曲说所淹没了。

（三）嫘祖史迹考

1. 从姓氏看嫘祖

嫘祖之名，《世本》《大戴礼记·帝系》《史记·五帝本纪》均作"嫘祖"，《集韵》引徐广曰："嫘，力追反。"《汉书·古今人表》作"絫祖"，师古曰："絫音力追反。"可证嫘、絫音同义通。《史记索隐》："一曰雷祖，言力堆反。"《史记正义》："一作傫。"《史记索隐》引皇甫谧又作"累祖"，雷、嫘音同相通；傫、累、嫘形近相通，《集韵》"嫘"字下："力伪切，音累，义同。"可见，嫘、絫、雷、傫、累均音近相通；除雷字外，其余四字又在形、音、义三方面均通。

---

① 并见《舆地纪胜》卷一五四。

嫘字又写作纍，《集韵》："嫘，伦追切，并音纍，姓也。"《汉书·古今人表》嫘祖作絫祖，絫字即纍字之省，先秦时，纍氏已见诸文献所载中国姓氏，《左传·僖公十年》记载晋国七舆大夫"纍虎"即是嫘祖后代之一，以纍为氏。

东汉应劭《风俗通》记载："纍氏，嫘祖之后或为纍氏。谨按《左传》，晋七舆大夫有纍虎。"①郑樵《通志·氏族略四》亦云："纍氏，《风俗通》嫘祖之后，《左传》晋七舆大夫纍虎。"《通志·氏族略二》又云："西陵氏，古侯国也，黄帝妻西陵氏女为妃，名嫘祖。"从姓氏学的角度看，既然纍氏的祖源可以直接追溯到嫘祖，符合古代"以名为氏"的命氏之法②，乃是确定无疑的事实，那么历史上嫘祖一系的存在，同样也就是确定无疑的事实。

事实上，嫘祖之名早已见于先秦古文。《愙斋集古录》卷一六第25页著录有先秦青铜器"鲢甫人用孆妃妃䞨匜"，《攈古录金文》卷一之三第33页著录有先秦青铜器"孆妊作安壶"。孙诒让《古籀余论》认为："字疑为嫘祖二字合文。"从字形结构分析，嫘、纍由畾得声③，"且"为古文"祖"字，从"女"则表示性别，因此字读为纍、累，为嫘祖二字合文之省（省去所从之糸），是极为正确的。陈直《史记新证·五帝本纪》认为："传说之黄帝妃嫘祖，事或有征。"④由此可见，嫘祖名载先秦金文，由来甚古，绝非某些学者所说虚构人物，或起于晋以后的神话人物。

---

① 邓名世：《古今姓氏书辨证》引。
② 郑樵：《通志·氏族略一》。
③ 《说文解字》。
④ 陈直：《史记新证》，天津：天津人民出版社，1979年，第1页。

按照先秦姓氏之法，"女子称国及姓"①。由此分析，《攈古录金文》所载的"妊"，是一女子的姓名，纍为国姓，妊为国名，表示出于嫘祖之后。换言之，嫘祖是其先世，嫘祖便是纍姓的来源之所在。《左传·隐公八年》记载："天子建德，因生以赐姓。"姓所表示的是与祖宗的血统关系，所谓"女生曰姓"②，便是指此而言，也就是《通鉴外纪》所说"姓者，统其祖考之所自出"，而"姓千万年不变"③。所以，从姓的起源传承关系入手，按照古代女子称姓的原则往上追溯，进而追寻到始祖之名，是完全符合古代"同姓，同祖也"④这一追根溯源之法的。而且，所谓"因生以为姓"⑤，是说"姓谓子也"⑥，这就是《潜夫论·志氏姓》《风俗通佚文》《通志·氏族略》《古今姓氏书辨证》等姓氏之书所说的"以名为姓"。因此，我们说纍姓的始祖是嫘祖，而嫘祖是黄帝所娶西陵氏女之名，这在方法上是可靠的，因而在结论上必然也是可信的。由此也可看出，历史上必有嫘祖其人，既非后人虚构，亦非晋以后的神话。

2. 从名义看嫘祖

嫘祖之名，先秦金文作"纗"，晶为声符，女、且为女、糸、示、且之省，乃嫘（纍）祖二字合文之省。《左传》所记先秦嫘氏，作纍氏。《汉书》推崇古文，多用古字，《古今人表》所记嫘祖，正作絫祖，即纍之异体。应劭《风俗通》和郑樵《通志·氏族略》追寻姓氏之源，嫘祖并

---

① 《史记·周本纪》之《索隐》引《周礼》，亦见《史记·齐太公世家》之《索隐》。
② 《说文解字·女部》"姓"字下段注引《释文》。
③ 顾炎武：《原姓篇》，载《日知录集释》卷二三。
④ 《诗经毛传》。
⑤ 《说文解字·女部》"姓"下。
⑥ 陆德明：《经典释文·左传昭公四年》。

作絫祖。可见，对嫘祖名义进行分析，必须以纍字作为基准，才能探寻原义，免生异端。

纍，《说文》隶之于"糸部"："纍，缀得理也，一曰大索也。从糸，畾声。"糸，《说文·糸部》释曰："糸，细丝也，象束丝之形。凡系之属皆从糸。读若觅。"糸为束丝之形，即是一束丝，既细又少，乃是早期以家蚕丝为原料，抽茧缫丝合成细束的情景的真实写照。糸为象形字，它所象的即是治丝起源之形，这是没有疑问的。大徐本《说文·系部》"糸"字下引小徐本之说曰："徐错曰：一蚕所吐为忽，十忽为丝。糸，五忽也。"字所从之糸，是纍字的义符，即其义所在。根据古文糸字的形体和小徐本的解释，其原义是指用五蚕所吐之丝缫治成细束，这是利用家蚕丝作为原料治丝之始，反映了丝绸起源时代蚕少丝少的早期情形。在当时，由于技术等原因，缫丝过细，所以说是"细丝也"，正如钱山漾所出蚕丝过细一样[①]，都是缫丝织绸起源时的必然情况。也正因为如此，它的早期性和原始性才得以充分体现出来，表明它是治丝之始。

《说文》解释纍字："缀得理也。"段玉裁注云："缀者，合箸也，合箸得其理，则有条不紊，是曰纍。"段注仅得其义之半，却并未探得其原义。所谓"缀得理也"，乃是建立在用五蚕所吐之细丝合成束丝的基础之上，这分明是指织帛而后缀合成衣的情形，即用细丝合并成线，织成丝绸，缀合成衣，因而有条不紊，缀得其理。这才是《说文》纍字"缀得理也"的正解。这正是"治丝茧以供衣服"的真实写照，表明缫丝织绸以缀合成衣是从纍祖开始的。由此可见，先秦时代人们之所以称西陵氏之女为纍祖，正在于西陵氏女是蚕桑、缫丝、织绸、缀合成衣的始祖。

---

① 周匡明：《钱山漾残绢片出土的启示》，《文物》1980年第1期。

第二章　嫘祖与中国丝绸的起源

当然，由于嫘祖为蚕桑丝绸的始祖，其时还处于中国丝绸的早期起源时代，所以不但丝细、丝少，而且用这种细丝织成的帛也是粗疏简陋的，不能与后来的丝绸同日而语。钱玄《三礼名物通释》说："帛之精粗，可以紽、緎、总计之。"[①]此说源自先秦。《诗经·召南·羔羊》记载有"素丝五紽""素丝五緎""素丝五总"，王引之《经义述闻》卷五解释道："紽、緎、总，皆数也。五丝为紽，四紽为緎，四緎为总。五紽二十五丝，五緎一百丝，五总四百丝。故《诗》先言五紽，次言五緎，次言五总也。"《说文》未载紽、緎二字。总，《说文·糸部》释曰："总，聚束也。"即将若干合成细束的"糸"汇聚起来，成为总，这是后世蚕多、丝多时的情形。与小徐本所释"糸五忽也"即五根丝相对照，糸仅为一紽之数。古以八十丝为一缕（总同），一缕为一成，一成四十齿，一齿两丝[②]，作为衡量布帛精粗的标准。五丝（缕）仅得两齿半，其粗疏简陋是可以想见的。嫘祖时代织绸仅以糸计数，自然不能与春秋时《诗经·召南·羔羊》所述已经相当进步的丝绸相比。然而正因如此，才体现出"嫘祖始蚕""治丝茧以供衣服"的初始时代的情景，真实地反映了丝绸起源时代的情况，从而表明嫘祖的确是"治丝茧以供衣服"的始祖。

由上可见，纍字的本义，包含着始蚕、治丝、织绸等内涵，而祖的名称则体现了起源和始祖的意义。因此所谓纍祖，事实上就是蚕桑丝绸之祖，这是纍祖名义本身所揭示出来的事实。

---

① 钱玄：《三礼名物通释》，南京：江苏古籍出版社，1987年。
② 黄以周：《礼书通故·衣服一》，北京：中华书局，2007年。

（四）嫘祖先蚕考

根据以上的考证结论，我们知道，先秦时嫘祖已被普遍承认为蚕桑丝绸的始祖，并不存在一个所谓在汉代和汉代以前的文献中找不到嫘祖始蚕、治丝茧以供衣服的痕迹的问题，更不存在一个所谓在宋代以前嫘祖形象尚未塑造定型的问题。事实上，上文对于嫘祖始蚕、治丝茧以供衣服问题的正确解决，已经同时解决了嫘祖被古人奉为先蚕的问题。因为"始蚕"和"先蚕"在意义上完全等同，所不同的仅在于"始蚕"偏重于史实而言，而"先蚕"则偏重于礼仪而言，其实质是完全一样的。

为了进一步说明嫘祖与先蚕的关系，还有必要就此再加分析阐释，揭示问题的本质。

1. 文献所见先蚕的流传次第

传世文献中，"先蚕"最早见于《月令》，其文曰："（季春之月）是月也，命有司无伐桑柘，乃修蚕器，后妃斋戒，享先蚕，而躬桑以劝蚕事。"[1] 今本《礼记·月令》（十三经注疏本）无"享先蚕"三字，但马端临《文献通考·亲蚕祭先蚕》所引有此三字，而今本《礼记·月令》（十三经注疏本）唐孔颖达疏亦有"先蚕"之语，证实《月令》所载"享先蚕"乃原文所有。

《月令》的成书年代，郑玄《三礼目录》说道："名曰'月令'者，以其记十二月政之所行也。本《吕氏春秋》十二月纪之首章也。以礼家好事抄合之，后人因题之名曰《礼记》。"[2] 按郑玄之说，《月令》为《吕氏春秋·十二纪》的首章，成书于战国末秦初之际。但是，蔡邕的看法并

---

[1] 《太平御览·资产部五》。
[2] 《礼记·月令》孔颖达疏引，十三经注疏本。

不如此。蔡邕《月令篇名》在详细考证《月令》内容后说道:"宜周公之所著也。"又说:"(《月令》)官号职司,与周官合。《周书》七十二篇,而《月令》第五十三。……秦相吕不韦著书,取《月令》为纪号,淮南王安亦取以为第四篇,改名《时则》。故偏见之徒,或云'《月令》,吕不韦作',或云'淮南',皆非也。"①蔡中郎所驳,显然是郑玄等注经之人。通观《月令篇名》和蔡邕的另一著作《月令问答》,其说《月令》成书于西周,"诸侯朝正于天子,受《月令》以归,而藏诸庙中;天子藏之于明堂,每月告朔朝庙,出而行之",颇有根据。这表明,享祀先蚕之礼,早在西周时已见诸记载。

春秋战国时代,礼崩乐环,礼乐征伐自诸侯出,自大夫出,天子颁《月令》之礼也不复存在,而先蚕之祭也不再见于当时文献。秦统一后,尽废周代礼乐制度,所以祭祀先蚕之礼也被废弃而不用。汉兴,虽然对于秦代的根本制度"循而不改",但在礼乐方面,却由孙叔通等儒士多方搜寻模仿,而纷纷恢复西周旧制,其中也包括祭祀先蚕的礼仪制度。《续汉书·礼仪志上》记载:"是月(按:据刘昭补注,此指汉四月),皇后帅公卿诸侯夫人蚕,祠先蚕,礼以少牢。"此制为两汉通制,三国亦沿之不改。魏文帝黄初七年(226),皇后蚕于北郊,"依周典也"②。晋代,"晋后(按指皇后)祠先蚕"③,并依汉魏故事行事。及南北朝之世,宋孝武大明四年(460)祭先蚕。北齐时以一太牢祠先蚕、黄帝于蚕坛,并仿西周故事行祭祀之礼。北周制度,以一少牢亲祭进奠先蚕西陵氏。及隋代建立,也制先蚕坛,以一太牢制币祭先蚕于坛上。唐代,自初唐时太宗贞

---

① 严可均辑:《全后汉文》卷八〇;又见《蔡中郎集》。
② 郑樵:《通志·礼略一·先蚕》。
③ 《续汉书·礼仪志上》刘昭补注。

观九年（635）始祭先蚕，历朝皇帝、皇后颇多"有事于先蚕""亲祠先蚕"[①]。此制，宋以后亦然。

以上表明，祭享先蚕的礼仪制度，自西周以迄近世，除春秋战国秦代之际一度中断外，是代代相承、循而未改的。以先秦时代人们既知嫘祖始蚕而言，西周所祭先蚕，必然就是嫘祖。再以西周王室出自黄帝之后而论，其祭先蚕必然也是祭祀嫘祖。南北朝时，北周谋求统一中国，仿效西周制度，其祭先蚕西陵[②]，乃依西周故事。由此而论，西周祭祀的先蚕，必为嫘祖无疑。北周以后，历代所祭先蚕，也都纷纷依据周制，祭祀西陵氏嫘祖之神位。不难看出，嫘祖之为先蚕，自古而然，何谈出于宋元文人之手，又遑论出于维护华族正统论和神权至上论之需呢？假若如此，那将如何解释并非华族而出自鲜卑的北周对于先蚕西陵氏的盛大祭典呢？可见，在嫘祖即是先蚕这个事实上，根本不存在什么伪作问题。

2. 区域文化与先蚕

所谓"享先蚕"，其实是一种祭祀礼仪，本质上属于一种纪念性活动，带有浓厚的古代文化遗风，并具劝民蚕桑的鞭策激励作用。中国上古文化由各区系文化多元整合而成，因此表现在祭祀蚕神的礼仪方面、对象方面，也不能不带有多元文化的性质和区系文化的特征，从而出现不尽一致的情况，这并不奇怪。假如忽视了中国古代文化的多元性和区系性这一重要事实前提来谈论嫘祖与先蚕的关系，自然就会因为某朝某代所祀先蚕之名不是嫘祖而全面否定嫘祖之为先蚕，从而推导出错误的结论。

汉代祭祀的先蚕，就不是嫘祖，据《续汉书·礼仪志上》刘昭补注

---

① 并见诸史《礼仪志》。参阅《通志·礼略一》及《文献通考》卷八七。
② 《隋书·礼仪志》。

引《汉旧仪》："今蚕神曰菀窳妇人、寓氏公主，凡二神。"由于汉制如此，所以一些论者便据以否定嫘祖之为先蚕。其实，这种看法是肤浅的，仅仅注意到了表面现象，却没有透过现象看本质，没有把它同中国古代文化的多元性和区系性联系起来，同时也是误读了文献之故。

我们知道，汉王室起于楚地，汉高祖刘邦是"沛（县）丰邑中阳里人"①，沛县"本秦泗水郡之属县"②，为今江苏沛县地，古属"西楚"之地③，长期保有浓郁的西楚文化之风。秦王朝时，虽然在政治上、经济上、疆域上统一了中国，"海内为郡县，法令由一统"④，但在文化上和民风民俗上却不可能使天下尽归为一，各区系文化的特征在上千年历史、地理等多方面因素的作用下，仍然顽强地、鲜明地保持着。因此在秦末楚汉之际，世上流行"楚虽三户，亡秦必楚"之说⑤，而这种说法不仅体现了政治方面的斗争，而且也体现了文化方面的斗争。我们只需翻检一下《史记·货殖列传》和《汉书·地理志》，对于这个事实就会了然于胸。

基于区系文化的差异，汉王朝建立后，固然在诸多礼仪制度方面恢复了周代旧制，其中也包括"祭先蚕"的制度⑤，可是在所祭祀先蚕的对象上却与先秦并不一样，不是祭祀嫘祖，而是祭祀"菀窳妇人、寓氏公主，凡二神"。此二神于史无征，不可稽考，不过联系到楚地"重淫祀"⑥来看，大概是古代西楚地区所信奉的蚕神，体现了西楚风俗。

---

① 《汉书·高帝纪》。
② 《汉书·高帝纪》颜师古注。
③ 《史记·货殖列传》。
④ 《史记·秦始皇本纪》。
⑤ 《续汉书·礼仪志》。
⑥ 《汉书·地理志》。

从史册可见，汉高祖刘邦一贯轻视儒生，轻视儒家之学，贱称儒士为"竖儒"[①]。对于祭祀礼仪等制度，刘邦也往往不按周礼行事，而是依其兴致所至，随心所欲地颁行效祀、礼仪等制度。例如《汉书·效祀志上》记载：汉高帝二年，东击项羽而还入关，问："故秦时上帝祠何帝也？"对曰："四帝，有白、青、黄、赤帝之祠。"高祖曰："吾闻天有五帝，而四，何也？"莫知其说。于是高祖曰："吾知之矣，乃待我而具五也。"乃立黑帝祠，名曰北。这段史料表明，汉高祖所立之祠，其祭祀对象并不是按先秦以来的传统设置的。

《汉书·郊祀志上》还记载，汉高祖所立祭祀之处相当多。所祠对象大多来自当时各大文化区系，其中多数是先秦时代各大区系文化的神灵，如梁、晋、秦、荆（楚）等，而所有这些神祠，均非周代所曾立。这一事实充分表明，在汉王朝的祭祀礼仪制度中，体现了"溥天之下莫非王土"的观念和汇集天下文化以成大一统文化的风度，其各个祭祀对象之所以能够博采于各大区系文化，就是基于这种观念和风度而来。因此，在祭祀先蚕的对象方面，采自西楚文化而不是故周文化，是理所当然的，一点也不奇怪。

其实，汉代所祭祀的先蚕与周代不同，文献本身就有着清楚而明确的内证。《续汉书·礼仪志上》刘昭补注引《汉旧仪》载"今蚕神曰菀窳妇人、寓氏公主，凡二神"，已经指出了汉代所祭蚕神与先秦有所区别。"今蚕神"，自然是与"故蚕神"相对而言，既有"今蚕神"，必有"故蚕神"。"今蚕神"既然是指汉代新立的菀窳妇人、寓氏公主，则"故蚕神"必然是指周代所祀的西陵氏女嫘祖（因为春秋战国和秦代无此礼仪，

[①] 《史记·郦生陆贾列传》。

所以"故蚕神"只可能是指西周的先蚕，参考前文所论）。由此亦可看出，西周祭祀的先蚕，必为嫘祖无疑。

魏文帝时，"依周典"祭祀先蚕。既"依周典"，当然是以嫘祖为先蚕。晋代祭先蚕，依汉魏故事[①]，是指在祀典上依魏，即依周典，而在场景方面则依汉，可见晋代先蚕亦为嫘祖。北齐祠先蚕、黄帝，而黄帝正妃为嫘祖，因而所祠先蚕必然是嫘祖。北周明确祭奠先蚕嫘祖，以后历代无不以嫘祖为先蚕，并见史文，无可怀疑。

二、嫘祖与巴蜀蚕桑丝绸的起源

巴蜀是中国蚕桑、丝绸的早期起源地之一。传世古文献表明，早在黄帝时代（即考古学上的龙山时代），通过嫘祖氏族与岷江上游蜀山氏的结合，促成了蜀山氏从饲养桑蚕到饲养家蚕的重大历史性转变，从而引发了巴蜀丝绸的起源和演进，在中国蚕桑、丝绸史上具有重要意义。

（一）释蜀

在相当多的论著里，都把蜀解释为野蚕。这种解释其实是含混模糊的，并不准确。事实上，蜀指桑蚕，是家蚕的近祖，或前身，它同一般的野蚕是不一样的。

古文献对于蜀的解释，较早见到的是《韩非子·说林上》，其文曰：

鳣似蛇，蚕似蠋。人见蛇则惊骇，见蠋则毛起。渔者持鳣，妇人拾

[①] 郑樵：《通志·礼略一》。

蚕，利之所在，皆为贡诸。

《淮南子·说林》的说法与此大同，其文曰：

今鳝之与蛇，蚕之与蠋，状相类而爱憎异。

高诱注曰：

人爱鳝与蚕，畏蛇与蠋，故曰异也。

应当说明的是，以上引文蠋、蜀二字并见，其实是正字与俗字之别，实为一字。刘文典《淮南鸿烈集解》于高诱注下说："蠋本作蜀。作蠋者，后人依《韩非子·内储说上篇》改之也。"又说："《广韵·烛韵》'蜀'字下引此文，正作'蚕与蜀相类而爱憎异也'，蜀正字，蠋俗字耳。"段玉裁亦持此看法①。可见，蜀、蠋二字原无区别。

但是，与蚕形状相似而令人爱憎异的蜀究为何物，《韩非子》和《淮南子》并没有明确指出，所以引致一些不同的猜测，吴其昌就以为蜀是一种螫人的毒虫，与蚕无关②。究竟如何呢？

《说文·虫部》"蜀"："蜀，葵中蚕也，从虫，上目象蜀头形，中象其身蜎蜎。《诗》曰：'蜎蜎者蜀'。"此处所说"葵中蚕"，应作"桑中蚕"，《尔雅》释文即引此作"桑中蚕"，可为其证，段玉裁

---

① 段玉裁：《说文解字注·虫部》"蜀"字下。
② 吴其昌：《王会篇国名补证》，《中国史学》第1期。

注云："《诗》曰：'蜎蜎者蠋，烝在桑野。'似作桑为长。"又云："《毛传》曰：'蜎蜎，蠋貌；蠋，桑虫也。'《传》言虫，许（慎）言蚕者，蜀似蚕也。"朱熹《诗集传》也说："蠋，桑虫似蚕者也。"古代以蚕为虫类，所以蜀为"桑中蚕""桑虫"。既然蜀是桑中蚕，当然就可以肯定它是桑蚕，而不是所谓螫人的毒虫。至于蚕与蜀"状相类而爱憎异"，乃因蜀是家蚕的前身，自然不像家蚕那样驯服可爱，体态也不一样，岂能仅以此点就指其为毒虫？！

我们再看其他文献的解释。郑樵《通志·昆虫草木略二》说："蚕之类多。《尔雅》曰：'蟓，桑茧。仇由，樗茧、棘茧、栾茧。蚢，萧茧。'此皆蚕类吐丝成茧者，食桑叶为茧者曰蟓，盖蚕也，或云野蚕。食樗叶、棘叶、栾叶为茧者曰仇由。食萧叶为茧者曰蚢；萧，蒿也。原蚕者，再熟之蚕也。"明确指出食桑叶之蚕为蚕[①]。这告诉我们两点：第一，桑中之蚕并不是螫人的毒虫，而是蚕；所谓"或云野蚕"，即是桑蚕，而这就是指蜀了。第二，桑蚕不但所食之物与其他"蚕"（真正的野蚕）不同，而且所为之茧也与其他"蚕"茧不一样，二者之间是有区别的。对此，我们还可以进一步解释。

现代生物遗传学知识表明，家蚕是从桑蚕而不是其他野蚕驯化而来的，只有桑蚕能够经过人工驯养演变为家蚕，其他野蚕则不能驯化为家蚕。家蚕和桑蚕的这种亲缘关系，从其性状、杂交可育性、染色体数等方面，已得到充分证实。铃木义昭对家蚕和桑蚕的mRNA作了对比研究，提出了家蚕由桑蚕驯化而来的生物化学论证材料，认为"丝素是一种极端的蛋白质，它在进化过程中动人地分歧着"（Lucas and Rudall，1968），家

---

① 《尔雅·释虫》郭璞注。

蚕和桑蚕的二种丝素mRNA用现代的标准来鉴定是不可辨别的，这就对两种蚕类是祖先和后裔的关系，提供了有力的证明。就现在所用的各种方法来说，没有一种方法能够告诉我们在它们的分子大小和核苷顺序方面，能非常精确地看到细微的差别[1]。其他的野蚕丝，例如樗蚕丝和霍顿野蚕丝（Theophila, Huttani Westw）等，迄今仍不能从茧中抽出丝来[2]。

这就说明，作为桑蚕，蜀与其他野蚕有着很大区别，不能混为一谈。这一结论不仅与古代文献的记载相符合，也同现代科学研究的成果相一致，证据确凿，无可争议。

蜀为桑蚕而非一般野蚕，家蚕由桑蚕驯化而来，以及桑蚕丝与家蚕丝基本无别，这三点对于我们探索巴蜀蚕桑、丝绸的起源从而也是进一步探索中国蚕桑、丝绸的起源，有着特别重要的意义。因为从蜀山氏到蚕丛氏名号的转变，事实上已向我们展示出从驯养桑蚕、利用桑蚕丝到饲养家蚕、利用家蚕丝的巨大转变及其历史进程。这一转变，则是由嫘祖入蜀山所激励、推动和促成的。

（二）嫘祖与蜀山氏、蚕丛氏

所谓蜀山氏，顾名思义，是指驯养桑蚕并利用桑蚕丝作为纺织原料的族群。蜀山氏的名称来源于古代"以事为氏"的传统命氏之法，它显然意味着，这支氏族已经站在了家蚕和丝绸起源的门槛之上。

先秦史籍记载黄帝、嫘祖为其子昌意娶蜀山氏女，便是在岷山，其地理位置在今四川茂县叠溪。《太平寰宇记》卷七八"茂州石泉县"下载：

---

[1] W.Beermann, *Biochemical Diffeerencitiation in Insect Glands*, Springer-Verlag, 1977.
[2] 蒋猷龙：《就家蚕的起源和分化答日本学者并海内诸公》，《农业考古》1984年第1期。

"蜀山，《史记》黄帝子昌意娶蜀山氏女，盖此山也。"南朝成书的《益州记》[1]记载："岷山禹庙西有姜维城，又有蜀山氏女居，昌意妃也。"《路史·前纪四》说："蜀之为国，肇于人皇，其始蚕丛、柏灌、鱼凫，各数百岁，号蜀山氏，盖作于蜀。"其《国名纪》说："蜀山（今本无"山"字，蒙文通先生据《全蜀艺文志》引补），今成都，见扬子云《蜀记》等书，然蜀山氏女乃在茂。"又说："蜀山，昌意娶蜀山氏，益土也。"蜀山氏所居之地，又名叠溪。据邓少琴先生研究，叠字应出于先秦金文孅之所省；因嫘祖而名之[2]，此论极有见地（参考上文关于叠字的考证）。这表明，当黄帝为其子昌意娶于蜀山氏之时，嫘祖亦曾亲临蜀山之地。嫘祖之临蜀山，也就促使蜀山氏从驯养桑蚕向饲养家蚕转变。

嫘祖本为西陵氏之女，古代蜀人亦称蜀山为"西山"，乃历代蜀王的"归隐"之地[3]。按古代的归葬习俗，归隐其实是指归葬于所从来之地，即是其所发祥兴起的地区。历代蜀王既归隐于西山，显然就意味着蜀之西山（蜀山）是其发祥之地，其兴于此，来于此，而又归于此。商代的广汉三星堆祭祀坑和成都羊子山土台（大型礼仪中心），方向都朝向蜀山，绝非偶然，它们其实都表现了魂归蜀山或祭祀其先王所从来之地的观念，这就从考古学文化上证明蜀之西山乃蜀山氏兴起之地这一事实。蜀之西山与嫘祖之西陵，这两个名称具有深刻的内在联系。陵，《论文》释为"大阜"，即丘陵地区。山与陵，广义上可以互通。嫘祖为其子昌意娶于蜀山氏，依古代地名随人迁徙的"名从主人"传统，将西陵之名带至，而命名

---

[1]　《益州记》有刘宋任豫和梁李膺两种，均佚，此为《路史》所引，未指出为任书还是李书。
[2]　邓少琴：《巴蜀史迹探索》，成都：四川人民出版社，1983年，第136页。
[3]　刘琳校注：《华阳国志校注·蜀志》，成都：巴蜀书社，1984年。

蜀山为西山，同时在那里留下了以嫘祖名称命名的地名（叠溪）。可见，蜀山氏文化的确与黄帝、嫘祖文化有着千丝万缕的联系，不容否定。

能够说明嫘祖至蜀山并促成蜀山氏驯化桑蚕为家蚕这一重要转变的另一证据是，自从黄帝、嫘祖为其子昌意娶于蜀山氏以后，蜀山氏的名称就不再见称于世，而为蚕丛氏这个名称所取代，在蜀山氏原来所居的区域，也成为蚕丛氏的发祥兴起之地。这个历史变化不是偶然的，其内涵恰与从蜀（桑蚕）到蚕（家蚕）的驯化演进历程相一致，真切地反映了蜀山氏在嫘祖蚕桑、丝绸文化影响和促进下，由驯养桑蚕转化为饲养家蚕，并以家蚕丝为原料缫丝织帛的历史转变及其进程。从蜀山氏到蚕丛氏名称的变化表明，两者关系是前后相续、次第相接的发展演变关系，是历史与逻辑相统一的关系，也是生物学上的遗传变异关系和家蚕起源上的驯化桑蚕为家蚕的关系，包含并体现了深刻的历史内容，而不仅仅是一个名称的交替。正因为蚕丛氏上承蜀山氏，并在蜀山建国称王，所以其氏族名称和国号均称为蜀，即使是在蚕丛从蜀山南迁成都平原立国称雄后，虽保持了蚕丛氏的名号，但仍然以蜀命名国号，而以后历代蜀王也因袭蜀名而不改。中原文献称历代蜀王均为蜀，原因也在乎此。

至于从"蜀山"到"蜀"的变化，则是与蚕丛氏从蜀山南迁成都平原相适应的。成都平原一望无垠，方圆9000多平方千米内无山，地理环境与蜀山大不相同，因而去其"山"而仅保留"蜀"，而对于山的怀念，则体现在蚕丛氏的大石崇拜之中[①]。

从蜀山氏到蚕丛氏的转变，初步完成了蚕桑、丝绸的早期起源阶段，进入发展、传播的新阶段。其后，随着蚕丛氏从蜀山南迁成都平原，蚕

---

① 段渝：《四川通史》第1册，成都：四川大学出版社，1993年，第182页。

桑、丝绸文化也一同传布开来，推动了蜀中蚕桑和丝绸业的兴起，蜀地进一步演进成为中国蚕桑、丝绸业的主要基地和一大中心。

蚕丛氏南迁的史迹，斑斑可见，而蚕丛氏在所过之地"教民养蚕"，也史不绝书。在蜀山以南岷江南入成都平原的地方，自古遗有"蚕崖关""蚕崖石""蚕崖市"等古地名[①]，在成都有"蚕市"[②]，又有"蜀王蚕丛氏祠，今呼为青衣神"[③]，都反映了成都平原蚕桑、丝绸的兴起，是随蚕丛氏而来的。正因蚕丛氏"教人养蚕，时家给一金（头）蚕"[④]，"民所养之蚕必繁孳"[⑤]，所以才博得了广大蜀人的尊敬和爱戴，而为之立祠，每岁祭祀，表示缅怀之情。

虽然应当看到，蚕丛事迹有后人神化之处，如以为"金蚕"为黄金所制之蚕，或以"人皆神之"而以"青衣"名县[⑥]。但是，却不能因为羼有神话成分便全盘否定这些史实，其主要内容是有着相当的事实依据的。比如所谓"金蚕"，按早出文献，实为"金头蚕"[⑦]，并非黄金制成的假蚕；又如蜀之"蚕市"，来源于蚕丛氏教民养蚕，"所止之处，民则成市，蜀人因其遗事，年年春置蚕市也"[⑧]，并非神话。再如"蚕丛衣青衣"，教民养蚕，乃来源于先秦享先蚕时场景中的服饰，而蚕丛氏为蜀山氏之后，同先蚕嫘祖有亲缘关系，故其衣青衣，可见并非神话。因此，蚕丛氏在蜀中教

---

① 曹学佺：《蜀中名胜记》卷六，上海：上海古籍出版社，1993年。
② 陶宗仪：《说郛·续事始》引《传仙拾遗》。
③ 曹学佺：《蜀中名胜记》卷二引《方舆胜览》。
④ 曹学佺：《蜀中广记》卷六〇引《寰宇记》。
⑤ 陶宗仪：《说郛·续事始》引《传仙拾遗》。
⑥ 《蜀中名胜记》卷一五。
⑦ 陶宗仪：《说郛·续事始》引《传仙拾遗》。
⑧ 陶宗仪：《说郛·续事始》引《传仙拾遗》。

民养蚕的传说，是建立在大量事实基础之上的，不能斥之为伪。再者，在古代，"神不歆非类，民不祀非族"①"非其所祭而祭之，名曰淫祀，淫祀无福"②"非其鬼而祭之，谄也"③，倘若蚕丛氏没有教民养蚕，从而引致蜀中丝绸业的兴起，那么就绝不可能有蚕丛祠的兴建，也绝不可能有青衣神传说的流传。这种情况，正如李冰之与二郎神庙的兴建和有关神话传奇的流传一样，都是以真实的历史事实为其内核的。

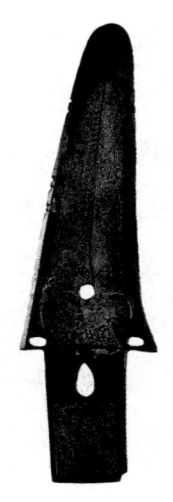

蚕纹青铜戈

出土于成都交通巷的一件西周早期的蜀式青铜戈，内部纹饰图案以一身作屈曲蠕动状的家蚕为中心，四周分布一圈小圆点，象征蚕沙或桑叶，左侧横一桑树，蚕上部有表示伐桑所用的斧形工具符号④，充分表现出古蜀蚕桑业的成熟性和兴旺发达。联系到蚕丛氏在虞夏之际从蜀山南迁成都平原，"教民养蚕"的史实看，蜀人对于先王蚕丛氏的崇祀和纪念，完全是有其充分理由的。

我们曾经论证，广汉三星堆文化一期的若干因素与岷江上游汶川增坡出土的石器窖藏有着深刻的内在联系，表明岷江上游古文化是三星堆一期文化的来源之一，意味着蚕丛氏从岷江上游蜀山南迁成都平原建立蜀王国的史实⑤。我们又曾论证，四川盆地北缘的绵阳边堆山遗址，文化面貌与广汉三星堆早期文化有若干共性，而年代较三星堆为早，因此也暗示着边堆

---

① 《左传·僖公十年》。
② 《礼记·曲礼》。
③ 《论语·为政》。
④ 石湍：《记成都交通巷出土的一件"蚕纹"铜戈》，《考古与文物》1980年第2期。
⑤ 段渝：《论蜀史"三代论"及其构拟》，《社会科学研究》1987年第6期。

山文化是早期蜀文化的渊源之一[1]。考古学上显示出来的早期蜀文化的这两支渊源，恰与文献所载嫘祖之于蜀山氏和蚕丛氏之于古蜀国的关系相吻合，确定无疑地显示出从嫘祖到蜀山氏，从蜀山氏到蚕丛氏，再从蚕丛氏到三星堆早期蜀王国这一文化发展序列[2]，证实成都平原早期蜀文化的上源之一的确与黄帝、嫘祖和蜀山氏、蚕丛氏有着不可分割的渊源，同时也表明成都平原的蚕桑、丝绸业的确与蚕丛氏的南迁和"教民养蚕"有关，而蚕丛氏之蚕桑、丝绸，则是从嫘祖之于蜀山氏转化而来，这一发展演变的脉络是十分清楚的。

（三）嫘祖、蚕丛氏与蚕女马头娘的传说

在古代蜀地，还长期流传着蚕女马头娘这一动人的传说[3]。这个传说从古代"人兽同体"的观念出发，解释并构拟了蜀地蚕、桑起源的历史，极富人类与动物之间浓厚纯真的情感和轮回转形色彩，在蜀中产生了广泛深刻的历史影响。不过细审这个传说，它的来源却与嫘祖、蚕丛氏等有密切关系，是以嫘祖为原型，从蚕丛氏"教民养蚕"演化而来的。

从蚕女马头娘传说的产生地域上说，《太平广记》卷四七九引《原化传拾遗》记载："蚕女旧迹，今在广汉"，又载"今家在什邡、绵竹、德阳三县界"；《蜀中广记》卷七一引《仙传拾遗》记载为"广汉之墟"；《四川通志》卷四四记载为"在什邡、绵竹、德阳三县界，石亭江北岸"，均属汉代广汉郡地范围以内。汉代广汉郡属县十三，什邡、绵竹、

---

[1] 段渝：《四川通史》第1册，成都：四川大学出版社，1993年，第17、23、24页。
[2] 这仅是指早蜀文化的发展序列之一，尚有其他文化来源所构成的发展序列，此不论。
[3] 可参看《太平广记》卷四七九引《原化传拾遗》、《墉城集仙录》卷六、《蜀中广记》卷七一引《仙传拾遗》、《乘异记》《四川通志》诸书。

德阳以及今之广汉、盐亭均在其内①，而广汉的辖境则有今之盐亭、射洪等诸县地②。石亭江发源于今绵竹县南，流经什邡、广汉，注入绵远河。这些县地的地名及县境虽历代有一定变化，但石亭江的位置是固定的，可以作为长时段的地理坐标。这样看来，蚕女马头娘的传说兴起于今广汉、什邡、绵竹一带，其地之西即是岷山之南段，即蜀山；其地之东即是古之西陵，即今盐亭；其地之南即是蚕丛氏之都，即广汉三星堆遗址早期文化遗存，这一分布格局难道可以说是偶然的吗？显然，蚕女传说是在嫘祖、蜀山氏、蚕丛氏东、南、西三方面的影响下兴起的，因其为女性，故明显是以嫘祖作为其原型，因其形成于成都平原蚕丛氏之都附近，故明显是由蚕丛氏"教民养蚕"演化而来。

蚕女传奇尽管内容荒诞虚缈，属于典型的上古神话主题，但有两点可以断定它比较晚出，从而可以反映其形成时代。首先，这个传说构拟的蚕桑起源历程，是从"女化为蚕，食桑叶，吐丝成茧，用织罗绮衾被，以衣被于人间"③开始的，桑蚕直接起源于家蚕，而缺乏对于从驯化桑蚕到家蚕这一漫长时期的任何描述或暗示，表明这个传说的产生时代必定是在家蚕饲养已经兴起并普及的发展阶段，而不是家蚕起源阶段。其次，这个传说虽然在不同的古书中有不同的情节描述，但有一点是诸书共同的，那就是乘骑。可是，中国古代的乘骑兴起于战国时期，大约在公元前4世纪中叶，由赵武灵王倡导其军队"胡服骑射"首开其端④，此后才逐渐普及的。因此，蚕女传说的形成年代，其上限不应早于公元前4世纪中晚期，当可肯定。

---

① 《汉书·地理志》。
② 《水经·江水注》，参阅刘琳校注《华阳国志校注·蜀志》。
③ 《墉城集仙录》卷三。
④ 《史记·赵世家》。

不过，蚕女传说的形成时代也不会太晚，当不晚于战国晚期。首先我们知道，成都平原的蚕桑事业从蚕丛氏开始即已得到推广和普及，其年代是在虞夏之际，此后即进入持续发展阶段。其次，虽蚕女传说本身将故事的时代置于帝颛顼之时[①]，并以原始时代为故事背景，但又有仙话的痕迹，而蜀中仙话兴起于战国晚期。从这两点，可以初步判定其产生下限为战国晚期。最后，蚕女传说以蚕女转化为马头娘为终结，而蚕女马头娘仅在蜀中流传，他地则无，加之诸书并谓蚕女为蜀人，可以论定是兴于蜀的传说。这个传说至少在战国末叶北传中原，并为《荀子·赋篇》所吸收征引，表明其形成年代早于战国末叶。综此诸证，我们基本上可以判定，蚕女马头娘传说形成于战国晚期，大致在公元前300年前后。

上述分析表明，不论在地域上还是年代上，也不论在原型上还是事迹上，蚕女传说均有来源于嫘祖、蚕丛氏旧事的痕迹，只不过把它们扭曲成神话，而又在情节上做了大量修改、补充，从而独树一帜，令人难以洞察其源流罢了。

蚕与马，本来是两类不同的动物，但在古人眼中，蚕、马却是相生相克，以为"蚕与马同类"。不过这种观念并非全属迷信，它的确来源于古人的经历，乃是古代的经验之谈。郑樵《通志·昆虫草木略二》说道："今以蚕为末涂马齿，即不能食草，以桑叶拭去乃还食。此明蚕马类也。"蚕女转化为马头娘，大概就同此类经验有关。至于将蚕女称引为"房星之精"，而"马为天驷"，故蚕、马同类的说法，则纯属晚出的神话之说，自不足凭信。

蚕女传说于战国晚期兴于蜀，播于蜀，而又很快北传中原，为中原

[①] 今本原作帝喾，误。与蜀有关的是帝颛顼，据此校改。

士大夫所知悉,《荀子·赋篇·蚕》"此夫身女好而头马首者与"一句,便是据此写成的。我们知道,中原关于"蚕与马同气"的观念,是建立在"天文辰为马",而《蚕书》有"蚕为龙精"之说的基础上[1],可见中原文化是以蚕为龙精,并无蚕女马头娘的传统说法,此其一。其二,《荀子》这句话是疑问句,其口气带有质疑的性质。假如蚕女马头娘之说出于中原的传统文化,荀子是不会对它表示怀疑的。荀子文中也明确说是"臣愚而不识,请占之五泰(帝)",表明它对于荀子来说还是一种新事物,因为荀子所识者,仅是流行于中原的"蚕为龙精"的传统说法。其三,蚕女马头娘传说不但在蜀中广为流传,影响深刻,而且历代"宫观诸化,塑女子之像,披马皮"[2],各县均有。中原则除《荀子》此篇稍有提及外,余皆不及,而《荀子》的描写也仅限于其大概,未得全豹,表明他取材于蜀中所传,而不是中原所固有。最后,战国末荀子之时,蜀已纳为秦地,与中原关系日益密切,蜀中事物必随之北传中原。在《荀子·王制篇》中,就提到蜀之名产曾青和丹砂,荀子弟子李斯在《谏逐客书》中,也说到"西蜀丹青不为采"[3],足见对蜀中事物确有所知。既如此,那么蚕女马头娘传说的北染中原,就是完全可能的。

蚕女马头娘传说在嫘祖故里也广为传播,各处寺庙均塑有其雕像,有的至今仍存。但与其他地方所不同的是,盐亭县凡供有蚕女马头娘像的寺庙,均无不同时供有嫘祖像,并且嫘祖在上,马头娘在下,嫘祖为主,马头娘为次,嫘祖为正,马头娘为副。这一文化传统之所以在盐亭形成并代代相承,应当说,是与盐亭之为嫘祖故里这个特殊文化环境相适应、吻合

---

[1]　《周礼·马质》郑玄注。
[2]　《太平广记》卷四七九引《原化传拾遗》。
[3]　《史记·李斯列传》。

的，由此也可以看出蚕女马头娘由嫘祖形象演化而来的历史痕迹。

嫘祖、蜀山氏、蚕丛氏以及蚕女马头娘传说，前后贯通，一系相传，是传世先秦文献中关于蚕桑丝绸起源历史进程的唯一系统记载，这个历史进程发生在巴蜀，完成于巴蜀，它充分证明，巴蜀是中国蚕桑、丝绸的最早起源地之一。

三、巴蜀丝绸对中国和世界文明的贡献

黄帝、嫘祖为其子昌意娶于蜀山氏，生子高阳，是为帝颛顼，为五帝之一。黄帝、帝颛顼均有东进中原，为中原雄主的历史，而嫘祖作为黄帝正妃、帝颛顼祖母，自周代以来被中原王朝列入祀典，祭享先蚕，成为中华蚕桑、丝绸之祖。从这个意义上说，以嫘祖为代表的巴蜀蚕桑、丝绸曾给中原以重要影响，为中华蚕桑、丝绸事业作出了伟大而不朽的贡献，是应当加以充分肯定的。巴蜀丝绸对世界古代文明的贡献，则体现在以丝绸之路为形式的中西经济文化交流上。这两点，是巴蜀丝绸对中华文明和世界文明的重要贡献。

（一）嫘祖东迁与蚕桑丝绸的东传

据东汉崔寔《四民月令》记载："（嫘）祖，道神也。黄帝之子曰累祖，好远游，死道路，故祀以为道神，以求道路之福。"[①]文中，黄帝之子为黄帝之妃之误。以嫘祖为"道神"，在于她"好远游"，实际上表示的是嫘祖东迁的史迹，即随黄帝东迁中原。

---

① 《宋书·礼志》注引。嫘祖远游，死于道的传说，还见于其他载籍。

黄帝原居西北，是西北高原的族类。《国语·晋语》记载："少典娶于有蟜氏，生黄帝、炎帝。黄帝以姬水成，炎帝以姜水成，成而异德，故黄帝为姬，炎帝为姜。二帝用师以相济也，异德之故也。"黄、炎二帝本是从一族中分化出来，炎帝姜姓，与羌同，出西北，所以黄帝亦出西北，前人已有定论。黄、炎二帝均有东迁的历史。据《史记·五帝本纪》，炎帝率先东伐中原，"欲侵陵诸侯，诸侯咸归轩辕"，轩辕即黄帝之号，来源于黄帝所居"轩辕之丘"。黄帝居轩辕之丘时，"娶于西陵氏之女，是为嫘祖，……生二子，……其二曰昌意，降居若水，昌意娶蜀山氏女，曰昌仆，生高阳"，其后才以轩辕之号东进中原，"与炎帝战于阪泉之野，三战，然后得其志"，又擒杀蚩尤，"而诸侯咸尊轩辕为天子，代神农氏，是为黄帝"，可见，黄帝在轩辕之丘，与嫘祖之西陵氏通婚后，才修德振兵以东伐炎帝，否则便无从谈起"诸侯咸归轩辕"。黄帝东征，自然是聚族前往，嫘祖随之东迁亦势所必然。随着嫘祖东迁，始将蚕桑、丝绸传入中原，引起黄河流域蚕桑的兴起，中原王朝尊嫘祖为先蚕，实由此而来。

黄河流域中原地区蚕桑、丝绸的起源，目前还没有确切材料予以证实，不过从古史记载看，均推嫘祖，这种情况并非偶然，很有可能反映了历史的实际，而不是传说。

我们首先看黄帝族系的分化情况。"黄帝"名称，见于战国时齐威王铜器陈侯因𰯼敦铭文，称"绍统高祖黄帝"。其时田（陈）氏已代齐，陈祖出于虞帝[①]，虞帝出自帝颛顼，为黄帝后代。《国语·鲁语》载"有虞氏禘黄帝而祖颛顼""幕，能帅颛顼者也，有虞氏报焉"，为其确证。

---

① 《史记·孟子荀卿列传》《汉书·王莽传》和王莽新量铭文，可以参证。

《史记·五帝本纪》引录《国语·晋语》"黄帝二十五子,其得姓者十四人",分化出十四个支系,多分布在黄河流域中原地区。黄帝后世子孙这些支系,均同时与嫘祖有关,实际上也是嫘祖的后世子孙。

从文献上看,黄帝、嫘祖的时代为仰韶文化时期,正是在这个时期,中原的荥阳青台出现了丝绸,此后,在龙山时代到有夏一代,中原和相邻地区已经有了蚕桑、丝绸,见于《禹贡》[①],这就意味着是随着嫘祖东迁而将蚕桑、丝绸传播至这些地区的。把黄帝族系的分布地区,同《禹贡》所载产丝绸的地区加以对照,就很容易看出,大凡黄帝族系没有涉足分布之地,多处在丝绸时代之前,或处于利用野蚕丝为纺织原料的阶段,而黄帝族系分布之地,则往往出产家蚕丝。山东半岛原为莱夷的居息之地,《禹贡》记载其地有"厥篚檿丝",据宋蔡沈《尚书集传》,檿丝是"山蚕之丝",也就是柞蚕丝。但兖州则是"桑土既蚕",又有家蚕丝,"厥篚织文";徐州"厥篚玄纤缟";荆州"厥篚玄纁玑组",豫州"厥篚纤纩",而这些地区多是黄帝后世子孙的分布之区。可见,黄河流域中原地区蚕桑、丝绸的有无,同是不是黄帝、嫘祖后世子孙大有关系的。

这一现象可以说明,黄河流域中原地区蚕桑、丝绸的兴起,是黄帝、嫘祖东迁中原的结果,中原历代王朝之所以祭嫘祖为先蚕,原因正在于此。

至于长江下游良渚文化蚕桑、丝绸的起源,已由考古证实是在黄帝时代,而它的起源与黄帝无关,是上承更早时期河姆渡文化的驯养野蚕的文化传统,并在文化进步的历程中进而驯化桑蚕为家蚕而来,表现为一个独立的桑蚕、丝绸起源系统。

---

① 《禹贡》"九州篇"反映的是公元前2000年的生态环境,出于商朝史官对夏代的追记,见邵望平:《〈禹贡〉"九州"的考古学研究》,载《考古学文化论集》2,北京:文物出版社,1989年,第11—30页。

（二）巴蜀丝绸与丝绸之路

"丝绸之路"这一名称，是德国地理学家李希霍芬1877年提出来的，指以丝绸为主要贸易内容的东西方商路和交通路线。中国通往西方和海外的丝绸之路有四条：南方丝绸之路、北方丝绸之路、草原丝绸之路和海上丝绸之路。巴蜀丝绸播到西方，先秦时代的主要通道是南方丝绸之路，汉代及以后从北方丝绸之路输往西方的丝绸当中，也以巴蜀丝绸为大宗，而从草原丝绸之路输往北亚的中国丝织品中，目前所见年代最早的似乎也是巴蜀丝绸。大量事实表明，巴蜀丝绸以其质量优良闻名中外，的确不愧为丝绸的故乡。

考古资料说明，中国丝绸早在公元前11世纪已传至埃及[①]，到公元前5、前4世纪时，中国丝绸在欧洲，尤其多瑙河流域盛行。可是如果仅仅根据中国古代文献的记载，至公元前2世纪末期汉武帝时，汉王朝才开通西域丝绸之路，远远晚于考古发现所真实反映的中国丝绸西传欧洲的年代。

根据《史记·大宛列传》和《西南夷列传》的记载，张骞出西域西行，沿途在西域各国均有所见闻，知道西域各国国君"好汉缯絮"，并在大夏（今阿富汗）见到当地商贩从身毒（印度）买回的"蜀布""邛竹杖"等"蜀物"，却并没有提到和听说过通过中国西北方面贩卖到西域各国的丝绸。这说明在汉王朝通西域以前，西域各国即使知道中国丝绸，他们能够得到的丝绸也少得可怜，所以张骞特别强调说西域各国国君"好汉缯絮"。可见当时中国丝绸的西传，在西域沿线并不多见，丝绸主要不是经由西域传往中亚和西亚地区的。

从《后汉书·和帝纪》《安帝纪》《西南夷传》关于东汉时"永昌徼

---

① 见《新华文摘》1993年第11期关于奥地利考古队在埃及发掘中发现中国丝织品遗迹的报道。

外夷"多次"遣使奉贡"的情况来看，在西汉张骞通西域以前，蜀身毒道应是为缅、印所最熟知的中、缅、印交通线，也是中、缅、印间最常走的线路，先秦两汉时期印度从中国进口的蜀丝和丝织品就是经由这条线路到达印度并转至中亚以至地中海地区的，Cina名称也是由此西传印度并转声为Seres和Serica，传至中亚和欧洲地中海地区的。设若在张骞通西域以前印度获得的丝绸是从西域进口，即出河西走廊向西经新疆至中亚和阿富汗再南下到达印度的线路进口，那么缅甸、印度所谓"徼外夷"入贡就应该走西域道进入中原，可是事实却不是这样。《史记·大宛列传》记载张骞说："臣在大夏时，见邛竹杖、蜀布。问曰：'安得此？'大夏国人曰：'吾贾人往市之身毒。身毒在大夏东南可数千里，其俗土著，大与大夏同，而卑湿暑热云，其人民乘象以战。其国临大水焉。'以骞度之，大夏去汉万二千里，居汉西南，今身毒国又在大夏东南数千里，有蜀物，此其去蜀不远矣。今使大夏，从羌中，险，羌人恶之；少北，则为匈奴所得；从蜀，宜径，又无寇。……然闻其西（按：此指昆明，今大理）可千余里有乘象国，名曰滇越，而蜀贾奸出物者或至焉。"①把张骞在中亚所见"蜀物""蜀贾"，同蜀贾在次大陆身毒和在东印度阿萨姆滇越从事商业活动等情况联系起来分析，可以清楚地看出，汉武帝通西域以前，由于匈奴和西羌分别占据封锁了今内蒙古、宁夏和河西走廊一带，阻隔了出西域的中西交通，所以蜀人蜀贾在印度和中亚所进行的中国丝绸、"蜀物"等交易，必然是通过蜀身毒道进行的。季羡林先生指出："古代西南，特别是成都，丝业的茂盛，这一带与缅甸接壤，一向有交通，中国输入缅甸，通

---

① 《史记·大宛列传》"蜀贾奸出物者"一句，《汉书·张骞传》"奸出"作"间出"。

过缅甸又输入印度的丝的来源地不是别的地方,就正是这一带。"[1]这与上文所分析的东汉时缅、印等地的一些古国通过蜀身毒道入贡中原王朝的路线等情况,也是相当一致的。

由此看来,公元前2世纪汉武帝开通西域道以前,中国丝绸的西传,应当或主要是从蜀身毒道西行。考古学家曾在阿富汗喀布尔附近发掘的亚历山大城的一座堡垒内发现大量中国丝绸,据研究,这批丝绸是经南方丝绸之路,由蜀身毒道转运到中亚的蜀国丝绸[2]。喀布尔正当南方丝绸之路要道[3],这批丝绸出现在那里不是偶然的。不少学者认为,张骞在大夏看见的"蜀布",其实就是蜀地生产的丝绸。扬雄《蜀都赋》说蜀地"黄润细布,一筒数金"[4],意思是蜀地的丝绸以黄色的品质尤佳。有趣的是,印度考古所前任所长乔希先生曾指出,古梵文文献中印度教大神都喜欢穿中国丝绸,湿婆神尤其喜欢黄色蚕茧的丝织品[5]。这种黄色的丝织品,应该就是扬雄所说的"黄润细布"。我们知道,印度教里湿婆神的出现年代相当早,有学者认为早在印度河文明时期已有了湿婆神的原型,后来印度教文明中的湿婆神就是从印度河文明居民那里学来的[6]。从印度古文献来看,湿婆神的出现至少也是在公元前500年以前,相当于中国的两周时期,那时中

---

[1] 季羡林:《中国蚕丝输入印度问题的初步研究》,载《中印文化关系史论文集》,北京:生活·读书·新知三联书店,1982年,第75页。
[2] 童恩正:《略谈秦汉时代成都地区的对外贸易》,《成都文物》1984年第2期。
[3] 哈威:《缅甸史》,姚楠译,北京:商务印书馆,1957年,第51页。
[4] 扬雄:《蜀都赋》,丛书集成初编本。
[5] 转引自谭中、耿引曾:《印度与中国——两大文明的交往和激荡》,北京:商务印书馆,2006年,第71、72页。
[6] 刘建、朱明忠、葛维钧:《印度文明》,北京:中国社会科学出版社,2004年,第48、50页。

原黄河流域尚不知九州以外有印度的存在，而古蜀经由西南夷已与印度有了丝绸贸易关系。联系到张骞在大夏见到蜀布、邛竹杖等"蜀物"，是大夏人"往市之身毒（印度）"的记载，足证在西汉以前很早就有蜀人商贾前往印度从事长途贸易，而丝绸的西传，自然也离不开这条古道和往来活跃在这条古道上的蜀人商贾。

中国是丝绸的原产地，早在商周时期丝绸织造就已达到相当水平[①]，而四川是中国丝绸的重要起源地和主要原产地，尤其是成都丝绸织锦自古称奇，西汉扬雄《蜀都赋》曾称颂蜀锦鲜艳华丽，品种繁多，发文扬采，转代无穷。史前时期就有嫘祖后代、古蜀王蚕丛在成都平原"教民养蚕"，巴蜀丝绸兴起，到商代三星堆文化时期，古蜀的丝绸制作已发展到相当成熟的阶段[②]。

广汉三星堆二号祭祀坑内出土的一尊青铜大立人像，头戴花冠，身着的长襟衣服上装饰有各种繁缛的花纹。学术界认为，其冠、服为蜀锦和蜀绣[③]，这是有道理的。2021年三星堆新一轮考古发掘，继首次发现丝蛋白后，又在八号坑出土的一件青铜残片上发现附着的丝绸残留实物，经纬组织非常明显，表层有一层类似于涂层的附着物，尺寸为1.8厘米×0.8厘米，是目前三星堆发现的最明显也是面积最大的丝绸残留物[④]。研究团队对1986年出土的一、二号坑的纺织品残留做了排查，在放大30—200倍后，发现13种器类、40多件器物上都有丝织品残留，还在其中的青铜蛇上的残留发

[①] 夏鼐：《我国古代蚕、桑、丝、绸的历史》，《考古》1972年第2期。
[②] 段渝：《黄帝、嫘祖与中国丝绸的起源时代》，《中华文化论坛》1996年第4期。
[③] 陈显丹：《论蜀绣蜀锦的起源》，《四川文物》1992年第3期。
[④] 田云华、王帅：《三星堆遗址发现最明显、最大面积的丝绸残留物》，《央视新闻》2021年5月30日。

三星堆青铜大立人服饰　　　　三星堆八号坑出土的丝绸残片

成都交通巷出土的蜀式青铜戈图案

现了平纹之外的斜纹①。这表明，三星堆文化时期，不但三星堆的丝织工艺和丝绸使用已普遍存在，丝织业达到很高水平，而且丝绸已经成为政治权威和宗教权威的重要象征和物化体现，同时还表明丝织业已是三星堆政治经济的一个重要组成部分，有着相当高的地位。

成都交通巷出土的一件西周早期蜀式青铜戈，内部纹饰图案以一身做屈曲蠕动状的家蚕为中心，四周分布一圈小圆点，象征蚕沙或桑叶，左侧横一桑树，蚕上部有表示伐桑所用的斧形工具符号②。西周前期，渭水上游宝鸡附近分布

---

① 吴平：《三星堆新发现：丝织品现黄色涂层；神树上还是衣服上，金箔用途未定》，《川观新闻》2021年5月25日。
② 石滩：《记成都交通巷出土的一件"蚕纹"铜戈》，《考古与文物》1980年第2期。

着一支弻氏族类，其大量遗物已被发现①。从各种文化现象分析，弻氏文化是古蜀人沿嘉陵江向北发展的一支，是古蜀国在渭水上游的一个拓殖点②。在弻氏的墓葬内③，发现丝织品辫痕和大量丝织品实物，丝织品有斜纹提花菱形图案的绮，有用辫绣针法织成的刺绣，这些丝织品其实就是古蜀丝绸和蜀绣。春秋战国时代，蜀地的丝绸业持续发展，达到很高的水平。战国时，蜀锦就已蜚声国内，销往各地，在湖北江陵和湖南长沙等地楚墓中出土的精美织锦，就是成都生产的蜀锦④，它们与四川炉霍卡莎湖石棺葬内发现的织品相似⑤。成都百花潭十号战国墓出土的一件铜壶上刻有采桑图⑥，桑树分为大小两种，可能意味着已有野生桑树和培植桑树之别。这些图像都充分表现出古蜀蚕桑业的成熟性和兴旺发达。

成都百花潭中学出土的战国青铜壶上的宴乐弋射图

与此相映成趣的是，2012—2013年成都市文物考古研究所在成都市天回镇老官山发掘的西汉2号墓内，出土4部蜀锦提花织机模型，这是迄今我国发现的唯一有出土单位、完整的西汉时期织机模型，其先进性独步于当

---

① 卢连成等编：《宝鸡弻国墓地》，北京：文物出版社，1988年。
② 屈小强等主编：《三星堆文化》，成都：四川人民出版社，1993年，第601、602页。
③ 北京市丝绸厂等：《有关西周丝织和刺绣的重要发现》，《文物》1976年第4期。
④ 武敏：《吐鲁番出土蜀锦的研究》，《文物》1984年第6期。
⑤ 四川省文物考古研究所等：《四川炉霍卡莎湖石棺墓》，《考古学报》1991年第2期。
⑥ 四川省博物馆：《成都百花潭中学十号墓发掘记》，《文物》1976年第3期；杜恒：《试论百花潭嵌错图像铜壶》，《文物》1976年第3期。

时的中国纺织界，而其纺织技术应该是承先秦蜀锦而来。这对研究蜀锦纺织技术的起源和发展有着重大意义。

三星堆丝绸的发现有着十分重要的意义。我们知道，历代史籍均记载黄帝元妃嫘祖"教民养蚕""治丝茧以供衣服"，称颂嫘祖为中国蚕桑丝绸之祖。黄帝嫘祖为其子昌意娶蜀山氏子女，嫘祖氏族与岷江上游蜀山氏（今四川茂县叠溪）通婚，促成了蜀山氏从饲养桑蚕到饲养家蚕的重大历史性转变，由蜀山氏演变为蚕丛氏，从而推动了古蜀丝绸的发展，在中国蚕桑丝绸史上具有里程碑意义。

成都天回镇老官山墓出土的提花织机模型

从蜀山氏到蚕丛氏名称的变化表明，两者是前后相续的发展演变关系，也是生物学上的遗传变异关系，包含并体现了深刻的历史内容，而不只是一个名称的交替①。

从蜀山氏到蚕丛氏的转变，表现出了从蚕桑、丝绸的早期起源阶段，进入发展、传播的新阶段。其后，随着蚕丛氏从蜀山南迁成都平原，"教民养蚕"，推动了古蜀蚕桑和丝绸业的兴起和演进，成为中国蚕桑、丝绸业的主要原产地和丝绸生产基地之一。三星堆青铜大立人冠冕和衣着所展

---

① 段渝：《政治结构与文化模式——巴蜀古代文明研究》，上海：学林出版社，1999年，第319—371页。

现的蜀锦、蜀绣，以及新近发现的丝绸痕迹、丝蛋白、丝绸残片和数十件青铜器碎片上的丝绸残留物，可以说从一个重要方面证实了这种推想，并且为南方丝绸之路的深入研究提供了十分重要的资料。

与此相映成趣的是，20世纪90年代，奥地利大学考古队在古埃及的一座金字塔内的一具木乃伊头发上发现了丝绸，年代约为公元前11世纪。虽然目前还不清楚这块丝绸的来源地具体为何处，也不清楚它是间接传播的产物还是直接传播的产物，但无疑来自中国。

虽然在同一时期的中亚出现过中国商文化的一些因素，但是在西亚和南亚却几乎没有发现这一时期商文化的影响痕迹，倒是在中国西南古蜀文明地区出现了印度古文明和近东古文明的因素，包括在四川广汉三星堆文化祭祀坑中发现的黄金面罩、黄金权杖和青铜人物雕像以及各式青铜眼睛等。如果我们把在古埃及金字塔内发现的中国丝绸，与在中国四川三星堆文化中发现的丝绸及其与近东和印度的古文明因素相互联系起来，不难看出两者之间的交流互动关系。

春秋战国时代，蜀地的丝绸业持续发展，达到很高的水平。蜀锦色彩丰富，图案纹饰优美绮丽，多数可见于元人费著《蜀锦谱》。蜀绣品种较多，图案多以神话为主题，花纹单位较大，呈二方或四方连续，绣法以辫绣为主，这些也都是后来蜀绣的特点，足见其源远流长。西汉扬雄《蜀都赋》所谓"尔乃其人，自造奇锦"，对蜀锦极尽赞誉之词，是有充分根据的，一点也不过分。

由于巴蜀丝绸质地优良，产量亦大，所以从很早起就充当了中国人民的友好使者，沿丝绸之路输送到印度和西方，对印度和西方文明的繁荣起到了推波助澜、锦上添花的作用，为世界文明的发展作出了重要贡献。

南方丝绸之路，是巴蜀丝绸输往南亚、中亚并进一步输往西方的最早

春秋战国时期的蜀锦（复制品）

线路。早在商代中晚期，南方丝绸之路已初步开通[1]，产于印度洋北部地区的齿贝即在这个时期见于广汉三星堆蜀文化。三星堆出土的大量仿海洋生物青铜雕像也由此而来[2]。印度所最早知道的中国，梵语名称作Cina，中译为"支那"，或"脂那""至那"等，就是古代成都的对音或转生语，其出现年代至迟在公元前4世纪。印度古书里提到"'支那'产丝和纽带"，又提到"出产在'支那'的成捆的丝"[3]，即是指成都出产的丝和丝织品，Cina这个名称从印度转播中亚、西亚和欧洲大陆后，又形成其转生语，如今西文里对中国的称呼，其来源即与此直接相关。Cina名称的西传，是随丝绸的西传进行的，说明了巴蜀丝绸对西方的巨大影响和巴蜀丝绸在中西

---

[1] 段渝：《略谈南方丝绸之路》，《光明日报》1993年5月24日。
[2] 段渝：《古代巴蜀与南亚和近东的经济文化交流》，《社会科学研究》1993年第3期。
[3] 《政事论》第11章第81节。

第二章　嫘祖与中国丝绸的起源

交流中的积极作用。

西方地中海文明区的古希腊、古罗马，最早知道并使用的中国丝绸，就是巴蜀丝绸。公元前4世纪脱烈美《地志》中，提到一个产丝之国叫Seres，中译"赛里斯"，据研究，Seres便是古代蜀国的音译，在西语里叫作丝国[①]。这表明，至少在公元前4世纪，巴蜀丝绸已经远销至西方。从Cina名称转生为Seres来看，西方文明区中国丝绸的最早来源，必定是古代蜀地，这也和Cina名称西传的年代若合符节。

汉代和以后出西域西行中亚、西亚并抵东罗马安都奥克（Antioch，当即《魏略·西戎传》中的安谷城）的北方丝绸之路，其国际贸易中的物品中丝绸相当多，而主要品种便是巴蜀丝绸，其中大量的是蜀锦。在新疆

阿斯塔那—哈拉和卓古墓群出土的织锦残片

吐鲁番阿斯塔那—哈拉和卓古墓群中，先后出土大批织锦[②]，均为蜀锦[③]，其年代从南北朝到唐代均有，确切表明蜀锦是西域丝绸贸易中的重要商品，也是经由北方丝绸之路输往西方的主要中国丝绸。因此，唐代吐鲁番文书中有"益州半臂""梓州小练"等蜀锦名目，并标有上、中、下三等价格[④]，就不是偶然的，充分表明蜀锦在中西经济文化交流中所占有的重要

[①] 杨宪益：《译余偶拾·释支那》，北京：生活·读书·新知三联书店，1983年，第19页。
[②] 《新疆出土文物图录》，北京：文物出版社，1975年。
[③] 武敏：《吐鲁番出土蜀锦的研究》，《文物》1984年第6期。
[④] 日本龙谷大学图书馆藏《大谷文书》第3097、3066号。

地位和发挥的重要作用。

蜀锦、蜀绣不但分别沿南、北丝绸之路传播到南亚、中亚、西亚和欧洲地中海文明区，而且还在战国时代向北通过北方草原地区传播到北亚，这条线路便是草原丝绸之路。在俄罗斯阿尔泰山乌拉干河畔的巴泽雷克古墓群内（约公元前5—前3世纪）[①]，出土不少西伯利亚斯基泰文化的织物和中国的丝织品，丝织品中有用大量的捻股细线织成的平纹织物，还有以红绿两种纬线斜纹显花的织锦和一块绣着凤凰连蜷图案的刺绣。刺绣图案与长沙楚墓出土的刺绣图案极为相似，有学者据此认为是楚国刺绣。其实，楚地织锦和刺绣素不发达，战国和汉代楚地的丝织品均仰给于蜀，而长沙楚墓出土的织锦和刺绣均为蜀地所产[②]，并非楚地所产。因此，巴泽雷克墓内出土的织锦和刺绣，必定就是蜀锦和蜀绣。由此可见，最早经由草原丝绸之路输送到北亚地区的中国丝绸，是蜀地所产丝绸，而草原丝绸之路也是由此命名的，表明巴蜀丝绸在中国北方草原地区与北亚地区文化交流中所居的重要地位和所发挥的积极

巴泽雷克古墓群出土的织物

[①] 鲁金科：《论中国与阿尔泰部落的古代关系》，《考古学报》1957年第2期。
[②] 武敏：《吐鲁番出土蜀锦的研究》，《文物》1984年第6期。

作用。

　　古代巴蜀丝绸在世界各地的传播，丰富了南亚、中亚、西亚、北亚和欧洲文明的内容，并由丝绸的传播而引出丝绸之路的开通，从而沟通了中国与世界各个文明区的经济文化交流，不仅对中国认识世界和世界认识中国，而且对世界文明的繁荣和西方古典文明的发展，都作出了积极的贡献，应当永载史册，万古流芳。

| 第三章 |

南方丝绸之路的连接

中国丝绸传播到西方，先秦时代的主要通道是南方丝绸之路，汉代及以后从北方丝绸之路输往西方的丝绸当中，也以巴蜀丝绸为大宗，而从草原丝绸之路输往北亚的中国丝织品中，目前所见年代最早的也是巴蜀丝绸。大量事实表明，巴蜀丝绸以其质地优良闻名中外，四川不愧为丝绸的故乡，而成都则堪称丝绸之路的源头。

毋庸讳言，相对于北方丝绸之路和海上丝绸之路来说，有关南方丝绸之路的历史文献是十分缺乏的。由于年湮代远，文献缺失，文献中基本上没有关于南方丝绸之路的直接记载。因此，必须尽可能地从中外文献爬梳出相关信息，对其进行参证分析。在这一章里，我们将通过对"支那"（Cina）和"赛里斯"（Seres）名实的分析考辨，探讨经由南方丝绸之路所发生的中外文化交流与传播的有关情况，并由此得以探知南方丝绸之路连接的史实。

一、"支那"（Cina）名称起源研究的回顾

Cina，中译"支那"，"脂那"或"至那"等，这个名称最初见于梵文。在中国史书和佛教译经里的"支那""斯那""脂那"，均为梵文Mahachinasthana（摩诃至那、摩诃支那）的译音；亦作震旦，也是译音。"支那"名称出现的年代，最迟在公元前4世纪，是古代印度地区对中国的称呼。求之声类，古代西方世界对中国名称的认识，也多由此演化而来；西伯莱文Sinim，希腊文Sinae、Seres，以及英文China，均由Cina一词节节转译。因此，"支那"名称的起源问题自然便在中西交通史上占有异乎寻常的重要地位。其意义不只在于这个称谓的名实问题，更重要的是，它所包含并能揭示的一系列问题多与早期中西交通史上许多至今仍远未解决的问题直接相关，并且其中的有些问题由于新材料的发现、研究视野的扩展以及南、北丝绸之路研究的持续深入开展而显得矛盾重重、破绽累累。这样，就使"支那"名称之起源这个过去未曾圆满解决的问题，再度显现出重新研究的必要。

"支那"名称源于梵语，学术界对此多无异议。中国唐代僧人道世所撰《法苑珠林·翻译部》的记载代表了对此问题的一般看法。其文云："梵称此方，或曰脂那，或曰震旦，或曰真丹。"西方汉学家中偶有持异议者，如劳费尔认为，"支那"一词大概为马来语的古称[1]，但是其说没有任何有力的证据给以支持，所以无人响应附和。

"支那"名称所指，迄今学术界绝大多数学者认为是指古代中国。西

---

[1] B. Laufer文，见《通报》（*T'oung Pao*），河内，1912年，第719—726页。

方汉学家中也偶有持不同见解者，如李希霍芬认为，"支那"应指日南[①]。但从汉武帝元鼎六年（前111）置日南郡（辖境约为当今越南中部），治所西卷来看，当时的日南仍在中国的范围之内。所以此说对于"支那"的国别研究来说，并无多少实际意义，而且，从航海史的角度看，假如说在公元前4世纪或更早的年代，将"支那"名称从越南半岛循海路传播至孟加拉湾以北的印度半岛，也是不可能的。

就"支那"为中国古称而言，尽管学者们看法大体一致，但是对于"支那"之名究竟是根源于古代中国的王朝名称、王国名称还是地区名称，究竟来源于古代中国的哪个地区，却并非不存在分歧，长期讼而不平。百余年来的学术史表明，在这个问题上已形成了不同的流派，比较有影响的主要有"'支那'为滇说""'支那'为广东沿海说""'支那'为秦说""'支那'为荆说"等。

"'支那'为滇说"由西方汉学家拉可伯里（Terrien de Lacouperie）所提出，其主要理由是认为Cina乃是"滇"的对音，而"滇"古读为"真"[②]。此说由于立论的基点仅建立在对音基础上，缺乏史料凭据，因而受到西方汉学同行的批驳，难显于世。

"'支那'为广东沿海说"出于美国著名的东方学家劳费尔。他在《"支那"名称考》中指出，"支那"当是公元前4世纪时马来群岛航海家所指示的广东沿海之称[③]。但是，没有什么有力的证据能够表明，当时的广东沿海能够经由海路与印度相互联系。而且，所谓"印度俗呼广府为'支

---

① 李希霍芬文，见伯希和：《交广印度两道考》，冯承钧译，北京：中华书局，1955年。
② 拉可伯里之说，见饶宗颐：《蜀布与Cinapatta——论早期中、印、缅之交通》注释第27，《"中研院"历史语言研究所集刊》45本4分，1974年。
③ B. Laufer文，见《通报》（*T'oung Pao*），河内，1912年，第719—726页。

那'"①，其年代迟至宋代，最早亦不能上溯至唐以上，所以劳费尔的看法，在当时就遭到法国汉学家伯希和的激烈反对，终难成其论。

"'支那'为秦说"是"支那"名称起源诸说中影响最大最深广的一派。指认"支那"为秦，最早的提出者是西方传教士卫匡国（Martino Martini），他于1655年（清顺治十二年）在阿姆斯特丹刊印的《中华新图》中提出这个看法，得到不少人的认同②。据说佛典后汉录《报恩经》即译"支那"为秦。王先谦《汉书补注·李广利传》按曰："西人称禹域为'支那''脂那''震旦'，皆秦音之转。"薛福成《出使日记》亦云："欧洲各国，其称中国之名，英曰采依纳，法曰细纳，意曰期纳，德曰依纳，拉丁之名则曰西奈。问其何义，则皆秦字之音译……揆诸由来，当由始皇逼逐匈奴，威震殊谷，匈奴之流徙极远者，往往至今欧洲北土……彼等称中国为秦，欧洲诸国亦相沿之而不改也。"薛氏此说颇具代表性，且与欧洲一些人士的看法相符合。但此说却遭到德国的印度学学者雅各比的反对。雅各比在《憍胝厘耶书中有关文化史语言史文学史的资料》中考证③，"支那"一词之在印度出现，已见于憍胝厘耶所著《政事论》（*Arthasastra*），而憍胝厘耶是公元前320年至前315年间即位的孔雀王朝月护大王（Candragupta）的大臣，"如此看来，名中国曰'支那'，在纪元前三百年时已见著录，由是中国名称由秦朝（前247）名称蜕化之说，可以绝对屏除"。此处的前247年，据《史记·秦本纪》，是指秦庄襄王卒，秦始皇即

---

① 赞宁：《宋高僧传》，广州制止寺极量传自注。
② 莫东寅：《汉学发达史》，上海：上海书店，1989年，据北平文化出版社1949年1月版本影印，第69—70页。
③ 雅各比文见《普鲁士科学研究会议录》，1911年，第954—973页；转引自伯希和：《支那名称之起源》，《交广印度两道考》，冯承钧译，北京：中华书局，1955年。

位之年。由于秦始皇即位之年晚于《政事论》有关"支那"记载的年代，所以雅各比断然否定"支那"名称源自秦始皇，这在年代和逻辑上均有一定道理。

但是，享有盛誉的法国汉学家伯希和却极力坚持"支那"源于秦始皇说。他在《"支那"名称之起源》中重申[1]，尽管还没有找到足以促使东亚的中、印两大文化彼此知闻的证据，但是"若说这种最初交通是秦始皇统一中国的影响，倒还近于事实。所以我仍旧以为印度所识中国之名，就是这个本国人所痛恨，而足使其种族同国名之声威远达西北同南方的秦始皇朝代之名"，并认为："'支那'是印度人称中国人的唯一的名称，而亦为中国人始终自认者，而且就历史年代音声等方面说，皆足以证明"支那"与秦比对的旧说为是。"虽然伯希和振振有词，从各方面反对雅各比之说，但是他不仅无法对"支那"与"秦"从语音上提供转生语的任何解释[2]，而且所列汉武帝时大宛城中的"秦人"等有关证据，也无法解决"支那"名称出现的年代与秦始皇即位年代完全不相符合的矛盾。当20世纪60年代印度学者Manomohan Ghosh发表《"支那"名称稽古》[3]，考证梵文Cina一字的出现不会迟过公元前625年时，这种矛盾就更加难以克服。

遗憾的是，在这个事实面前，一些学者不是积极寻求新的思路和解决办法，而是仍在老路上徘徊，仅对旧说进行证据显然不足的修正和弥补。

---

[1] 伯希和：《"支那"名称之起源》，载《西域南海史地考证译丛》一编，冯承钧编译，北京：商务印书馆，1962年，第36—48页。
[2] 劳费尔：《中国伊朗编》，林筠因译，北京：商务印书馆，1964年，第404页。
[3] 饶宗颐：《蜀布与Cinapatta——论早期中、印、缅之交通》，《"中研院"历史语言研究所集刊》45本4分，1974年。

张星烺在《中西交通史料汇编》中将秦始皇时期推前到春秋时代[1]，他说："秦之建国，始于周平王时代，在耶稣降生前七百余年。至秦穆公时，秦已强大……西方诸国，记载'支那'之名，以印度憍胝厘耶书为最早，然已后于秦穆公约三百五十年矣。"并认为："秦在西北，与诸戎既有言语之便利，而复加以累朝之武功勋烈，其名之得播至西方，不亦宜乎。"其说除年代上有所修正外，思路与伯希和完全一致，方法上也全属推测，并无可靠证据，仅建立在"支那"与"秦"对音的基础上。

20世纪70年代，香港学者饶宗颐在《蜀布与Cinapatta——论早期中、印、缅之交通》一文中再次研究了这个问题[2]，认为公元前316年秦灭蜀，故蜀布"自可目为秦布，故得以Cinapatta称之"。文中应有之义是，"支那"指秦，但既非秦代，亦非故秦地，而是秦统一中国建立秦王朝以前的故蜀地。但是饶先生又说："《国事论》撰成于公元前4世纪，是时周室已东迁，秦襄公尽取周岐之地，至秦穆公称霸西戎，在西北边裔民族的心目中只有秦，故以秦为中国代称。以此推知中印之交往，早在《国事论》成书之前。"此论不但与前说相矛盾，而且以秦霸西戎引起秦名播于印度的说法，也缺乏足够的史实依据。究其实质，仍是受"支那"为"秦"对音说束缚的缘故。

若干年来，不少学者在几乎没有认真思考"支那"为秦说的立论基础是否可靠、是否有坚实的史实依据的前提下，信手采用这种成说，因而致使一再出现争论，就是极为自然的了。

"'支那'为荆说"也是一种颇具影响的观点。此说形成较早，苏仲

---

[1] 张星烺：《中西交通史料汇编》，北京：中华书局，1979年。
[2] 饶宗颐：《蜀布与Cinapatta——论早期中、印、缅之交通》，《"中研院"历史语言研究所集刊》45本4分，1974年。

湘《论"支那"一词的起源与荆的历史和文化》一文集中表述了此派的多种论点①。苏先生在对东周秦国是否具有能使它盖过其他各邦声望进行质疑的基础上论述道:"在先秦的很长时期内,秦国整个看来,不妨说是一个普通的中上国家,除了后来的百年内外,它并没有显著的文治武功,不具备十分突出的国力和地位,从而也没有能够对它的四邻发挥强大的长久的影响,受到广泛强烈的注意。我们没有多么有力的理由可以认为,处于中国境外的地方,当时却能和秦国有多么密切的联系,从而激起它们的留心注视和强烈印象,以至把秦看作是中国大陆的突出代表。"进而论述说,由于荆地广势强,震烁中国,经济昌盛,文赋纷华,声闻远炽,历久不衰;由于楚威王遣庄蹻王滇,"变服,从其俗,以长之"②,使中华民族大家庭从东南到西南密切地联系在一起。又由于荆人鳖灵助蜀建立制度,兴修水利,使巴蜀"实已成为荆的外府","在巴蜀长期立国期间,东起荆地,西达天竺,中以巴蜀为枢纽,当已形成一条漫长的贸易交通线路",向外进行经济文化交流,其中就"包括荆的名号和消息"。"支那"一词,起源于从荆国传至蜀国的音乐"荆"这一名称。

尽管苏文以很大篇幅论证了荆楚灿烂的历史和文化,但对于问题的实质却并未提出强有力而使人信服的证据。所以汶江《"支那"一词起源质疑》几乎对其所举的主要论据都予以反驳③,绝不是没有道理的。

除上述诸说外,印度古籍还有多处提到所谓"外支那",大乘佛典如《方广大庄严经》《普曜经》还提到"脂那国书"。多数人认为,所谓"外支那",是指居于喜马拉雅山中、缅、印之间的民族,而且正如所谓

---

① 苏仲湘:《论"支那"一词的起源与荆的历史和文化》,《历史研究》1979年第4期。
② 《史记·西南夷列传》。
③ 汶江:《"支那"一词起源质疑》,《中国史研究》1980年第2期。

"脂那国书"一样，年代均相当晚出，与"支那"名称的起源没有直接关系。因此，本章对此暂置不论。

本章认为，在认真梳理"'支那'为秦说"和"'支那'为荆说"的各种矛盾和问题后再来研究这个主题，有充分的证据可以表明，"支那"名称的出现，与中国西南先秦时代的泱泱大国蜀国有关，"支那"名称起源于蜀，既非秦，亦非荆。

二、"支那"非秦说

"'支那'为秦说"有三个代表性支派，对其立论依据进行分析，便可考见其说是否能够成立。

（一）伯希和"秦代说"辨误

伯希和之所以重申"'支那'为秦代说"，主要依据有二：其一为憍胝厘耶《政事论》的年代问题，其二为《史记》《汉书》有关西域"秦人"问题。仔细分析，这两个依据其实是不成问题的问题。

关于《政事论》的年代，从其作者憍胝厘耶为孔雀王朝月护王大臣的年代可知，是公元前4世纪。印度古籍《毗湿奴往世书》中提到憍胝厘耶推翻难陀王朝而使月护王登位，《十公子传》则提到毗湿奴笈多为孔雀王朝君主将《政事论》删节为"六千颂"。因此，不少学者如印度人萨马夏斯特里、英人史密斯、德人雅各比等，均主张此书成书于公元前4世纪。虽然学术界亦有人认为此书或成书于公元初甚至公元3世纪，但持此见解者绝非多数。史密斯早就指出："《政事论》是孔雀王朝真正的古代作品，大概是憍胝厘耶所著。当然这个意见并不排斥现存此书中包括有后代小添改的

129

可能性，但此书的大部分肯定是摩利耶王朝所写。"①济次（A. B. Keith）认为："《政事论》完全可能是古老作品，可以断定它是公元前第一世纪的作品，而它的内容主旨很可能比公元前第一世纪还要古老得多。"②印度尼赫鲁大学印度古代史教授R. 塔帕尔（Romila Thapar）博士专攻阿育王和孔雀王朝的历史，若干年来成就斐然，其论断被认为富于权威性。她指出，"《政事论》写成于孔雀王朝月护王的大臣憍胝厘耶，成书于公元前4世纪末"③，并在《印度历史》第1卷中再度指出，《政事论》是"旃陀罗笈多的首席顾问悏底利耶（憍胝厘耶）所著"④。中国著名的印度南亚学家季羡林教授也赞同公元前4世纪之说⑤。由此可见，《政事论》成书于公元前4世纪之说是不成问题的，在对其成书年代的讨论中出现的一些纷争和异说，理由并不充分，不足为据。所以，劳费尔在《中国伊朗编》中指出："伯希和对梵语作品的日期闹得天翻地覆，实在是多余。"⑥可谓一矢破的。

既然我们可以肯定《政事论》成书于公元前4世纪，而伯希和对于此书年代的怀疑并无充分依据，那么把公元前221年建立的秦王朝当作公元前4世纪已见于印度的"支那"一词的本源，这种本末倒置的说法显然是不能成立的。

---

① *Early History of India*，3rd.ed.，1914，p.153. 转引自费劳尔：《中国伊朗编》，林筠因译，北京：商务印书馆，1964年。

② A. B. Keith，*Journal Roy. As.soc*，1916，p.137. 转引自费劳尔：《中国伊朗编》，林筠因译，北京：商务印书馆，1964年。

③ R.Thapar，*The Date of the Arthasastra*，见*Asoka and the Decline of the Mauryas*，1961。

④ R.Thapar，*A History of India*，Vol.1，p.77，1966. 见R. 塔帕尔：《印度古代文明》，林太译，杭州：浙江人民出版社，1990年，第71页注。

⑤ 季羡林：《中国蚕丝输入印度问题的初步研究》，《中印文化关系史论文集》，北京：生活·读书·新知三联书店，1982年，第76页。

⑥ 劳费尔：《中国伊朗编》，林筠因译，北京：商务印书馆，1964年，第404页注。

其实伯希和自己对于此点也是没有多大把握的，所以他考证"支那"名称为"本于秦朝而适用于中国人的称呼"时又说："无论Kautilya的撰年是否在纪元前三百年，我们仍旧用别的方法，维持'支那'比对秦国一说。"①这个"别的方法"，就是他据以立论的第二组证据。

第二组证据有两条材料，均引自《汉书》，谈论的是关于西域的"秦人"问题。第一条材料出自《汉书·匈奴传》，记载秦亡后120多年（前83或前82），汉兵击匈奴，"于是卫律为单于谋'穿井筑城，治楼以藏谷，与秦人守之'"。伯希和认为这里所记"秦人"，并非颜师古注中所说"秦时有人亡入匈奴者，今其子孙尚号秦人"，据清人徐松《汉书·西域传补注》卷下所说"以汉降匈奴者谓之秦人"，表明汉时匈奴仍称中国人曰秦人，故汉朝降匈奴的卫律称中国人曰秦人。第二条材料出自《汉书》卷九六《西域传》，记载汉武帝轮台诏，说用兵匈奴之失败，中有"匈奴缚马前后足，置城下，驰言'秦人，我丐若马'"，认为此处的"秦人"，显然不是亡入匈奴的秦人子孙，而是汉朝的汉人。颜师古注说道："谓中国人为秦人，习故言也。"胡三省《通鉴注》亦言："据汉时匈奴谓中国人为秦人，至唐及国朝则谓中国为汉，如汉人、汉儿之类，皆习故而言。"伯希和反驳道："可是秦人、汉人两称，有一个根本不同之点。中国人自称，则曰汉人，至其所传匈奴之语，则曰秦人。"又说："汉时的中国人听见匈奴所称之名，尚与秦字之音相近，当然作这种还原。由是我们可以想见这个两见《汉书》而由匈奴所称的秦人，还原的方法不错，则一百二十五年前声威及于西北游牧部落同西南蛮夷的秦始皇帝之朝名，

---

① 伯希和：《"支那"名称之起源》，载《西域南海史地考证译丛》一编，冯承钧编译，北京：商务印书馆，1962年，第39页。

留传于后之说，似乎可以主张。"于是作出结论："如此看来，在匈奴同在印度最初所见的中国名称，皆出于秦。"

伯希和关于"秦人"的考证阐释，完全不能使人信服。因为中国史籍自古有"习故而言"的传统，如某国或某地为别国吞并，仍称其国或其地以故名，称其人为故国或故地之人。此类例子斑斑可见，史不绝书。比如《尚书》诸篇，就记载殷人称故夏代为"有夏"，而周人称殷之遗民为"殷民"。又如三家分晋后，时人和后人均犹言三晋。再如秦灭巴蜀后，仍称其地为巴蜀，称其人为巴人、蜀人。这些无一不是"习故而言"之例。至若从中夏之地亡入外域，中外之人"习故而言"的例子也并不鲜见，若殷周之际亡入东北的夫余，即是殷代山东半岛的薄姑（亦作"蒲姑"）之后，"夫余"就是"蒲姑"的对音或异译[①]，所以《三国志·乌丸鲜卑东夷传》说："国之耆老，自说古之亡人，……而夫余王其中，自谓亡人，抑有以也。"诸如此类的例子在史籍中比比可见，兹不具引。这说明，伯希和所运用的材料，非但不能丝毫驳倒颜师古和胡三省对"秦人"一词的注释解说，相反只能说明伯希和本人并不十分了解中国文化传统与历史。

再看伯希和所举两例，其结论均大有可商讨之处。第一例，并非如伯希和所说"汉朝降匈奴的卫律，称中国人曰秦人"，"秦人"为"秦时有人亡入匈奴者"的后代子孙，颜师古注中已明确指出。伯氏以为不可能秦亡后120多年，匈奴仍称秦亡人之后为秦人，这种看法显然是不了解中国文化传统的缘故。秦灭楚后，至楚汉之争时，世人仍称"楚虽三户，亡秦必楚"，对前代遗民仍以前代名称称之。并且，《汉书·匈奴传》记载匈奴

---

① 徐中舒：《先秦史论稿》，成都：巴蜀书社，1992年，第87、88页。

称汉朝之名有二，一曰"汉"，一曰"中国"，绝不称秦。即使是汉人降匈奴者，如宦者燕人中行说，对单于亦言"汉""汉物""汉食物""汉絮缯""汉俗"等，或言"中国"。再查《汉书·匈奴传》，原文是："单于年少初立，……常恐汉兵袭之。于是卫律为单于谋：'穿井筑城，治楼以藏谷，与秦人守之。汉兵至，无奈我何。'"很明显，这里并不是伯氏所谓"汉时匈奴仍称中国人曰秦人"，此处的"秦人"，与"汉兵"对举，显然是秦之亡人后代子孙，绝不是指汉朝的中国人。伯氏断章取义，不提"汉兵至"一句，其用意无非是把史料裁剪成适合于他所谓"汉时匈奴仍称中国人曰秦人"论点的需要罢了。

证之以《史记》，更可见伯氏之谬。《史记·大宛列传》记载："贰师与赵始成、李哆等计，闻宛城中新得秦人，知穿井，而其内食尚多。"此处的"秦人"，乃是汉将李广利等人所称，显然是指秦之亡人后代子孙之入居宛城者，而不是称汉朝人为秦人。由此亦可知道，颜师古对《汉书·匈奴传》中"秦人"的解说是正确的。

至于第二例，《汉书·西域传》中所记"秦人"，则如颜师古和胡三省所言，是"习故言也"，与伯氏所谓因秦朝的声威才将秦名播于西北并传诸后世，从而作为中国的代称之说丝毫不相关。关于此点，上文已经论及，不再赘述。

说到秦在西南民族中的影响，虽然，"秦时常頞略通五尺道，诸此国颇置吏焉"，但是"十余岁，秦灭。及汉兴，皆弃此国而开［关］蜀故徼"[1]。秦在西南夷的作为，仅是"略通五尺道"和"颇置吏"而已，不仅没有留下多么深刻的影响，而且这种本来就不大的影响很快就随着秦王朝

---

[1] 《史记·西南夷列传》。

的土崩瓦解而灰飞烟灭，远不及汉武帝开西南夷和诸葛亮征南中对当地所带来的社会文化变迁那么强烈、巨大、久远和深刻。很明显，如果说在西南夷地区曾经存在一个由于其声威所加从而留传于后世的朝名，那么也只能是汉，即汉武帝之朝名和诸葛亮蜀汉之朝名，而绝不是"秦始皇帝之朝名"。况且，不论何种资料，都绝无西南夷称汉朝为秦之例。

我们用不着征引更多的材料，仅此即可看出，伯希和关于《政事论》成书年代的争辨和"秦人"问题的考证，是建立在沙滩之上的，经不起历史研究风浪的冲击和检验。既然如此，那么"支那"名称为"本于秦朝而适用于中国人的称呼"这种论点，自然也就不能成立。

（二）张星烺"秦国说"考辨

"'支那'为秦说"的基点，是春秋战国时代秦国的累代赫赫武功及其对西北民族所产生的巨大影响，使秦之国名远播于西方，所以西北民族以至印度和其他中亚地区民族便以秦国之名作为中国的代称。此论在逻辑上似乎顺理成章，然而却是以推测方法演绎出来的，并无史实依据。对此，我们做一番检查验证工作，自然便会明了。

自两周之际秦襄公始，秦国一直充任着西北方面抗衡西戎的主要力量。《史记·秦本纪》记载，秦襄公以兵护送周平王东迁，平王赐之岐以西之地，并言："戎无道，侵夺我岐、丰之地，秦能攻逐戎，即有其地。"在"尊王攘夷"大旗下，秦奋起神威，力战西戎，屡获殊功。襄公"备其兵甲，以讨西戎"[①]，"西戎方强，而征战不休"[②]，秦襄公以降，

---

① 《诗经·小戎》。
② 《毛诗正义》卷六、卷三。

秦文公伐戎，地至岐，将岐以东献于周王室，秦武公伐邦、冀之戎而县之。至秦穆公时，用由余之谋，"伐戎王，益国十二，开地千里，遂霸西戎"①。秦在西北的赫赫武功，诸史并载其详，乃是不争的事实。

但是秦所辟有的西戎之地，并非从此为秦所有。《汉书·韩安国传》记载大行王恢说："昔秦缪（穆）公都雍，地方三百里，知时宜之变，攻取西戎，辟地千里，并国十四，陇西、北地是也。"然而陇西、北地之西戎地，穆公以后又屡复失于西戎。史称是时秦之北有"西戎八国"。《史记·商君列传》记载："夫五羖大夫……相秦六七年……发教封内，而巴人致贡；施德诸侯，而八戎来服。"《史记·匈奴列传》记载："秦穆公得由余，西戎八国服于秦，故自陇以西有绵诸、绲戎、翟、䝠之戎，岐、梁山、泾、漆之北有义渠、大荔、乌氏、朐衍之戎。"绵诸在今天水，䝠在今陇西，翟在䝠以西，义渠在庆阳、宁县之间，大荔今县，乌氏在平凉，朐衍在今盐池、定边之间，从西、北、东三面形成对秦的重重包围，阻隔着秦的西进北上之道。秦与西戎之间的攻伐征战屡见于史册②，正是对穆公以后秦不能保持其对西戎的霸权这个事实的绝好证明。秦势既不能越西戎一步，则其声威亦不能越西北而远播域外，这同样是不争的事实。

据史载，直到战国初，秦厉共公强，十六年（前461）"以兵二万伐大荔，取其王城"③，二十年（前457）"公将师与绵诸战"④，三十三年（前444）"伐义渠，虏其王"⑤，方对西戎取得优势，但仍有反复，未能逐戎

---

① 《史记·秦本纪》。
② 《史记·六国年表》。
③ 《史记·秦本纪》。
④ 《史记·六国年表》。
⑤ 《史记·秦本纪》。

而据其地。《史记·秦本纪》载,躁公十三年(前430)年"义渠来伐,至渭南",便是一例。《史记·六国年表》秦惠公五年(前395)"伐绵诸",亦见西戎势强,与秦反复攻伐之事实。所以秦孝公痛心疾首地说:"会往者厉、躁、简公、出子之不宁,国家内忧,未遑外事,三晋攻夺我先君河西地,诸侯卑秦,丑莫大焉。"①秦孝公元年(前361)"西斩戎之獂王"②。秦惠文王七年(前331)"义渠内乱,庶长操将兵定之"③,十一年(前327)"义渠君为臣"④,"县义渠"⑤,惠文王更元十年(前315)"伐取义渠二十五城"⑥。直到秦昭王时(前306—前251年在位)才最后灭义渠,复其北土西封,置陇西、北地郡,完成其先公先王数百年来未竟的宏图大业。

由此可见,秦在西北地区获取最终胜利是在公元前3世纪初。自此之后,西戎也才远居秦陇之西。秦穆公固然武功勋烈,独霸西戎,却并未有其土地。《汉书·韩安国传》说"秦穆公都雍,地方三百里",其原因正在于此。诚如蒙文通先生所说:"秦陇西之得而复失者屡也,则穆公都雍而地方三百里,疆土之蹙,事可互证。非秦之支柱其间,是诸戎者胥相率而东也。"⑦当是之时,西戎东进南下之势极其猛烈,汹涌如潮,虽秦之强,却不能始终据有陇西、北地之间。秦师兵临渭首,挥戈北地,已实非

---

① 《史记·秦本纪》。
② 《史记·秦本纪》。
③ 《史记·六国年表》。
④ 《史记·秦本纪》。
⑤ 《史记·六国年表》。
⑥ 《史记·秦本纪》,但《史记·六国年表》则系于更元十一年。
⑦ 蒙文通:《秦西戎族之活动》,《古族甄微》,成都:巴蜀书社,1993年,第157页。

易事，而西戎之西迁，亦仅退徙氐羌之地，被统称为氐羌①，何谈逐戎于河套之西、之北，更何谈将秦之声威西播于中亚、南亚？

至于说《左传·襄公十四年》范宣子说："姜戎氏，秦人迫逐乃祖吾离于瓜州。"《左传·昭公九年》詹桓伯说："故允姓之奸，居于瓜州。"杜预注说："瓜州，今敦煌。"似乎姜戎氏之祖早在春秋年间已被秦国西逐敦煌，近于中亚。但是，历代注家均以杜预之说为非。古瓜州，据《左传》《尚书》，在古三危之地。三危，据诸史家所考，地与岷山相近，"在鸟鼠之西，南当岷山"②。蒙文通先生考证三危当陇西沙州，瓜州在今青海之河南③。顾颉刚先生考证瓜州在今秦岭高峰之南北两坡④，谭其骧先生主编的《中国历史地图集》第一册⑤、杨伯峻先生《春秋左传注·襄公十四年》⑥均从其说。阚骃《十三州志》说道："瓜州之戎为月氏所逐，秦并六国，筑长城，西不过临洮，则秦未有此地。"⑦极是。由此可知，秦国亦不可能通过姜戎氏为传播媒介，将其声威传播于敦煌、祁连之西，更谈不上越此而远达中亚和西方。

战国末、秦汉之前，中国西北民族的迁徙移动，主要方向是由西向东，由北向南，东进南下的势头十分强劲，规模巨大，历时长久，如海潮般一浪推一浪，一批一批推进。在此期间，并无大规模的反向迁徙潮流载于史册。由西北民族的迁徙所带动的一些民族群团大批西迁的情况，发

---

① 田继周：《先秦民族史》，成都：四川民族出版社，1988年，第410页。
② 《尚书·禹贡》疏引郑玄转引《地记书》，《汉书·司马相如传》师古注引张楫。
③ 蒙文通：《瓜州与三危》，《古族甄微》，成都：巴蜀书社，1993年，第171页。
④ 顾颉刚：《史林杂识·瓜州》，北京：中华书局，1963年。
⑤ 谭其骧主编：《中国历史地图集》第1册，北京：中国地图出版社，1982年，第22—23图。
⑥ 杨伯峻：《春秋左传注》，北京：中华书局，1981年，第1005页。
⑦ 《太平御览》"瓜州"条引。

生于战国末、秦汉之际，并且多与匈奴的勃兴有关。揆诸史乘，比如月氏（禺知、禺氏），战国时地在雁门西北，黄河之东[①]。汉初匈奴冒顿单于兴起后，月氏、大夏继续向西迁徙。《史记·大宛列传》："始月氏居敦煌、祁连间，及为匈奴所败，乃远去，过宛，西击大夏而臣之，遂都妫水北，为王庭，其余小众不能去者，保南山羌，号小月氏。"月氏为冒顿单于所败，当汉文帝四年，而其西居大夏，则在武帝之初[②]。《管子·小匡》记载齐桓公时大夏在太行，《吕氏春秋·古乐》记载秦疆"北过大夏"，表明战国大夏已迁到河套一带[③]，汉初才又继续向西迁徙。又如乌孙，初在敦煌、祁连间，汉文帝时始西迁于伊犁河和伊塞克湖一带[④]。张骞出西域，"所至者大宛、大月氏、大夏、康居，而传闻其旁大国五六"[⑤]，其中大夏、大月氏、乌孙等乃从敦煌、祁连间西迁而去，年代为汉初。从张骞"具为天子言之"的内容看，中亚诸国对于已经覆灭的秦王朝以及先秦时代的秦国并无印象，无一谈及。不难知道，从西北敦煌、祁连间西迁中亚的民族，自不会将他们并不知悉的秦国之名播至中亚和西方。何况其时已是汉初，自与"支那"名称的出现无关。

既然如此，那么，"秦在西北，与诸戎既有言语之便利，而复加以累朝之武功勋烈，其名之得播至西方，不亦宜乎"之论，又从何说起呢？我们以上对史实的复核验证表明，"'支那'为秦国说"其实同"'支那'为秦代说"一样，均出于一种逻辑演绎，而绝不是历史事实，因而同样不足置信。

[①] 王国维：《月氏未西徙大夏时故地考》，《观堂别集》卷一，北京：中华书局，1959年。
[②] 王国维：《月氏未西徙大夏时故地考》，《观堂别集》卷一，北京：中华书局，1959年。
[③] 徐中舒：《先秦史论稿》，成都：巴蜀书社，1992年，第46页。
[④] 《汉书·张骞传》《汉书·乌孙传》。
[⑤] 《史记·大宛列传》。

考古学上，在北亚南部阿尔泰山北麓俄罗斯戈尔诺阿尔泰山乌拉干区乌拉干河畔的巴泽雷克古墓群内[①]，出土不少西伯利亚斯基泰文化的织物和中国的丝织品，其中"有用大量的捻股细线织成的普通平纹织物，这类织物，有小块的、也有整幅的（铺盖在皮衣服的上面）"。出土的丝织品无论数量还是品种均较丰富。3号墓出土有以红绿两种纬线斜纹显花的织锦，5号墓出土的一块丝绸刺绣着凤凰连蜷的图案，与四川广汉三星堆文化的神树和青铜鸟的形象极似，也与长沙楚墓所出刺绣图案极为相似。从斯基泰文化通过匈奴与中国北方文化相互交流的历史看，巴泽雷克墓群中出

巴泽雷克出土的刺绣

土的中国丝织品极有可能是经由赵国传播过去的，这从斯基泰文化的动物纹样艺术如服饰上的动物带钩南下传播的史迹中可以得到证明。其传播途径显然与秦无甚关系。所以，近于中亚的阿尔泰山北麓的古代民族，即使较早知道中国之名，也不会是秦，而是三晋。何况至今没有证据能够表明"支那"一词当时已经传至斯基泰文化区。可见，即令我们把眼光延伸扩展到匈奴以北地区，也发现不了将秦国之名播于西方的任何蛛丝马迹。事

---

① С.И.鲁金科：《论中国与阿尔泰部落的古代关系》，《考古学报》1957年第2期。

实又一次证明,"'支那'为秦说"仅仅是一种逻辑演绎而已,不能成立。

(三)饶宗颐"秦之蜀地说"商榷

"'支那'为秦之蜀地说"较之前面两种看法有所变化,即将着眼点分出一支,移向西南的蜀身毒道,而不再专注于西北的西域道。但是此说既提出"秦之蜀地说",却同时依旧认为"西北民族心中只有秦,故以秦为中国代称",自相矛盾,莫衷一是,即令其"秦之蜀地说",也存在不能克服和无法解决的若干矛盾与问题,有待于用事实去重新核查,进一步检验。关于"以秦为中国代称",上文已给予了分析考辨,不再赘述,这里仅对"秦之蜀地说"进行分析。

依照此说,秦灭蜀在公元前316年[1],而印度初见"支那"名称为成书于公元前320—前315年间的《政事论》,两者年代似乎吻合,所以经由蜀身毒道播至印度的Cina一词当为"秦"的音译,是指秦之蜀地。

让我们先看《政事论》关于"支那"的记载:

"Kauseyam cinapattasca cinabhumijah"("憍奢耶和产生在脂那的成捆的丝")[2](ChapterⅪ,81)

据季羡林先生《中国蚕丝输入印度问题的初步研究》,"cinapatta这个字是两个字组成的:一个是cina,就是'脂那''支那';另一个是patta,意思是'带''条',两个字合起来意思就是'支那'(引者按:季羡

---

[1] 《史记·秦本纪》;《华阳国志·蜀志》。
[2] 季羡林:《中国蚕丝输入印度问题的初步研究》,《中印文化关系史论文集》,北京:生活·读书·新知三联书店,1982年,第76页。

林先生论文此处原作'中国',为便于分析,此处还原为'支那')的成捆的丝'"。

又,《政事论》同章79又言及cina的skin(织皮),色为红黑或黑而带白。另据方国瑜先生《中国西南历史地理考释》,憍胝厘耶书中还说到"'支那'(cina)产丝与纽带,贾人常贩至印度"[①]。可见,"支那"在印度的心目中,是蚕丝、丝织品和织皮的产地,这几种物品早在公元前4世纪已经输入印度。

我们知道,秦国素来不是蚕丝的原产地,虽然秦国可以从其他地方输入丝织品,但绝非其原产。史称秦国一直觊觎蜀国丝织物。《华阳国志·蜀志》说,司马错力主秦惠文王伐蜀而与张仪争辩,其重要理由之一即是"蜀……其国富饶,得其布帛金银,足给军用",帛即丝织品。秦惠文王果然听从司马错之议,发兵灭蜀。秦灭蜀后,即在成都城南置锦官[②]。据《华阳国志·蜀志》,张仪与张若筑成都城,"营广府舍,置盐、铁、市官并长丞,修整里阓,市张列肆,与咸阳同制",是在秦惠文王二十七年(前311)。依此,秦因"蜀时故锦官"以置秦之锦官,不能早过公元前311年前。假如以为秦灭蜀后,拥有蜀之丝织业,因而蜀丝得以称为秦丝,并以秦丝名义西传印度,从而被印度称为"支那丝"(Cinapatta),那么与《政事论》的年代并不相符。可见,Cinapatta中的Cina,不能释为秦之蜀地。

根据各种载籍,蜀亡于秦以后,虽土地人民属于秦有,但其地并不称秦地,其人并不称秦人,而是一仍其旧,称蜀和蜀人。不论《史记》中的有关篇章、《汉书》中的有关篇章还是其他诸书,均如此。说明当时

---

① 方国瑜:《中国西南历史地理考释》上册,北京:中华书局,1987年,第6页。
② 刘琳校注:《华阳国志校注·蜀志》,成都:巴蜀书社,1984年;又见杨守敬:《水经注疏》卷三三引李膺《益州记》。

中原列国确实是"习故言之"。据史载，蜀亡后，秦曾三封蜀公子为"蜀侯"[①]，"贬蜀王更号为侯"[②]。直到秦昭王二十二年（前285），"疑蜀侯绾反，王复诛之，但置蜀守"[③]，蜀才最终被秦罢国置郡[④]。再从秦在蜀既置相，又置"蜀国守"，并封"蜀侯"来看[⑤]，在公元前285年以前，秦在蜀实行的是分封制，而不是郡县制。因此，在此年以前，蜀地理所当然地称蜀，其人亦称蜀人，这是不言而喻的。同样，当时蜀国所产的丝，也只能称为蜀丝，而不会称为秦丝，这也是极其明显、理所当然的。可见，认为公元前316年蜀归秦，"故蜀产之布，自可被目为秦布，故得以cinapatta称之"，此说完全缺乏根据，不能成立。所谓"至张骞使西域时，秦王朝已为汉所代替，故秦布一名，不复存在"之说，同样没有任何根据，不足凭信。与此相同，有学者所主张的"秦国名称通过蜀人传播至印度，故印度称秦为'支那'"，也并非事实。

从交通上看，秦与印度并不近邻，秦灭蜀后，如要出蜀以至印度，南中是必经之地。秦对于南中，染指并不很深，其政令和经济均未达到深入南中的程度，不具备从南中输出物品的条件。

古代南中包括今云南、四川的宜宾和凉山，以及贵州的一部分，从蜀至南中，主要有两条线路，一为从成都经四川雅安、凉山至云南大姚、大理；一为从成都经乐山、犍为、宜宾至云南昭通、曲靖、大理，前者为古

---

① 《史记·秦本纪》《史记·六国年表》。关于秦所封为蜀公子，见蒙文通：《巴蜀古史论述》，成都：四川人民出版社，1981年，第56—61页。
② 《史记·张仪列传》。
③ 《华阳国志·蜀志》。
④ 徐中舒：《论巴蜀文化》，成都：四川人民出版社，1981年，第28页。
⑤ 刘琳校注：《华阳国志校注·蜀志》，成都：巴蜀书社，1984年。

代牦牛道，后者为古代五尺道。两路在大理会合后，再经保山，出腾冲，抵缅、印。综合《史记》《汉书》《华阳国志》《后汉书》等史册来看，秦对古蜀国南部能够控临的有：

（1）五尺道。"秦时常頞略通五尺道，诸此国颇置吏焉。"[①]《括地志》说："五尺道在郎州。"[②]郎州，今云南曲靖。五尺道从四川宜宾，经高县、筠连至云南昭通、曲靖，先秦时主要分布着僰人、濮夷。

（2）牦牛道。《史记·司马相如列传》载："邛、笮、冉駹者近蜀，道亦易通，秦时尝通为郡县，至汉兴而罢。"邛在四川凉山州西昌市，笮在四川雅安地区汉源县。《华阳国志·蜀志》载：周赧王三十年（前285），"张若因取笮及其江南地"，江南是指宜宾以上的岷江之南，即今汉源地。

五尺道、牦牛道以南的南中广大之地，秦未得通，牂牁郡、益州郡、朱提郡、永昌郡等云南贵州地区，均为汉代所开置，秦人未得染指。所以，《史记·西南夷列传》所说"诸此国颇置吏焉"，是指秦五尺道上下地区，不能延伸到滇、昆明等地，更不用说"绝域荒外，山川阻深，生民以来，未尝通中国"[③]的永昌地区。

秦对古南中的控临既然如此有限，则经济上的影响也必然微乎其微。云南自古以海贝为货币，"云南用肥不用钱，肥即古之贝也。"[④]万历《云南通志》卷一"全省风俗"载："交易用贝……秦灭六国，……秦虽使常頞于滇中略通五尺道，然未尝属秦，故货贝之在南中独不变者，岂秦法未

---

① 《史记·西南夷列传》。
② 《史记·西南夷列传》之《正义》引。
③ 《华阳国志·南中志》。
④ 张志淳：《南园漫录》卷三，"贝原"条。

尝入滇耶？于此亦可以考世矣。"极是。明以来，云南各地出土不少古钱币，均无秦钱，大部为汉钱①，而春秋战国时期的贝币在考古中却大量发现，正是对"秦法未尝入滇"的极好证明，同时也证明了秦没有通过西南夷道将其物品输出至缅、印这个事实。在"秦法未尝入滇"，政令不达、贸易不通、文化不染的情况下，何谈经由南中之地将秦国声名远扬于印度？又遑论公元前4世纪印度所见之Cinapatta为"秦布"，从而遽将Cina释为秦国之称？

与此相关的一个问题是所谓"秦布"问题。《史记·西南夷列传》和《史记·大宛列传》一致记载张骞在大夏所见为"蜀布"，而大夏之有蜀布，来自身毒，"得蜀贾人市"，说明蜀布和Cinapatta均为在印度行销的成都丝绸②。Cinapatta是丝织品，Cinapatta这个名称和它的质地，绝不能用"秦布"予以代换。同样，"蜀布"这个概念。也不能用"秦布"予以代换。蜀布之名往往见于文献和考古材料，如《居延汉简》有简文称，"广汉八稷布十九匹八寸大半寸，直四千三百二十"；另有简文载，"九稷布三匹，价三百"③。陈直先生认为："此蜀布及布价之可考者。"④汉代及以前蜀地还有一种布，称之为"蜀细布"。《盐铁论·本议篇》说"非独齐陶之缣，蜀汉之布"，说明蜀布海内驰名，从未称之为"秦布"。很清楚，不论Cinapatta还是蜀布，均与所谓秦布丝毫不相关。可见，把蜀布变为所谓秦布，又把秦布与Cinapatta相等同，从而论证Cina为秦之蜀地，在概

---

① 王大道：《云南出土货币概述》，《四川文物》1988年第5期。
② 关于Cinapatta的含义问题，我们将在后面的篇章予以详细研究。
③ 中国社会科学院考古研究所编：《居延汉简》，北京：中华书局，1980年，卷三，第2页；卷一，第38页。
④ 陈直：《史记新证》，天津：天津人民出版社，1979年，第179页。

念上极为混淆，完全不能成立。

三、"支那"非荆说

关于"'支那'为荆说"之失误，汶江先生曾经辨析甚详，唯其中仍有几个问题还存在进一步商讨的必要。

（一）关于"支那"名称内涵的问题

这是一个既与"'支那'为荆说"有关又与"'支那'为秦说"有关的问题。众所周知，当人们最初对"支那"名称的起源进行研究时，就几乎众口一词，将其作为中国的代称。这种看法貌似有理，其实并不正确，关键之点在于未能从其内涵与时代的变化方面进行考虑，即没有将"支那"名称的起源同中国古代史上地域的扩展和政治的演变联系起来。

"中国"这个名称，至少在古代史早期还不是包括各民族在内并且拥有辽阔疆域和统一政权的领土国家的概念。《诗经·大雅·民劳》："惠此中国，以绥四方。"《毛传》云："中国，京师也。"《史记·五帝本纪》："夫而后之中国，践天子位焉。"《集解》引刘熙曰："帝王所都为中，故曰中国。"这些都是将"中国"理解为京师。先秦史上"中国"又是一个与夷狄相对的概念，特指文化较发达的诸侯[①]。《左传·庄公三十一年》："凡诸侯有四夷之功，则献于王，王以警于夷，中国则否。"《诗经·小雅·六月序》："《小雅》尽废，则四夷交侵，中国微矣。"《礼记·中庸》："是以声名洋溢乎中国，施及蛮貊。"在民族地

---

① 杨伯峻、徐提：《春秋左传词典》，北京：中华书局，1985年，第87页。

域上，"中国"又是一个初指华夏族及黄河中下游地区的概念，还可以用来指称更广泛的地域。《晋书·宣帝纪》："（孟）达于是连吴固蜀，潜图中国（此处指魏国）。"《史记·天官书》："其后秦遂以兵灭六国，并中国。"专家考订，19世纪中叶以来，"中国"始专指我国家全部领土，不作他用[①]。

在"支那"名称起源的时代（约公元前4世纪），中国尚未统一，"中国"一词还不具备近世完整的领土国家这样一个内涵，不论秦还是楚，都不能代表中国，而且先秦史上秦、楚两国均从不被视为"中国"。虽然从广泛的意义上释"支那"为中国并无不可，但是一旦当我们将其与对"支那"名称起源地的探讨相联系，就容易产生一系列极易引人混淆和误解的矛盾，比如将其他地区的文化放进"支那"本源地文化一类问题，从而妨碍了对本源地的研究。

事实上，"支那"一词最初仅仅是指中国的某一地区，或某一诸侯国。在秦始皇统一以前，印度对"支那"的理解必然只能如此。只是到中古时，佛经译人才将"中国"作为完整的领土国家概念，将其与"支那"等同。即令如此，"支那"仍可指中国的某一地区。

基于这些理由，我们认为在研究"支那"名称的起源时，最好将这个名称还原为其本源地的名称，或秦，或荆，或蜀，以避免引起不必要的混乱。

（二）关于楚、蜀关系的问题

指认"支那"为荆，必须解决荆与印度在地域上并不毗邻这样一个问

---

① 复旦大学历史地理研究所修订：《辞海·历史地理》，上海：上海辞书出版社，1982年，第38页。

题。为此，苏仲湘先生提出"巴蜀是荆的外府"这样一个观点，以此论证楚地已越过巴蜀，从而避免在地域的论证方面陷入困境。

这个论点的错误是显而易见的。不论《水经注·江水》所引来敏《本蜀论》，或是旧题扬雄《蜀王本纪》，还是其他诸书，虽共同指出春秋中叶至战国晚期蜀国王族出自"荆人"鳖灵，但所谓"荆"仅指其来源地，并不包含任何政治军事色彩。也就是说，历史上并不存在由楚国夺取蜀国王政，从而使蜀沦为楚国"外府"这回事。从考古学上看，尽管战国时期四川的蜀墓如新都大墓表现出有某些楚文化的因素[1]，但本身绝非楚文化，从主要或大部分上说完全是蜀文化特色[2]。况且，史载公元前377年"蜀伐楚，取兹方，于是楚为扞关以拒之"[3]，如此强大的西南泱泱大国，怎么会是楚之"外府"？再说，假如果真有楚贵族夺取蜀国王政这一重大事件，诸史乘上不可能不留下明确记载，可是事实完全相反。又，按照楚国传统的地名随人迁徙之习，"名从主人"，假如楚贵族夺取了蜀国王政，蜀国就不会再成其为蜀，而应称为楚，或者荆，可是历史上并没有诸如此类的任何记载。至于蜀王开明九世"乐曰荆"[4]，此"荆"也并不是指楚国的音乐，而是开明氏庙堂祭祀之乐的名称[5]，将其与楚国音乐西传巴蜀并经巴蜀再西传印度，从而作为"支那"名称的本源相联系，显然不正确。可见，将巴蜀作为楚国"外府"以证明楚地西延接近印度，此论并无事实根据。

---

[1] 四川省博物馆等：《四川新都战国木椁墓》，《文物》1981年第6期。
[2] 段渝：《论新都蜀墓及所出"邵之飤鼎"》，《考古与文物》1991年第3期。
[3] 《史记·楚世家》《史记·六国年表》。
[4] 《华阳国志·蜀志》。
[5] 段渝：《蜀醴享祀》，《三星堆文化》，成都：四川人民出版社，1993年，第291—292页。

（三）关于"庄蹻王滇"的问题

庄蹻王滇"变服从其俗以长之"[①]，是"'支那'为荆说"的理由之一。但是庄蹻王滇本身是一个历史疑案，古今均有不少史家对此提出质疑并加以订正，难以作为"'支那'为荆说"的立论依据。荀悦《汉纪》首先将《史记·西南夷列传》庄蹻王滇的年代从楚威王订正为"楚庄王"（此楚庄王，徐中舒和唐嘉弘先生认为即楚顷襄王，庄、顷一声之转[②]），又改庄蹻王滇为王靡莫。常璩《华阳国志·南中志》亦改楚威王为楚顷襄王，又改"循江上略巴蜀黔中以西"为"溯沅水出且兰以伐夜郎"，再改庄蹻王滇为王夜郎。范晔《后汉书·南蛮西南夷列传》抄自《华阳国志》，却又把庄蹻改为庄豪。《水经注》对于滇池的记载采自《史记》，但完全不提"王滇"一事。如此等等，不一而足，总之"王滇"之说在方方面面都受到了历代史家的怀疑。蒙文通先生认为，王滇的庄王（庄豪）是古牂牁国的开国君长，并非楚国的庄蹻，后者为楚之大盗，本无入滇之事，与庄豪原不相干[③]。从滇文化考古发掘的情况看，滇文化是一支极富地方特色而传统悠久的文化，完全反映不出楚将庄蹻留王滇池的遗迹，可以证实庄蹻王滇仅是《史记》的误笔而已，不是史实。因此，从这里显然也找寻不到"'支那'为荆说"的任何依据。

---

① 《史记·西南夷列传》。
② 徐中舒、唐嘉弘：《夜郎史迹初探》，《论巴蜀文化》，成都：四川人民出版社，1982年，第185—211页。
③ 蒙文通：《庄蹻王滇辨》，《巴蜀古史论述》，成都：四川人民出版社，1981年，第114—145页。

（四）关于楚、印文化交流的问题

楚、印文化的交流问题，过去早有学者论及，丁山先生和日本藤田丰八分别对此作过不少探讨。丁山《吴回考》引证楚文化所受印度影响，认为楚、印文化交流至迟当在公元前6世纪以前[1]。藤田丰八《中国南海古代交通丛考》引《庄子》《楚辞》《诗经》所载的若干名词及楚国文化的若干问题，推论楚、印交通不仅在春秋战国，或始于宗周初叶（前11世纪）[2]。方国瑜先生认为，诸家所引证的资料未必尽确，且有任意比附之嫌[3]。对此问题还可根据大量考古新发现作进一步探究。

楚地虽"方五千里"，但其西境的极限最多到达四川盆地东部巴地的枳，此即《战国策·燕策》所说"楚得枳而国亡"，时当楚襄王时。所谓"楚得枳""楚襄王灭巴子"[4]，均指楚占有巴王子所据守的枳地（今重庆市涪陵），而不是江州（今重庆市）的巴王都[5]，而巴国灭于公元前316年秦国之师灭蜀后的继续东进，诸史均有确载。楚国未尝据有蜀地，上文已经提到，王滇的庄王，也与楚国无关。楚、印之间存在一个蜀国和南中诸族，因而两者绝不可能越国进行任何交流，这是极其明显的。

曾有不少人认为楚国对巴蜀影响极深，然而考古新发现证实，事情正好相反，商周时代是蜀文化较多地影响了楚文化，战国时代蜀文化则受

---

[1] 丁山：《吴回考——论荆楚文化所受印度之影响》，《古代神话与民族》，北京：商务印书馆，2005年，第339—389页。
[2] 藤田丰八：《中国南海古代交通丛考》，何建民译，上海：商务印书馆，1936年。
[3] 方国瑜：《中国西南历史地理考释》上册，北京：中华书局，1987年，第7页。
[4] 陈寿：《益部耆旧传》。
[5] 段渝：《论巴楚联盟及其相关问题》，《楚学论丛》第1集，《江汉论坛》1990年增刊。

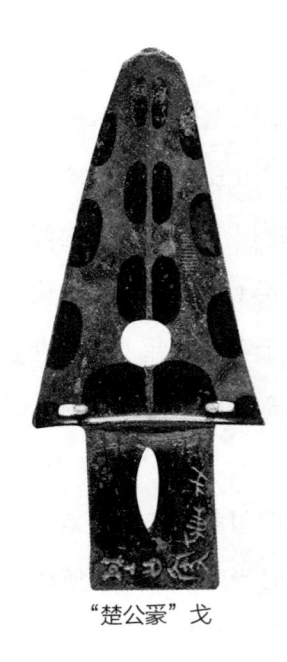

楚文化影响较多[1]。从文明时代之初，古蜀文化就顺江东下，在巫峡以东长江干流两岸留下大量文化遗迹，并扩张至"荆蛮""楚蛮"所在的江汉平原西边。在鄂西的考古发掘中发现了标志蜀王神权统治的鸟头勺柄，表明是古蜀国镇抚其东界的官员驻节之地。殷商时代并无楚文化，楚国在商代尚未存世[2]，长江三峡除分布有三星堆古蜀文化和二里头夏文化外，余皆尚未进入文明时代的新石器文化，不能阻挡蜀文化东进的势头[3]。西周时代楚国有蜀文化因素，如周宣王时的"楚公豪"戈[4]便是蜀国东传至楚的。而西周时代楚国"甚微"[5]，不仅楚文化不可能向蜀地扩张，而且楚也不可能越过蜀地直接同印度进行远距离文化交流。

长江三峡曾是蜀文化的分布区。从历史上看，巴国从汉水上游南移长江以前，夔、巫之西并为蜀境[6]。从文化上看，三峡曾是古蜀文化区的东

"楚公豪"戈

---

① 李学勤：《〈帝系〉传说与蜀文化》，《四川文物》1992年第A1期《三星堆遗址研究专辑》。

② 段渝：《楚为殷代男服说》，《江汉论坛》1982年第9期；《荆楚国名问题》，《江汉论坛》1984年第8期。

③ 屈小强、李殿元、段渝主编：《三星堆文化》，成都：四川人民出版社，1993年，第590—598页。

④ 高至喜：《"楚公豪"戈》，《文物》1959年第12期；冯汉骥：《关于"楚公豪"戈的真伪并略论四川"巴蜀"时期的兵器》，《文物》1961年第11期。

⑤ 《史记·楚世家》。

⑥ 徐中舒：《论巴蜀文化》，成都：四川人民出版社，1983年。

缘，蜀人通过这个方向吸收商文化因素和长江流域其他文化因素。由于蜀对其东境的统治主要不表现为暴力，而着重突出宗教神权统治，所以长江三峡古文化在历史上弥漫着浓厚的神秘气息，以致成为长江上、中游之交具有鲜明色彩的"巫文化"分布区，这同浸透了神秘王国气氛的三星堆古蜀文明的神权东传，有着不可分割的关系[1]。《楚辞》中的若干篇章取材于此，使其放射出奇光异彩，千古流芳，不能不说是巴蜀文化较深影响了楚文化的缘故。楚国考古发现中的若干艺术形式，如楚帛画中十二种动物轮廓图中倒置的眼睛和隆起的眼球的组合，楚墓出土木俑常见的呈方形的下颌，以及楚漆器图案常见的神话母题等，都可在三星堆古蜀文化中探其渊源，都与蜀文化的东传并在楚地留有深刻而久远的影响有关。关于此点，正与N. 巴纳（N. Barnard）所提出的传播方向相反[2]。如果说宗周初叶以及《楚辞》时代楚地确有不少与印度有关的文化因素，那么也只能说是伴随着蜀文化的东传从蜀吸收而去的，因为蜀文化早在商代即与印度开展了早期的文化交流[3]，所吸收的印度文化因素极易顺江东下再播于楚地。于此可见，楚文化与印度文化之间的交流与传播，不仅远远晚于蜀文化，而且其交流传播方式也是间接而不是直接的。当然，这段历史也就不可能为"'支那'为荆说"提供任何依据，它所揭示的只能是此说的否证。

---

[1] 屈小强、李殿元、段渝主编：《三星堆文化》，成都：四川人民出版社，1993年，第614—615页。

[2] N. 巴纳：《对广汉埋藏坑青铜器及其他器物之意义的初步认识》，《南方民族考古》第5辑，成都：四川科学技术出版社，1993年。

[3] 段渝：《古代巴蜀与南亚和近东的经济文化交流》，《社会科学研究》1993年第3期；又见《三星堆文化》，成都：四川人民出版社，1993年，第510—532页。

四、"支那"为蜀之成都说

上面的论述已经证明,"支那"名称的本源与秦、荆无关。纵观历史,"支那"名称的本源地应当在蜀,"支那"一词应是"成(都)"的对音。

(一)蜀身毒道贸易与"支那"名称本源

从成都经云南至缅印的蜀身毒道,是史籍所载最早的中外交流线路。成都所产的蜀布、丝绸及邛竹杖等"蜀物",经由这条线路西输印度,播至中亚,因而使成(都)之名(即"支那")得以在印度产生并广为流传。

早在三星堆文化时期,古蜀地区便初步发展了与印度的陆上交通,成都丝绸通过上缅甸、东印度阿萨姆地区传播到印度和中亚、西亚以至地中海地区,这条国际贸易线路便是南方丝绸之路,由此引起了丝绸之路的开通。西方考古资料也说明,中国丝绸早在公元前11世纪已传至埃及[①],至少在公元前600年就已传至欧洲,希腊雅典凯拉米克斯一处公元前5世纪的公墓里发现了五种不同的中国平纹丝织品,到公元前5、前4世纪时,中国丝绸已在欧洲尤其罗马帝国盛行。这两种情况,在早期中西交通的开通年代上是吻合的。

如果仅仅根据中国古文献的记载,至公元前2世纪末叶汉武帝时,汉王朝才开通西域丝绸之路,这就远远晚于考古发现所真实反映的中国丝绸西

---

① Philippa Scott, *The Book of Silk*, London: Thames & Hudson, 1993, p.78;又见《新华文摘》1993年第11期关于奥地利考古队在埃及发掘中发现中国丝织品遗物的报道。

传欧洲的年代。草原丝绸之路的开通约在战国时期，用以交易的丝绸主要是蜀锦。海上丝绸之路开通于汉代，但它的兴盛是在宋代及以后，贸易的物品主要是瓷器而不是丝绸。历史事实表明，由于成都丝绸的西传而引起了丝绸之路的开通，成都是丝绸之路的源头所在。

古代四川销往南亚的代表性商品是丝绸，蜀地商贾从事长途贸易直至印度的情况，文献记载颇多。《史记》中的《西南夷列传》和《大宛列传》详载张骞的西行报告，明言张骞"居大夏时见蜀布、邛竹杖，使问所从来，曰'从东南身毒国，可数千里，得蜀贾人市'"。大夏商人所得蜀布、邛竹杖，即是在身毒"得蜀贾人市"，"往市之身毒"，就说明蜀身毒道贸易是直接的远程贸易，而不是所谓间接传播。

《史记·大宛列传》记载："然闻其西（指昆明族之西）可千余里有乘象国，名曰滇越，而蜀贾奸出物者或至焉。"《三国志》卷三〇裴松之注引鱼豢《魏略·西戎传》亦载："盘越国，一名汉越王，在天竺东南数千里，与益部相近，其人小与中国人等，蜀人贾似至焉。"滇越（即盘越）的所在，张星烺以为是孟加拉；向达以为是剽越，即《广志》所谓剽越，地在今缅甸；沙畹[①]、饶宗颐等以为应在阿萨姆与缅甸之间；汶江《滇越考》则认为在今东印度阿萨姆，为迦摩缕波[②]。今按汶江说甚是。可见，蜀贾人是通过东印度陆路通道进入印度地区的，这也是蜀、印之间进行直接贸易的重要证据。

《史记·货殖列传》记载，"巴蜀亦沃野，地饶卮、姜、丹沙、石、铜、铁、竹、木之器，南御滇僰，僰僮。西近邛笮，笮马、旄牛。"《汉

---

① 沙畹：《魏略·西戎传笺注》，载《西域南海史地考证译丛》七编，冯承钧译，北京：商务印书馆，1962年，第41—57页。
② 汶江：《滇越考——早期中印关系的探索》，《中华文史论丛》1980年第2辑。

阿萨姆野象

书·地理志下》载："巴、蜀、广汉本南夷，秦并以为郡，土地肥美，有江水沃野，山林竹木疏食果实之饶，南贾滇、僰僮，西近邛、笮马旄牛。"滇是蜀出南中西贾印度的必经之地，位于云南中部。僰即汉之僰道，在川南宜宾与滇东北昭通之间，此为秦时五尺道的所在。邛在今四川凉山，笮在今四川雅安、汉源等地，为古时牦牛道（或称灵关道）的所在。五尺道和牦牛道是从成都南行入南中的两条重要通道。《史记·司马相如列传》载："邛、笮、冉、駹者近蜀，道亦易通。"其间早有交通存在。这些史籍不仅说明了蜀人在南中进行商业活动的史迹，而且还清楚地记载了蜀入南中的路线，即通过牦牛道（西路）和五尺道（东路）分别南下至滇，殊途而同归。

上述诸证结合起来，清楚地反映了蜀人经南中入缅印进行远程贸易的斑斑史迹。从蜀人南贾滇僰（即《华阳国志·南中志》所说"滇濮"），西近邛、筰，"取其筰马、僰僮、髦牛"①，到蜀人出没于东印度阿萨姆之滇越，再到中亚阿富汗北部大夏商人所卖蜀布、邛竹杖，乃是"往市之身毒"，"得蜀贾人市"，而张骞在大夏所见唯一的中国产品便是蜀布等"蜀物"。这一系列史实，一方面表明最早入印从事商业活动的是蜀人，另一方面也表明印度最早所认识的"中国"是蜀。把这一事实同印度憍胝厘耶《政事论》所载"'支那'产丝与纽带，贾人常贩至印度"相联系，可以清楚地看出，所谓"支那"，即指古蜀；所谓Cinapatta，即是蜀丝；中、印的记载原来都是出自一源的。丝绸、布匹、织皮、邛竹杖都是蜀地原产②，不论张骞在大夏所见从印度转手贩运的蜀布、邛竹杖，还是《政事论》所记"支那"的丝和织皮，都是由蜀贾人贩至印度出售的。因此，印度得以称蜀为"支那"，并非偶然，而是事有必致，理所固然。

其实，成都平原的丝织品进入南亚次大陆，在印度古代文献中也有记载。印度学者Haraprasad Ray教授在他的《从中国至印度的南方丝绸之路——一篇来自印度的探讨》一文中说道："印度诗人迦梨陀娑（Kalidasa）那个时代以前，中国纺织品的名字频繁出现。迦梨陀娑确立了这样的事实，即，中国的织品如果不是在贵族中已经普遍使用和已经成为一项知识，就不可能在印度的流行作品中发现频繁提到它的名字。"③当诗人迦梨陀娑提到国王豆扇陀（Dusyanta）的心进退不定，像那迎风飘举的中国布（China cloth）的旗帜的时候，诗人使用Cinangsuka表示"中国丝绸旗"。那时，这

---

① 《史记·西南夷列传》。
② 蜀产织皮，见《禹贡》"梁州"，参考《说文》"纰""绋"等条。
③ Haraprasad Ray：《从中国至印度的南方丝绸之路——一篇来自印度的探讨》，江玉祥译，曾媛媛校，载段渝主编《南方丝绸之路研究论集》，成都：巴蜀书社，2008年。

种布（丝绸）的名声已经传播得远而广①。

迦梨陀娑的另一部著名史诗《鸠摩罗出世》（*Kumarasambhava*）（Siva的儿子、Kumara Kartikeya的诞生）也提到中国丝绸（Cinagsukaih Kalpitaketu malam，即，旗帜飘扬在金色的大门上，微风展开它那丝质的绣饰）②。在这两个事例中，皇家的旗帜皆是中国丝绸，这说明中国丝绸非常普及。

以上证据清楚地表明，中国和成都丝绸（Cinapatta）早在公元前4世纪已为印度所知。

Haraprasad Ray教授还指出，Cinapatta在迦梨陀娑时代（在公元前1世纪至公元400年之间），通称为Cinangsuka。在公元前4至前3世纪的早期阶段，它通称为Cinapatta。印度人对它的织质是不清楚的，因此他们称之为"中国布"（China cloth）。Patta很可能是用亚麻或黄麻制成，因为整个东印度（in Bhojpuri Patua）Pat-ta的现在形式Pat意谓"黄麻"，这一点是很明显的。从织质和外观来看，它类似丝。同样的，Pat一词，阿萨姆语意指"丝"，这是阿萨姆的丝极其普遍的缘故。这种丝可能从中国传入，替换了亚麻丝或亚麻布，Patta这个词便用来专指由蚕茧制造成的中国或阿萨姆

---

① Abhijnana Sakuntalam, I.33, AScharpe, Kalidasa Lexicon, I, pt.1（Brugge Belgie），（1954）.p.24; M.R.Kale, ed., *Abhijnana-Sa-Kuntalam of Kalidasa*, reprint of tenth edn. of 1969, Delhi.1987, p.54. Kalidasa is place between lst century B. C. and 400 A. D., see K. Chattopadhyaya, 1926, pp.79–170. Also A.D.Singh, 1977, p.10.转引自印度Haraprasad Ray：《从中国至印度的南方丝绸之路——一篇来自印度的探讨》，江玉祥译，曾媛媛校，载段渝主编《南方丝绸之路研究论集》，成都：巴蜀书社，2008年。

② Ⅶ.3, Suryakanta, ed. kumarasambhava, Sahitya Akademi, New Delhi, 1961, p.86.转引自Haraprasad Ray：《从中国至印度的南方丝绸之路——一篇来自印度的探讨》，江玉祥译，曾媛媛校，载段渝主编《南方丝绸之路研究论集》，成都：巴蜀书社，2008年。

的丝绸，Patta（Pat，黄麻）在阿萨姆失去了它的原始意义。早在公元前5世纪，丝绸一定已从中国传到阿萨姆[1]，也有可能印度某些地区出产某种野蚕丝[2]。由此不难知道，《史记》所记载张骞在大夏看到的来自印度的"蜀布"，印度梵语称为Cinapatta，其实就是成都生产的丝绸，也就是扬雄所谓的"黄润细布"[3]。

进一步看，印度最早所认识的"支那"，必然是印、支之间有路可通、有物可贾的地方。在中国，在公元前4世纪以前，符合这几个条件的地区只有蜀；不论秦还是荆，均不能对此构成充分条件。而且，"支那"这个词主要流行的地域是印度和东南亚，至若西方载籍中的Seres等，则是由Cina一词派生转译而来，也表明它与中国西南有关，与西南文化之重心所在的蜀地有关。

（二）蜀在西南夷地区的影响与蜀身毒道的开通

蜀与南中（西南夷地区）的关系，除了蜀人"南贾滇、僰僮"外，还有较深的文化交流传播关系。从传播方式上说，主要有迁徙传播和观念、技术传播两种。

迁徙传播方面，载籍可以大致稽考。《史记·三代世表》褚少孙补云："蜀王，黄帝后世也，至今在汉西南五千里，常来朝降，输献于汉。"所说蜀王，是夏商之际国破南迁的蜀王蚕丛。所说"在汉西南五千

---

[1] Haraprasad Ray：《从中国至印度的南方丝绸之路——一篇来自印度的探讨》，江玉祥译，曾媛媛校，载段渝主编《南方丝绸之路研究论集》，成都：巴蜀书社，2008年。
[2] Haraprasad Ray：《从中国至印度的南方丝绸之路——一篇来自印度的探讨》，江玉祥译，曾媛媛校，载段渝主编《南方丝绸之路研究论集》，成都：巴蜀书社，2008年。
[3] 段渝：《古代中印交通与中国丝绸西传》，《天府新论》2014年第1期。

里",是指古代南中之地。《史记》之《正义》引《谱记》说:"蜀之先肇于人皇之际。……历虞、夏、商,周衰,先称王者蚕丛,国破,子孙居姚、嶲等处。"姚指今云南姚安、大姚,嶲指今四川凉山。这两条文献的记载相互吻合,完全一致,并且与四川广汉三星堆遗址所反映的蚕丛文化南迁的年代扣合,证实了早在夏、商之际蜀人便已进入南中,直至汉代其后代仍存的史迹。

蜀文化又一次对南中大规模的迁徙传播发生在公元前4世纪末,这就是著名的蜀王子安阳王南迁,经南中入交趾的事件。《水经·叶榆水注》引《交州外域记》载:"交趾昔未有郡县之时……设雒王、雒侯,主诸郡县,县多为雒将,铜印青绶。后,蜀王子将兵三万,来讨雒王、雒侯,服诸雒将,蜀王子因称为安阳王。"《大越史记》《安南志略》《越史略》以及近世越人所著史书,均对蜀王子安阳王入北越建国有确载,是为信史,考古亦可证实。安阳王南迁的年代,为公元前316年秦灭蜀时,或谓在前311年,总之是公元前4世纪最后一二十年之中。南迁路线,从古蜀人的分布、迁徙和政治关系看,也是沿蚕丛南迁的路线,从嶲至姚,再沿濮水(今云南礼社江)、劳水(今云南元江)入航红河,达于北越[①]。

安阳王之所以经南中入越,一个重要原因在于西南夷地区原已有蜀王后世子孙,颇受古蜀文化浸染并保有较深影响,而长期保持着与蜀的政治经济关系。《华阳国志·蜀志》说西周春秋时,蜀王杜宇"以南中为园苑",表明历代蜀王均着意于南中,西南夷从夏商周到春秋战国无不受蜀文化濡染。方国瑜先生指出,南中是古蜀国的附庸[②]。蒙文通先生指出,越

---

① 蒙文通:《越史丛考》,北京:人民出版社,1983年,第69页。
② 方国瑜:《中国西南历史地理考释》上册,北京:中华书局,1987年,第16页。

嶲、永昌及益州、牂牁各郡，都是蜀的南中，汉代所谓西南夷，也都是巴蜀文化所及的区域①。方、蒙二先生所论均极有理，否则蜀王子难以踏上西南夷土地经西南夷道入越。关于此点，只要与汉武帝开西南夷，发使十余批，"四道并出：出駹，出冄，出徙，出邛、僰，皆各行一二千里，其北方闭氐、筰，南方闭嶲、昆明。昆明之属无君长，善寇盗，辄杀略汉史，终莫得通"②，略作比较，便可明白如无蜀文化长期影响，安阳王不可能假道西南夷地区进入交趾的道理。

关于观念和技术的文化传播，史籍缺载，考古发现却充分展示了这方面的内容，填补了蜀与西南夷关系史上的若干空白。在云南晋宁石寨山③、江川李家山古墓群④所出器物中，包含有不少古蜀早、中期青铜文化的因素。晋宁在汉代为滇

李家山五人缚牛铜扣饰

池县，是先秦以来古滇国的故都之所在⑤。这里出土的青铜器上，铸有若干人物和动物立雕像，其风格不同于中原和长江中下游文化，却与古蜀三星堆文化有相似之处，造型艺术亦较接近，仅体形趋小。石寨山雕像人物在

---

① 蒙文通：《巴蜀古史论述》，成都：四川人民出版社，1981年，第2、3页。
② 《史记·大宛列传》。
③ 云南省博物馆编：《云南晋宁石寨山古墓群发掘报告》，北京：文物出版社，1959年。
④ 云南省博物馆：《云南江川李家山古墓群发掘报告》，《考古学报》1975年第2期。
⑤ 刘琳校注：《华阳国志校注·南中志》，成都：巴蜀书社，1984年。

纺织场面贮贝器　　　　三星堆神坛　　　　石寨山叠鼓形狩猎场面铜贮贝器

体质和发式诸方面，如穿耳、辫发、椎髻等，也与三星堆青铜雕像有共同点。一件长方形铜片（M13：67）上所刻符号中，有一柄短杖图像，无杖首，杖身刻4个人头纹，与三星堆金杖上刻人头、鸟、鱼纹颇为类似。从滇文化发现的大量各式杖首来看，滇文化有发达的用杖制度，这种以杖而不以鼎来标志宗教和政治权力的文化传统，与三星堆古蜀文化完全一致[①]。不论江川李家山还是晋宁石寨山，都发现了无格式青铜剑，证实了蜀文化对滇文化的影响[②]。滇文化的青铜戈，其无胡和援呈三角形等特点，亦可从蜀文化中寻其渊源[③]。这些无一不是蜀文化传播于南中的确切证据。

西南夷地区自古富产铜、锡矿石，不仅中原王朝需要从云南输入铜、

---

① 段渝：《论商代长江上游川西平原青铜文化与华北和世界古文明的关系》，《东南文化》1993年第2期。
② 童恩正：《我国西南地区青铜剑的研究》，《考古学报》1977年第2期。
③ 霍巍、黄伟：《试论无胡蜀式戈的几个问题》，《考古》1989年第3期。

锡矿料，而且蜀地青铜器原料也需部分仰给于云南，如三星堆青铜器中的铅，即取之于云南[1]，大概其铜、锡原料的供应也离不开这条途径。蜀、滇青铜器合金成分比较接近，适足证实这个问题。

云南、四川西南和广汉三星堆等地都出土大量贝币，表明两地均有以海贝作为商品交换媒介的习俗。将川、滇古道上所出贝币的地点连接起来，正是由蜀入南中的西南夷道和蜀身毒道[2]。可见蜀与南中的深厚历史关系，从政治影响到商品交易和文化交流诸方面，几乎无处不在。

以此再联系印度洋北部地区和东南亚自古存在的以贝币为交易媒介的传统习俗，而云南各地和三星堆所出海贝中的环纹货币仅产于印度洋，以及三星堆文化中明显的印度洋和南亚文化因素集结等来看，蜀与南中、蜀与印度的文化交流关系很早以来即已发生，其滥觞至少在商代中晚期，在公元前14、前13世纪上下[3]，延至"支那"名称初见于印度载籍的时候，其间关系已经存在了千年之久。所以，印度称蜀为"支那"，并不是偶然的。《华阳国志·南中志》记载永昌有"身毒之民"，又说"身毒国，蜀之西国，今永昌是也"，后一句固属有误，然而也可见到蜀与印度确实具有悠久的历史关系，而居于南中永昌的身毒之民，自然也会是将蜀之物产及声名播于印度的另一条渠道。可见，由蜀经南中至印度的蜀身毒道，从商代以来迄于汉世一直是开通的，张骞在中亚所闻，仅是其中的某些片段而已。

古蜀文化在西南地区的空间分布十分广阔，《华阳国志·蜀志》记述

---

[1] 金正耀等：《广汉三星堆遗物坑青铜器的铅同位素比值研究》，《文物》1995年第2期。
[2] 段渝：《论商代长江上游川西平原青铜文化与华北和世界古文明的关系》，《东南文化》1993年第2期。
[3] 段渝：《古代巴蜀与南亚和近东的经济文化交流》，《社会科学研究》1993年第3期。

道："其地东接于巴，南接于越，北与秦分，西奄峨嶓。"在蜀的西南即所谓西南夷之地，古称南中，"南中在昔盖夷越之地"①，分布着大量濮越人的群落。《史记·大宛列传》之《正义》说："昆、郎等州皆滇国也。其西南滇越、越嶲则通号越，细分则有嶲、滇等名也。"可见蜀地"南接于越"，即与南中之地包括永昌以西南滇越等夷越直接相连。这正是蒙文通先生所说包括汉之益州、永昌、越嶲等在内的蜀之南中。在这种政治、经济、文化和地理条件下，通过蜀贾直接贩卖蜀丝、蜀布等蜀物到印度的同时，关于这些物品的产地之名必然也会随之流布于印度。换言之，印度在接触到蜀丝、蜀布等物品时，对这些物品来源地的认识和了解，只可能是蜀，而不会是其他任何地方。

南中长期受蜀文化播染以及蜀身毒道贸易长期为蜀所控制的情况，充分证明印籍最早记载的"支那"是指古蜀国。这也与西方学者关于"'支那'是一个若干世纪以前的王国名称，这个王国控制着大陆与印度的商道和丝绸贸易"②的说法，不谋而合。除了古蜀以外，难道还有其他什么地区具备这些条件吗？

（三）"支那"为成都对音说

成都是一座古代的自由都市③。早在商代，成都即已开始了聚合成形的历程，并开始向着早期的工商业城市发展。至迟到春秋时代，成都的早

---

① 《华阳国志·南中志》。
② D. D. Kosambi, *An Introduction to the Study of Indian History*, p.202. 引据饶宗颐文所引原著（英文）。
③ 徐中舒：《成都是古代自由都市说》，载徐中舒主编《巴蜀考古论文集》，北京：文物出版社，1987年，第151—152页。

期城市化进程基本结束，发展成为一座比较典型的工商业城市[①]。春秋战国时代成都制造的精美漆器不但出现在四川各地，而且向南中方面和白龙江方面大批销售，成为蜀人、秦人和楚人喜爱的物品。成都的丝织业包括织锦和刺绣业等规模日益扩大，兴旺发达，以至设置"锦官"进行生产和市场管理。这一时期蜀锦大批向外销售，行销内外各地。考古发掘中长沙出土的战国织锦和湖北江陵出土的战国织锦，即是成都所产[②]，可以证明蜀锦质地优良，驰名海内，文献记载不误。

在成都城市化进程日益加快，工商业日益繁荣，蜀锦、蜀绣等丝织品生产销售规模日益扩大的情况下，随着蜀人商贾经南中入缅、印从事商业贸易活动的日益频繁，成都的丝织品也被销往印度，是并非不可能的。我们只要把蜀布同Cinapatta之在印度的出现相联系，便会发现两者具有内在关联。在当时中国没有其他任何地方向印度输出物品的情况下（从张骞只知有"蜀物"这一点可以证明），蜀布和Cinapatta便只可能来源于一个共同的地方，这就是成都。季羡林先生指出："古代西南，特别是成都，丝业的茂盛，这一带与缅甸接壤，一向有交通，中国输入缅甸，通过缅甸又输入印度的丝的来源地不是别的地方，就正是这一带。"[③] Cinapatta就是成都丝，Cina就是"成（都）"的对音，这是明明白白、再清楚不过的了。

成都这座城市的得名很早，由来甚古。在历史文献上，《山海经》中就已出现"成都"这个名称。从考古资料上看，至少在春秋中叶，成都名称已经出现。四川荥经曾家沟发掘的春秋时期土坑墓内出土的漆器上，刻

---

① 段渝：《巴蜀古代城市的起源、结构和网络体系》，《历史研究》1993年第1期。
② 武敏：《吐鲁番出土蜀锦的研究》，《文物》1984年第6期。
③ 季羡林：《中国蚕丝输入印度问题的初步研究》，《中印文化关系史论文集》，北京：生活·读书·新知三联书店，1982年，第75页。

画着"成""成草"的铭文①。《广雅·释言》:"草,造也。""成草"即"成"这个地方所生产制造。成,即成都的省称。先秦地名多有省称现象,漆文、印文和陶文尤多地名省称,至秦汉亦然②。四川蒲江飞虎村战国船棺葬内出土刻有"成都"字样的青铜矛。四川青川和荥经古城坪出土的战国漆器上也刻有"成亭"戳记文字③。"成亭"是指蜀亡后秦在"成"这个地方所置的一个亭级机构。成都省称为成,汉代亦然。长沙马王堆1号汉墓和3号汉墓以及湖北江陵凤凰山8号汉墓出土文、景之际的大批漆器上,刻有"成市草(造)""成市饱(麭)""成市□""成市""市府""市府饱(麭)""南乡□□[之市]""中乡□[市]""北市□"等文字,制地为成都④。"成市"即"成都市"的省称,不仅与《云梦秦简》所载秦时的"成都市"以及《华阳国志·蜀志》所记汉代的"成都市"名称相符,而且与战国秦汉屡见于中国各地的封泥印文和陶器文字上的"某市"省称者完全一致,也

"成都"铭文青铜矛

---

① 四川省文管会等:《四川荥经曾家沟战国古墓群第一、二次发掘》,《考古》1984年第12期。

② 段渝:《先秦秦汉成都的市及市府职能的演变》,《华西考古研究》(一),成都:成都出版社,1991年,第324—348页。

③ 四川省博物馆等:《青川县出土秦更修田律木牍——四川青川县战国墓发掘简报》,《文物》1982年第1期;《四川荥经秦汉墓发掘简报》,《文物资料丛刊》1981年第4辑。

④ 俞伟超、李家浩:《马王堆一号汉墓出土漆器制地诸问题——从成都市府作坊到蜀郡工官作坊的历史变化》,《考古》1975年第6期。

从历史文化传统上证实先秦的"成"确为成都的省称[①]。

关于梵语Cina的中国对音,学术界分别有秦、荆、滇、日南,以及我们所提出的成都这个新看法。从中国上古音韵看,这几个字的上古音读分别如下[②]:

秦,真部从纽

荆,耕部见纽

滇,真部端纽

日,质部日纽

成,真部从纽

"成"这个字,或以为上古音韵当入耕部禅纽[③],但这是从北方语言的角度来考虑的,南方语言则与此有较大出入。成,其声母北方话发舌音,入禅纽,但南方话则发齿音,入从纽;其韵母北方话发后鼻音,入耕部,南方话则发前鼻音,入真部。因此按南方语音,成字不当入耕部禅纽,而应入真部从纽。在先秦古音里,"成"字的读音与"秦"字的读音(从母真部)是一样的,可以说没有什么区别。

很明显,荆、滇、日南等,在中国上古音韵上均与Cina的上古音没有联系。所以,日本藤田丰八、法国拉可伯利、美国劳费尔等学者试图从音韵学上分别找到荆、滇、日南与"支那"的联系,他们的说法其实是没有

---

① 段渝:《先秦秦汉成都的市及市府职能的演变》,《华西考古研究》(一),成都:成都出版社,1991年,第324—348页。
② 参见唐作藩:《上古音手册》,南京:江苏人民出版社,1982年。
③ 参见唐作藩:《上古音手册》,南京:江苏人民出版社,1982年。

什么坚实可信的上古音依据的。

从上古音韵来看，最有可能与"支那"发生联系的是"秦"和"成"。但是，当我们在排除了用北方语音复原南方语音"成"的读音后，我们就可以知道，"秦"与"成"，二字的读音是完全一样的。在公元前4世纪以前，只有古蜀才有可能将其声名播于印度，这就是"支那"（Cina），而秦则没有这种可能。

梵语里的Cina，据劳费尔研究，在古伊朗语里的相对字是Cina，波斯语里称中国的字如Cin、Cinistan、Cinastan；中古波斯语称中国的字如Cen、Cenastan；亚美尼亚语的Cen-k、Cenastan、Cenbakur（"中国皇帝"），Cenazneay（"开始于中国"）、Cenik（"中国的"）；粟特语的Cyn-stn（Cinastan），"弗尔瓦尔丁（神）赞美诗"里的Saini和帕拉菲语古经《创世记》里的Sini，当头c和s并用恰恰等于希腊语里的对似语Σivai和θivai（＝Cinai）。"可以假定中国在印度语、伊朗语和希腊语里的名称是出于一个共同的来源，而且这个原字或许可以在中国国内去找。"[①]劳费尔所举的这些语言例证，不论是梵语Cina还是从Cina转生的各种对应字，均与"成"的古音相同，或相近。由此可以证明，Cina是"成"的对音和转生语，其他的相对字则均与"成"的转生语Cina同源。从语音研究上看，这是应有的结论。其他诸种语言里"支那"一词的相对字都从梵语Cina转生而去，正与丝绸从蜀播至印度再播至中亚、西亚和地中海文明区的传播方向相一致，则从历史方面对此给予了确切证实。因而从历史研究上看，"支那"为"成都"的对音，同样也是应有的结论。

根据上面的论述，一旦我们把"支那"（Cina）一词还原为成都，把

---

① 劳费尔：《中国伊朗编》，林筠因译，北京：商务印书馆，1964年，第403—405页。

Cinapatta一词还原为成都丝绸,那么成都和成都丝绸(Cinapatta)早在公元前4世纪已为印度所知,这个史实就是十分清楚的了。以此再来看《史记》所载张骞在大夏看到的来自印度的"蜀布",应即印度梵语所称的Cinapatta,其实就是成都生产的丝绸,也就是扬雄所谓的"黄润细布"。印度考古学家乔希曾指出,古梵文文献中印度教大神都喜欢穿中国丝绸,湿婆神尤其喜欢黄色蚕茧的丝织品[1]。这种黄色的丝织品,应该就是扬雄所说的"黄润细布"[2]。印度教里湿婆神的出现年代相当早,早在印度河文明时期已有了湿婆神的原型,后来印度教文明中的湿婆神就是从印度河文明居民那里学来的[3],此时古蜀就与印度有了丝绸贸易关系,最早开通了丝绸之路。

"支那"名称本源于蜀之成都,这个湮没已久并一再为人误解的事实,揭示出中国西南在早期中西交通史上不容忽视的作用和地位,证明以巴蜀为重心的中国西南文明曾经对包括东西方在内的世界古代文明的发展和繁荣作出了不可磨灭的贡献,应当永载史册,万古流芳!

五、古希腊罗马文献所载"赛里斯"(Seres)研究

在古代中国的早期国际交通系统里,西南地区是一个不容忽视的区域,这在《史记》之《西南夷列传》《大宛列传》和《汉书》《后汉书》里的《西南夷传》以及《魏略·西戎传》等文献中,有着比较简略的记

---

[1] 转引自谭中、耿引曾:《印度与中国——两大文明的交往和激荡》,北京:商务印书馆,2006年,第71—72页。
[2] 事实上,至今四川出产的生丝,仍略带黄色。
[3] 刘建、朱明忠、葛维钧:《印度文明》,北京:中国社会科学出版社,2004年,第48、50页。

述。近世以来，中外学者对中国西南早期的国际交通问题颇有兴趣，不少名家曾对这个问题进行过专门研究。梁启超在20世纪20年代发表《中国印度之交通》一文，根据《新唐书·地理志》所载贾耽的记述，论述中印之间有6条交通线，其中第六条是滇缅路。方国瑜在1941年发表的《云南与印度缅甸之古代交通》中认为，"中印文化之最初交通，当由滇蜀道"[1]。夏光南于1948年出版《中印缅道交通史》，对早期中印缅交通多有考证。张星烺、冯承钧、丁山、岑仲勉、季羡林、饶宗颐、桑秀云、严耕望、杨宪益、陈炎等先生均对中缅印古代交通进行过研究。国外学者对古代中缅印交通问题向来十分关注，法国汉学家伯希和的《交广印度两道考》可谓这一领域的名作[2]。美国东方学者劳费尔，法国汉学家玉尔、沙畹，[3]日本学者藤田丰八等，先后对此有过专门研究。英国学者哈威的《缅甸史》、缅甸学者波巴信的《缅甸史》，亦对中缅印早期交通进行过阐述，英国学者霍尔的《东南亚史》对此也有涉及[4]。但"诸家所引证的资料未必尽确，且有任意比附之嫌"[5]，许多结论未获学术界认同。

---

[1] 参见梁启超：《佛学研究十八篇》，北京：中华书局，1989年，第132—133页；夏光南：《中印缅道交通史》，北京：中华书局，1940年；方国瑜：《云南与印度缅甸之古代交通》，《西南边疆》（昆明版）1941年第12期。

[2] 伯希和：《交广印度两道考》，冯承钧译，北京：中华书局，1955年。

[3] 国外学者的有关论文，多收入冯承钧编译《西域南海史地考证译丛》，北京：商务印书馆，1962年。

[4] 参见藤田丰八：《中国南海古代交通丛考》，何建民译，北京：商务印书馆，1936年；哈威：《缅甸史》，姚楠译，北京：商务印书馆，1957年；波巴信：《缅甸史》，陈炎译，北京：商务印书馆，1965年；D.G.E.霍尔：《东南亚史》上册，北京：商务印书馆，1982年。

[5] 方国瑜：《中国西南历史地理考释》，北京：中华书局，1987年，第6—7页。

（一）"赛里斯"（Seres）的内涵

根据古代希腊罗马文献的记载，在东方极远的地方，有一地域叫Seres。大多数西方文献以Seres为中国的代称。中文一般根据其读音译为"赛里斯"，也有一些论著直接译为中国。

但是，Seres的内涵究竟是指什么？或它究竟是指中国的哪一地域？对于这些问题，国内外学术界向来存在争议，诸家说法不一。

不少学者认同法国汉学家亨利·玉尔所提出的对Seres的解释。玉尔认为，Seres、Serica二字，出于古希腊罗马称中国绢缯的Serikon、Sericum，又由阿尔泰语转讹。中国的丝绢，早为西方欧洲社会所喜爱，自古经索格德那（Sogodiana）、安息（Parthia）商人输往西方，为古希腊罗马士女所珍爱，以至因缯绢而称呼其产地。Sin、Sinai系统的字，源于秦始皇统一六国后的秦帝国名称，后百余年随汉武帝远征匈奴而传至边远之地。玉尔认为，Seres名称的起源，仅能上溯到公元前221年，但缯绢贸易的存在则可上溯到远古[1]。另有一些学者认为Sin为"蚕"之译音[2]。虽然，蚕字上古音为侵部从纽，读若Cin，与Cina读音相近。但是，Sin系统的字既然源出阿尔泰语，起源较晚，那么它与起源较早的梵语Cina系统就不具有同等的关系，应当是来源于梵语，其间关系恰好与中国丝绸从古蜀经印度西传的途径相一致。玉尔以为Seres名称为陆路西传，Cina名称为海路西传，其实并没有

---

[1] Henry Yule, "Cathay and the Way Thither", New Edition by H.Cordier, Vol. 1, *Preliminary Essay on the Intercourse between China and the Western Nations previous to the Discovery of the Cape Route*, London, 1915. 参见莫东寅：《汉学发达史》，上海：上海书店，1989年，第3—4页。

[2] 姚宝猷：《中国丝绢西传史》，北京：商务印书馆，1944年，第37—38页。

坚实可信的证据。法国汉学家伯希和坚持认为Seres、Sin均出Cina[①]，美国东方学家劳费尔亦赞同这一看法[②]。应当说，在这一点上，伯希和与劳费尔的看法是正确的。

至于赛里斯究竟是指整个中国，还是指古代中国的某个地域，这个问题在国内外学术界同样存在不同意见。一些学者认为赛里斯是指中国西北地区，而杨宪益先生则认为赛里斯是蜀的译音。杨宪益先生指认赛里斯为古代的蜀国，主要证据有两个：一是根据脱烈美《地志》所记载道里的方向和距离；二是认为"蜀国的蜀本为织丝的蚕的原字，此亦与Seres产丝的西方记载相符"[③]。

蜀，上古音为屋部禅纽，南方话无卷舌音，读为Su，它是古蜀人的自称，黄河流域中原地区的人们则根据古蜀人善养蚕的特征，把Su的读音音译写作"蜀"。蜀，在甲骨文里为桑虫的象形字，如《说文》所释。此义正符合自称为Su的族群之经济特征，所以中原地区的人们即以"蜀"字来写定Su这个族群的名称。在殷墟甲骨文中的"蜀"字，从目、从虫类躯体，而不从虫，以目和虫体两个字会以"蜀"字。但在周原甲骨文里，蜀字则从目、从虫类躯体、从虫，以目、虫体和虫三个字会以"蜀"字。有学者以为殷周对"蜀"字的两种写法，是分别表示两个不同的蜀族。其实，两种蜀字完全是一样的，它们都表示同一个自称为Su的族群，这就是四川盆地的蜀。殷墟甲骨文中从目、从虫类躯体的"蜀"字，应当是省形

---

① 伯希和：《"支那"名称之起源》，载《西域南海史地考证译丛》一编，冯承钧译，北京：商务印书馆，1962年，第36—48页。
② 劳费尔：《中国伊朗编》，林筠因译，北京：商务印书馆，1964年，第404页。
③ 杨宪益：《释支那》，载《译余偶拾》，济南：山东画报出版社，2006年，第127—129页。

字，即是省去了所从的虫，而周原甲骨文中的"蜀"字则是完全写法。可见，"蜀"字的下半部从虫或不从虫，其含义完全是一样的，毫无二致。不论是殷墟甲骨文还是周原甲骨文里的"蜀"字，都不与蚕字相同。蜀，即是《尔雅》释文所谓的"桑中蚕"，《诗经》毛传所谓的"桑虫"，即桑蚕，它是"蚕之类多"中的一种[①]，只有这种桑蚕才能演化为家蚕，而其他种类的蚕均不能演化为家蚕[②]。可见，以"蚕"字来代替"蜀"字是并不妥当的。

其实，虽然从内涵来看，Seres与Su有一定的相关性；但是从字音上分析，Seres与Su，二字的字根不同。问题的关键在于，阿尔泰语的Seres来源于梵语的Cina，而梵语的Cina来源于丝绸的原产地地名成都[③]，读若Sindu，而不是读若Su。

"赛里斯（Seres）"和后来产生的"秦尼（Thinai）"名称，都是公元前后西方人对中国的称呼。"赛里斯（Seres）"一名初见于公元前4世纪欧洲克尼德（Cnide）的克泰夏斯（Ctesias）关于遥远的东方有人居住地区珍异物的记载，"秦尼（Thinai）"一名初见于公元1世纪末亚历山大城某商人的《厄立特里亚航海记》，530年，希腊教士科斯麻斯的《基督教世界风土记》则称为Tzinitza及Tzinista，实与拉丁文出自一源。[④]据法国著名东方学家戈岱司（George Cades）的看法，西语里的"秦尼扎（Tzinit-

---

① 郑樵：《通志略·昆虫草木略二》，上海：上海古籍出版社，1990年影印本，第803页。
② 参见段渝：《政治结构与文化模式——巴蜀古代文明研究》，上海：学林出版社，1999年，第352—355页。
③ 参见段渝：《支那名称起源之再研究》，载四川大学历史系编《中国西南的古代交通与文化》，成都：四川大学出版社，1994年，第126—162页。
④ 参见方豪：《中西交通史》上册，长沙：岳麓书社，1987年影印本，第66页。

za）"或"秦尼斯坦（Tzinista）"，"显然就是梵文Cinathana（震旦）的一种希腊文译法"①。可见，不论是"赛里斯（Seres）"还是"秦尼（Thinai）"，或是"秦尼扎（Tzinitza）""秦尼斯坦（Tzinista）"，它们的语源都是"支那"（Cina），而"支那"就是成都的梵语译法②。

  公元1世纪末亚历山大城某商人的《厄立特里亚航海记》，是分析希腊时代关于东方地理知识的一份十分重要的文献③。《厄立特里亚航海记》谈到，经过印度东海岸以后，向东行驶，到达位于恒河口以东的"金洲"后，再经过一些地区，到达赛里斯，一直到达一座名叫"秦尼（Thinai）"的内陆大城市的地方，该地通过两条不同的道路向印度出口生丝、丝线和丝绸。第一条道路经过大夏到达婆卢羯车（Barygaza，即今之布罗奇）大商业中心，另一条路沿恒河到达南印度。赛里斯国与印度之间居住着名为贝萨特人（Besatai）的野蛮人，他们每年都要流窜到赛里斯国首都与印度之间，随身携带大量的芦苇，芦苇可用来制作香叶（肉桂），这种东西也向印度出口。据德国学者李希霍芬研究，贝萨特人的位置是介于阿萨姆和四川之间，《希腊拉丁作家远东古文献辑录》的编者戈岱司完全同意李希

---

① 戈岱司编：《希腊拉丁作家远东古文献辑录》，耿昇译，北京：中华书局，1987年，"导论"第17—19页。
② 参见段渝：《支那名称起源之再研究》，载四川大学历史系编《中国西南的古代交通与文化》，成都：四川大学出版社，1994年，第126—162页。
③ 戈岱司编：《希腊拉丁作家远东古文献辑录》，耿昇译，北京：中华书局，1987年，"导论"第16—18页，正文第17—19页。长期以来，《厄立特里亚航海记》被认为是公元2世纪前半叶希腊史家阿瑞安（Arrien）的作品，实则是公元1世纪末的作品。见戈岱司为《希腊拉丁作家远东古文献辑录》所写的"导论"第16页。

霍芬的看法①。这一研究结论意味着，中印之间的交通线是从四川经云南和缅甸到达东印度、北印度、西北印度和中亚的。

亨利·玉尔《古代中国闻见录》第1卷记载了10世纪时阿拉伯人麦哈黑尔东游写的《游记》，其中说到中国的都城名为新达比尔（Sindabil）。玉尔分析说："中国都城曰新达比尔（Sindabil），此名似阿拉伯人讹传之印度城名，如康达比尔（Kandabil）、山达伯尔（Sandabur）等，中国无如斯之城名也，其最近之音为成都府，马可·波罗游记作新的府（Sindi-fu），乃四川省之首府，五代时，为蜀国之都城。"②这条材料十分重要。10世纪时的中国，最初7年是唐末，多半时间属于五代十国时期，960年以后是北宋，这些政权的首府和唐、宋都城名称的读音，除蜀之成都外，没有一座的发音接近Sindabil和Sindifu，可见当时阿拉伯人是用Sindabil这个名称来指称中国都城的。从语音上分析，不论Sindabil还是Sindifu的词根，都与古希腊语Sina、Seres的词根完全一样，均为Sin，而Seres、Sin均源出古印度梵语Cina，其他音节都是词尾，可见Sindabil、Sindifu的语源是从Sina、Seres演变而来的，而Sina、Seres又是从Cina演变而来的。这种演变关系的原因在于，最初经印度传播到阿拉伯人手中的丝绸是成都生产的丝绸，而成都是蜀之都城，所以都城生产的丝绸这一概念在阿拉伯人心目中留下了极为深刻的印象，以至直到10世纪时还不但保留着成都（Sindabil）这一称呼，而且更用这个名称来指称阿拉伯人所认为的中国都城。玉尔说，阿拉伯人《麦哈黑尔游记》"谓中国都城曰新达比尔（Sindabil），此

---

① 戈岱司编：《希腊拉丁作家远东古文献辑录》，耿昇译，北京：中华书局，1987年，"导论"第30页。
② 张星烺：《中西交通史料汇编》第2册，北京：中华书局，2003年，第781页；莫东寅：《汉学发达史》，上海：上海书店，1989年，第15页。

173

名似阿拉伯人讹传之印度城名",恰好揭示出了丝绸产地成都(Sindabil)与丝绸中转地印度和丝绸到达地阿拉伯之间的历史和路线关系,这是很有意义的。由此可以清楚地看出,不论Seres(赛里斯)、Cina,还是Sindifu所指的地域,其实都是中国西南古蜀之成都。如像此类因缺乏直接接触和交流而误解异国历史和现实情况的史例相当不少,正如有的中国古文献把Sind(印度河)当作五天竺(五印度),而以"条支"指称阿拉伯,却不知那些地域由于不同历史时期的政权变化已引起多次版图变化和名称变化的情况一样。

印度学者谭中指出,欧洲人称中亚为Serindia,这个词的Ser是Seres或Serica的缩写,意思是"丝国",是古代欧洲人对中国的称呼,Serindia的意思是"中印"。这与人们把中南半岛称为"印度支那"(Indochina)如出一辙。Serindia和Indochina这两个概念,是指中印文明相互交流、相互激荡的大舞台。欧洲人到了Serindia和Indochina(中亚和中南半岛),就有中亚文明相互交叉影响的感觉,所以这样取名。印度人自己的"印度"名称,来源于Sindhu这个名称,Sind是河流的名称,即是印度河,Sindhu一地现在位于巴基斯坦[①],是著名的印度河文明的发祥地。根据这个认识来看,Seres这个名称,显然是与Sindhu(Sindhu,在波斯人那里讹变为Hindu,传入希腊后,希腊人又讹变为Indus,此即India名称的由来)这个名称一道,从印度西传到中亚地区的,欧洲人早在公元前4世纪就已知道Cina这个名称,而且把梵语的Cina一词,按照欧洲人的语言,音转成了西语的Seres。由此看来,Seres名称和Sindhu名称同传中亚,应该是从今印度经由巴基斯

---

① 谭中、耿引曾:《印度与中国——两大文明的交往和激荡》,北京:商务印书馆,2006年,第83—84、88页。

坦西传的。张骞所说蜀人商贾在身毒进行贸易活动,身毒即是Sindhu的汉语音译,指印度西北部印度河流域地区[①]。可以知道,从中国西南到印度,再从印度经巴基斯坦至中亚阿富汗,由此再西去伊朗和西亚地中海,这条路线正是南方丝绸之路西线所途经的国际交通线。这与中国古文献《魏略·西戎传》所记载的蜀人商贾在"滇越"(今东印度阿萨姆)进行贸易活动、《史记·大宛列传》所记载的蜀人商贾在身毒(西北印度)进行贸易活动的路线是恰相一致的。

(二)关于赛里斯之长寿者的传说

根据法国著名东方学家戈岱司编的《希腊拉丁作家远东古文献辑录》,公元前4世纪欧洲克尼德(Cnide)的克泰夏斯(Ctesias)有关于遥远的东方有人居住地区珍异物的记载,记载文字如下:

据传闻,赛里斯人和北印度人身材高大,甚至可以发现一些身高达十三肘尺(Coudée,法国古代长度单位,指从肘部到中指长,约等于半米)的人。他们可以寿逾二百岁。在格忒罗斯河(Gaitros)畔某处,有形似野兽的人,皮与河马相近,故弓箭不能入,在印度的海岛深处,俗传居

[①] 本文所使用的印度这个概念,除特别指出外,多数情况下是指"地理印度"而不是"印度国家"。"地理印度"大致上相当于古印度文明的地理范畴,包括今印度和巴基斯坦以及其他一些地区在内。中国古文献对印度的指称,有着多种译名,如:身毒、天竺、贤豆、欣都思、捐毒,等等,而不同时期的译名所指称的地域范围有所差异,例如迦腻色迦创建的贵霜王朝在中国古文献里并不称"身毒",而是初称"大月氏",后称"罽宾"。参见谭中、耿引曾:《印度与中国——两大文明的交往和激荡》,北京:商务印书馆,2006年,第80—81页。

民们都拖着一条大尾巴，如人们认为萨迪尔所有的那样。①

莫东寅《汉学发达史》的引述与此稍异，此书说：

希罗多德（Herodotos）之后，记述东方之希腊人，有克泰夏斯（Ctesias），据云为欧洲人士最先记述中国者。克氏之作，约在纪元前四百年（周安王时），谓赛里斯（Seres）人及北印度人身体高大，达十三骨尺（Cubits，每骨尺，由肘至中指之末端），寿命达二百岁。印度海中要有岛，岛人皆有长尾，所言荒唐无稽，恐为后人伪托，未足信也。②

希腊地理学家斯特拉波（Strabon，约前58—21年）所著《地理书》记载：

然而，有人声称赛里斯人比能活一百三十岁的穆西加尼人还要长寿。③

斯特拉波《地理书》还记载说：

人称赛里斯人可长寿，甚至超过二百岁。④

---

① 戈岱司编：《希腊拉丁作家远东古文献辑录》，耿昇译，北京：中华书局，1987年，第1页。
② 莫东寅：《汉学发达史》，上海：上海书店，1989年，第2页。
③ 戈岱司编：《希腊拉丁作家远东古文献辑录》，耿昇译，北京：中华书局，1987年，第6页。
④ 戈岱司编：《希腊拉丁作家远东古文献辑录》，耿昇译，北京：中华书局，1987年，第6页。

克泰夏斯和斯特拉波的说法虽然不免荒诞，但是仔细考察分析，确实有着几分中国古史传说的真实素地。

在中国先秦秦汉史上，长期流传着关于长寿的传说，流传得最广泛的，要数有关彭祖长寿的传说了。史籍记载彭祖"寿八百"。先秦秦汉史上有关于两个彭祖的记录，历史上曾把两个不同的彭祖混为一谈，以为是同一人，其实不然。据《国语·郑语》《史记·楚世家》，彭祖为祝融陆终氏之子，又称"大彭"，"彭祖自尧时举用，历夏殷，封于大彭"[①]。《汉书·地理志》以为："彭城，古彭祖国。"地在今江苏省徐州市。但蜀中也有彭祖遗迹，《华阳国志·蜀志》于"犍为郡武阳县"下载"郡治，有王乔、彭祖祠"，又载"王桥（乔）升其北山，彭祖家其彭蒙"。彭蒙之"蒙"，与"望"音近相通，《续汉书·郡国志五》于"犍为郡武阳县"下载有"彭望山"，刘昭注引《南中志》云"县南二十里彭望山"，又引李膺《益州记》"县……下有彭祖冢，上有彭祖祠"。《元和郡县志》卷三二亦载："彭亡城亦曰平无城，彭祖家于此而死，故曰彭亡。"蜀地这个彭祖渊源有自，应与《尚书·牧誓》所载西土八国"庸、蜀、羌、髳、微、卢、彭、濮人"中的彭人有关，不必勉强去同陆终氏之后的大彭比附。从三国时张鲁之子叫彭祖的情况看[②]，西蜀有为子取名彭祖之习。再从仙人彭祖行迹看，他以"吹呴呼吸，吐故纳新"为特征，恰与其同乡王乔相同，所以《庄子》所说的仙人彭祖，应为西蜀犍为郡武阳县的彭祖，而非东方彭城的彭祖。此彭祖与王乔并为一派，蒙文通先生考证其为南方之仙道，与燕、齐有殊，而吴、越的行气一派也是源于西蜀王

[①] 《史记·五帝本纪》。
[②] 《三国志·魏志·张鲁传》。

乔、彭祖的①。至于《华阳国志·序志》所说"彭祖本生蜀，为殷太史"，则混淆了东方的彭祖和西方的彭祖，而两个彭祖又是各有渊源的，正如三个王乔各不相同一样②。

克泰夏斯所谓赛里斯（Seres）人"皆有长尾"，即所谓的"有尾人"，其实也并非无稽之谈，而是有着相当真实的历史依据。这里可以提供三个证据予以说明。

第一个证据是，在青海乐都柳湾出土的一件新石器时代马家窑类型彩陶钵的内壁上，绘有一幅五人牵手舞蹈的图案，五个舞蹈者均有一条长长的尾巴③。

马家窑文化舞蹈纹彩陶钵

第二个证据是，在四川西北岷江上游汶川、理县、茂县地区，自古相传着羌族与戈基人大战的故事，这就是羌族端公（巫师）唱词和羌族民间口头相传的长篇叙事诗《羌戈大战》。这篇叙事诗记载了岷江上游岷山山区上古时原住着一支族群，名叫"戈基人"，戈基人就是"有尾人"，后来羌人来到岷江上游，战胜了戈基人④。在四川广汉三星堆一号祭祀坑所出土青铜雕像中，有一跪坐人物像（K1：293），发式似扁高

---

① 蒙文通：《晚周道仙分三派考》，载《古学甄微》，成都：巴蜀书社，1987年，第338页。
② 段渝：《巴蜀文化与汉晋学术和宗教》，《中华文化论坛》1999年第1期。
③ 郑为：《中国彩陶艺术》，上海：上海人民出版社，1985年，图版第57页。
④ 胡鉴民：《羌民的信仰和习为》，《边疆民族论丛》，1940年；罗世泽等整理：《羌戈大战》，载《木姐珠与斗安珠》，成都：四川民族出版社，1983年，第81—124页。

髻，下身着犊鼻裈，一端系于腰前，另一端反系于背后腰带下。由于平时犊鼻裈的一端下垂，就像长着一条长长的尾巴，因而被讹传为有尾人①。

第三个证据是，《后汉书·南蛮西南夷列传》记载南蛮的服饰是："衣服制裁，皆有尾形。"所谓有尾人的尾，其实是人们身着的长衣，长衣后摆开叉，就像长着尾巴一样，这就是《后汉书·南蛮西南夷列传》所记载的真实情况。我们看三星堆青铜大立人即古蜀王国鱼凫王形象身着的长衣，其形制近于燕尾服，正是"衣服制裁，皆有尾形"。由此可知，所谓有尾人，其实应是"有尾形"的衣服制裁的一种讹传。

我们知道，中国新石器时代至青铜时代，今甘肃、青海有众多的族群活动居息，甘青地区的古文化遗存，如马家窑文化、半山文化、马厂文化等，广义上都同古羌人有一定关系②。岷江上游四川汶川、理县、茂县地区的新石器时代文化中多见彩陶，与甘青地区的马家窑文化相近，是马家窑文化南下的一支③。岷江上游的戈基人属于氐人的分支，成都平原三星堆文化古蜀王国鱼凫王朝统治者集团的族属亦是氐人④。古代氐羌同源异流，因而在青海乐都柳湾彩陶上的舞蹈者形象，与岷江上游的戈基人和成都平原三星堆文化的鱼凫王形象，同为有尾人的形象。这就说明，古希腊作家和中国古文献所谓有尾人的记载，其内核在历史上是真实存在过的，只不过是把"衣服制裁，皆有尾形"讹传为人群长有尾巴罢了。

根据上面的分析，古希腊克泰夏斯和斯特拉波有关赛里斯（Seres）与

---

① 段渝：《四川通史》第1册，成都：四川大学出版社，1993年，第38页。
② 俞伟超：《古代"西戎"和"羌""胡"文化归宿问题的探讨》，《青海考古学会会刊》1980年第1期。
③ 石兴邦：《有关马家窑文化的一些问题》，《考古》1962年第6期。
④ 段渝：《四川通史》第1册，成都：四川大学出版社，1993年，第34页。

长寿者及有尾人的貌似怪诞的记载,并不完全是无稽之谈,它们确实有其真实的历史素地。这个传说里的怪诞人群现象,事实上在上古时代中国西南的族群里是存在的,与岷江上游古蜀人的传说有着相当的关系,它们曲折地反映了古代蜀人传说的西传,应是古希腊作家根据他们在中亚和印度时的耳闻所进行的实录性记述,表明当时已有从中国西南至印度和中亚的交通线的存在。

克泰夏斯的生活时代是公元前4世纪,此时关于"支那"(Cina)的名称已经远播于印度[①]。古蜀人经云南、缅甸进入印度,一条主要的通道是从今东印度阿萨姆经北印度进入西北印度(身毒),这正与克泰夏斯把Seres和北印度联系在一起的记述相吻合,也与古蜀丝绸西传印度的年代、地域和路线相吻合。应该说,这绝不是巧合。

至于说印度海中有岛,那是古希腊地理学在当时的认识,以为印度东面是大海,是陆地的尽头。当然,有的古希腊地理学家也记述说印度以东为沙漠(见希罗多德《历史》)。不过,这些关于亚洲地理的记述,基本上是古希腊人对遥远的东方的种种猜想,并没有多少实证根据。

---

① 季羡林:《中国蚕丝输入印度问题的初步研究》,载《中印文化关系史论文集》,北京:生活·读书·新知三联书店,1982年,第76页。

| 第四章 |

西南夷与南方丝绸之路

南方丝绸之路西线是以蜀之成都为起点，南行经西南夷地区到达身毒（古印度）的道路，即史籍所称的蜀身毒道，这条道路是中国古代文献所记载的最早的中外交通线。张骞在回国后向汉武帝所作西行报告中说道："臣在大夏时，见邛竹杖、蜀布。问曰：'安得此？'大夏国人曰：'吾贾人往市之身毒。身毒在大夏东南可数千里。其俗土著，大与大夏同，而卑湿暑热云。其人民乘象以战。其国临大水焉。'以骞度之，大夏去汉万二千里，居汉西南。今身毒国又居大夏东南数千里，有蜀物，此其去蜀不远矣。今使大夏，从羌中，险，羌人恶之；少北，则为匈奴所得；从蜀宜径，又无寇。"[①]《史记·西南夷列传》记载："及元狩元年，博望侯张骞使大夏来，言居大夏时见邛竹杖、蜀布，使问所从来，曰'从东南身毒国，可数千里，得蜀贾人市'。或闻邛西可二千里有身毒国。骞因盛言

[①] 《史记·大宛列传》。

大夏在汉西南，慕中国，患匈奴隔其道，诚通蜀，身毒国道便近，有利无害。于是天子乃令王然于、柏始昌、吕越人等，使间出西夷西，指求身毒国。至滇，滇王尝羌乃留，为求道西十余辈。岁余，皆闭昆明，莫能通身毒国。"由于西南夷的阻隔，汉王朝未能实现打通指求身毒的道路，于是引起汉开西南夷的一系列军事行动。由此可知，西南夷在蜀身毒道的连接上起到十分关键的作用。

一、西南夷文化和族群

古代西南夷特指分布在青藏高原东缘巴蜀以西、以南和西南地区的古代族群，即先秦秦汉时期今四川西南、西北和云南及贵州等地区属于氐羌、百濮和百越等系的各个族群在各自小生态内所形成的政治组织和政体群，亦即《史记》《汉书》《后汉书》《三国志》《华阳国志》等历史文献所记载的西南夷各"君长"。

由于自然地理和文化地理的原因，我国西南自古便是一个多民族分布的地区，这些民族都拥有各自独具风貌的文化，这种多种类型的文化同居一隅的现象早在新石器时代就已经初现端倪。随着人类从新石器时代的人群向青铜时代族群过渡的完成，这种文化格局更加明显，西南地区也因此成为众多古代族群分布活动的区域，他们聚族而居，各自拥有大致稳定的活动范围，形成了西南夷地区的多族群分布格局。

关于西南夷地区青铜时代的诸族群，《史记·西南夷列传》为我们保存了一段珍贵的记载，这也是我国古代文献有关西南夷古代族群最早且较为完整的记载：

西南夷君长以什数，夜郎最大；其西靡莫之属以什数，滇最大；自滇以北君长以什数，邛都最大。此皆椎结，耕田，有邑聚。其外，西自同师以东，北自楪榆，名为巂、昆明，皆编发，随畜迁徙，毋常处，毋君长，地方可数千里。自巂以东北，君长以什数，徙、筰都最大；自筰以东北，君长以什数，冉、駹最大；其俗或土著，或移徙，在蜀之西。自冉、駹以东北，君长以什数，白马最大，皆氐类也。此皆巴蜀西南外蛮夷也。

除上述诸族群外，根据《汉书》《后汉书》《华阳国志》等文献的记载，西南夷尚有劳浸、漏卧、句町、白狼、槃木、楼薄、唐蒙、哀牢、滇越、和夷、丹、犁等较小的族群，除此之外还有众多未能在历史文献中留下族名而被司马迁统称为"君长以什数"的数量更多的小族群。

1. 夜郎

夜郎所在，历来歧说纷纭而莫衷一是。诸家或以为在今贵州桐梓，或以为在长顺，或以为在郎岱，或以为在罗甸，或以为在今云南曲靖，或以为在沾益，不一而足。清人多以《汉书·地理志》"犍为郡"下颜师古注引应劭之说，以为犍为"故夜郎国"，方国瑜先生从犍为郡治所的变迁考释夜郎地，同意《史记·西南夷列传》之《索隐》引荀悦所说的"夜郎，犍为属国也"的看法，并认为夜郎当在贵州安顺府北部，包有今安顺、普定、镇宁、关岭、清镇、平坝等县，其治所在沿北盘江之处[①]。刘琳《华阳国志校注》认为，"夜郎国"的疆界大致是：东起湄潭、遵义、贵阳、罗甸一线；北到仁怀、叙永、高县一线；西至昭通、巧家、会泽、东川、曲靖一线；南抵兴义地区，大致以南盘江、红水河为界。此即广义的"夜

---

① 方国瑜：《中国西南历史地理考释》，北京：中华书局，1987年，第117—119页。

郎国"疆域，而其中心区域则仅相当于汉夜郎一县之地，汉夜郎县的辖境则相当于安顺地区及兴义地区的晴隆、普安和六盘水地区的盘县（今盘州市）[1]。

从史书上来看，其实夜郎的地理范围应该是比较清楚的。《史记·西南夷列传》《汉书·西南夷传》记载："夜郎者，临牂牁江，江广百余步，足以行船。"《汉书·地理志》记载："夜郎，豚水东至广郁。"《后汉书·南蛮西南夷列传》注引《华阳国志》："豚水通郁林。"《华阳国志·南中志》"夜郎县"载："郡治，有遯水通广郁林。有竹王三郎祠，甚有灵响。"这几条材料可以说明两层意思。第一，夜郎国临牂牁江，豚水（即遯水）通广郁、郁林。广郁为郁林郡下辖县，在广西贵县（属今贵港市）东。据《水经注·温水》，豚水即牂牁江，水出夜郎，东北至谈藁县，又东南经且兰县，又东经毋敛县西，又经郁林广郁县，为郁水，此水的大致流向与北盘江及下游的红水河相合，亦合于《汉书·地理志》的记载，可见遯水即是北盘江，而北盘江即是牂牁江[2]。第二，夜郎县应为故夜郎国的首邑。《左传·庄公二十八年》说："凡邑，有先君宗庙之主曰都，无曰邑。"东汉刘熙《释名·释州国》："国城曰都。都者国君所居，人所都会也。"汉代的夜郎县既"有竹王三郎祠，甚有灵响"即夜郎先祖的神祠，那么汉之夜郎县显然即是战国秦汉时期夜郎国的首邑之所在。

学术界向有"大夜郎国"之说，其实所谓"大夜郎国"，是以夜郎国

---

[1] 刘琳校注：《华阳国志校注》，成都：巴蜀书社，1984年，第390—393页。
[2] 刘琳校注：《华阳国志校注》，成都：巴蜀书社，1984年，第391—393页。方国瑜先生亦认为"豚水即牂牁江，亦即今之北盘江"，见《中国西南历史地理考释》，北京：中华书局，1987年，第118、169—172页。

为首脑或中心加上一些夜郎周边之小国形成的部落集团或酋邦集团，亦即以夜郎国为主体的夜郎酋邦社会，这就是《史记·西南夷列传》所记载的"西南夷君长以什数，夜郎最大"。所谓"以什数"的君长中的最大者，自然就是众多君长中的大君长，可以联合并动员其他君长形成一个松散的区域性政治集团。《汉书·西南夷传》记载汉昭帝元年"牂牁、谈指、同并等二十四邑凡三万余人皆反"，其中谈指为夜郎邑①；同书又载汉成帝河平年间夜郎王兴带领数千人并有邑君数十人见牂牁太守，其妻父迫胁二十二邑反等，这些事例都说明了夜郎王拥有很大的势力范围，而其势力范围内的数十邑君并不属于也不等于夜郎国，而是夜郎国的附庸。《史记·西南夷列传》首叙夜郎，说夜郎在西南夷中最大，而不像其他君长仅在某一区域中最大，实际上已经表明了这个史实。

夜郎属于古代的濮越系族群。《汉书·西南夷传》所说的牂牁，实际包括了夜郎，是夜郎的异称。夜郎在今贵州西南部与云南东南部。牂牁为百越民族语言，意为"系船杙"。王先谦《汉书补注》引《异物志》说："有一山，在海内，似系船杙，俗人谓之越王牂牁。"可见，夜郎的主要居民是百越系统的民族。有的史籍称夜郎的主要居民为僚、濮，《华阳国志·南中志》说汉武帝通西南夷后，斩夜郎竹王，置牂牁郡，"后夷濮阻城，咸怨诉竹王非血气所生，求立后嗣"，这是说夜郎境内的夷人为濮族。但《后汉书·南蛮西南夷列传》记载了同样事件，却将"夷濮"改称"夷僚"。这说明，僚、濮实为一族。《三国志·蜀书·张嶷传》注引《益部耆旧传》说："牂牁、兴古，僚种复反。"《晋书·武帝纪》记其事为：太康四年六月，"牂牁僚二千余落内属"。可知越、濮、僚是可以

---

① 《华阳国志·南中志》。

混称互用的，所指皆一，即今壮侗语族的先民百越民族。僚是古代南方一大民族，见于汉代史籍。南中一带，僚常与濮混称，而在岭南，僚又与俚混称并用。东晋时，僚人从今广西、贵州北上，"自汉中达于邛笮"。迄至宋代，广西部分僚人已改称壮，僚人的一部分为今日的仡佬族，可见僚人亦属濮越系的民族。

在夜郎故地现已发现的一些重要的青铜时代墓地和遗址，有位于黔西北的赫章可乐墓地、威宁鸡公山遗址、吴家大村遗址、中水墓地、红营盘

赫章可乐墓地出土的人面像带扣

贵州赫章可乐8号墓出土的青铜染炉

赫章可乐墓地出土的立虎辫索纹耳铜釜

墓地，以及位于黔西南的普安铜鼓山遗址和滇东北的昭通营盘村墓地[①]。在夜郎故地的考古遗存中，不但有丰富的青铜武器、铜鼓、玉器，还有反映宗教与意识形态的"套头葬"现象。众多散布的聚落，与文献中"君长以什数"的记载吻合。不过，在这一地区的考古发掘和调查中还没有发现大型墓葬，这种情况可能意味着夜郎的社会发展水平和复杂化程度还没有达到较高的水平。

2. 劳浸、靡莫

《史记·西南夷列传》记载："滇王者，其众数万人，其旁东北有劳浸、靡莫，皆同姓相扶。"这就说明，不但滇与劳浸、靡莫是同族，劳浸、靡莫也是同族，同时也指明了它们的分布方位。也就是说，夜郎之西和滇之东北是劳浸、靡莫族群的分布区。具体而言，夜郎的中心区域在今之黔西北和滇东北一带，滇的中心区域则在滇中的滇池一带，将夜郎与滇的地理位置作为参照系，再结合考古材料综合分析，我们认为将劳浸、靡

[①] 贵州省文物考古研究所、四川大学历史文化学院考古系、威宁县文物保护管理所：《贵州威宁县鸡公山遗址2004年发掘简报》，《考古》2006年第8期；贵州省文物考古研究所、四川大学历史文化学院考古系、威宁县文物保护管理所：《贵州威宁县吴家大坪商周遗址》，《考古》2006年第8期；贵州省博物馆：《贵州毕节瓦窑遗址发掘简报》，《考古》1987年第4期；程学忠：《普安铜鼓山遗址首次试掘》，载《贵州田野考古四十年 1953—1993》，贵阳：贵州民族出版社，1993年；刘恩元、熊水富：《普安铜鼓山遗址发掘报告》，载《贵州田野考古四十年 1953—1993》，贵阳：贵州民族出版社，1993年；贵州省文物考古研究所、四川大学历史文化学院考古系、威宁县文物管理所：《贵州威宁县红营盘东周墓地》，《考古》2007年第2期；贵州省博物馆考古组、贵州省赫章县文化馆：《赫章可乐发掘报告》，《考古学报》1986年第2期；贵州省文物考古研究所：《赫章可乐二〇〇〇年发掘报告》，北京：文物出版社，2008年；贵州省博物馆考古组、威宁县文化局：《威宁中水汉墓》，《考古学报》1981年第2期；贵州省博物馆考古组：《贵州威宁中水汉墓第二次发掘》，《文物资料丛刊》1987年第10期。

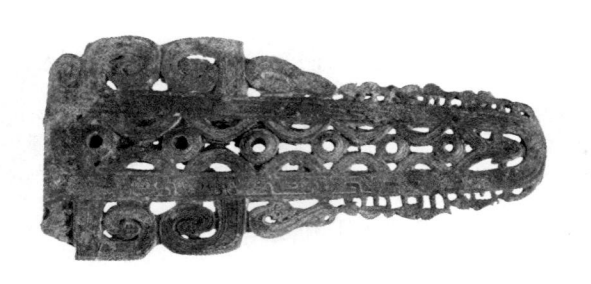

曲靖珠街八塔台墓地出土的蛇纹剑鞘　　　　曲靖珠街八塔台墓地出土的铜扣饰

莫中心区域定在滇东的曲靖盆地应该是比较准确的。

在劳浸、靡莫的中心地带（曲靖盆地），目前已发现的重要青铜时代文化遗存有三处，即云南曲靖市的珠街八塔台墓地、曲靖横大路墓地和曲靖市麒麟区潇湘平坡墓地[①]。这三处墓地有几个十分突出的特点：第一，墓葬的分布十分密集，存在叠压打破关系，这种现象反映出该地族群长期使用一处墓地，说明该族群的血缘关系十分紧密；第二，反映了该族群是营农耕生活的定居民族，且人口众多；第三，三处墓地的时代基本同时，都是从春秋至西汉时期，因此这三处墓地可能是同一时期同一族群的不同部落的墓地，也就是说，当时在劳浸、靡莫故地至少存在三个同族部落。但是劳浸、靡莫故地的三处墓地中都没有发现大型墓葬，墓葬又十分密集，反映了其社会发展水平还处在社会成员之间尚未出现重大层级差别的氏族部落阶段。

---

① 云南省文物考古研究所：《曲靖八塔台与横大路》，北京：科学出版社，2003年；云南省文物考古研究所、曲靖市麒麟区文物管理所：《曲靖市麒麟区潇湘平坡墓地发掘报告》，载《云南考古报告集》之二，昆明：云南科技出版社，2006年。

3. 滇

在1957至1958年间云南晋宁石寨山古墓葬发掘中，6号墓出土了一枚滇王金印，滇青铜文化的族属和面貌由此得以确定。这是西南地区唯一因出土文物可以与文献相印证，而能准确地确定其族属的青铜文化。由于有了这个重大发现，石寨山墓葬及其出土器物群就成了寻找其他滇文化遗存的标准，由此而寻找到的滇文化墓葬的分布就可基本划定滇的分布区域，弥补了文献的不足[①]。根据滇文化墓葬的分布情况，可知滇的分布是以滇池湖滨平原为中心，北到富民，南至通海，东抵路南，西迄安宁，整个分布区并不是很大，这和《史记·西南夷列传》中关于"滇王者，其众数万""滇小邑，最宠焉"等记载基本吻合。

根据所发掘的墓葬材料观察，滇国的社会分化已经达到相当大的程度，大型墓葬与中小型墓葬的差别十分巨大，特别是大型墓葬和小型墓葬之间呈现出天壤之别。从铜鼓、贮贝器等青铜器人物造型上也反映出滇国的社会已经分化出若干层级，有统治者，有巫师，有武士，有农夫，有奴仆。但不同地点大型墓葬无论在墓葬的形制大小、出土器物种类的多寡都没有表现出太大的差异，以及每座墓葬除了有大量随葬品外，几乎都随葬

---

① 云南省博物馆考古发掘组：《云南晋宁石寨山古遗址及墓葬》，《考古学报》1956年第1期；云南省博物馆：《云南晋宁石寨山第三次发掘简报》，《考古》1959年第9期；云南省博物馆：《云南晋宁石寨山古墓第四次发掘简报》，《考古》1963年第9期；云南省文物考古研究所、昆明市文物管理委员会、晋宁县文物管理所：《云南晋宁石寨山第五次抢救性清理发掘简报》，《文物》1998年第6期；云南省文物考古研究所、昆明市博物馆、晋宁县文物管理所：《晋宁石寨山——第五次发掘报告》，北京：文物出版社，2009年；云南省博物馆：《云南江川李家山古墓群发掘报告》，《考古学报》1975年第2期；云南省文物考古研究所、玉溪市文物管理所、江川县文化局：《江川县李家山——第二次发掘报告》，北京：文物出版社，2007年。

"滇王之印"金印　　　　　　　　诅盟场面青铜贮贝器

有代表社会上层身份的铜鼓、贮贝器和杖首等青铜重器，从这些方面分析，可以看出各墓墓主拥有基本相同的社会身份，即便是出土了滇王金印的石寨山6号墓，其出土器物也没有表现出墓主身份和地位明显高于其他大型墓主的现象。据此分析，在滇国内至少存在着五个社会身份相等的集团，他们之间并没有上下统率的关系。也就是说，滇国至少是由五个势力相当的部落组成的族群。与夜郎侯与汉王朝的关系一样，其中石寨山一支被汉王朝授予了滇王金印，这只能反映这支部落与汉王朝的关系，而不能认为这支部落因此拥有统率其他部落的权力。所以，所谓"滇国"应是一个由若干个滇人部落形成的复杂酋邦，其社会演进程度高于西南夷地区的其他族群，表明滇人的社会已经快要跨进国家的大门了。

4. 邛都

据《史记·西南夷列传》记载，邛都位于滇之北，即位于四川西南安宁河中游的西昌地区，其旁有邛海（古称邛池泽），西昌北越小相岭到今越西，越西古称阑县，《华阳国志·蜀志》曰"阑，故邛人邑"，可证。

邛都故地的青铜时代文化遗存主要是分布在安宁河流域的大石墓。大石墓是一种颇具特点的考古学文化遗存，集中分布在安宁河两岸及安宁河一些较大的支流（孙水河、茨达河、西溪河、阿七沟）两岸，据多年较为全面的调查，安宁河流域现在尚不同程度地保存有大石墓230余座[1]。

大石墓行二次丛葬，每墓入葬人数十余至数十不等，入葬人骨不分主次、贵贱和男女、老幼。随葬器物均为随身佩带之物，没有当时西南地区其他文化墓葬中出现的代表尊贵者身份的重器。这个现象反映出大石墓是以血缘关系为纽带的氏族的公共坟茔。在这些氏族中，氏族成员的政治

安宁河谷大石墓　　　　　　　　湾丘大石墓

---

[1] 四川省文物考古研究院、凉山州博物馆、西昌市文物管理所：《安宁河流域大石墓》，北京：文物出版社，2006年。

经济关系是平等的，即一个氏族的成员共同修造一座大石墓，作为每一位氏族成员共同的安息之所。虽然如此，从历史文献分析，邛人在两周之际初步进入青铜时代，并发展成为安宁河流域文化的中心，同时也成为安宁河流域诸族群的政治中心。《史记·西南夷列传》载"自滇以北君长以什数，邛都最大"，《后汉书·邛都夷传》说邛人"豪帅放纵，难得制御"，说明邛都的政治权威和政治组织演化程度已经超乎其他"或土著，或移徙"的部落君长[①]。但邛都仍保有部落组织，《华阳国志·蜀志》说："邛之初有七部，后为七部营军。"七部即七个部落，军事力量也以七部为编制系统，这些都是酋邦制的显著特征。这表明，邛都的社会结构分为三个层次，即若干血缘氏族—七个部落—酋邦。可见，邛都处于酋邦制发展阶段。

　　邛都与蜀的交通路线，在商周时代即已开通。《华阳国志·蜀志》说杜宇以"南中为园苑"，即以其为附庸[②]。既如此，则交通亦应畅达。在以蜀为起点的南方丝绸之路上，邛都是滇蜀道西段（牦牛道）的中点，北连青衣（今雅安）通蜀，南跨泸水（金沙江）入滇，地位显要，尤与金沙江以南的滇、昆明族的交通线，有着非常重要的作用。《华阳国志·蜀志》"会无县"下记载："路通宁州，渡泸得堂狼县。"堂狼为今云南会泽、巧家等县地。《蜀志》又载："（三缝县）通道宁州，渡泸得蜻蛉县。"蜻蛉县为今云南大姚，西临洱海昆明族之地。商周时代蜀王蚕丛国破，"子孙居姚、嶲等处"[③]，即沿牦牛道至西昌，再由西昌至会理，渡金沙江入云南，抵大姚及姚安。战国末开明王子安阳王亦由此道入滇，再沿礼社

---

① 段渝：《论金沙江文化与文明起源》，《中华文化论坛》2002年第4期。
② 方国瑜：《中国西南历史地理考释》上册，北京：中华书局，1987年，第15页。
③ 《史记·三代世表》之《正义》引《谱记》。

江、元江而下，入航红河而抵越南。从西昌南下的这两条线路，都对古代中国西南与东南亚、南亚的经济文化交流作出了重大贡献，也对西南各族与内地的政治经济文化交流作出了巨大贡献。

5. 徙

徙，音斯，又作斯、斯榆、斯都。《史记·西南夷列传》记载徙的分布方位是"自嶲以东北，君长以什数，徙、筰都最大"，《集解》云："（徙）故城在今天全州东。"结合考古资料分析，与天全相邻的四川宝兴一带以及大渡河流域的石棉、汉源两县应是徙人的分布区。

徙地青铜文化的遗存主要发现于青衣江流域的四川宝兴县，重要的发现有宝兴汉塔山、宝兴陇东和宝兴县城关及城郊三处墓地。另外在属于大渡河流域的石棉县和汉源县也各有墓葬群发现[①]。

徙地的墓葬在规模上基本相同，没有发现大型墓葬，说明这些族群的社会分化尚不明显，只是一些从事半农半牧生业的小部落。《华阳国志·蜀志》"越嶲郡邛都县"下记有"又有四部斯臾"，斯臾即

宝兴陇东汉塔山出土战国镀银螺旋柄连珠纹山字格青铜剑

---

① 宝兴县文化馆：《四川宝兴出土的西汉铜器》，《考古》1978年第2期；宝兴县文化馆：《四川宝兴县汉代石棺墓》，《考古》1982年第4期；四川省文物管理委员会、宝兴县文化馆：《四川宝兴陇东东汉墓群》，《文物》1987年第10期；四川省文管会、雅安地区文管所、宝兴县文管所：《四川宝兴汉塔山战国土坑积石墓发掘报告》，《考古学报》1999年第3期。

斯榆。徙有四部，意味着它是一个以血缘为纽带的部落或部落集团。

6. 筰都

筰或作筰、莋，又称筰都、莋都夷，《史记·西南夷列传》记载筰的分布方位是"自巂以东北，君长以什数，徙、筰都最大"。在筰都故地发现的重要的青铜文化遗存，主要有位于四川盐源县出土大量青铜器的老龙头墓地、云南宁蒗县的大兴镇墓地和出土于云南永胜县金官龙潭的青铜器群[①]等三处。

根据已发掘的资料，可以观察到筰都夷族群人员具有十分密切的血缘关系，具体表现为墓地中墓葬分布密集，族群成员拥有共同的归葬之处。虽然族群成员的社会身份已经出现明显的贵贱分化，但死后还是埋葬在同一个墓地中，并保持着统一的墓向，说明这个族群内部之间的联系十分密切，而这种联系的纽带应是血缘关系。筰都的墓葬可分为大、中、小三型，不同类型的墓葬存在墓葬规模大小、随葬器物多寡的明显差异。根据四川盐源老龙头墓葬的情况，可以看出筰都族群内已经有了明显的社会分层，其政治组织至少可以分为五个层级，是一个复杂化程度较高的酋邦社会。

7. 冉、駹

《史记·西南夷列传》记载，冉、駹在筰都东北。《后汉书·冉駹传》云："冉駹夷者，武帝所开，元鼎六年，以为汶山郡。至地节三年……乃省并蜀郡为北部都尉。"一般认为，冉、駹故地在今四川西北部的岷江上游地区。

---

① 凉山彝族自治州博物馆、成都市文物考古研究所：《老龙头墓地和盐源青铜器》，北京：文物出版社，2009年；云南省博物馆文物工作队：《云南宁蒗县大兴镇古墓葬》，《考古》1983年第3期；云南省博物馆保管部：《云南永胜金官龙潭出土的青铜器》，《云南文物》1986年，第19期。

岷江上游地区的古代文化遗存主要是石棺葬①。从大量石棺葬的文化内涵分析，冉、駹处于酋邦的早期阶段，《后汉书·冉駹传》说其俗"贵妇人，党母族"，与考古发现的早期石棺葬没有显示出明显的贫富分化、阶级分化的现象相吻合，说明其血缘纽带长期存在。不过，冉、駹内部的社会分化已经比较突出，如四川茂县牟托墓葬，除了随葬品丰富外，还出土了青铜礼器②，墓主应是"君长"一类的人物。

茂县南新镇牟托村一号石棺墓出土双鞘青铜剑

8. 嶲

《史记·西南夷列传》是将嶲与昆明并列起来叙述的，即所谓"名为嶲、昆明，皆编发，随畜迁徙，毋常处，毋君长，地方可数千里"。在这种游牧经济类型中，既然连君长（部落首领）都还没有产生，遑论酋邦，就更谈不上国家制度了。

目前在嶲故地所发现的青铜文化遗存较少，主要有云南昌宁县坟岭岗墓地，昌宁县城近郊的原达丙乡、原右文乡、芒市西山乡崩强村那棒新寨

---

① 冯汉骥、童恩正：《岷江上游的石棺葬》，《考古学报》1973年第2期；成都市文物考古研究所、阿坝藏族羌族自治州文物管理所、茂县博物馆：《四川茂县营盘山遗址试掘报告》，载《成都考古发现（2000）》，北京：科学出版社，2002年。
② 茂县羌族博物馆等：《四川茂县牟托一号石棺墓及陪葬坑清理简报》，《文物》1994年第3期。

勐约坝遗址[①]。在这些墓葬中广泛出土了各种青铜武器和饰品，坟岭岗出土的青铜挂饰与四川广汉三星堆出土的挂饰有相似之处，是一个值得注意的现象。

9. 昆明

《史记·西南夷列传》记载说："其外（指滇与邛都），西自同师以东，北自楪榆，名为嶲、昆明，皆编发，随畜迁徙，毋常处，毋君长，地方可数千里。"此处所指为西汉时期昆明的分布情况。楪榆的地望比较清楚，据《汉书·地理志》《续汉书·郡国志·楪榆县》注引《地道志》以及《水经·楪榆河注》等，楪榆应在今云南大理之东。同师（又作桐师）应位于楪榆与嶲唐（即今大理与保山）之间。由于昆明是一个随畜迁徙的游牧民族，所以其活动范围很大，"地方可数千里"，但其主要活动并比较稳定的分布区应该在以洱海为中心的区域。

剑川沙溪鳌峰山出土青铜钺和青铜饰件

在昆明故地发现的青铜文化遗存除少数遗址外，大多为墓葬，主要分布在云南祥云、弥渡、宾川、剑川、姚安、鹤庆数县，在大理、云龙、永

---

① 云南省文物考古研究所：《云南昌宁坟岭岗青铜时代墓地》，《文物》2005年第8期；云南省博物馆、昌宁县文化馆：《近年来云南昌宁出土的青铜器》，《考古》1990年第3期；保山地区文管所：《昌宁县大田坝青铜兵器出土情况调查》，《云南文物》第13期，1983年。

平等市县也有若干青铜器出土点①。昆明人的墓葬有大小型墓之分，反映了社会分层的出现。从祥云大波那木椁铜棺墓以及墓内出土大量青铜器的情况看，其社会已脱离了《史记·西南夷列传》所说的"毋君长"阶段，社会结构已经发生了很大的变化，具有酋邦的特征。

10. 白狼、槃木、楼薄、唐菆

《后汉书·莋都夷传》记载："自汶山以西，前世所不至，正朔所未加。白狼、槃木、唐菆等百余国，户百三十余万，口六百万以上，举种贡奉，称为臣仆。辅（益州太守朱辅）上疏曰：'……今白狼王唐菆等慕化归义……路经邛崃大山零高坂，峭危峻险，百倍歧道……。'"根据白狼、槃木、楼薄、唐菆等部落居于汶山郡以西，而且他们前往成都平原需要经过邛崃大山等情况分析，这些部落应该分布在今甘孜州东南部②。经过考古资料的

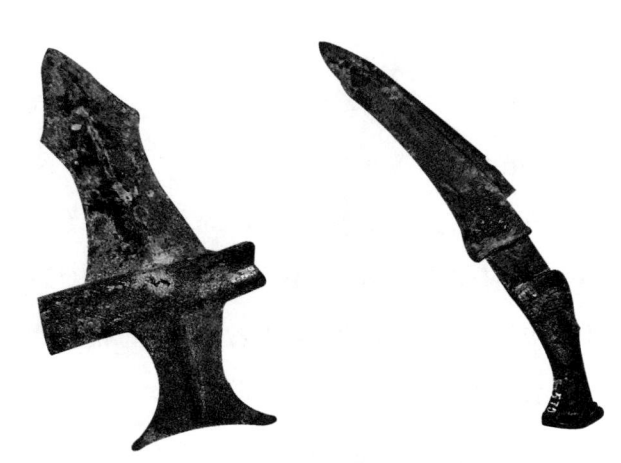

炉霍卡莎湖石棺出土的鱼尾形青铜戈和曲援弯内青铜戈

---

① 云南省文物考古研究所、大理州文物管理所、剑川县文物管理所：《云南剑川县海门口遗址》，《考古》2009年第7期；云南省文物工作队：《云南祥云大波那木椁铜棺墓清理报告》，《考古》1964年第12期；大理州文管所、祥云县文化馆：《云南祥云大波那木椁墓》，《文物》1986年第7期；大理州文物管理所、祥云县文化馆：《云南祥云检村石椁墓》，《文物》1983年第5期；云南省大理白族自治州文物管理所：《云南祥云县检村石棺墓》，《考古》1984年第12期。

② 冉光荣、李绍明、周锡银：《羌族史》，成都：四川人民出版社，1984年，第98页。

对比，今四川西南部的木里县和滇西北的德钦、中甸两县也应属于白狼、槃木、楼薄、唐菆文化分布区。这一带的重要考古发现有四川巴塘县扎金顶墓群、雅江县呷拉墓群、甘孜县吉里龙墓群和炉霍县的卡莎湖墓群，以及滇西北的德钦县和中甸县（今香格里拉市）的几处墓群[①]。

白狼、槃木、楼薄、唐菆故地青铜文化的遗存目前发现的主要是石棺葬和土坑墓，两种墓葬的结构虽然不同，但出土的器物却没有大的区别。最突出的是带有甘青文化特征的大双耳罐和单耳陶罐，铜器主要有山字格剑、曲柄剑、双圆饼首剑、短柄镜、弧背刀、镯和各式泡饰，墓葬中随葬家畜也是该地区的特点之一。这个区域位于西南最西的地方，山高谷深，交通不便，与蜀、滇等文化的接触较少，故其文化中蜀、滇文化的因素虽然少一些，但三星堆文化的一些重要文化因素，如杖首和三角援风格的铜戈还是在该地突现出来。

在白狼、槃木、楼薄、唐菆故地发现的石棺葬和属于石棺葬文化的土坑墓，其文化面貌与岷江上游的石棺葬文化和雅砻江流域的盐源盆地青铜文化十分接近，大概其社会结构和政治组织也相类似，处在酋邦的发展阶段。

11. 句町

据考证，句町故城在今云南广南与富宁，广西的西林、隆林、田林等县亦当为句町辖境[②]。句町乃濮系民族，《华阳国志·南中志》有明确记

---

① 甘孜考古队：《四川巴塘、雅江的石板墓》，《考古》1981年第3期；甘孜州文化局、雅江县文化馆：《四川雅江呷拉石棺葬清理简报》，《考古与文物》1983年第4期；四川省文物管理委员会、甘孜藏族自治州文化馆：《四川甘孜县吉里龙古墓葬》，《考古》1986年第1期；四川省文物考古研究所、甘孜藏族自治州文化局：《四川炉霍卡莎湖石棺墓》，《考古学报》1991年第2期；云南省博物馆文物工作队：《云南德钦永芝发现的古墓葬》，《考古》1975年第4期。

② 刘琳校注：《华阳国志校注》，成都：巴蜀书社，1984年，第458—459页。

载:"句町县,故句町王国名也。其置自濮王,姓毋。"根据沿濮水一线出土的文物面貌基本相同的特点分析,沿濮水(礼社江、红河)的元江、红河、个旧一线,可能也是句町文化的影响区。

目前在句町故地发现的青铜文化遗存,主要有位于红河州中部的云南元江县洼垤打篙陡墓地、元江罗垤白堵克墓地、个旧石榴坝墓地、红河县的小河底流域、广西西林普驮铜鼓墓葬等[①]。

根据《汉书·西南夷列传》和《华阳国志·南中志》的记载,西汉时句町拥有较强的军事实力。结合考古材料分析,句町墓葬密集分布,青铜文化的主要器物有对称圆弧刃和不对称圆弧刃钺、条形宽刃和窄刃斧、蛇头形首剑、长胡戈、矛、刀、匕首、"V"形銎口锄、刻刀、扣饰、铃、杖首、镦、凿、臂甲等各种兵器,意味着该族群已经发展到有"君长"的酋邦阶段。

12. 漏卧

《汉书·地理志》和《续汉书·郡国志》皆有漏卧县,应劭注《汉书·地理志·漏卧县》曰:"故漏卧侯国。"汪士铎《汉志释地略》云:"漏卧,师宗东南。"金兆丰《三国疆域志》云:"漏卧介于夜郎与句町之间。"方国瑜先生

云南元江打篙陡墓群出土铜矛

---

① 云南省博物馆文物工作队、个旧市群众艺术馆:《云南个旧石榴坝青铜时代墓葬》,《考古》1992年第2期;李跃宾:《元江罗垤白堵克青铜墓地发掘简报》,《玉溪文博》1990年第3期;云南省文物考古研究所等:《云南边境地区(文山州和红河州)考古调查报告》,昆明:云南科技出版社,2008年;广西壮族自治区文物工作队:《广西西林县普驮铜鼓墓葬》,《文物》1978年第9期。

199

在《中国西南历史地理考释》中考证："因其（漏卧）地在句町以北，夜郎之南。"结合考古材料推测，漏卧应在今云南曲靖地区的南部师宗县和红河州北部的泸西县一带。

漏卧故地的青铜文化遗存目前发现两处，即云南泸西县的石洞村墓地和大逸圃墓地[①]。从石洞村和大逸圃两处墓地墓群的规模、墓葬的形制和出土器物观察，这个族群的社会分化不明显，社会发展水平不高，尚处于血缘氏族阶段。

13. 滇越

《史记·大宛列传》记载："然闻其西（按：此指昆明之西）可千余里有乘象国，名曰滇越，而蜀贾奸出物者或至焉。"滇越的地理位置，丁山以为是位于汉代的哀牢地区，在今云南保山市的腾冲，方国瑜先生对此说曾详加论证[②]。汶江先生认为，滇越之地应是在今东印度的阿萨姆邦[③]，童恩正先生亦同意此说[④]。从地理方位、中印交通等角度看，汶江先生的看

[①] 云南省文物考古研究所等编著：《泸西石洞村 大逸圃墓地》，昆明：云南科技出版社，2009年。

[②] 丁山在《吴回考》一文中对此说进行过简略论说，然未加详述。方国瑜先生在《中国西南历史地理考释》中举出五条证据对此说加以较详申论：一是从里程计，大理至腾冲十二日程，与文献所说昆明西至滇越可千余里的记载相合；二是腾冲原名腾（籘）越，滇、籘音近，腾越即滇越；三是可假定腾越为哀牢地区中心，哀牢首邑在腾冲，二者地位相当；四是滇越为乘象国，永昌郡有象，故滇越当在哀牢之地；五是《魏略》记载"盘越国亦名汉越"，汉越应为滇越之误，盘与濮音近，濮即哀牢人之称，濮夷在哀牢首邑。见《中国西南历史地理考释》，北京：中华书局，1987年，第19—20页。

[③] 汶江：《滇越考》，《中华文史论丛》1980年第1期。

[④] 童恩正：《略谈秦汉时代成都地区的对外贸易》，《成都文物》1984年第2期。

法应当是可信的，把滇越的位置定在阿萨姆实比定在腾冲更加合理①。

《三国志·魏书·乌丸鲜卑东夷列传》裴松之注引鱼豢《魏略·西戎传》记载西南夷地区有"盘越国"："盘越国，一曰汉越王，在天竺东南数千里，与益部相近，其人小与中国人等，蜀人贾似至焉。"②盘越，《后汉书·西域传》误作"磐起"，《梁书·中天竺传》作"槃越"，《南史》卷七八作"盘越"，《通志》亦作"盘越"。据沙畹研究，盘越地在东印度阿萨姆与上缅甸之间③。据汶江先生研究，盘越即滇越，即东印度阿萨姆的迦摩缕波④。《史记·大宛列传》记载："昆明之属无君长……然闻其西可千余里有乘象国，名曰滇越，而蜀贾奸出物者或至焉。"直到汉魏，蜀人商贾仍在东印度进行经商活动。《大唐西域记·迦摩缕波国》记载："迦摩缕波国，周万余里，国大都城，周三十余里……人形卑小，容貌黧黑，语言少异中印度。"⑤这里所说迦摩缕波国"人形卑小，容貌黧黑，语言少异中印度"，就是《魏略·西戎传》所说的"其人小与中国人等"，其实就是分布在东印度阿萨姆地区与雅利安人语言有异的达罗毗荼人，亦即所谓僬侥。

14. 哀牢

《华阳国志·南中志》记载："（哀牢）其地东西三千里，南北四千六百里。"《后汉书·哀牢传》记载："（哀牢夷）其称邑王者

---

① 参考段渝：《中国西南早期对外交通——先秦两汉的南方丝绸之路》，《历史研究》2009年第1期。
② 《三国志·魏书·乌丸鲜卑东夷传》裴松之注引。
③ 沙畹：《魏略·西戎传笺注》，载《西域南海史地考证译丛》七编，冯承钧译，北京：商务印书馆，1962年，第41—57页。
④ 汶江：《滇越考》，《中华文史论丛》1980年第2辑。
⑤ 季羡林等校注：《大唐西域记校注》下册，北京：中华书局，2000年，第794页。

七十七人，户五万一千八百九十，口五十五万三千七百一十一。"方国瑜先生认为，据此可见，哀牢地广人众，包有今之保山、德宏地区，及缅甸伊洛瓦底江上游地带[①]。方先生之说，符合古文献的记载。

从《华阳国志·南中志》和《后汉书·哀牢传》的记载来看，哀劳所在西南夷的空间范围包括了后来缅甸的许多地区，是直接毗邻于东印度阿萨姆地区的。《华阳国志·南中志》"哀牢郡"记载说永昌郡有"身毒之民"，表明地近身毒。《后汉书·陈禅传》记载说："永宁元年，西南夷掸国王献乐及幻人。"掸国在今缅甸，时称西南夷。《后汉书·明帝纪》更是明确记载说"西南夷哀牢、儋耳、僬侥、盘木、白狼、动黏诸种，前后慕义贡献"，直接把僬侥之地纳于西南夷地域范围。《华阳国志·南中志》说："身毒国，蜀之西国，今永昌是也。"《大唐西域记·迦摩缕波国》还记载："此国（按，指迦摩缕波）东，山阜连接，无大国都。境接西南夷，故其人类蛮獠矣。详问土俗，可两月行，入蜀之西南之境。"这些记载十分清楚地说明，出蜀之西南境即西南夷哀牢地，其境地是与东印度阿萨姆地区相连接的，是蜀身毒道的重要节点之一。

15. 和夷、丹、犁

和夷见于《尚书·禹贡》："蔡、蒙旅平，和夷厎绩。"厎，致也。和夷，据《水经·桓水注》引郑康成曰："和上夷所居之地也。和读曰桓，《地理志》曰'桓水出蜀郡蜀山西南，行羌中'者也。"桓水，《禹贡》云："西倾因桓是来。"马融曰："治西倾山，因桓水是来，言无他

---

① 方国瑜：《中国西南历史地理考释》上册，北京：中华书局，1987年，第22、24页。

道也。"以桓为水名①。西倾山的桓水，为今白龙江，东南流至甘肃文县东与白水江合，再东南流注嘉陵江。至于岷江称桓，则不是指岷江正流，因岷江正流从不称桓，而应指其下游的支流大渡河。大渡河古称"渽水"，"出徼外，南至南安，东入江（按：指岷江）"②，《说文》和《水经·江水注》作"涐水"。涐、和音近相通，和读桓，故知涐水即桓水。宋毛晃《禹贡指南》注曰："和夷，西南夷也。"清代胡渭《禹贡锥指》注称："和夷，涐水南之夷也。"由此可见，和夷是先秦时期分布在今大渡河以南的族类。由于先秦大渡河以西、以南族类以羌族为多，故和夷的族系当与羌族有关。

丹、犁为两族。《史记·秦本纪》记载，秦惠文王十四年，"丹、犁臣蜀"，秦武王元年"伐义渠、丹、犁"。丹、犁，《正义》曰："二戎号也，臣伏于蜀……在蜀西南姚府管内，本西南夷，战国时蜀、滇国，唐初置犁州、丹州也。"唐姚州治今云南姚安北，辖姚安、大姚等地，应是丹、犁南迁所至。战国时丹、犁则在汉之沈犁郡内。沈，读为丹③，犁、黎形近音通。沈犁郡之名，即来源于丹、犁二戎。沈犁郡大多为羌族，看来丹、犁也都是羌族的分支。他们南迁至云南，年代和方向都与羌族的南迁一致。

---

① 郑玄以"桓是"连读，假为"桓氏"，他说："桓是，陇阪，其道盘桓旋曲而上，故名曰桓是。今其下民谓是阪曲为盘也。"《水经·桓水注》解桓为桓水，同于班固、马融，又说："余案，据《书》，岷山、西倾，俱有桓水。"又说："《晋地道记》曰：梁州南至桓水，西底黑水，东限捍关……皆古梁州之地。自桓水以南为夷，《书》所谓'和夷厎绩'也。然所可当者，唯斯水（按：指桓水）与江（按：指岷江）耳。桓水盖二水之别名，为两江之通称矣。"
② 《汉书·地理志》。
③ 蒙文通：《巴蜀古史论述》，成都：四川人民出版社，1981年，第3页。

此外，见于史籍记载的西南夷其他族群，还有廉头、姑缯、封离等，但都是语焉不详，文略不具，这里不再讨论。

二、西南夷的年代

《史记·西南夷列传》首见"西南夷"称谓，《史记》《汉书》等把西南夷区分为西夷和南夷两类。对于西南夷的年代，如果从《史记》和《汉书》来看，仅为西汉时期，从《后汉书》看，还包括东汉时期，以后历代史书也提到西南夷，时代更晚。西南夷的时间段是在先秦秦汉时期，但上限到什么时段，历史文献并没有记载。不过，《逸周书·王会篇》记载了西南地区的一些族群参加成周之会，如该书记载的"百濮"和"产里"，学者多认为是西南地区的族群。《逸周书·王会篇》记载商代初年成汤令伊尹为四方献令说："正南，瓯邓、桂国、损子、产里、百濮、九菌，请令以珠玑、玳瑁、象齿、文犀、翠羽、菌鹤、短狗为献。"这个殷畿正南的百濮，专贡矮犬，当即云南之濮[①]。濮或作卜，见于殷卜辞："丁丑贞，卜又象，□旧卜。"郭沫若释为："卜即卜子之卜，乃国族名。"[②] 卜子，《逸周书·王会篇》记载周初成周之会，"卜人以丹砂"，王先谦补注："盖濮人也。"卜、濮一声之转。杜预《春秋释例》说："建宁郡南有濮夷，无君长总统，各以邑落自聚，故称百濮，又称叟濮。"晋建宁郡的地域范围，大致相当于今云南省的昆明、曲靖、玉溪大部分地区以及

---

① 章太炎：《太炎文录·续录·西南属夷小记》。
② 郭沫若：《殷契粹编考释》，《郭沫若全集·考古编》第三卷，北京：科学出版社，2002年。

贵州省威宁县的部分地区①。据此，可以认为周初已有西南夷某些族群的模糊概念，尽管当时并没有西南夷这个提法。

从《史记·西南夷列传》和《史记·大宛列传》所载早期中印交通亦即学术界所说的南方丝绸之路的开通分析，西南夷主要族群与古蜀的关系早已发生并达到比较密切的程度，在政治和文化联系较为密切的基础上，这条由古蜀腹心地区经由西南夷地区通往印度地区（北印度）的漫长交通线才有可能开通。

如果比较一下汉武帝为打通汉王朝与大月氏的联系，派遣十余批汉使试图经西南夷地区去今阿富汗地区而被氐、筰、昆明等族阻碍而无法通过这一史实，就可说明，如果没有同西南夷建立密切的政治与文化联系，就不可能从他们的地盘通过。由此可见，蜀身毒道的开通，必然是在古蜀与西南夷建立了良好关系的前提下才有可能初步完成的。

方国瑜先生曾经认为，蜀、身毒国道经过西南地区，是这个地区有一定的社会条件建立起来，而且是在这地区的居民开发的，由于西南地区各部族社会、经济、文化发展到一定阶段，各地部族要求与邻境交换生产品，相互往还频繁开辟了道路，甲地与乙地之间，乙地与丙地之间，丙地与丁地之间均已开辟了道路，如此连贯起来，开成了一条漫长的交通线②。从义理的角度推论，方国瑜先生的看法不无不妥，不过方国瑜先生对这个问题进行分析的时候，西南地区还没有足以对这个问题给予分析的相关考古发现与研究成果问世，而其后数十年的考古资料则显示出另外一种情况，所以对在当时看来比较合理的推论，现在就有更新和修正的必要。

---

① 刘琳校注：《华阳国志校注》，成都：巴蜀书社，1984年，第402—412页。
② 方国瑜：《中国西南历史地理考释》，北京：中华书局，1987年，第7页。

1986年在四川广汉三星堆祭祀坑中出土了大量青铜人物雕像，其中除古蜀人的形象造像外，还有不少西南夷人物形象的造像[①]。这表明，早在三星堆文化时期，也就是相当于商代中期[②]，西南夷的一些"君长"与古蜀王国之间已存在密切的政治与文化（宗教）关系，这应当就是蜀身毒道之所以能够开通的一个重要基础和必要条件。如果没有蜀与身毒国的联系，仅仅是西南夷各族群间道路的开辟，当然就不会有"蜀身毒国道"的名称；如果没有古蜀王国与西南夷之间的密切的政治、经济和文化关系，同样也就不会有以"蜀身毒国道"名义命名的交通线的开辟，这应当是不言而喻的。

三星堆青铜人头像（辫发）

从考古学的角度看，西南地区的青铜时代和早期铁器时代是与《史记》《汉书》记载的西南夷的时代吻合的，在此之前西南夷从新石器时代晚期到早期青铜时代，应是西南夷从史前向文明演进的时代，这一方面可以从陶器的演变得到说明，另一方面也可以从青铜器的演变得到解释，当然这是一个漫长的历史过程，其中也有外来文化因素的融合、影响，以致引起某些方面的文化变迁和族群迁移，情况十分复杂。

---

① 段渝：《商代蜀国青铜雕像文化来源和功能之再探讨》，《四川大学学报》1991年第2期。
② 三星堆祭祀坑的年代为商代晚期，但瘗埋其内的青铜雕像则属于商代中期的遗物。参考陈德安：《三星堆遗址的发掘与研究》，《中华文化论坛》1998年第2期。

第四章　西南夷与南方丝绸之路

西南地区的考古发现为我们提供了青铜时代西南夷的比较确切的年代数据。西南地区青铜时代不同时期的具体年代，已经得到了不少碳-14测定的年代数据，这些数据对于研究西南地区青铜文化的整体年代具有重要的意义。

根据以上数据，西南夷地区最早进入青铜时代的地区是位于云南剑川海门口的昆明地区[①]，年代在公元前1800—前1700年，相当于中原王朝的夏、商之交，这应当是西南夷的早期青铜时代。但剑川海门口青铜器与后来该地区的青铜文化遗存之间存在时间上的缺环，二者的关系还需要新的资料才可能予以说明。

位于黔西北、滇东北地区的鸡公山—野石山—银子坛遗存，基本上是连续发展演变的文化遗存[②]，是夜郎区域青铜文化起源、发展和演变的基本序列之一，可以说明西南夷夜郎区域的演化链条。这一青铜文化的发展序列链条表明，西南夷夜郎地区的历史至少始自商代，而这一年代恰与三星堆文化青铜人物雕像中西南夷人物造像的年代相吻合，当然不是偶然的。如果进一步分析，出现在三星堆文化青铜人物雕像中的西南夷"君长"造像，绝不可能是西南夷"君长"的始现年代，他们与三星堆古蜀王国的交往必然已有一个较长时期的过程，而且必然是在经过了复杂的政治与文化联系的交往历程，西南夷"君长"才可能出现在三星堆古蜀王国盛大的祭祀场合以及庞大的祭祀人物序列当中。因此，毫无疑问，西南夷"君长"的始现年代必然早于三星堆祭祀坑的年代，也早于那些青铜人物雕像的制

---

① 昆明，是指西南夷中的昆明族，"昆"为族称，"明"为"人"的意思。昆明地区，即以云南洱海为中心的昆明文化分布区，与今昆明市有别，不可混为一谈。
② 罗二虎、张合荣：《试论鸡公山文化》，《考古》2006年第8期；孙华：《滇东黔西青铜文化初论——以云南昭通及贵州毕节地区的考古材料为中心》，《四川文物》2007年第5期。

作年代，即是说，西南夷"君长"出现在历史舞台上的年代早于商代中晚期。同样，既然这些西南夷族群的"君长"的年代早于商代中晚期，那么很明显，这些"君长"所代表的西南夷族群的始现年代自然也就早于商代中晚期。

需要指出的是，以上碳–14数据显示的情况是，西南夷地区各青铜文化墓葬的整体年代在距今2600—2000年，也就是春秋至西汉末、东汉初，说明西南夷地区的文化演进步伐不同步，发展不平衡，各族群进入青铜时代的年代早晚不一。时间较早的滇西剑川海门口、黔西南的普安铜鼓山等属于西南地区青铜文化的初期，它们与该地区青铜时代文化的繁荣时期之间还存在一些缺环，还未能发展成为后来成熟的西南诸族群文化，而黔西北、滇东北的鸡公山—野石山—银子坛则基本上是连续发展演化，直到西汉中期，而与赫章可乐墓地乙类墓相联系。

至于早于这些西南夷"君长"的年代而又可以作为西南夷初现年代的考古资料，目前还不能加以确指。虽然近年来西南地区考古发现了大量新石器时代晚期的文化遗存，但这些文化遗存是否与后来的青铜文化遗存具有发展演变的连续关系，某个地区的青铜文化是否就是该区域新石器文化的后续文化，这些问题还需要作进一步深入细致的分析研究。

三、西南夷青铜文化的分布及其关系

南方丝绸之路国内段主要是从以成都平原为中心的四川盆地经云南和贵州向南跨入国外段的线路。在南方丝绸之路国内段各地，历年来发现了大量青铜器。从考古学文化角度认识，在南方丝绸之路国内段，分布有巴文化、蜀文化和西南夷青铜文化。其中，西南夷青铜文化包括12个区域：

滇东曲靖盆地劳浸、靡莫青铜文化，滇池区域青铜文化，安宁河流域邛都青铜文化，青衣江流域徙青铜文化，雅砻江下游盐源盆地笮都青铜文化，保山盆地嶲青铜文化，洱海区域昆明青铜文化，岷江上游冉駹青铜文化，川北陇东南氐青铜文化，金沙江上游白狼、槃木、唐菆青铜文化，红河流域句町青铜文化，滇南漏卧青铜文化①。

南方丝绸之路从成都出发，纵贯了川西北、川西南山地、横断山区和云贵高原，这一广袤的地区自古便是中国南北民族的迁徙通道，也是中国南北文化的重要交流孔道之一。早在新石器时代，中国南北文化的交流在这一地区就已初见端倪。到了春秋战国时期，分布在南方丝绸之路沿线的各文化都陆续进入青铜时代，并发展出灿烂多姿的各类青铜文化。其中以三星堆—金沙遗址青铜文化为代表的古蜀文化，发展水平最高，时间最早，形成了西南地区的"文化高地"，三星堆—金沙遗址文化自然成为西南地区各青铜文化的"龙头"，对西南地区青铜文化产生了重要的影响。与此同时，西南地区各青铜文化也保持着自身鲜明的文化特色，共同构成了丰富多彩的西南地区青铜文化。

整个西南地区的青铜文化可以分为三个大的文化区和若干个亚区，与之相应的是当时活动在西南地区的三大民族族群。

第一个文化区是以四川盆地为中心的古蜀文化区，这个文化区的地域和青铜器群因时代早晚有所发展与变化。殷商时期，这个文化区主要位于

---

① 参见段渝等：《西南酋邦社会与中国早期文明——西南夷政治与文化的演进》，北京：商务印书馆，2015年。

三星堆青铜鸟（高翅）

十二桥遗址陶勺把

　　成都平原范围内，重要的考古发现有广汉三星堆遗址①、成都金沙遗址②和彭州的窖藏③。出土的青铜器有大小青铜立人、各式青铜人头像和青铜面具、铜罍、铜树、铜戈、铜铃和铜鸟、铜虎、铜蛇等各类动物造型，伴出大量玉器、金器、象牙等珍宝是该期青铜文化的显著特征，整个文化溢露出浓厚的神权政治气氛。

　　进入春秋战国时期，古蜀文化区的范围扩大了数倍，北至川北的绵阳、昭化一带，西南以雅安、荥经为界，南抵峨眉、犍为，东至涪陵、云

---

① 四川省文物考古研究所：《三星堆祭祀坑》，北京：文物出版社，1999年。
② 成都市文物考古研究所：《成都金沙遗址Ⅰ区"梅苑"东北部地点发掘一期简报》，《成都考古发现（2002）》，北京：科学出版社，2004年；成都市文物考古研究所：《金沙遗址"国际花园"地点发掘简报》，《成都考古发现（2004）》，北京：科学出版社，2006年。
③ 四川省博物馆、彭县文化馆：《四川彭县西周窖藏铜器》，《考古》1981年第6期。

第四章　西南夷与南方丝绸之路

阳，东北到了宣汉一带。这一时期的重要考古发现有成都十二桥遗址[①]、商业街古蜀船棺[②]、百花潭古蜀墓葬[③]、新都马家乡古蜀大墓[④]、什邡古蜀船棺葬群[⑤]、巴县冬笋坝和昭化宝轮院巴蜀船棺葬[⑥]、荥经同心村和南罗坝古蜀墓葬[⑦]、峨眉符溪古蜀青铜器群[⑧]、宣汉巴蜀墓葬[⑨]、犍为五龙古蜀墓葬[⑩]、涪陵小田溪巴墓[⑪]，等等。战国时期，分布在川东的巴文化已经与川西的蜀文化融为一体，可以称为巴蜀文化[⑫]。

这一时期的青铜器组合相对三星堆时期有了较大变化，主要由柳叶形剑、三角形援戈、弓形耳矛、"烟荷包"式钺、辫索状耳的鍪和釜、"古蜀图语"印章等组成，墓葬形制则流行船棺、独木棺。

[①]　四川省文物管理委员会等：《成都十二桥商代建筑遗址第一期发掘简报》，《文物》1987年第12期。

[②]　成都市文物考古研究所：《成都市商业街船棺、独木棺墓葬发掘报告》，《成都考古发现（2000）》，北京：科学出版社，2002年。

[③]　四川省博物馆：《成都百花潭中学十号墓发掘记》，《文物》1976年第3期。

[④]　四川省博物馆等：《新都战国木椁墓》，《文物》1981年第6期。

[⑤]　四川省文物考古研究所、什邡文物保护管理所：《什邡市城关战国秦汉墓葬发掘报告》，《四川考古报告集》，北京：文物出版社，1998年。

[⑥]　四川省博物馆：《四川船棺葬发掘报告》，北京：文物出版社，1960年。

[⑦]　四川省文物考古研究所、荥经严道古城遗址博物馆：《荥经县同心村巴蜀船棺葬发掘报告》，载《四川考古报告集》，北京：文物出版社，1998年；荥经严道古城遗址博物馆：《四川荥经南罗坝村战国墓》，《考古学报》1994年第3期。

[⑧]　陈黎清：《四川峨眉县出土的一批战国青铜器》，《考古》1986年第11期。

[⑨]　四川省文物考古研究所、达州地区文物管理所、宣汉县文物管理所：《四川宣汉罗家坝遗址2003年发掘简报》，《文物》2004年第9期。

[⑩]　四川省博物馆：《四川犍为县巴蜀土坑墓》，《考古》1983年第9期。

[⑪]　四川省文物考古研究所、涪陵地区博物馆、涪陵市文物管理所：《涪陵市小田溪9号墓发掘报告》，《四川考古报告集》，北京：文物出版社，1998年。

[⑫]　林向：《巴蜀文化辩证》，《巴蜀文化研究》第2辑，成都：巴蜀书社，2006年。

青铜三角援戈

在巴蜀文化区内,青铜文化的面貌比较统一,不能划出亚区。其周边受到巴蜀文化较深影响的有滇东北的昭通和黔西北的威宁两地区。

第二和第三个文化区是秦汉时期被文献称之为"西南夷"的地区,在这个地区分布着众多的西南民族,他们的青铜文化的繁荣期主要在战国至西汉这一时段。

第二个文化区在地理上包括了川西北山地、川西南山地、横断山区和滇西高原。虽然这个文化区地域广大,区域内的诸青铜文化各具特点,但却包含着一些明显的共同因素。如铜器中的山字格剑、双圆饼首短剑、曲柄剑、弧背削、以鸡首杖为主的各式铜杖和铜杖首、短柄铜镜、数量众多的各式铜镯和铜泡钉、各式铜铃,等等。墓葬形制以石棺葬为主,还有与石棺葬有密切关系的大石墓和石盖墓,常见用马、牛、羊殉葬的葬俗。这个文化区青铜器种类不多,纹饰较为简朴,表现出一种朴实的风格。

这个文化区从北到南可划为四个亚区,每个亚区的青铜文化都有各自的特点。

第一个亚区的中心在岷江上游河谷,向西延伸到了青衣江上游。此亚区青铜时代文化的重要的考古发现有茂县、理县、汶川的石棺葬群,茂县

第四章 西南夷与南方丝绸之路

茂县镂空扇形青铜牌饰

城关、营盘山、别立、勒石村的石棺葬群[1]，牟托一号石棺墓[2]，理县佳山寨石棺葬群[3]，巴塘、雅江的石板墓[4]，甘孜吉里龙古墓葬，炉霍卡莎湖石

---

[1] 冯汉骥、童恩正：《岷江上游的石棺葬》，《考古学报》1973年第2期；茂汶羌族自治县文化馆：《四川茂汶营盘山的石棺葬》，《考古》1981年第5期；茂汶羌族自治县博物馆、蒋宣忠：《四川茂汶别立、勒石村的石棺葬》，《文物资料丛刊》1983年第9辑；叶茂林、罗进勇：《四川汶川县昭店村发现的石棺葬》，《考古》1999年第7期；成都市文物考古研究所等：《四川茂县营盘山遗址试掘报告》，《成都考古发现（2000）》，北京：科学出版社，2002年；四川省文物考古研究所、阿坝州文物管理所、汶川县文物管理所：《四川汶川县姜维城新石器时代遗址发掘报告》，《四川文物》2004年增刊。

[2] 茂县羌族博物馆、阿坝州藏族羌族自治州文物管理所：《四川茂县牟托一号石棺墓及陪葬坑清理简报》，《文物》1994年第3期。

[3] 阿坝藏族羌族自治州文物管理所、理县文化馆：《四川理县佳山石棺葬发掘清理报告》，《南方民族考古》第1辑，成都：四川大学出版社，1987年。

[4] 甘孜考古队：《四川巴塘、雅江的石板墓》，《考古》1981年第3期。

棺葬群①，宝兴陇东、瓦西沟口的石棺葬及汉塔山土坑积石墓群②。出土的铜器物以山字格剑、曲柄剑、手镯、泡钉为区域性组合。由于该区域紧邻古蜀文化区，古蜀文化对其影响较大。根据文献记载，此地区秦汉时期的主要民族为冉、䮾，故此区域可称为冉䮾文化区。

第二个亚区为安宁河谷。主要的青铜时代文化遗存为分布在安宁河谷两岸的大石墓③，出土铜器以山字格剑、弧背刀、束发器、发钗、铃、泡钉为基本组合，学术界基本认为安宁河流域的大石墓是文献所载的邛都夷的遗存，该区可称为邛都文化区，在邛都文化中可看到一些古蜀文化的因素。

第三个亚区为以盐源盆地为中心的金沙江与雅砻江交汇的巨大三角形地带。主要的青铜时代考古发现有盐源盆地的石盖墓④，宁蒗大兴镇的土坑

---

① 四川省文物考古研究所等：《四川炉霍卡莎湖石棺墓》，《考古学报》1991年第2期。

② 宝兴县文化馆：《四川宝兴出土的西汉铜器》，《考古》1978年第2期；宝兴县文化馆：《四川宝兴县汉代石棺墓》，《考古》1982年第4期；四川省文管会、雅安地区文管所、宝兴县文管所：《四川宝兴汉塔山战国土坑积石墓发掘报告》，《考古学报》1999年第3期；四川省文物管理委员会、宝兴县文化馆：《四川宝兴陇东东汉墓群》，《文物》1987年第10期。

③ 礼州遗址联合考古发掘队：《四川西昌礼州新石器时代遗址》，《考古学报》1980年第4期；凉山彝族自治州博物馆：《米易弯丘的两座大石墓》，《考古学集刊》1981年第1期；安宁河流域联合考古队：《西昌坝河堡子大石墓发掘简报》，《考古》1976年第5期；西昌地区博物馆：《西昌河西大石墓群》，《考古》1978年第2期；凉山彝族地区考古队：《四川凉山喜德拉克公社大石墓》，《考古》1978年第2期；凉山州博物馆：《四川普格小兴场大石墓》，《考古与文物》1982年第5期；凉山州博物馆：《四川西昌一号墓发掘简报》，《考古学集刊》1983年第3期；四川省文物考古研究院、凉山州博物馆、西昌市文物管理所：《四川西昌洼垴、德昌阿荣大石墓》，《文物》2006年第2期。

④ 凉山州博物馆、西昌市文管所、盐源县文管所：《盐源近年出土的战国西汉文物》，《四川文物》1999年第4期。

木椁墓，永胜金官龙潭的青铜器群[①]，德钦石底、纳古、永芝的古墓葬，盐边县的石棺葬。出土的铜器物以铜鼓、覆瓦形编钟、山字格剑、双圆饼首短剑、弧背刀、曲柄剑、细长三角援戈、直銎钺、短柄镜、各式镯、铃、泡钉、带饰和以鸟形杖首为主的各式铜杖首为基本组合。该区域还出土一些造型十分特殊的器物，如双柄刀、一人双兽枝形器、羊首杖、蛇形杖、铜燕等。文献记载，战国至西汉时期活动在此地区的民族主要是笮都夷，故该区域可称为笮都文化区。

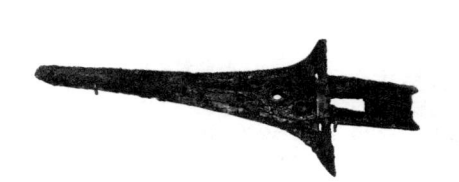

盐源出土细长形三角援戈　　　　　剑川海门口遗址出土青铜钺

第四个亚区是滇西高原的洱海地区。主要的青铜时代考古发现有剑川海门口遗址[②]、祥云检村的石棺墓[③]、祥云大波那的木椁墓、剑川鳌凤山的土坑墓群[④]、大理洱海地区的青铜器群[⑤]、楚雄万家坝墓葬群等。出土铜器以铜鼓、覆瓦形铜编钟、羊角编钟、山字格剑、双圆饼首短剑、凹刃矛、

---

① 云南省博物馆保管部：《云南永胜金官龙潭出土青铜器》，《云南文物》第19期，1986年。
② 云南省博物馆：《剑川海门口古文化遗址清理简报》，《考古通讯》1958年第6期；云南省博物馆：《云南剑川海门口青铜时代早期遗址》，《考古》1995年第9期。
③ 大理州文物管理所、祥云县文化馆：《云南祥云检村石椁墓》，《文物》1983年第5期。
④ 云南省文物考古研究所：《剑川鳌凤山古墓发掘报告》，《考古学报》1990年第2期。
⑤ 大理县文化馆：《云南大理收集到一批汉代铜器》，《考古》1966年第4期。

弧刃戈、"V"字形领钺、靴形钺、尖叶形锄、六畜模型和主要以鸡和鸟形杖首为主的各式铜杖首为基本组合。战国至秦汉时期，该地区的主要民族为昆明，故该区可称为昆明文化区。

第三个文化区包括滇中高原和滇东地区。墓葬基本为土坑墓，出土铜器的种类非常丰富，以铜鼓、贮贝器、编钟、葫芦笙、尊、壶、枕、案、一字格剑、蛇头剑、伞盖、针线盒、绕线板、尖叶形锄、长銎斧、宽叶矛、窄叶矛、新月形刃钺、啄、狼牙棒和种类繁多的戈、以斗兽纹或狩猎纹为主的扣饰、各种杖首等为基本组合。铜器上饰以繁缛的纹饰，多双旋纹、编织纹、辫纹、三角齿纹、蛙纹、人形纹等，器身上多阴刻鸟、蛇、鱼、虫、虎、熊、豹、鹿等鸟兽图案，造型生动活泼。器物上焊铸的各种立体人畜是该区青铜器最显著的特征。第三个文化区的青铜文化带有强烈的地方色彩，由于在晋宁石寨山6号墓中出土了金质的"滇王之印"，印证了文献上所记载的古滇国的存在，所以这种青铜文化被称为滇文化。

滇文化区可分为两个亚区。其中一个亚区主要位于滇中高原的滇池四周，重要的考古发现有晋宁石寨山滇墓群[①]、呈贡天子庙滇墓群[②]、江川李

李家山鎏金蛇头铜剑柄

---

① 云南省博物馆：《云南晋宁石寨山古遗址及墓葬》，《考古学报》1956年第1期；云南省博物馆：《云南晋宁石寨山第三次发掘简报》，《考古》1959年第9期；云南省博物馆：《云南晋宁石寨山古墓第四次发掘简报》，《考古》1963年第9期。
② 昆明市文物管理委员会：《呈贡天子庙滇墓》，《考古学报》1985年第4期；云南省博物馆文物工作队：《云南呈贡天子庙古墓群的清理》，《考古学集刊》1983年第3期；昆明市文物管理委员会：《昆明呈贡石碑村古墓群第二次清理简报》，《考古》1984年第3期。

家山滇墓群[1]、昆明羊甫头滇墓群[2]、安宁太极山滇墓群[3]等，该区是滇文化的中心区。另一个亚区位于滇东的曲靖盆地，重要考古发现有曲靖珠街八塔台墓葬和横大路墓葬[4]等。此两个亚区的青铜文化存在一些差别，故后一个亚区的青铜文化也被称为滇文化八塔台—横大路类型。

除此而外，在南方丝绸之路上还存在一些小的青铜文化区，如昭通盆地[5]、保山盆地[6]、城河流域等文化区。

四、西南夷海贝的来源与蜀身毒道

西南夷地区是蜀身毒道即南方丝绸之路西线的必经地带，西南夷各族不但在文化上受到三星堆文化的强烈影响，当西南夷青铜文化形成时，还发展了与印度洋地区的文化和贸易关系，其典型考古证据是来自印度地区的海贝。

---

[1] 云南省博物馆：《云南江川李家山古墓群发掘报告》，《考古学报》1975年第2期。

[2] 云南省文物考古研究所、昆明市博物馆、官渡区博物馆：《昆明羊甫头墓地》，北京：科学出版社，2005年。

[3] 云南省文物工作队：《云南安宁太极山古墓葬清理报告》，《考古》1965年第9期。

[4] 云南省文物考古研究所：《曲靖八塔台与横大路》，北京：科学出版社，2003年。

[5] 葛季芳：《云南昭通闸心场新石器时代遗址的发掘》，《考古》1960年第5期；云南省文物工作队：《云南昭通马厂和闸心场遗址调查简报》，《考古》1962年第10期；游有山：《鲁甸野石新石器时代遗址调查报告》，《云南文物》第18期，1985年；营盘发掘队：《云南昭通营盘古墓群发掘简报》，《云南文物》第41期，1995年。

[6] 保山地区文管所：《昌宁县大田坝青铜兵器出土情况调查》，《云南文物》第13期，1983年；云南省博物馆、昌宁县文化馆：《近年来云南昌宁出土的青铜器》，《考古》1990年第3期；云南省文物考古研究所：《云南昌宁坟岭岗青铜时代墓地》，《文物》2005年第8期。

剑川鳌峰山出土的战国时期货币海贝

石寨山出土的海贝

根据考古资料，云南大理地区剑川鳌峰山的三座早期墓葬中出土有海贝，其中M81出土海贝43枚，M155出土海贝1枚，M159出土海贝3枚。这三座早期墓的碳-14年代为距今2450±90年（树轮校正），约当春秋中期至战国初期[1]。昆明市文物管理委员会在1979年底至1980年初发掘的呈贡天子庙战国中期的41号墓中，出土海贝1500枚[2]。云南省博物馆1955年至1960年发掘晋宁石寨山古墓群（年代从战国末至西汉中叶），有17座墓出土海贝，总数达149000枚[3]。四川地区最早出现海产品是在巫山大溪遗址，但其来源不得而知。岷江上游茂县石棺葬内亦出土海贝、蚌饰等海产物[4]。云南大理、楚雄、禄丰、昆明、曲靖珠街八塔台和四川凉山州西昌的火葬墓中，也出

---

[1] 云南省博物馆：《剑川鳌凤山古墓发掘报告》，《考古学报》1990年第2期。
[2] 昆明市文物管理委员会：《呈贡天子庙滇墓》，《考古学报》1985年第4期。
[3] 云南省博物馆：《云南晋宁石寨山古墓群发掘报告》，北京：文物出版社，1959年；云南省博物馆：《云南晋宁石寨山第三次发掘简报》，《考古》1959年第9期；云南省博物馆：《云南晋宁石寨山第四次发掘简报》，《考古》1963年第9期。
[4] 四川省文物管理委员会：《四川文物考古工作三十年》，载《文物考古工作三十年1949——1979》，北京：文物出版社，1979年。

土海贝①。这些地区均为远离海洋和海岸线的内陆，没有一处出产海贝，而这些地方出土的海贝也多为产于印度洋的白色齿贝，显然都是从印度地区引入的。《马可·波罗游记》说昆明一带"用白贝作钱币，这白贝就是在海中找到的贝壳"，又说大理"也用白贝壳作钱币"，"但这些贝壳不产在这个地方，它们全从印度来的"。马可·波罗所说白贝壳，其实就是白色齿贝。云南历史上长期用齿贝为货币，是受到印度的影响，彭信威、方国瑜、张增祺先生等②，都主张这种意见。如果我们在地图上将西南夷各地出土海贝的地点连接起来，不正是中国西南与印度地区的古代交通线路——蜀身毒道吗？

五、三星堆文化在西南夷地区的扩张

对于一个大国来说，跨有不同生态的地区，控制不同类型的资源，从而把自己的国力建立在多区位、多资源、生产性经济多样化的广阔坚实的基础之上，以提高经济能力，强化政治权力，增强对于各种内外突发事件的反应力，是绝对的需要。因此，在古代史上，跨生态的文化和政治扩张成为司空见惯的现象。古代蜀国就是这样一个大国，它的强大国力和强硬的对外政策，就是建立在跨有大片不同生态地区的基础之上的，它对西南

---

① 云南省博物馆：《云南古代文化的发掘与研究》，载《文物考古工作三十年 1949—1979》，北京：文物出版社，1979年；王大道：《云南出土货币初探》，《云南文物》第22期，1987年；凉山彝族自治州博物馆：《四川西昌市郊小山火葬墓群试探记》，《考古与文物》1981年第1期。

② 彭信威：《中国货币史·前言》，上海：上海人民出版社，1958年；方国瑜：《云南用贝作货币的时代及贝的来源》，《云南大学学报》1957年第12期；张增祺：《战国至西汉时期滇池区域发现的西亚文物》，《思想战线》1982年第2期。

夷的文化和政治扩张，不过是它典型扩张方向的一个典型事例而已。

古蜀与西南夷毗邻而居，自古以来就有密不可分的关系，尤其在民族关系上，均属古代氐羌系或濮越系集团，仅分支不同而已。由此，其间的政治、经济、文化联系便从各个层面铺展开来。

（一）古蜀文化在青衣江、大渡河流域的传播和扩张

在成都平原西南，越过边缘，便是青衣江流域和大渡河流域。两条河被大相岭隔绝，分别由北向南流经川西南地区，在今乐山市注入岷江。这两条流域，有不少考古遗址，文化面貌异同不一，但有数处遗存与三星堆文化雷同，是三星堆文化向南传播、分布的结果。

大渡河流域的古遗址，以汉源县附近最为集中，迄今已发现十余处。

汉源麦坪遗址商周墓出土器物组合

汉源麦坪遗址出土新石器时代遗物

大体言之，这些古遗址可粗略分为两种类型：狮子山类型和背后山类型[①]。狮子山类型的文化面貌与三星堆区别甚大，大约是当地的土著新石器文化。背后山类型的文化面貌则与三星堆遗址一期有密切联系，对于当地来说，无疑是一种外来文化。

背后山类型发现于背后山、麻家山、桃坪、青杠等地方。出土的石器除一般的磨光石斧、石锛外，还有一些玉质白色的细长形凿、锛、削等，研磨和切割都很细致。陶器以泥质灰尘陶系为特征，有轮制、手制两种，器形有细长柄豆、竹节长柄豆、觚形器座、尖底或小平底角状双腹杯、薄胎扁腹罐、卷沿盆等。这些文化遗物，其内涵与三星堆遗址一期一致，应是三星堆遗址一期文化的南向传播和扩展。

在汉源富林，1976年出土商代青铜器8件，器物上留有细密的编织物印痕，原应有纺织品包裹，其中有青铜钺3件、青铜戈2件、凿1件、斧2件。当中的直内钺和Ⅰ型蜀式无胡戈，都是古蜀文化的典型形式，年代在三星堆二、三期之间，这表明，继三星堆一期以后，三星堆二、三期即三星堆文化也同样在向大渡河流域扩展，而其目的与军事行动有关。

从遗迹分布看，上述背后山类型文化应是古蜀移民从成都平原拓迁而来的结果。因为从生产工具到生活用品的一一具备，是移民的反映，而不仅仅是文化影响所能导致的。可见，古蜀文化的南向传播，早在三星堆一期之时已大大超出了四川盆地，有向古代南中深入的发展趋势，到三星堆文化时，更是愈演愈烈。

在青衣江流域的雅安沙溪遗址的下文化层，出土不少陶器。陶质以夹

[①] 赵殿增：《四川原始文化类型初探》，载《中国考古学会第三次年会论文集》，北京：文物出版社，1984年。

雅安沙溪遗址出土的部分陶器

雅安沙溪遗址出土有肩石斧

砂灰陶为大宗，约占有陶片总数的74%。陶片绝大多数素面无纹饰，所见纹饰种类有绳纹、划纹、凸棱纹、凹旋纹等。制法以轮制为主，也有手制。陶片大多碎小，复原器较少；以小平底器为主，约占器底总数的60%，尖底器次之，约占器底总数的34%，圈足器、大平底器极少，不见三足器。可辨器形有罐、杯、盏、豆、盆、钵、缸、器盖、器座和纺轮等。从陶器器底的分期看，早期多为小平底，尖底较少，晚期则以尖底为主，小平底较少。

沙溪遗址的年代，下文化层的早期约在商代后期偏早，下文化层的晚期约为商代后期偏晚。

沙溪遗址下文化层的陶器，无论就陶质、陶色、纹饰、制法，还是就器类和同类器器形而言，均与成都平原的三星堆遗址、成都十二桥、新繁水观音、成都指挥街、岷山饭店、抚琴小区、方池街等遗址的陶器有许多相似或相同之处，属于同一文化系统，具有早期蜀文化面貌的陶器群是沙溪遗址下文化层的主导文化因素[①]。

以三星堆文化的生活用具为特色和主导的沙溪遗址下文化层，无疑是

---

① 四川省文物管理委员会等：《雅安沙溪遗址发掘及调查报告》，《南方民族考古》第3辑，成都：四川科学技术出版社，1991年。

古代蜀人南下发展的驻足点之一，并且在此经历了长期的发展。陶器从小平底为主到尖底为主的演变，正是同三星堆文化的发展演变一致的。

沙溪遗址下文化层的文化面貌还反映出一个重要史实，即当成都平原的三星堆文明刚刚确立不久，便开始了向青衣江流域的移民和扩张，而沙溪陶器的演化所保持的与三星堆陶器演化的同步关系，又表明它并不是古蜀文化外向发展的一个孤立无援的点，证明它同古蜀文明的中心保持着密切的联系，常有往返，因而是三星堆文明中心有组织地派遣而出的南下发展小分队，是古蜀王国扩张战略的有机组成部分之一。

川西南青衣江流域和大渡河流域，新石器文化面貌复杂，内涵不一。在这些区域内发现的古蜀文化遗址、遗存，年代均属青铜时代，是外来文化的楔入，即由三星堆文明的南向扩张所造成的。

从迄今为止的考古材料分析，大渡河流域汉源的蜀文化遗存和青衣江流域雅安沙溪的蜀文化遗存，有着同时抵进，相互依托、捍卫的作用，但它们与成都平原蜀文化尚未形成连续性空间分布关系。在汉源，出土了蜀文化的青铜兵器，表明曾经在此建立过军事据点，可能充任着三星堆文明南下扩张的前哨。汉源和雅安，仅一大相岭所隔，一南一北，两地扼守着古蜀文化中心与南中交通的要道；再往南，就深入到古代的"濮越之地"[①]。从古蜀文化的对外扩张和文化交流看，这条道路是南中金锡之道和南方丝绸之路的要道之一，也是古蜀文明与南亚、东南亚交流的必经之路。因此，大渡河和青衣江流域的古蜀文化据点和军事据点，肩负着开道与保驾护航的双重责任，极为重要。

为什么在悬远于古蜀文明本土之外的崇山峻岭中艰难创业、筚路蓝缕

---

① 《华阳国志·南中志》。

的蜀先民的这几处文化遗存中竟会保持着与三星堆文化同步演进发展的痕迹？可以想见，若没有经常性的密切联系，没有绵延不绝的人员往返、信息往来和多种补给，那么，在长达数百年的历史岁月中，这几处孤悬在外而又远离古蜀文明中心的前出点或孤军深入据点，就不可能始终保持蜀文化特色并与三星堆文明中心保持文化形态演变的一致，相反只能较快发生异化，或像后来庄蹻王滇那样，"变服，从其俗以长之"①，至多只能保持不太鲜明的古蜀文化的某些基调，而绝不至于依旧是完整的蜀文化。

由此看来，大渡河、青衣江流域的蜀文化，完全是古蜀王国精心策划、有步骤安排的其战略的一部分。这些据点前后存在数百年之久，目的也并不仅仅在于占领几处小小的地盘（这样做对于古蜀王国来说，并无重大意义和实际价值）。如果我们将这些战略措施同古蜀王国控制南中资源、开辟南方商道和文化交流孔道的战略意图联系起来，将南中富足的青铜原料资源同三星堆西南夷青铜人头像以及蜀、商的资源贸易联系起来，将南方商道同三星堆文明中出现的若干南亚以至西亚文化因素集结的情况联系起来，立即就能看出，这些古蜀文化据点之在大渡河、青衣江流域建立并巩固数百年，几乎与三星堆文明相始终，绝不是偶然的。明确地说，它们起着相当于后来"兵站"的作用，其实际战略目的在于控制南中资源、维护南方商道的通达和安全。

（二）古蜀文化在金沙江、安宁河流域的传播和扩张

翻过大相岭，越过大渡河，由笮都而南，便进入邛都地区，这是以金沙江支流安宁河流域为居息范围的邛人各部之地，其活动中心在今凉山州

---

① 《史记·西南夷列传》。

西昌市。

安宁河流域的古代文化面貌极为复杂，从考古学的角度看，除了可以确定为邛人文化的大石墓而外，还有多种不明族别的文化遗存。如西昌市大洋堆祭祀遗址，其不同地层就显示出不同民族的文化遗存，最早期与西北马家窑有关，后几期则族属不明。又如会理县鹿厂畲箕湾墓地，墓坑狭长而窄，有独特的埋葬习俗，年代约在春秋，却找不到可资比较的材料，也是族属不明。这类现象表明，古代安宁河流域是多种民族的南北迁徙栖息之地，一般居留时期不太长久。只有邛人，自商周在此定居以后，就一直从事辛勤开发，发展起当地的文化。

盐源出土战国至西汉铜立人

在安宁河流域的复杂文化中，可以看出蜀文化的渗透、影响和扩张之迹。近年以来，在凉山州的西昌、盐源、会理等地，发现大量青铜器。这些青铜器大多出土于墓葬，但因盗掘或采集，其具体出土地点多数不能确知，妨碍了对这些青铜器及其共生物的综合研究，因而很难判断它们的来源以及各种相关情况。从这些青铜器看，种类比较丰富，有兵器、礼（容）器、宗教用器、杂器等，它们年代不一，估计最早的可早到商周，最晚的可晚到汉代，大量的则属春秋战国之间[1]。

从这些青铜器种类看，兵器数量较多，其中既有典型的蜀式兵器如三

---

[1] 相关资料分别藏于凉山彝族自治州博物馆、盐源县文化馆、会理市文物管理所。

盐源出土铜矛　　　　　　盐源出土铜枝形器

角形援无胡方内戈，又有典型的滇式兵器，似未发现因两支青铜文化之间互受影响而产生发展出的变体形制。宗教用器的数量也很多，大量的是摇钱树枝叶，而且不少叶片是单个成片的，表明是单个插入使用而不是组装使用的。另有一些宗教用器形制十分特殊，为考古学家所罕见。在一件杖的顶端有一立鸟，形似杜鹃，其体态与三星堆立鸟酷似。礼（容）器中的铜鼓则是滇式的。其他杂器，则有许多不知用途，也叫不出名称。

上述青铜器似乎可以说明如下三种情况：

第一，一般说来，宗教用器最能体现一个民族的特色，它在一个民族中会长久流传，承为传统。安宁河流域青铜器中极具特色的宗教用器，既不与蜀相同，又不与滇相同，表明由它所代表的这支青铜文化是属于当地民族自身的创造，自有其渊源，自有其传统。

第二，青铜兵器中的蜀式三角形援无胡方内戈，属于蜀戈的第Ⅲ型，这种戈型在蜀国本土的流行年代是从商代中期到战国晚期[1]，时间跨度极

---

① 参考段渝：《巴蜀青铜文化的演进》，《文物》1996年第3期。

大，因而很难断定是在什么时期流入安宁河流域的。但如果考虑到在汉源原属邛都地界出土的蜀式青铜器窖藏来看，其间的联系应当说是一清二楚的。即是说，两地均属古邛都之地（汉源原为邛人所居，笮都居此是汉初的事），两地分别发现的蜀式青铜兵器不论在年代上还是意义上都是相互关联的，汉源发现的蜀国窖藏青铜兵器的年代为商代中叶或更早，那么盐源等地发现的蜀戈也不至太晚，至少应在商代中叶。汉源蜀戈的意义在于可以说明蜀文化对南中资源的控临，盐源蜀戈也应当可以说明同样意义。并且，正是在商中叶，蜀文化的大本营三星堆出现了南中各族首领的青铜人头雕像，不论在年代上、意义上都恰与两地蜀戈相吻合，这不是偶然的。因此，安宁河流域蜀式青铜器的发现，表明了蜀文化在南中传播和扩张的事实。

第三，滇式青铜器的发现，说明了战国秦汉之际滇文化的北进。滇池区域青铜文化产生较晚，西汉是它的极盛时期。从安宁河流域发现的滇器看，大多制作精美，纹饰华丽繁缛，当为极盛时期的产品。这表明，战国晚期蜀灭于秦后，蜀的政治军事势力很快从南中消失，而秦国曾在西南夷地区"尝通为郡县"[1]，"诸此国颇置吏焉"[2]，但政治经济军事力量却并未深入这一地区[3]，使这个地区出现统治真空，从而引致当时尚不属秦王管辖的滇人的北进。因此，尽管在安宁河流域发现了滇式兵器，也发现了蜀式兵器，但二者之间却并无共生关系，即是说，先秦时代并没有在南中地区出现蜀、滇军队直接交锋的情形，因为它们出现在南中的时期有先后之

---

[1] 《史记·司马相如列传》。
[2] 《史记·西南夷列传》。
[3] 段渝：《支那名称起源之再研究》，载《中国西南的古代交通与文化》，成都：四川大学出版社，1994年。

别，并不同时。

在安宁河注入雅砻江处之南、雅砻江与金沙江交汇之处，紧临滇文化区的攀枝花市，近年也发现多种蜀式兵器。把蜀、滇之间多处发现的蜀式青铜器联系起来看，主要是兵器，表明了蜀文化对南中的军事控临关系。这种军事控临关系，从商代中叶三星堆文化开始，到西周时代蜀王杜宇"以南中为园苑"①，把南中诸族作为附庸②，确有文献和考古材料可资证实。

（三）古蜀文化在滇文化区的传播和扩张

滇文化是分布在云南东部以滇池区域为中心的一支地方文化，其创造者为古代滇人。滇池地区青铜文化的时代，据近年来的考古发掘及碳-14测年数据，上限约为公元前5世纪，下限约为公元前1世纪，相当于春秋末战国初到西汉，前后相续达400余年。

滇文化是一支灿烂的青铜时代文化，具有极为发达的青铜器农业、进步的青铜器手工业，各种青铜器不仅制作精美，而且富于鲜明的民族特色，在中国青铜文化中具有不可低估的地位，也足以和世界上任何一种青铜文化相媲美。

比较而言，古蜀青铜文化诞生年代比滇文化更加古远，连续发展的时代也

李家山四舞俑铜鼓

---

① 《华阳国志·蜀志》。
② 方国瑜：《中国西南历史地理考释》上册，北京：中华书局，1987年，第9页。

比滇文化长久。固然这两种青铜文化各有优长之处，也互有影响，但成都平原古蜀青铜文化较早渗入和影响了滇文化，却是考古学上的事实。

在云南晋宁石寨山①、江川李家山②古墓群出土的青铜器中，包含有古蜀早、中期青铜文化的某些因素。晋宁在汉代为滇池县，是古滇国故都之所在。这里出土的青铜器上，铸有若干人物和动物的立雕像。这种风格完全不同于华北诸夏文化和长江中下游楚文化，却与三星堆青铜文化有着相近似之处，造型艺术也较接近，仅有体量大小的不同。青铜雕像人物，有椎髻、辫发、穿耳等型式，与三星堆青铜人物雕像群不乏某些共同点。一件长方形铜片上刻画的文字符号中，有一柄短杖图像，无杖首，杖身上刻4个人头纹。从滇文化发现的大量各式杖首来看，应有发达的用杖制度。滇文化以杖而不以鼎来标志宗教权力和政治权力，与古蜀文化颇为一致，其间关系的确发人深思。

滇文化的青铜兵器也含有蜀文化色彩。江川李家山和晋宁石寨山墓地，均发现了无格式青铜剑。与蜀式扁茎无格柳叶形青铜剑相比较，其间区别仅在于，滇式无格剑为圆茎，而蜀式无格剑为扁茎，两种剑实际属于同一风格，没有本质性区别，显然存在文化交流和传播的关系。滇文化的青铜戈，最大特点是以无胡式戈为主，占总数四分之三以上。其基本形制有四种，除前锋平齐的一种外，都是戈援呈三角形，这正是蜀式戈的最具特色之处。滇文化青铜戈上的太阳纹或人形纹，在蜀戈上也是早已有之。固然，滇式无胡戈具有自身的特点，也都制作于当地，但它在发展演变中显然曾经受到过蜀式戈的重要影响，这是没有疑问的。

---

① 云南省博物馆：《云南晋宁石寨山古墓群发掘报告》，北京：文物出版社，1959年。
② 云南省博物馆：《云南江川李家山古墓群发掘报告》，《考古学报》1975年第2期。

靴形青铜钺

滇文化青铜器大量模仿蜀式兵器，显然是长期积习所致，意味着滇池地区曾被长期置于蜀的军事控临之下。滇文化青铜贮贝器上的人物雕像，在造型和风格上模仿三星堆青铜雕像，滇文化的用杖制度模仿蜀制，也都意味着滇池地区曾经长期为蜀王所控临。滇文化青铜兵器当然具有自己的特色，如靴形青铜钺等，这种钺的钺身多刻铸有繁缛精美的纹饰，似非实战兵器，而与礼仪有关，当为礼器。滇文化青铜戈中有一种巨型戈，内部满刻精美花纹，也属礼仪性质，不是实战兵器，实战用戈则多仿蜀戈。这表明，滇文化对蜀文化的吸收，多在军事方面，恰与上文所述蜀对南中的军事控制相符合。《华阳国志·蜀志》说蜀王杜宇以"南中为园苑"，的确是有大量史实根据的。

云南自古富产铜、锡矿石。早在商代，中原王朝就大量从云南输入铜、锡，作为制作青铜器的原料。中国科技大学运用铅同位素比值法对殷墟5号墓所出部分青铜器进行测定，发现这些青铜器的矿料不是来自中原，而是来自云南。蜀、滇近邻，蜀地固然有其铜矿，但商代开采的记载极少，锡料却必须仰给于云南。据四川省文物考古研究所测定，三星堆青铜器中的铅、锡就是取之于云南的。大概其铜、锡原料也离不开这条供应途径，蜀、滇青铜器合金成分比较接近，足以说明这个问题。这正是蜀文化向滇文化区大力扩张的主要目的之所在。

应当特别指出的是，蜀文化在滇池地区的扩张，并不是也没有把它纳入自己的直接版图之中，正如方国瑜先生所论，南中是蜀的附庸。蜀仅是南中各族之长，而非南中各族之君，正如《华阳国志·蜀志》所说蜀王

第四章　西南夷与南方丝绸之路

开明氏"雄长僚僰"一样，有控制力量但却不是实施直接统治。其控制方式，大概与文献所记匈奴设置"僮仆都尉"对西域的控制相似。

当滇池区域青铜文化成长到极盛期时，古蜀青铜文化早已衰落，发展成为西南冶铁业的中心。这个时候，在蜀地早已衰落的青铜文化，却以变体的方式在滇文化中急剧发展，是令人深思的，它恰好体现了塞维斯（E. R. Service）所总结的种系发生演化的时间非连续性原则和地域非连续性原则[1]。关于此点，除了前文对古蜀王国控制南中的若干分析以外，还有若干材料可供进一步分析说明。

西汉元、成间博士褚少孙补《史记·三代世表》载："蜀王，黄帝后世也，至今在汉西南五千里，常来朝降，输献于汉。"《正义》引《谱记》说："蜀之先，肇于人皇之际。……历虞、夏、商。周衰，先称王者蚕丛国破，子孙居姚、嶲等处。"唐时姚州治今云南姚安，嶲州治今四川西昌，均为西南夷重地所在，蚕丛国破，年代约当夏商之际，正是三星堆文化兴起之时。蜀王蚕丛后代南下西南夷姚、嶲之间，世代在那里活动居息，对于古蜀文化在西南夷地区立稳足跟、世代传承起了重要作用，同时也对蜀文化对西南夷地区发生持续影响起了重要使用。《史记·三代世表》既然记载西汉时西南夷地区蜀王后代能够常至京师朝降输献，那就说明蜀王后代必为当地邑君，这也正是《史记·三代世表》褚先生对所谓黄帝后世"王天下之久远"的举证，是当时的实录。这说明，从夏商以来到西汉之世，蜀王后世在西南夷地区一直保有相当的影响。

公元前316年秦灭蜀以后，蜀王子安阳王将兵三万经西南夷远征交趾（今越南红河地区）。据诸史所载，在秦伐蜀之战中，蜀王亲率大军迎

---

[1] E. R. Service, *Cultural Evolutionism: Theory in Practice*, 1971.

战，蜀王太子协同指挥，蜀王和太子先后败死于秦军之手，不久秦军平蜀。在这次战役中，没有安阳王率领所部兵将参战的记载。因而，安阳王南迁时所将三万兵力，应是他的完整之师，是完师南迁，而非溃败之师。由此可以知道，安阳王本是蜀王的统兵大将，他统率的三万精兵原来就部署在蜀境南边而不是北边（否则，在秦大军的打击下，绝不可能完师而南），而这三万雄师驻扎在蜀境以南的目的，正是镇抚南中，控临南中，历代蜀王之所以能够以"南中为园苑"，而"僰道有蜀王兵栏（武库）"①，就在于部署有重兵驻防镇抚。由此，我们便解答了为什么在蜀、滇之间会有那么多的蜀式兵器，为什么古蜀国能够控临西南夷地区的资源、贸易和交通线等问题，也解答了蜀、滇青铜文化之间的时间差和地域差问题。当然，如此看来，过去把西南夷地区发现的全部蜀人器物统统看成安阳王南迁所遗，这个论点就有重新研究的必要了。

（四）三星堆文化对西南夷青铜文化的历史性影响

迄今为止的考古资料和研究成果表明，西南地区各种青铜文化大多形成于春秋战国时代，在战国末至西汉时期达到了鼎盛时期。其文化则多与其北面的巴蜀文化尤其是古蜀文化有着深刻的联系。

考古资料揭示，在西南地区的各种青铜文化中，存在着以三星堆和金沙为代表的古蜀文化因素的历时性辐射所带来的程度不同的影响。通过对这些文化因素的来源和传播途径的分析，可以看到三星堆古蜀青铜文化在西南地区的辐射、凝聚、传承和创新。由此可以进一步探索先秦时期中国西南广大地区青铜文化的来源、影响、传播、互动等整合过程，探索以青

---

① 《华阳国志·蜀志》。

铜文化为表征的西南各族的社会结构、政治制度，以及族群和族群之间的关系，探索西南各族的经济技术水平和文明演进程度。通过战国秦汉时期巴蜀对西南地区诸青铜文化的影响所引起的西南各族文化的深刻变迁，探索秦汉时期中央王朝通过巴蜀将西南地区诸青铜文化整合进中华文化圈的过程，而这一过程正是中华文明多元一体历史发展格局在西南地区的具体表现。

以三星堆为代表的古蜀青铜文化对西南地区各青铜文化的历时性辐射与影响主要表现在众多的青铜人物和动物造型三角援铜戈、神树及树形器、金杖和铜杖、有领铜璧、太阳图案及太阳崇拜等几个方面[①]。这些文化因素都沿着南方丝绸之路不同程度地向南传播，并在传播过程中与西南诸青铜文化发生碰撞、交融、整合，在很大程度上影响了西南地区诸青铜文化的发展。三星堆和南方丝绸之路沿线诸青铜文化的青铜器，直观地反映了这个过程。

例如，三星堆与南方丝绸之路上的一些青铜文化都有单个的青铜人物造型和群体人物造型。三星堆的单个人物造型有青铜立人、跽坐人等，滇文化则有单个的跪坐执伞俑和持棍俑。三星堆的群体人物造型有神坛

四牛鎏金骑士铜贮贝器

---

① 参考段渝：《古代中国西南的世界文明》，《先秦史研究动态》1990年1—2期合刊；《古蜀文明富于世界性特征》，《社会科学报》1990年3月15日；《商代蜀国青铜雕像文化来源和功能之再探讨》，《四川大学学报》1991年第2期；《论商代长江上游川西平原青铜文化与华北和世界文明的关系》，《东南文化》1993年第2期。

祭祀场面铜贮贝器

上的群神，滇文化的贮贝器与铜鼓上的群体人物造型则是滇青铜器最具特点的风格之一。此外，笮都文化的青铜器也有群体人物造型的风格。

古蜀多见用鸟兽鱼虫造型装饰青铜器的手段，常见有鸡、凤、鱼凫、龙、虎、牛、鹿、鱼、蝉等造型。这种方式被西南地区诸文化所接受、承袭。滇青铜器上装饰的鸟兽鱼虫种类繁多，大到马、牛、熊、鹿，小到蜜蜂、甲虫、蜈蚣；天上飞翔的孔雀、犀鸟、鹰隼，地上奔跑的虎、豹、豺、狼，都被装饰到滇青铜器上。昆明文化、笮都文化、冉駹文化中也多见各种动物造型，如昆明文化中的鸡、鹤、鹰、燕、马、犬、牛、羊；笮都文化中的虎、马、蛇、鸡、燕、鹰；冉駹文化中的犬和鸟等。

三星堆出土的华丽精美的金杖说明古蜀文化曾经存在过用杖习俗，三星堆金杖是宗教和世俗权力的代表物。铜杖和铜杖首在西南诸文化中大量出现，这种现象至少说明了两个方面的问题，其一是古蜀的用杖习俗在西南地区得到了承袭，其二是用杖的社会面比古蜀文化有所扩大。

三角形援铜戈是古蜀青铜文化影响西南地区诸青铜文化的又一个范例。从总体上讲，西南地区的铜戈都属于三角形援戈，属于一个大的系统。尽管不同的区域的戈拥有各自的独特风格，但它们都以蜀式戈为"祖形"，与蜀式戈存在着"血缘"关系，这种关系又随着该区域与蜀地的远近和与蜀文化关系的密切程度而有所变化。与蜀近邻的地区，蜀式戈直接传入了这些地区。与蜀相隔较远地方的则发生了变化，演变出各式各具特

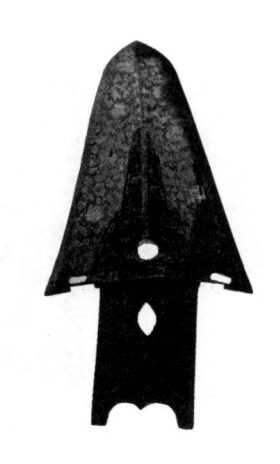

四川新都马家大墓出
土蜀式三角形援青铜戈

曲靖博物馆滇
文化青铜戈

点的铜戈，共同组成了西南地区青铜戈的"大家庭"。如冉駹文化区，因与蜀地紧邻，该区域内的三角形援戈基本为蜀式戈。筰都文化区与昆明文化区的铜戈则发生了变化，带上了地方文化特色，滇文化区的铜戈在形制上变化最大，种类也最丰富，但它们与古蜀三角形援铜戈的"血脉"关系还是一目了然的[1]。

在滇文化分布区的南边，还有一个受古蜀文化影响的地区，即越南北部红河流域。分布于越南北部的东山文化与滇文化相似，已是学术界共同的认知。东山文化的铜戈基本上属于滇文化的石寨山类型，也就是说仍然属于蜀式戈的大系统。就目前所知，越南北部是古蜀文化向南延伸的最远的地区。

---

[1] 刘弘：《巴蜀文化在西南地区的辐射与影响》，载段渝主编《南方丝绸之路研究论集》，成都：巴蜀书社，2008年。

蜀文化青铜戈 　　　　　　蜀文化三角援形青铜戈

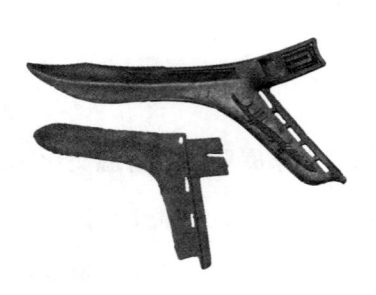

越南东山文化青铜戈 　　　越南三角形援青铜戈

古蜀青铜文化的南传,基本上是沿着南方丝绸之路传播的,南方丝绸之路是古蜀文明与西南夷和外域的文化传播、交流路线,而古蜀文明的南传对南方丝绸之路国内段沿线的稳定化起到了相当重要的作用[①]。

---

① 段渝、刘弘:《论三星堆与南方丝绸之路青铜文化的关系》,《学术探索》2011年第4期。

| 第五章 |

南方丝绸之路交通线

南方丝绸之路是以蜀文化的中心成都为起点,向南经云南、贵州、广西、广东等分别通向东南亚、南亚、中亚、西亚和地中海地区的国际交通线,分为东、中、西三条线路。

南方丝绸之路西线在历史上称为蜀身毒道,从成都出发南行,分为东、西两路。西路沿牦牛道南下,出四川双流、新津、邛崃、雅安、宝兴、芦山、名山、荥经、汉源、甘洛、越西、冕宁、西昌、会理、攀枝花,渡金沙江至云南大姚、姚安,西折至大理。东路从成都南行经今四川彭山、乐山、犍为、峨眉山、宜宾,再沿五尺道经今云南大关、昭通、曲靖,西折经昆明、楚雄,进抵大理。东西两路在大理汇为一道,又继续西行,经博南道(大理)、永昌道(保山—腾冲或保山—瑞丽),抵达缅甸密支那,或从保山出瑞丽进抵缅甸八莫,向北进至东印度曼尼普尔和阿萨姆,再进入恒河流域,并且向西经巴基斯坦、伊朗至叙利亚、土耳其,进一步跨越爱琴海,延伸到欧洲。这条国际交通线的线路最长,途经国家最多，可谓古代亚洲的交通大动脉。

南方丝绸之路中线为从成都到越南的步头道和进桑道，也分为东西两路。西路即步头道，是一条水陆相间的道路，从成都南行，经四川宜宾至云南昆明、晋宁，至通海利用红河下航越南，这条线路是沟通云南和中南半岛交通的最古老的一条水道。东路即进桑道，从蜀入滇，至昆明，经弥勒，渡南盘江，经文山，出云南东南隅，经河江、宣光，循盘龙江，直抵河内。

南方丝绸之路东线是从四川经云南、贵州、广西、广东进而出南海的牂牁道，也称为夜郎道。

南方丝绸之路是纵贯亚洲的交通线，是中国历史上最早的对外贸易线路，是中国与西方交流史上最早的陆路交通。经由南方丝绸之路进行的贸易，最早让西方了解中国，也最早让中国了解西方，让中国在世界上享有"丝绸之国"的美誉。

一、南方丝绸之路国外段的走向

对于南方丝绸之路国外段，尽管历史文献基本上没有直接的记载，但可以通过史籍中的相关记载及其与考古资料的印证对之进行分析，获得其大致走向情况。

（一）南方丝绸之路西向交通

贾谊《新书·修政语》记载："尧教化及雕题、蜀、越，抚交趾，身涉流沙，地封独山，西见王母，训及大夏、渠搜，北中幽都，及狗国与人身而鸟面及僬侥。"其中几个地名和古国、古族名，颇与古蜀和西南地区的内外交通线有关。

独山，独字上古音屋部定纽，与渎字音同相通，古读蜀曰独，见《山海经》郝懿行疏，独山即蜀山，《史记·封禅书》作渎山，均指岷山。狗国，先秦岷江上游有白狗羌，称为"阿巴白构"，为牦牛羌之笮都，即《史记·大宛列传》之《正义》所说："笮，白狗羌也。"笮都在战国至汉初渐次南迁至今四川汉源大渡河南北，汉武帝末叶以后逐渐南迁至雅砻江流域今四川凉山州之西南部盐源等地区[1]。"人身而鸟面"，似与三星堆青铜雕像的人面鸟身有一定关系[2]。狗国与人面鸟身相联系，可能暗示着三星堆古蜀人与白狗羌在族群上的某种联系。

僬侥，或作焦侥，始见于《国语·鲁语》，其后，《史记》《后汉书》《山海经》《列子》《括地志》诸书中有所记载，说其人身高不过三尺。《山海经·大荒南经》记载："有小人名曰僬侥之国。"《海外南经》所记略同。方国瑜先生引证李长传《南洋史纲》说："小黑人，后印度（中印半岛）之原住民，人种学家名曰小黑

三星堆青铜人面鸟身像

---

[1] 段渝：《四川通史》第1册，成都：四川大学出版社，1993年，第270—271页。
[2] 三星堆青铜雕像中有一件鸟脚人身像，腰部以上断裂，损毁不存。这件雕像腰至大腿、小腿为人身，脚为鸟爪，踩在一只做飞翔状的青铜鸟的头上。根据这件雕像的形态和意境，再联系到三星堆出土大量青铜鸟头和陶制鸟头勺把等情况分析，这件鸟脚人身青铜雕像的头部很可能是鸟头。

人，属尼格罗系（Negritos）。身躯短小，肤色黝黑，在有史以前，居住半岛，自他族徙入，遂见式微。"方先生认为，永昌徼外僬侥夷，当即古之小黑人，唯不详其地理①。夏光南和缅甸波巴信认为僬侥可能就是缅甸的原始居民小黑人，即尼格黎多人②。其实，就印度历史看，所谓小黑人，即是尼格罗种系的达罗毗荼人（Dravidian），他们是印度河文明时代的主要居民，在印度河文明衰亡后，当北方操雅利安语的印—欧人从欧亚草原进入印度北方时，达罗毗荼人迁移到恒河流域、印度南部和印度东北等地，今天在南印度西海岸的喀拉拉邦、东印度的曼尼普尔邦和库奇山区的安加米那人身上，还可以见到达罗毗荼人的特征③。印度河文明衰亡于公元前1500年左右，此后，达罗毗荼人从印度河流域逐步向东印度和南印度迁徙。这个时期，正是古蜀三星堆文明兴起并走向繁荣的时期，也是古蜀文明与印度文明接触交流的时期，三星堆遗址出土的来源于印度洋的大量齿贝，古蜀的柳叶形青铜短剑④，以及三星堆和金沙遗址出土的巨量象

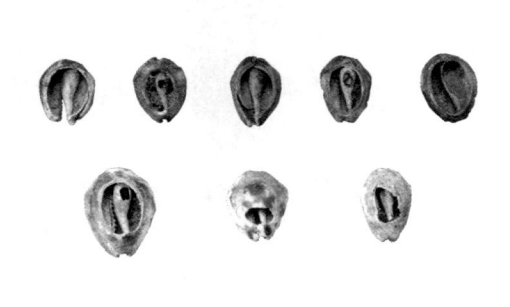

三星堆贝币

---

① 方国瑜：《中国西南历史地理考释》上册，北京：中华书局，1987年，第216页。
② 夏光南：《中印缅道交通史》，北京：中华书局，1940年，第23页；波巴信：《缅甸史》，北京：商务印书馆，1965年，第10页。
③ 刘建、朱明忠、葛维钧：《印度文明》，北京：中国社会科学出版社，2004年，第10—14页。参考R.塔帕尔：《印度古代文明》，林太译，杭州：浙江人民出版社，1990年。按：实际上，达罗毗荼人包括尼格罗人和地中海人两部分，一般认为，辉煌的印度河文明即是由达罗毗荼人创造的。
④ 段渝：《试论商周时期柳叶形青铜短剑的来源》，《巴蜀文化研究动态》2008年第1期。

牙，都出现在这个时期，而这些文化因素的直接来源，颇与印度洋沿岸地区、阿萨姆地区和上缅甸有关。二者之间的接触、交流和交通，应是通过这些地区进行的。

古代阿萨姆地区有一著名的迦摩缕波国，中国史籍记为盘越国，或滇越，滇越的东南即是上缅甸。公元前3世纪以前，上缅甸不曾存在任何国家，而印度早在阿育王时代（约前273—前232），孔雀王朝的势力已扩张到东印度布拉马普特拉河流域①。鱼豢《魏略·西戎传》记载："盘越国，一曰汉越王，在天竺东南数千里，与益部相近，其人小与中国人等，蜀人贾似至焉。"②如前所述，沙畹提出，盘越地在东印度阿萨姆与上缅甸之间③。据汶江先生研究，盘越即滇越，即东印度阿萨姆的迦摩缕波④。《大唐西域记·迦摩缕波国》记载："迦摩缕波国，周万余里，国大都城，周三十余里……人形卑小，容貌黧黑，语言少异中印度。"这里所说迦摩缕波国"人形卑小，容貌黧黑，语言少异中印度"，就是《魏略·西戎传》所说的"其人小与中国人等"，其实就是分布在东印度阿萨姆地区与雅利安人语言有异的达罗毗荼人，亦即所谓僬侥。如前所述，从《华阳国志·南中志》和《后汉书·哀牢传》的记载来看，西南夷的空间范围包括了后来缅甸的许多地区，是直接毗邻于东印度阿萨姆地区的。《后汉书·陈禅传》记载说："永宁元年，西南夷掸国王献乐及幻人。"掸国

---

① B. M. Barua, *Asoka and his Inscriptions*, Culcutta, 1955, pp. 64–69. 转引自汶江：《滇越考》，《中华文史论丛》1980年第2辑。
② 《三国志·乌丸鲜卑东夷传》裴松之注引。
③ 沙畹：《魏略·西戎传笺注》，载《西域南海史地考证译丛》七编，冯承钧译，北京：商务印书馆，1962年，第41—57页。
④ 汶江：《滇越考》，《中华文史论丛》1980年第2辑。

在今缅甸，时称西南夷。《大唐西域记·迦摩缕波国》还记载："此国（按，指迦摩缕波）东，山阜连接，无大国都。境接西南夷，故其人类蛮獠矣。详问土俗，可两月行，入蜀之西南之境。"这些记载十分清楚地说明，出蜀之西南境即西南夷哀牢地，其境地是与东印度阿萨姆地区相连接的，这一线就是古蜀人出云南到东印度进行商业活动的线路。由此不难知道，古蜀三星堆文化和中国西南文化中出现的印度河文明的因素，必然是由蜀商通过当时已从印度河流域东迁至阿萨姆的原印度河文明的创造者达罗毗荼人那里了解，并往来传递信息的。贾谊《新书·修政语》把西南夷狗国、三星堆人面鸟身与印度达罗毗荼僬侥相互联系，其真实文化内涵应是上古时代中国西南与南亚的交通和交流。

考古资料说明，早在旧石器时代，印度北部、中国、东南亚的旧石器，就具有某种共同特征，即所谓砍砸器之盛行。后来在中、缅、印广泛分布的细石器说明，在新石器时代，中国西南与缅、印就有文化传播和互动关系。在印度东北的阿萨姆、梅加拉亚、那加兰、曼尼普尔、西孟加拉、比哈尔、奥里萨等地，多处发现有肩石斧、石锛，长方形石斧、石锛，八字形石斧及长方形有孔石刀等，是中国云南考古中常见的形制[1]。在东印度阿萨姆发现一种圭形石凿，刃部磨在两窄边，这在四川西南部凉山州西昌市等地区是常见之物[2]。阿萨姆石器原料所用的翡翠，产在离中国云南边境仅150公里的缅甸勐拱地区，这个地区当属东汉永平十二年（69）设

---

[1] 阚勇：《试论云南新石器文化》，载《云南省博物馆建馆三十周年纪念文集 1951—1981》，云南省博物馆，1981年，第45—67页；杨甫旺：《云南和东南亚新石器文化的比较研究》，《云南文物》第37期，1994年。
[2] 礼州遗址联合考古队：《四川西昌礼州新石器遗址》，《考古学报》1980年第4期。

第五章 南方丝绸之路交通线

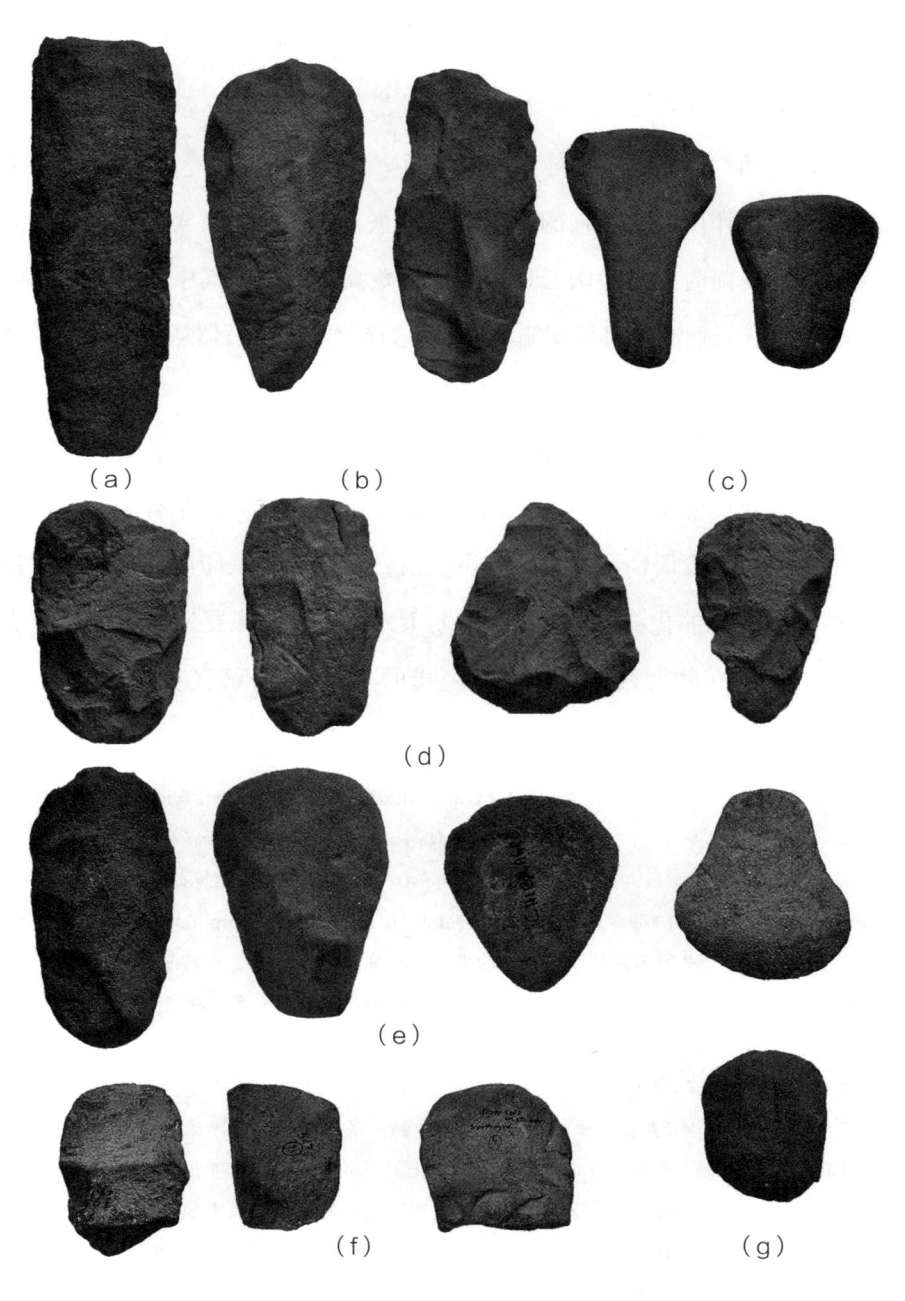

(a) (b) (c)

(d)

(e)

(f) (g)

印度阿萨姆出土石器

置的永昌郡内外。阿萨姆地区新石器时代的房屋建筑是干栏式①，这同样是中国西南云南和四川常见的建筑形式，成都十二桥商代建筑遗址就是典型的干栏式建筑②。根据陈炎先生在《中缅文化交流两千年》中所引证的中外学术观点，印度以东缅甸的现住民，不是当地的原住民族。他们当中的大多数是在史前时期从中国云贵高原和青藏高原迁入，其中的孟—高棉语族，是最先从云贵高原移居到缅甸的③，这显然同有肩石器从中国西南云贵高原向缅印地区的次第分布所显示的族群移动有关。

《新书·修政语上》还提到"西见王母，训及大夏、渠搜"，西王母的所在，众说纷纭，莫衷一是，总之在中国的西方。近年有学者认为，"王母"是古印度语Uma通过古突厥语演变而来的，是印度神话中喜马拉雅山神之妻Uma的化身④。葛剑雄先生认为，先秦至张骞通西域以前昆仑山、西王母所在的"西方"，实际上指的是西南，不仅包括今四川、云

---

① 印度石器时代的考古资料，见H.L.Movius, "Early Man and Pleistocene Stratigraphy in Southern and Eastern Asia", *Paper of Peabody Museum of Archaeology and Ethnology*, Vol.19. Cambridge, 1944; Shashi Asthana, *History and Archaeology of India's Contacts with other Countries—From Earliest Times to 300 B. C.*, Delhi: B.R.Publishing Corporation, 1976, p.154. 参见童恩正：《古代中国南方与印度交通的考古学研究》，《考古》1999年第4期。

② 四川省文管会、成都市博物馆：《成都十二桥商代建筑遗址第一期发掘简报》，《文物》1987年第12期。

③ 陈炎：《中缅文化交流两千年》，载周一良主编《中外文化交流史》，郑州：河南人民出版社，1987年，第3页。关于缅甸的古代民族的来源问题，参看李绍明：《西南丝绸之路与藏彝走廊》，载《中国西南的古代交通与文化》，成都：四川大学出版社，1994年，第35—48页；贺圣达：《缅甸藏缅语各民族的由来和发展——兼论其与中国藏缅语诸民族的关系》，载方铁主编《西南边疆民族研究》3，昆明：云南大学出版社，2003年，第1—17页。关于孟—高棉语的问题，可参考何平：《中南半岛北部孟高棉语诸民族的形成》，载方铁主编《西南边疆民族研究》3，昆明：云南大学出版社，2003年，第18—33页。

④ 库尔班·外力：《〈西王母〉新考》，《新疆社会科学》1982年第3期。

南，甚至包括境外的南亚次大陆和中亚[①]，确实是有道理的。大夏，即巴克特里亚（Bactria），地在今阿富汗。渠搜，最早见于《尚书·禹贡》，称西戎中有"渠搜"，《汉书·地理志》将"搜"改作"叟"。《汉书·武帝纪》诏云："北伐渠搜，氐羌来服。"可知叟是从氐羌中分化出来的。叟人是古代氐羌的一支，也是今藏缅语族彝语支各族的一支先民，这不仅从现今四川凉山彝族传说他们的祖先原居北方，以及古侯和曲涅两支人在唐代从云南昭通渡江进入凉山的事实中得以说明[②]，而且从在云南昭通发掘出的晋代霍承嗣墓葬的壁画中也可获得叟人与彝族关系的实证[③]。该壁画绘有当时夷汉部曲的形象，其中的夷人即当地的叟人，他们的装束与现今凉山彝族有着许多相似之处，如披毡、赤足、椎结等。晋时朱提郡（今云南昭通地区一带）和越西郡（今四川凉山一带）境内的叟人属于同一民族，习俗相同，形象相似，得以古今印证[④]。贾谊既将僬侥与狗国和人面鸟身联系在一起，又将他们与西王母、大夏和渠搜联系在一起，意味着这些古国古族之间有着往来交流的关系，而这一联系交流和往还线路，恰恰是古蜀文明从岷江流域经西南夷之牦牛种白狗羌地区（即南方丝绸之路西线之牦牛道）至上缅甸再至东印度西行至阿富汗的南方丝绸之路交通线，这就是《史记·大宛列传》和《西南夷列传》中张骞所谓的蜀身毒道。《新书》关于这些古国古族交流往来的记载恐怕不是出于偶然，应是贾谊对西汉初年关于古代南方丝绸之路传闻的记录。

---

① 参见葛剑雄：《关于古代西南交通的几个问题》，载《中国西南的古代交通与文化》，成都：四川大学出版社，1994年，第1—13页。
② 参见李绍明：《关于凉山彝族来源问题》，《思想战线》1978年第5期。
③ 云南省文物工作队：《云南省昭通后海子东晋壁画墓清理简报》，《文物》1963年第12期。
④ 李绍明：《邛都夷与大石墓的族属问题》，《西南民族学院学报》1981年第2期。

从四川经云南至缅印地区的南方丝绸之路在中西文化的早期交流中据有显著的地位，尤其在中华文明初期，扮演着十分重要的角色。春秋以前，中国西北方面的民族移动尚不剧烈，由西北地区民族的迁徙所带动的一些民族群团的大规模迁徙还未发生。据西史的记载，欧亚民族的大迁徙发生在公元前8、前7世纪。当公元前8、前7世纪之际，欧亚大陆间的民族分布大致是：西梅里安人在今南俄一带，斯基泰人（Scythian，或译西徐亚）在西梅里安人稍东之地，索罗马太人（Sauromathae）在里海之北，马萨格泰人（Massagetae）自黠嘎斯（kirghiz）草原至锡尔河（Sir Daria）下游，阿尔其贝衣人（Argippaei）在准噶尔及其西一带，伊塞顿人（Issedones）在塔里木盆地以东，阿里马斯比亚人（Arismaspea）在河西一带[①]。这一时期中原与中亚的联系还存在较大阻碍，所以经中国西北方面以及经北方草原方面的对外文化交流存在更多的困难。战国至汉初，由于匈奴和西羌分别封锁了河西走廊和北方草原地带，致使西北和北方的中西交通仍受阻隔。在中国西南方面，由于西南夷很早就已是蜀的附庸[②]，商周时期古蜀王作为西南夷诸族之长，长期控制着西南夷地区，"以汶山为畜牧，南中为园苑"[③]，古蜀与西南夷诸族之间的关徼常常开放，因此从西南夷道出境外，由此至缅、印而达阿富汗、中亚再至西亚和地中海地区，实比从西北和北方草原西行更容易。张骞从西域探险归来后向汉武帝报告时指出："大夏去汉万二千里，居汉西南。今身毒国又居大夏东南数千里，有蜀物，此其去蜀不远矣。今使大夏，从羌中，险，羌人恶之；少北，则为匈

[①] 参考方豪：《中西交通史》，长沙：岳麓书社，1987年，第47—48页。
[②] 方国瑜：《中国西南历史地理考释》上册，北京：中华书局，1987年，第15页。
[③] 《华阳国志·蜀志》。

奴所得；从蜀宜径，又无寇。"①这表明通过他的实地考察，得知不论从西北还是从北方草原地区出中国去中亚，都不但路途遥远，而且沿途环境险恶，民族不通，极为困难，只有从西南地区出中国去印度到中亚，才是一条既便捷又安全的道路。张骞，汉中城固人，亦即蜀人②，深知西南夷道上蜀与南中诸族的历史关系，所以说"从蜀宜径，又无寇"，可以由此打通中国与外域的关系。把张骞在中亚所见"蜀物""蜀贾"，同蜀贾在次大陆身毒和在东印度阿萨姆滇越从事商业活动等情况联系起来分析，可以清楚地看出，先秦和汉初蜀人商贾在印度和中亚从事丝绸、"蜀物"等长途贸易，必然是通过蜀身毒道进行的。

（二）南方丝绸之路南向交通

据《后汉书·南蛮西南夷列传》记载："永初元年，（永昌）徼外僬侥种夷陆类等三千余口举种内附，献象牙、水牛、封牛。"③东汉时僬侥进献封牛。所谓封牛，应即牛脊梁凸起成峰的峰牛。这种牛的青铜雕像在云南大理地区的战国秦汉考古中有大量发现。峰牛产于印度、缅甸，为中国所不产，云南大理考古发现的大量战国秦汉

李家山牛虎铜案

---

① 《史记·大宛列传》。
② 陕西城固先秦时属蜀，直到东汉，仍"与巴蜀同俗"，见《华阳国志·南中志》《汉书·地理志》。
③ 亦见《后汉书·安帝纪》。

247

缅甸封牛　　　　　　　　　　　　　越南东山文化青铜封牛

时期的峰牛青铜雕像，即与印度僬侥有关。这说明，中印之间通过中国西南地区进行的经济文化交流，早在先秦时期已经达到相当频繁的程度。东汉时，"永昌徼外夷"多次遣使从永昌（今云南保山）通过西南夷地区进入中原京师进献方物[1]，其中除僬侥外，还有敦忍乙、掸国等。据学者考证，这些族群和古国多在今缅甸境内。夏光南认为敦忍乙即下缅甸的得楞族（孟族）[2]，方国瑜先生认为敦忍乙是"都卢"的对音，似在上缅甸的太公[3]。掸国，学术界一般认为即是今缅甸境内的掸邦。《后汉书·南蛮西南夷列传》记载"掸国西南通大秦"，大秦即罗马帝国。从成都平原经云南出缅甸、印度，经巴基斯坦、阿富汗至西亚的安息（伊朗），再至地中

---

[1] 见《后汉书·和帝纪》《后汉书·安帝纪》《后汉书·陈禅传》《后汉书·南蛮西南夷列传》。
[2] 夏光南：《中印缅道交通史》，北京：中华书局，1940年，第23页。
[3] 方国瑜：《十三世纪前中国与缅甸的友好关系》，《人民日报》1965年7月27日。

海、罗马帝国，这正是南方丝绸之路西线的全部行程。

贾谊《新书·修政语》还将蜀、越、交趾联系在一起，越为长江下游和华南地区古族，先秦秦汉时期的南中地区亦有相当多的越人，《华阳国志·南中志》称南中"盖夷越之地"，古文献亦称南中有"濮越""滇越"等；交趾在中印半岛北部，有雒田、雒王、雒侯、雒将①。从越南北部红河流域发现的形制与三星堆文化相同的歧锋牙璋，越南北部永福省义立遗址发掘出土的与三星堆文化相似的多边形有领玉璧形器、石璧形器、A类灰坑等②，四川凉山州、云南和越南青铜时代东山文化发现的大量蜀式三角形援青铜戈③，云南和中南半岛出土的大量铜鼓，《水经·叶榆水注》所引《交趾外域记》以及越籍《大越史记》《安南志略》等文献所载蜀王子安阳王南迁交趾建立"蜀朝"的

越南出土的有领玉璧

---

① 《水经·叶榆水注》引《交州外域记》，《水经注》王国维校本，上海：上海古籍出版社，1984年，第1156页。
② 四川省文物考古研究院、陕西省考古研究院：《中越两国首次合作：越南义立遗址2006年度考古发掘的收获》，《中国文物报》2007年4月6日。
③ 参考王有鹏：《犍为巴蜀墓的发掘与蜀人的南迁》，《考古》1984年第12期；霍巍、黄伟：《试论无胡蜀式戈的几个问题》，《考古》1989年第3期。

历史来看，先秦时期从四川经云南至中南半岛的交通线是畅通的[①]，这不仅与战国晚期蜀王子安阳王从蜀地南迁交趾有关，而且同从商代以来中越文化的早期交流互动有关。

王嘉《拾遗记》卷二记载，周成王即政三年，泥离之国来朝。法国学者鲍梯氏（Pauthier）认为泥离国为尼罗河之音转，久良（Stan Julien）认为是印度拿拉镇（Nala）之音转，拉克伯里认为是缅甸伊洛瓦底江（Irawadi）西岸之奴莱（Norai）[②]。《拾遗记》卷二还记载，周成王四年，"旃涂国献凤雏……饰以五色之玉，驾以赤象"。从献玉和赤象来看，旃涂国有可能是缅印地区之国。五年，"有因祇之国，去王都九万里，献女工一人。体貌轻洁。被纤罗杂绣之衣，长袖修裾。风至则结其衿带，恐飘飘不能自止也。其人善织，以五色丝纳于口中，手引而结之，则

[①] 古代中越交通线的主要线路是步头道和进桑道。严耕望先生在《汉晋时代滇越道》（《史语所专刊》之83，台北，1986年）中认为，进桑约在今河江县（105°E、22°50′N）境，此道行程，北由贡古县东南行，沿叶榆水（今盘龙江）而下，经西随县（约今开化、文山县，104°15′E、21°25′N地区），达交趾郡（今河内地区）。方国瑜先生在《南诏通安南道》中认为，进桑道确为滇越通途，进桑的方位在今云南的河口、马关二县间，系在红河流域，步头道在红河之元江经河口以至河内一线（《中国西南历史地理考释》上册，北京：中华书局，1987年，第521—530、566—586页）。关于步头道和进桑道在中越交通史上的作用，严耕望先生认为步头道在唐以前不如进桑道重要。笔者在《四川通史》第1册（成都：四川大学出版社，1993年，第86、160、161页）中认为，步头是出云南至越南的水陆分程地点，以下即沿红河下航，这条线路是沟通云南和中南半岛交通的最古老的一条水道；另一条即是严耕望考证的进桑道。李绍明先生在《南方丝绸之路滇越交通探讨》（《三星堆研究》第2辑，北京：文物出版社，2007年，第4—7页）中认为，进桑道系沿盘龙江而下，而步头道系沿红河而下，二者走向是不相同的，不可仅视为一途以概之；红河一途即古步头道当是古代蜀人由滇进入越南最为便捷之最佳路径。

[②] 张星烺：《中西交通史料汇编》第1册，"上古时代之中外交通"，北京：中华书局，2003年，第51页。

成文锦"。"六年，燃邱之国献以比翼鸟，雌雄各一，以玉为樊。其国使者皆豢头尖鼻，衣云霞之布，如今朝霞也。"张星烺认为："豢头尖鼻，或者即欧洲之白人也。"[1]

过去学者在对《拾遗记》所述故事进行解释性研究时，基本上没有凭借可靠的参考资料，其解释系统缺乏科学依据，多有任意比附之嫌。当我们在系统研究了古代巴蜀和西南地区的文化与文明后，再来分析《拾遗记》所述故事，可以发现当中一些值得注意之事，如：一是"五"这个数字，与古蜀人的尚五习俗是否有关？古代蜀人尚五，在社会组织、文物制度等方面均以五为纪，秦始皇在蜀整修道路，亦以五尺道命名[2]。二是丝，五色丝，当为织锦，是否与蜀锦有关？三是五色之玉和赤象，五色之玉当为翡翠之类，象则是缅甸和印度的特产。由此可以认为，《拾遗记》记载的这几个古国应该都在西南方向，当在中南半岛或南亚次大陆，与中国西南相毗邻。四是豢头尖鼻，这种形象与三星堆青铜人头像极为近似，二者之间是否有某种关系？三星堆文化族群的主体属于古羌人。五是献比翼鸟，《逸周书·王会篇》记载巴人献比翼鸟，二者是否有关？

以上五点，可以说已经形成了一个文化丛（文化集结），似乎已非偶然。但要进一步确定其间的关系，还需作深入的比较研究。

（三）南方丝绸之路东南方向交通

南方丝绸之路东南方向线路还包括从四川经云南元江下红河至越南的红河道，还包括从蜀经夜郎至番禺（今广州）的牂牁道，经由此道发展了

---

[1] 张星烺：《中西交通史料汇编》第1册，"上古时代之中外交通"，北京：中华书局，2003年，第52—53页。

[2] 段渝：《先秦巴蜀文化的尚五观念》，《四川文物》1997年第5期。

三星堆出土玉牙璋　　　　三星堆出土玉璋　　　　香港南丫岛出土石牙璋

西南与东南沿海地区的关系。《逸周书·王会篇》记载商代初年成汤令伊尹为四方献令之词，其中有位于"正南"的"产里、百濮"即在东南沿海至南海一带的族群。香港南丫岛曾出土典型的三星堆文化牙璋，三星堆祭祀坑里的部分海贝也来自南海，表明早在商代，古蜀文明就已经与南海地区发生了文化联系和交流。由此看来，中国西南与东南亚濮系民族之间的联系，其交通应沿红河步头道和盘江进桑道等线路往还进行。东南亚、南海与中国西南地区的海贝、牙璋等传播，也是通过红河道、盘江道和蜀、黔、桂、粤牂牁道相互往返联系的。中国东南沿海地区的有肩石斧、有段石锛等文化因素西渐进入缅印，则经由西南夷地区西行而去。可见，南方丝绸之路在古代文明初期确曾发挥了重要作用，不愧为古代亚洲以至欧亚大陆的文化交流大纽带。

李学勤先生指出："三星堆的重要性当然不止于海贝的存在，只有将这一遗址放到'南方丝绸之路'的大背景中，才有可能深入认识其文化性质及历史意义。'南方丝绸之路'是中国通向东南亚、南亚的通道，它的价值和作用应当站在世界史的高度上来考察。以往在商代晚期的都邑殷墟，曾经看到一些有关线索，例如，三十年代发掘的小屯YH127坑中的'武丁大龟'，生物学家伍献文先生鉴定为马来半岛所产；八十年代我在英国剑桥大学收藏里选出的一片武丁卜甲，经不列颠博物院研究，龟的产地也是缅甸以南。再有

武丁时期带朱书龟背甲

YH127坑武丁卜甲碎片黏附的一些织物痕迹，台湾学者检验认为是木棉。另外，越南北部出土的玉牙璋，形制纹饰特点表明与三星堆所出有密切联系，已为学者周知。"[1]李学勤先生所举出的若干证据以及对中国西南早期国际交通地位的认识，确为精辟之论。

通过南方丝绸之路，中国西南地区的民族和文化与域外进行交流和互动，沟通了中国西南的早期对外关系，在中国与欧亚之间的友好交流史上写下了不朽的篇章。通过南方丝绸之路，中国认识了世界，世界也认识了中国，这在世界文明史上具有非常重要的意义。

---

[1] 李学勤：《〈三星堆与南方丝绸之路青铜文化研讨会论文集〉序》，《三星堆研究》第2辑，北京：文物出版社，2007年，第1—2页；《商代通向东南亚的道路》，《学术集林》卷1，上海：上海远东出版社，1994年。

二、南方丝绸之路国内段交通

根据历史文献的记载和考古发掘资料的研究成果，南方丝绸之路起点为今四川成都，西线国内段终点为云南腾冲，中线终点分别为云南麻栗坡和河口。

先秦汉晋的文献虽然含有对南方丝绸之路的一些记载，但均属片段，没有较为详细且完整的记载。历史文献关于南方丝绸之路交通线较完整的记载见于唐代樊绰的《蛮书》。参照历史文献和考古资料，《蛮书》的记载与考古发现所显示的南方丝绸之路交通线基本上可以相互吻合。

唐朝樊绰《蛮书·山川江源》详细记载了四川成都至云南大理交通线的途程、驿站等，现录于下：

自西川成都府至云南蛮王府，州、县、馆、驿、江、岭、关、塞，并里数计二千七百二十里。从府城至双流县二江驿（今四川双流）四十里，至蜀州新津县三江驿（今四川新津）四十里，至延贡驿（今四川大邑县安仁镇北）四十里，至临邛驿（今四川邛崃）四十里，至顺城驿五十里，至雅州百丈驿（今四川雅安）四十里，至名山县顺阳驿（今四川名山）四十里，至严道县延化驿四十里，从延化驿六十里至管长溃关（今四川荥经大关）。从奉义驿至雅州界荥经县南道驿（今四川荥经）七十五里，至汉昌驿六十里，属雅州，地名葛店。至皮店三十里，至黎州（今四川汉源）潘昌驿五十里，至黎武城六十里，至白土驿三十五里，至通望县木筼驿四十里，至望星驿四十五里，至清溪关（今四川汉源清溪）五十里，至大定城（今四川甘洛海棠）六十里，至达士驿五十里，至新安城（今四川越西保安）三十里，至菁口驿六十里，至荣水驿（今四川喜德登相营）八十里，至初里驿三十五里,至台登城(今四川冕宁县)平乐驿(今四川泸沽)四十里,至苏祁驿(今四川西昌礼州)四十里,至巂州(今四川西昌)三阜城四十里,至沙野城(今四川西昌南)八十里,至俭浪驿(今四川德昌)八十里,至俄淮岭七十里。下此南岭入云南界。以上三十二驿,计一千八百八十里,并属西川管,差官人军将专知驿务。

云南蛮界:从巂州俄淮岭七十里至菁口驿,三十里至芘驿,六十里至会川镇(今四川会理),差蛮三人充镇。五十五里至目集馆,七十里至会川,有蛮充刺史,称会川都督。从目集驿至河子镇(今四川会理黎溪大海子)七十里,至泸江(今四川会理拉鲊渡口)乘皮船渡泸水(金沙江)[①]。从河子镇至末栅馆七十里,至伽毗馆(今云南永仁县)七十里,至清渠铺八十里,渡绳桥,至藏傍馆七十四里,至阳褒馆(今云南大姚东北)六十里,过大岭,险峻极。从阳褒至弄栋城(今云南姚安)七十里,本是姚州,旧属西川。天宝九载,为姚州都督张乾陀附蛮所陷。从弄栋城至外弥荡八十里,从外弥荡至求赠馆至云南城(今云南祥云云南驿)七十里,至波大驿(今云南祥云县城)四十里,至渠蓝赵馆四十里,至龙尾城(今云南下关)三十里。从龙尾城至羊苴咩城(今云南大理)五十里。以上一十九驿,计一千五十四里。

《新唐书·地理志》记载了从大理至腾冲至缅甸、印度交通线的途程。根据该书的记载,从大理至永昌故郡(今保山市永昌)三百里,西渡怒江至诸葛亮城(今腾冲腾越西)二百里,向西进入今缅甸密支那或八莫,再至东印度阿萨姆。

---

① 自此以上为今四川地界,以下为今云南地界。

近年在四川、云南各地发现大量先秦时期古遗址和墓葬，出土大量文化遗物，表明在出土地点及附近区域曾有众多古代族群生存和活动，而从各地出土的遗物中可明显观察到它们的相互影响遗迹。将这些考古遗存和遗迹地点在地图上画出并连接起来，蜀身毒道的走向和路线图即可清晰地显示出来。把这些考古发现与先秦汉晋时期文献的记载相结合，便形成了先秦、汉晋时期南方丝绸之路起点和各节点的确凿证据。

以下我们把考古资料和文献资料列出，以备参考。

（一）南方丝绸之路西线（蜀身毒道）西路：牦牛道—博南道—永昌道

1. 四川省成都市、广汉市

考古资料：

三星堆文化、金沙遗址、成都平原古蜀文化。

文献资料：

《山海经·海内经》："西南黑水之间，有都广之野，后稷葬焉。其城方三百里，盖天地之中，素女所出也。"都广之野，指成都平原。

《史记·货殖列传》："（成都）南御滇僰，僰僮，西近邛筰，筰马、旄牛。然四塞，栈道千里，无所不通。"

《汉书·地理志》："巴、蜀、广汉本南夷，秦并以为郡。……（成都）南贾滇、僰僮，西近邛、筰马旄牛。"

2. 四川省阿坝州茂县

考古资料：

牟托石棺墓出土蜀式青铜短剑、蜀式青铜戈，别立石棺葬出土蜀式青铜戈。叠溪"蚕陵重镇"石刻。

文献资料：

《蜀王本纪》《华阳国志》记载的蜀山氏、蚕丛氏。

《华阳国志》：蜀王杜宇"以汶山为畜牧"。

3. 四川省成都市新都区新繁镇

考古资料：

水观音出土蜀式青铜器。

4. 四川省彭州市

考古资料：

竹瓦街出土蜀式青铜戈。

5. 四川省成都市双流区

考古及文献资料：

发现多处古蜀文化遗迹。历史文献记载为"广都"，是蜀王杜宇的别都。

6. 四川省成都市新津区

考古及文献资料：

发现多处古蜀文化遗迹。《蛮书》记载为南方丝绸之路交通线的必经之地。

7. 四川省成都市蒲江县

考古资料：

发现多处古蜀船棺葬，出土大量蜀式遗物。

8. 四川省崇州市

考古资料：

商周时代古蜀文化遗存。

9. 四川省成都市大邑县

考古资料：

多处发现蜀人船棺葬，出土大量蜀式遗物。

10. 四川省邛崃市

考古资料：

发现平乐骑龙山古栈道，发现汉代冶铁遗址，多处发现古蜀文化遗存。

文献资料：

《续汉书·郡国志》刘昭注引《华阳国志》："邛崃山本名邛筰，故邛人、筰人界也。"又载："邛人自蜀入，度此山，甚险难。南人毒之，故名邛崃。"

《史记·货殖列传》："蜀卓氏之先，赵人也，用铁冶富。秦破赵，迁卓氏……致之临邛，大喜，即铁山鼓铸，运筹策，倾滇蜀之民，富至僮千人……程郑，山东迁虏也，亦冶铸，贾椎髻之民，富埒卓氏，俱居临邛。"

11. 四川省雅安市名山区

文献资料：

《蛮书》记载为南方丝绸之路必经地。

12. 四川省雅安市芦山县

考古资料：

发现数处古蜀文化墓葬，出土大量蜀式青铜短剑、青铜戈、古蜀印章。

文献资料：

《华阳国志·蜀志》："（杜宇王朝）以褒斜为前门，熊耳、灵关为后户。"按：熊耳、灵关即今四川青神、芦山一带。又载："保子帝（古蜀国开明王三世）攻青衣（今芦山），雄长僚、僰。"

《舆地纪胜》卷一四七："（青衣县）有开明王城故址。"按：汉置青衣县，即今雅安芦山。

13. 四川省雅安市宝兴县

考古资料：

汉塔山土坑墓出土蜀式青铜短剑、青铜戈，出土海贝。

14. 四川省雅安市名山区

考古资料：

沙溪遗址出土大量成都平原古蜀文化陶器。

15. 四川省雅安市荥经县

考古资料：

发现数处古蜀文化遗址，出土大量蜀式青铜短剑、巴蜀印章，南方丝绸之路交通线的重要文字资料《何君尊楗阁石刻》铭文，严道古城遗址、汉代冶铜遗址、邓通城遗址。

16. 四川省雅安市汉源县

考古资料：

富林旧石器文化，蜀式青铜戈、青铜钺，多处出土古蜀文化陶器，石棺葬文化，汉代五铢钱。

17. 四川省雅安市石棉县

考古资料：

丰乐出土蜀式青铜戈，三星堆遗址出土大量古蜀文化因素陶器。

18. 四川省凉山州甘洛县

文献资料：

《蛮书》记载为南方丝绸之路必经之地。

19. 四川省凉山州越西县

考古资料：

县城南门有石坊、石刻，清代的"零关古道""相岭通衢"石刻。

20. 四川省凉山州喜德县

考古资料：

发现大量大石文化（大石墓）遗迹。

21. 四川省凉山彝族自治州冕宁县泸沽镇（孙水）

文献资料：

《史记·司马相如列传》："（汉元光五年，前130）司马长卿便略定西夷。邛、筰、冉、駹、斯榆之君皆请为内臣。除边关，关益斥，西至沫、若水，南至牂牁为徼，通零关道，桥孙水以通邛都。"

22. 四川省凉山州西昌市

考古资料：

大洋堆遗址出土蜀式青铜戈。大石墓出土巴蜀器物，出土海贝。发现博石瓦黑石刻（昭觉县）。

文献资料：

《华阳国志》："以南中为园苑。"南中，指今四川宜宾以南的凉山州地区和云南广大地区。

《史记·司马相如列传》："邛、筰、冉、駹者近蜀，道亦易通。秦时常通为郡县。"

《史记·西南夷列传》："自滇以北君长以什数，邛都最大。此皆魋结，耕田，有邑聚。……自嶲以东北，君长以什数，徙、筰都最大。"按：西汉武帝元鼎六年（前111）置越嶲郡，领十五县。其中，筰秦、定筰两县在今盐源境。

《汉书·地理志》:"邛都,南山出铜,有邛池泽。"

23. 四川省凉山州德昌县

考古资料:

多处发现大石墓。

24. 四川省凉山州会理市

考古资料:

瓦石田出土蜀式青铜戈石范。

文献资料:

《华阳国志·蜀志》:"会无县(今会理县)……故濮人邑也。定筰县(今盐源)……有盐池,积薪,以齐水灌,而后焚之,成盐。"

25. 四川省攀枝花市

考古资料:

出土蜀式青铜戈、剑、钺。

26. 云南省永仁县

文献资料:

《蛮书》记载为南方丝绸之路必经之地。

27. 云南省大姚县

文献资料:

《蛮书》记载为南方丝绸之路必经之地。

28. 云南省姚安县

考古资料:

出土柳叶形青铜矛、三叉格青铜剑、无格青铜剑等。

文献资料:

《史记·三代世表》之《正义》:"蚕丛国破,子孙居姚、嶲等处。"姚州为今云南姚安、大姚；嶲为今四川西昌。

29. 云南省大理州祥云县

考古资料：

大波那红土坡墓地出土大量青铜器，其中有大量古蜀文化因素的青铜雕像和缅甸、印度的青铜文化因素。

30. 云南省大理州

考古及文献资料：

出土大量青铜杖首。出土海贝。

31. 四川省凉山州盐源县

考古资料：

出土巴蜀青铜短剑、青铜戈、青铜鍪，还出土数件青铜杖、青铜杖首。出土海贝。

32. 四川省盐源县——云南省宁蒗县

文献资料：

《后汉书·西羌传》："……或为氂（旄）牛种，越嶲羌是也。"按：旄牛分布于越嶲郡，即今云南永胜、宁蒗及四川凉山州盐源一带。

33. 云南省永胜县

考古资料：

出土铜鼓。金官龙潭出土蜀式青铜戈变体。

文献资料：

《新纂云南通志·金石考》："永胜，在西汉为遂久县地。"又载："遂久，自昔为越嶲与大理间之交通孔道。"《永胜县志》："东通华坪、四川渡口，南往宾川、大理，直至瑞丽、缅甸。"

34. 云南省丽江市

考古资料：

玉龙奉科出土蜀郡铁锸。

35. 云南省迪庆州

考古资料：

德钦石棺葬出土铜马杖头饰（长6.5厘米）。金沙江岩画。

36. 云南省丽江市剑川县

考古资料：

鳌峰山出土蜀式青铜戈变体。出土海贝。

37. 云南省保山市

考古资料：

出土青铜案、斧、钺、编钟等。发现霁虹桥西岸摩崖石刻、蜀汉古城址、蜀汉纪年砖。

文献资料：

《史记·西南夷列传》："其外西自同师以东，北至楪榆，名为嶲、昆明，皆编发，随畜迁徙，毋长处，毋君长，地方可数千里；自嶲以东北，君长以什数，徙、筰都最大。"

《新纂云南通志》："诸葛营，在城南十里，昔武侯屯兵于此。"

38. 云南省保山市腾冲市

考古资料：

出土铜鼓，鼓身饰人物纹和动物纹。城西核桃园出土汉代五铢钱上千枚。

文献资料：

《华阳国志·南中志》："（永昌郡）户六万。去洛六千九百里。宁州之极西南也。有闽濮、鸠獠、僄（骠）越、裸濮、身毒之民。土地沃脮。（有）黄金、光珠、虎魄、翡翠、孔雀、犀、象、蚕、桑、绵、绢、采帛、文绣。"

（二）南方丝绸之路西线（蜀身毒道）东路：五尺道—博南道—永昌道

1. 四川省成都市

2. 四川省乐山市

文献资料：

《水经注·江水》："（南安）县治青衣江会，衿带二水矣。即蜀王开明故治也。"南安，今乐山市。

3. 四川省峨眉山市

考古资料：

出土蜀式青铜器。

4. 四川省乐山市犍为县

考古资料：

巴蜀墓出土大量蜀文化青铜器。

5. 四川省宜宾市

考古资料：

出土蜀式青铜矛、钺、釜。发现僰人悬棺、汉墓、铜鼓、南方丝绸之路要道石门关与五尺道遗迹。

文献资料：

《史记·西南夷列传》："秦时，常頞略通五尺道，诸此国（滇、黔）颇置吏焉。"

《史记正义》引《括地志》："五尺道在郎州。" 按：唐代郎州在今云南曲靖。

《汉书·地理志》："（僰道）故僰侯国也。"

《华阳国志·蜀志》："僰道（四川今宜宾）有故蜀王兵栏。"

《舆地纪胜》："西汉僰道，即汉武帝遣唐蒙凿石门以通南中者。"

6. 云南省昭通市

考古资料：

出土蜀式青铜戈、青铜矛、青铜短剑、巴蜀印章、蜀郡铁锸。

文献资料：

《华阳国志·蜀志》："时朱提（今云南昭通）有梁氏女利游江源，（杜）宇悦之，纳以为妃。"《华阳国志·南中志》："自僰道至朱提有水、步道。水道有黑水及羊官水，至险，难行。步道度三津，亦艰阻。" 按：黑水，即南广河。羊官水，指横江（现称关河，古为朱提江）。北流经彝良、大关、盐津至宜宾西安边镇入长江。

《蛮书·云南界内途程》："从戎州（今宜宾）南十日程至石门。……石门东崖石壁直上万仞，下临朱提江流，又下入地中数百尺，惟闻水声，人不可到。……傍崖亦有阁路，横阔一步，斜亘三十余里，半壁架空，欹危虚险。……阁外至蒙夔岭七日程，直经朱提江，下上跻攀，伛身侧足……石门第三程至牛头山，山有诸葛古城，馆临水，名马鞍渡，上源从阿等路部落，绕蒙夔山，又东折与朱提江合。"

7. 贵州省毕节市威宁县

考古资料：

中水出土蜀式青铜戈、玉瑷。

8. 贵州省毕节市赫章县

考古资料：

可乐出土蜀式青铜戈、青铜剑变体。

9. 云南省曲靖市

考古资料：

八塔台、横大路出土蜀式青铜戈变体。

10. 云南省昆明市

考古资料：

羊甫头遗址出土蜀式青铜戈变体。

文献资料：

《史记·西南夷列传》："西南夷君长以什数，夜郎最大；其西靡莫之属以什数，滇最大……此皆椎结，耕田，有邑聚。……滇池，方三百里，旁平地，肥饶数千里。……（汉武帝）上使王然于以越破及诛南夷兵威风喻滇王入朝。滇王……未肯听。……元封二年，天子发巴蜀兵击灭劳浸、靡莫，以兵临滇。滇王始首善，以故弗诛。滇王离难西南夷，举国降，请置吏入朝。于是以为益州郡，赐滇王王印，复长其民。"

11. 云南省昆明市呈贡区

考古资料：

天子庙出土蜀式青铜戈变体。

12. 云南省昆明市晋宁区

考古资料：

石寨山青铜文化遗址，出土蜀式青铜戈变体、大量青铜杖首、大量青铜人物和动物造型。出土海贝。

13. 云南省玉溪市江川区

考古资料：

李家山出土蜀式青铜戈变体，出土大量青铜杖首、大量青铜人物和动物造型。出土海贝。

14. 云南省楚雄州禄丰市

考古资料：

出土海贝。

15. 云南省楚雄州

考古资料：

万家坝遗址出土蜀式青铜戈变体。出土海贝。

16. 云南省大理州弥渡县

考古资料：

何家山出土蜀式青铜戈变体，苴力分布有大石墓。

由此去祥云、大理，与西道汇为一道西行至腾冲，再西行至缅甸、印度。

（三）南方丝绸之路滇越道

南方丝绸之路滇越道，是北连四川、南达越南北部的道路。滇越道连接中国西南与越南，是南方丝绸之路的重要组成部分，对于南方丝绸之路的整体研究具有十分重要的意义。其行走路线为：由成都南行进入云南，东线途经今四川乐山、峨眉、犍为、宜宾，再沿五尺道经今云南大关、昭通、曲靖，西折至昆明。西线经今四川双流、新津、邛崃、雅安、荥经、汉源、越西、喜德、泸沽、西昌、德昌、会理、攀枝花，越金沙江至云南大姚、姚安，东折至昆明。东、西线到昆明汇合后，继续东南行，经步头道或进桑道而去越南北部。

步头道，起于昆明（或大理巍山），北接成都（五尺道、灵关道），南达河内、南海。《蛮书》卷六云："通海城南十四日程至步头，从步头航行沿江三十五日出南蛮。"步头，古地名。关于通海之南步头所在，众说纷纭[①]，古籍所言之通海，地域广阔，并非今日的玉溪市通海县。但诸说都认为步头是出云南至越南的水路分程地点，以下即沿红河下航。可知，步头道是一条水陆兼有的道路，是沟通云南和中南半岛交通的最古老的一条水道[②]。如果以步头是陆路、水路的分程地而言，那么，步头不仅可以是现在的元江[③]，还可以是建水、个旧、河口。因为这些地方都是红河中游古老的码头、水陆交通枢纽。

通过考察，结合历史文献记载，我们认为，步头道应以红河为主要干道，陆路交通有多条线路，其起点可在大理、昆明：

（1）西线以大理巍山为起点，那里是红河源头，交通线路就是沿着红河顺江而下，经元江、红河、元阳、个旧、河口至越南老街、安沛、越池、河内。

（2）中线自昆明、晋宁、元江或晋宁、通海、建水，从元江或建水下红河，顺红河水经河口进入越南老街、安沛、越池、河内。

（3）东线自昆明、弥勒、蒙自、个旧或河口下红河，顺红河水经河口进入越南老街、安沛、越池、河内。

步头道到达河内后，还可向东通往北部湾、南海。步头道在滇中区域的陆路，有许多交叉。

---

① 参阅向达校注：《蛮书校注》卷六《云南城镇》，北京：中华书局，2018年。
② 童恩正：《试谈古代四川与东南亚文明的关系》，《文物》1983年第9期。
③ 方国瑜先生在《南诏通安南道》中认为，步头道在红河之元江经河口以至河内一线（载《中国西南历史地理考释》上册，北京：中华书局，1987年，第566—586页）。

关于进桑道的走向，学术界有不同的认识。方国瑜先生在《南诏通安南道》中认为，进桑道确为滇越通途，进桑的方位在今云南的河口、马关二县间，系在红河流域[1]。另据《水经·叶榆水注》和严耕望先生考证[2]，应是出昆明经弥明，渡南盘江，经文山出云南东南，入越南河江、宣光，抵河内。李绍明先生《南方丝绸之路滇越交通探讨》一文认为，进桑道系沿盘龙江而下，而步头道系沿红河而下，二者走向是不相同的，不可仅视为一途以概之[3]。根据史籍记载和实地考察，我们认为，进桑道的走向应为：昆明市至弥勒市，渡南盘江至丘北县、砚山县、文山市、西畴县、麻栗坡县，经天保口岸后，进入越南的河江、宣光、越池、河内。进桑道与步头道在越南越池一带汇合。到达河内之后，还可向东通往北部湾、南海。

（四）南方丝绸之路牂牁道

牂牁道又称夜郎道、南夷道，是蜀至夜郎并经夜郎地区达于南海的道路，古牂牁江及河谷是夜郎地区往东南而行的主要通道。早在先秦时期，已有从古蜀经五尺道通往黔西北夜郎地区的交通线。从黔西北折向西行，经威宁至云南曲靖为五尺道的线路，向东经赫章再进入北盘江流域为牂牁道的线路，两条线路以南北走向的乌蒙山为分界。

牂牁道早在古蜀文明时已经开通。贵州威宁新石器时代遗址出土的器

---

[1] 方国瑜：《南诏通安南道》，载《中国西南历史地理考释》上册，北京：中华书局，1987年，第521—530、566—586页。
[2] 严耕望：《汉晋时代滇越通道考》，《中国文化研究所学报》1976年第8卷第1期。
[3] 李绍明：《南方丝绸之路滇越交通探讨》，《三星堆研究》第2辑，北京：文物出版社，2007年，第4—7页。

物中，已有成都平原蜀文化的影响因素。贵州威宁、赫章等地春秋战国时期遗址和墓葬出土的大量蜀式青铜器，证实当时这些地区已经受到蜀文化的强烈影响，表明已有道路可通。《华阳国志·蜀志》记载说，蜀王杜宇以"南中为园苑"，南中指宜宾以南的贵州和云南。《华阳国志·蜀志》还说蜀王开明氏"雄张僚、僰"，僚即是指贵州地区，僰即僰道，今四川宜宾，即把宜宾和贵州西部地区纳入古蜀国的势力范围，其间道路自然是畅通无阻。汉武帝时，为打通汉王朝与今印度和阿富汗地区的政治经济通道，数度开发西南夷，终于在西南夷地区重设郡县，重新打通了与西南夷地区的交通，尤其是以僰道为前沿和基地，大量征发巴蜀地区士卒整治从僰道到夜郎的传统交通线，并在沿途设置邮亭对道路进行管理，自此始有牂牁道的命名。可见，牂牁道是以四川宜宾为枢纽，北上古蜀，南下岭南地区的。

　　商周时期，古蜀文明对今贵州西部地区的影响较深，位于乌蒙山东西两侧的威宁中水鸡公山文化和毕节青场瓦窑类遗存中都吸收有一定的蜀文化因素，比较而言，乌蒙山偏东侧的毕节青场遗址受蜀文化的影响还要大一些，遗址中出土的许多陶器不仅装饰风格甚至器物如花边口沿陶罐、黑皮高杯豆形器、高领鼓腹平底罐、圈足器等都可能受到早期蜀文化（宝墩文化和三星堆文化）的影响。到了春秋战国时期，随着古蜀王国被强秦所灭，大量蜀民南迁到今贵州北部、西部一带，更给当地原来的古文化带来了巨大变化，这一时期无论是乌蒙山西缘昭鲁盆地中的昭通营盘山甲区墓地，还是中水银子坛墓地，或是乌蒙山东缘的赫章县可乐墓地，都表现出强烈的巴蜀文化色彩，可以看出从蜀地经夜郎顺牂牁江水道到广州的交通考古材料还表明，从新石器时代起，云贵地区便与岭南地区发生了文化交流。岭南地区较为典型的有肩、有段石器和有段石锛在云南滇池地区石寨山类型新石器时代晚期文化中有发现[2]，此外还有印纹硬陶等器物。青铜时代以后，两地间的文化交流更加活跃，云贵地区的青铜文化对岭南地区的影响更深，典型器物如起源于云南的铜鼓，向东传播至广西。万家坝型铜鼓在广西田东县有出土。岭南地区出土的石寨山型铜鼓均在广西，考古发掘点有西林普驮、隆林扁牙、田东锅盖岭、白色龙川、贵县（今贵港市）高中、罗泊湾、贺县（今贺州市）龙中等地，共出土11面[3]，从南盘江流域进入广西，沿着红水河流域由西向东传播的路径非常清晰。同样，岭南地区也有一些文化因素传播到了云贵，如玉雕文化等。

牂牁道在今四川泸州市合江县沿赤水河南下，经赤水、习水、温水，跨娄山关，直抵夜郎。两周之际，蜀王开明氏即由此路自鳖入蜀，先秦秦

罗泊湾出土羽人船纹铜鼓

---

① 张合荣：《先秦时期滇东黔西地区的族群文化交流》，载段渝主编《巴蜀文化研究集刊》（第十卷），成都：四川师范大学电子出版社，2015年，第54页。
② 李昆声等：《试论云南新石器时代文化》，载文物编辑委员会编《文物集刊》第2集，北京：文物出版社，1980年，第133页。
③ 李昆声、黄德荣：《中国与东南亚的古代铜鼓》，昆明：云南美术出版社，2008年，第79、99—103页。

汉独产于蜀的枸酱，也经此路输于夜郎，从夜郎再经红水河转输番禺（今广州）。考古学上，在广东揭阳和香港南丫岛发现了三星堆文化牙璋，而在三星堆文化遗址出土海贝中的一部分则是来自南海，表明了由蜀至南海的交通和文化交流早在商代就已经存在的事实。

三、五尺道的开通时代

《史记·司马相如列传》记载从蜀郡成都通往西南夷地区的道路为西南夷道①。从《史记》《汉书》《后汉书》有关西南地区的记载可以看出，先秦秦汉时期的西南夷道分为东、中、西三条线路：西线是灵关道，或称为零关道、牦牛道（一作"旄牛道"），由蜀之成都通往云南；中线为五尺道，由蜀之成都通往贵州西北部和云南东北部；东线是牂牁道，或称为夜郎道、南夷道，由蜀之成都经贵州通往两广以至南海。西线灵关道早在新石器时代就已初通，在商周以来的整个历史时期，它都一直发挥着中国西部民族与文化南来北往交流互动的通道作用，并充当着中国西南对外经济文化交往的国际交通线，具有十分重要的战略地位。对于这方面的认识，学术界基本达成共识。对于中线五尺道的开通时代，学术界长期以来认为是战国末叶秦时开凿，亦有认为秦始皇时开凿，很少异议。但是，历来对于五尺道开通年代的认识却难以经得起推敲，实有重新研究的必要。

（一）五尺道并非秦人开凿

五尺道从古代成都南下南安（今四川乐山），经僰道（今四川宜

---

① 古代西南夷地区，指今四川宜宾以南和云南、贵州的大部分地区。

宾）、夜郎西境（今贵州威宁、云南昭通），直通南中之建宁（今云南曲靖），是古蜀以及中原地区通往西南夷地区的重要通道之一，同时也是古代中国西南与东南亚、南亚地区交流往还的重要线路。《史记·西南夷列传》记载："秦时常頞略通五尺道。"《索隐》谓："栈道广五尺。"《正义》引《括地志》云："五尺道在郎州。颜师古云：'其处险陋，故道才广五尺。'如淳云：'道广五尺。'"不少学者据此认为，五尺道是战国末叶秦国开通的，也有学者认为是秦汉时开通的。笔者曾在1993年出版的《四川通史》第1册中简略论证说，蜀、滇五尺道，《史记》记为秦时官道，但早在殷末，杜宇即由此从昭通北上至蜀。春秋时代，蜀王开明氏"雄张僚、僰"[1]，进一步开通了成都平原与川南、滇东北的交通。以后，"秦时尝破，略通五尺道"[2]，对自商周至战国时代已经存在的这条道路予以进一步整修。这就意味着，五尺道并不开凿于秦，秦仅是对五尺道加以重修和整建[3]。葛剑雄先生在《关于古代西南交通的几个问题》一文中，亦认为五尺道的开凿不始于秦，该文认为秦法既然是"数以六为纪，符、法冠皆六寸，而舆六尺，六尺为步，乘六马"，却公然会修建五尺道，而严峻的秦法是不可能容忍"五尺"之制存在的，从而否定五尺道始修造于秦[4]。从秦法而论，葛先生的质疑确有道理。

关于五尺道的命名问题，后文还要论说，这里首先对是否秦人开凿

---

[1] 《华阳国志·蜀志》。

[2] 《汉书·西南夷传》。司马迁《史记·西南夷列传》作"秦时常頞略通五尺道"，常頞或作常颇（文渊阁四库全书本）。

[3] 段渝：《四川通史》第1册，成都：四川大学出版社，1993年，第161、257页。

[4] 葛剑雄：《关于古代西南交通的几个问题》，载四川大学历史系编《中国西南的古代交通与文化》，成都：四川大学出版社，1994年，第1—13页。

五尺道进行考察。细审文献，《史记·西南夷列传》"秦时常頞略通五尺道"句中所说的"略通"，并不是"开凿始通"的意思。《史记·司马相如列传》说："相如为郎数岁，会唐蒙使略通夜郎西僰中。"《索隐》引张揖曰："蒙，故鄱阳令，今为郎中，使行略取之。"《汉书·司马相如传下》说："相如为郎数岁，会唐蒙使略通夜郎、僰中。"师古注曰："行取曰略。夜郎、僰中，皆西南夷也。僰音蒲北反。"如果"略通"是"开凿始通"的意思，那么为何秦时常頞已经"开凿始通"，汉时唐蒙又来"开凿始通"？可见，"略通"并非"开凿始通"之义，而是略取并使之保持畅通的意思。可以看出，《史记》和《汉书》先后使用"略通"一词，恰好说明了五尺道在秦"行略取之"前已经存在的事实。至于《汉书·西南夷传》记载此事为"秦时尝破，略通五尺道"，则有着整修和修治之义，这与《史记》的记载其实并不矛盾，略取和整修往往是前后相接、一以贯通的。

《史记·西南夷列传》记载：

秦时常頞略通五尺道，诸此国颇置吏焉。十余岁，秦灭。及汉兴，皆弃此国而开蜀故徼。巴蜀民或窃出商贾，取其笮马、僰僮、髦牛，以此巴蜀殷富。

但《汉书·西南夷传》的记载却是：

秦时尝破，略通五尺道，诸此国颇置吏焉。十余岁，秦灭。及汉兴，皆弃此国而关蜀故徼。巴蜀民或窃出商贾，取其莋马、僰僮、旄牛，以此巴蜀殷富。

对于"蜀故徼",《史记》记为"开(開)",《汉书》记为"关(關)",究竟是开还是关呢?对此,历史文献的记载颇不一致①,但这个问题对于我们理解五尺道的开通时代却具有关键性作用,需要认真考订。

所谓"蜀故徼",即是西南夷诸族经由五尺道通往蜀地的途中所设置的关隘。这里的"開蜀故徼","開"为开通的意思。细审历史文献及其文意,我们认为,《史记·西南夷列传》"開蜀故徼"的"開"字,实应为"關"字之误。

《史记·西南夷列传》这段文字所说的秦时"诸此国颇置吏焉",这里的"诸此国",是指位于古蜀国以西和以南的邛、筰、冉、駹以及丹、犁②等古国,这些古国在公元前316年秦灭蜀以后的相当一段时间还继续效忠于长期以来一直是"西辟之国而戎狄之长"的故蜀国③,而蜀国的反抗也一直没有停歇,直到秦昭王二十二年(前285),秦国才在蜀彻底地建立起郡县制度④,此后秦国才可能道通西南夷。《史记·司马相如列传》记载:"邛、筰、冉、駹者近蜀,道亦易通,秦时尝通为郡县,至汉兴而罢。"这里所说"秦时",是指秦昭王以后的时段,而所说"秦时尝通为郡

---

① 对于究竟是"开蜀故徼"还是"关蜀故徼",历史文献的记载颇不一致。文渊阁四库全书本、中华书局1959年点校本《史记·西南夷列传》作"及汉兴,皆弃此国而開蜀故徼";中华书局1962年点校本《汉书·西南夷传》作"及汉兴,皆弃此国而閞蜀故徼";文渊阁四库全书本《玉海·地理》《玉海·汉北边城、外城》《册府元龟·外臣部》《通志·四夷传四·西南夷序略》、宋杨侃辑《两汉博闻·西南夷传》等,均作"閞蜀故徼""闗蜀故徼"或"關蜀故徼"。
② 《史记·秦本纪》记载,秦惠王更元十四年(前311),"丹、犁臣蜀",足见古蜀在西南夷地区的影响力之强大,即令在古蜀国灭亡后这种影响力还长期存在。
③ 《战国策·秦策一》。
④ 段渝:《论秦汉王朝对巴蜀的改造》,《中国史研究》1999年第1期。

县",则表明从秦昭王至秦灭的时段内西南夷与蜀之间道路畅通的事实。《史记·司马相如列传》接着说："今诚复通，为置郡县，愈于南夷。"由此可知，既然秦在这些地方开通了郡县，置有守吏，那么这些地方之间的道路和关隘必然就是开通而不是关闭的。至秦灭汉兴，这些地方的族群"皆弃此国"，即拒绝汉王朝的统治，那么这时"诸此国"与汉王朝之蜀郡间的通道就只可能是关闭的，而不是开通。司马相如所说"今诚复通，为置郡县，愈于南夷"，意指在当前关闭的情况下应当恢复开通。这就确切说明，在邛、筰、冉、駹等西南夷请求内附之前，汉王朝与西南夷间的交通关隘是关闭而不是开通的。正是因为邛、筰、冉、駹等"诸此国"关闭了蜀与西南夷地区之间的通道，所以才会出现"巴蜀民或窃出商贾"到南中做买卖的现象，以致产生西南夷诸族阻碍汉使十余批出使大月氏的结果。假若是"开蜀故徼"，那么巴蜀民就不会"窃出"西南夷地区，而汉武帝为打通与大月氏联系所派遣的十余批汉王朝使臣，也就不可能在西南夷道上遭遇到"其北方闭氐筰，南方闭嶲昆明"[①]那样的尴尬局面，受到西南夷的重重阻碍。开、関二字，古文形近，今本《史记·西南夷列传》所用的"開"字，显然是在传抄过程中因形近而导致的讹误，致使谬种流传，我们自然不能根据错讹的字义来领会史书所载历史。

据上所论，蜀与西南夷之间早有商道可通，这就是"蜀故徼"，而这个"蜀故徼"，在秦王朝"略通五尺道"以前的商周时代就已经存在了。

（二）五丁力士与五尺道

五尺道之所以称为"五尺"，应与古蜀王国"数以五为纪"有关。史

---

① 《史记·大宛列传》。

书虽未明言蜀人数以五为纪，但是蜀人崇尚"五"这个数字，从王室祭祀制度、社会组织直到宗教信仰，都以五计数，却是斑斑可见，史不绝书，并且古蜀的文物制度多以五为纪的情况，也为历年来的考古发掘资料所证实。历史文献与考古资料的一致性，十分明确地反映了古蜀这一特有的制度。

古代蜀人的尚五宗教观念形成甚早，从目前的资料看，至少可以追溯到4000年以前古蜀文明起源时代，今成都郫都三道堰古城遗址中部大型房屋内的五座卵石台基[①]，由此延续到商周、春秋战国各个时期，其遗风至汉魏之际犹可观瞻。在尚五观念的支配下，古蜀人发展出了一系列"数以五为纪"的文化丛：以五为朝代数的王朝盛衰史、以五为庙制的宗庙祭祀制度、以五为王制的青铜器组合、以五为单位的社会组织形式，以及以五计数的其他若干事物，都是以尚五观念为核心凝成的文化特质。由此可见，尚五观念已成为一种具有规范意义的文化模式和行为方式，规定并支配着蜀人的精神活动和社会行为。例如，青铜器中的罍、无胡三角形援戈、柳叶形剑等，从商代连续发展到战国，表现出古蜀青铜文化的显著特征，自有其演进规律；然而青铜器的组合却以五为纪，而为巨制，为王制（从新都蜀王墓中可充分证实此点），并且同样从商代连续发展到战国，存而不改，则表明古蜀青铜文化组合方式是在蜀人尚五观念支配下产生的一种行为方式，它的发展受到了尚五观念的严重制约。又如，五丁制度作为古蜀的社会组织形式，尽管其具体由来目前尚不清楚，但可以肯定的是，这种组织形式同样是在尚五观念支配下发展出来的社会行为方式。至于其他以五为纪的事物，也莫不受到尚五观念的支配和制约[②]。

---

① 成都市文物考古工作队等：《四川省郫县古城遗址调查与试掘》，《文物》1999年第1期。
② 段渝：《先秦巴蜀文化的尚五观念》，《四川文物》1999年第5期。

公元前316年蜀亡于秦以后，虽然古蜀文明物质文化形式的发展受到遏制，社会组织形式完全被秦改造，政治经济制度发生了根本变革，但由于尚五观念极深地镌刻在蜀文化的精神实质当中，具有极广大的社会功能和极强劲的历史惯性，所以秦蜀守李冰为了稳定其统治秩序，不得不利用尚五观念来作为工具，因势利导，以期引起广大蜀人的共鸣。李冰在兴修都江堰时之所以"作石犀五头以厌（压）水精"[1]，正在于他准确地抓住了古蜀文化的宗教观念，准确地抓住了古蜀文化的精神实质，因而他就牢牢把握住了治蜀的精神武器，终于成功地修建了都江堰，创造出历史的奇迹。秦时"略通五尺道"，也是出于同样的情况，因而成功地"略通"了五尺道，在西南夷地区"通为郡县"[2]，"颇置吏焉"[3]。这些史例，十分清楚地反映了尚五观念在古代蜀人和先秦蜀文化中所占有的核心凝聚力地位。

五尺道的命名同样也是出于蜀人数以五为纪的制度。《蜀王本纪》和《华阳国志》记载古蜀五丁力士的主要任务是担任国家公共工程的修建，而凿山开道、开辟和维修交通路线又是五丁力士的最重要义务之一。蜀人数以五为纪，所辟道路亦以五计数，两者之间当有必然的内在联系。由五丁力士所开的道路，称为五尺道，也是理所当然。由此看来，五尺道始辟于蜀人而非秦人，乃是信而有征的。这也说明，五尺道是古蜀国通往西南夷地区的道路。

从商周之际古蜀已经形成数以五为纪的制度来看，五尺道的初通应始于商代。其实史籍关于杜宇入蜀的记载，已经为这条交通线路开辟的年

---

[1] 《华阳国志·蜀志》。
[2] 《史记·司马相如列传》。
[3] 《史记·西南夷列传》。

代在商代提供了有力证据。史称杜宇为朱提人,朱提为今云南昭通①,由云南昭通北上,经大关、盐津至四川宜宾,正是五尺道所经由的线路之所在。杜宇为朱提僰人(濮人)②,入蜀自当由僰(今四川宜宾)北上,可见杜宇时期这条道路已经开通。杜宇由云南昭通入蜀,只可能走这条线路,再从今四川宜宾沿岷江河谷北上达于成都平原。杜宇为朱提之濮,杜宇入蜀当是以他为首的整支族群入蜀,否则不可能具有如此强大的力量和社会基础,足以在蜀地推翻古蜀王鱼凫氏的统治,"乃自立为蜀王,号曰望帝"③,建立起杜宇王朝。由杜宇从朱提入蜀"自立为蜀王",亦可知朱提当时已经属于蜀的势力范围。至于春秋时期蜀王开明氏"雄张僚、僰",则应理解为开明王对僚、僰之地的实际控制,僚、僰从此成为蜀之附庸。可见,杜宇氏族从昭通入蜀,表明五尺道至少在商代晚期就已经开通的事实。据《逸周书·王会篇》所载商代初年成汤令伊尹为四方献令之词,提到殷畿的正南诸族中有"百濮",这个殷畿正南的百濮,专贡矮犬,当即云南之濮④。《逸周书·王会篇》记载西周初周成王举行成周之会,"卜人以丹砂",王先谦补注"盖濮人也"。濮或作卜,见于殷卜辞:"丁丑贞,卜又象,囗旧卜。"郭沫若释为:"卜即卜子之卜,乃国族名。"⑤西周初年正南之濮进入中原参加周成王的成周之会,其间通道必然是经由灵

---

① 《汉书·地理志》。
② 《史记正义》"僰,蒲北反",二字音近相通。参考《四川通史》第1册。
③ 扬雄:《蜀王本纪》。
④ 章太炎:《太炎文集·续篇·西南属夷小记》,武汉:武汉印书馆,1938年。
⑤ 郭沫若:《殷契粹编考释》卷二六,《郭沫若全集·考古编》,北京:科学出版社,2016年。

关道或五尺道至蜀,再出蜀之金牛道,经褒斜道转至陕南而达中原①。这也意味着,西周初年从四川盆地至云南东北的交通线已经开通。

虽然,五丁力士之称见于《华阳国志》是在春秋战国的开明王朝时期,但扬雄《蜀王本纪》并不如此,而是说:"天为蜀王生五丁力士,能徙蜀山。"蜀山,见于古蜀早期的历史,指岷江上游蜀山氏之蜀山,即《史记·五帝本纪》所记载的黄帝元妃嫘祖娶于蜀山氏的蜀山,时代相当早,反映出五丁力士之制在蜀地的初现,至少在虞夏之际就有萌芽。不论在《蜀王本纪》还是在《华阳国志》里,五丁力士都常与大石相联系,但大石崇拜并非只是开明王朝的特征及文化现象,它早在夏商时代已经存在,三星堆一号坑的一块自然梯形石块,与理县佳山墓葬的现象一致,表明至少在商代,蜀人已形成这一制度及其文化传统。理县地处"蜀山"之中,它的大石崇拜遗迹正好证明了大石文化与蜀山的关系。这种关系又与《蜀王本纪》关于"天为蜀王生五丁力士,能徙蜀山,王无,五丁辄立大

---

① 褒斜道见诸史乘很早。《史记·货殖列传》记载:"巴蜀亦沃野……然四塞,栈道千里,无所不通,唯褒斜绾毂其口,以所多易所鲜。"《史记·河渠书》:"褒水通沔,斜水通渭,皆可行船漕。"褒斜道是水、陆两条并行的古道。褒斜道在商代即见开通。殷卜辞所见蜀与商王朝交往,蜀文化中所见商文化因素,多由此道南入汉中,再入蜀之本土。武丁期卜辞"伐岳与蜀",岳即褒,可见褒、蜀有路相通。殷末蜀师北出褒斜伐纣,西周末郑之遗民南奔南郑,春秋初蜀、秦商品的流通,战国时蜀、秦争南郑,蜀有褒、汉之地等,都说明褒斜道在先秦时长期畅通不衰。故道是北出蜀地、联系关中的另一条重要道路。因此道沿嘉陵江东源故道水河谷行进,故名。故道在商周之际已经开通。近年在宝鸡发现的大量早期蜀文化遗物,即由故道进入。西周早期在宝鸡的渭水之南建有散国,周初青铜器《散氏盘》铭文中记有"周道",王国维考证此周道即是故道(王国维:《散氏盘跋》,载《观堂集林·史林》,北京:中华书局,1956年,第887页)。《水经注·渭水下》也提到宝鸡附近渭水支流扦水有"周道谷"。可见故道之开通,其年代大概与褒斜道相差不远。

石"①的记载恰相吻合，它恰恰表明大石崇拜与五丁力士的形成年代是在夏商时代，而不是战国时代。

其实，《华阳国志·蜀志》只是在叙述战国时代的蜀国历史时才提及五丁之制，这并不等于说五丁之制形成于战国。历代史籍对有关史事的记述几乎都是这样，"左史记言，右史记行"，无事则不记。由于战国时代蜀王调遣五丁力士从蜀本土出发，远至武都（今甘肃武都）担土，返回成都为蜀王之妃修墓，这一举动成为当时的大事，而五丁力士在往返途中，沿途开山修道，又产生了不少怪异的传说②，成为蜀人街谈巷议之资，流传久远，为史官载入史册，当属极自然之事。我们自然不能仅凭史籍对战国事物的叙述而把这些事物统统看作只是在战国才出现的事物。

大石崇拜与五丁制度形成于蚕丛氏之时，还有史可征。《古文苑·蜀都赋》章樵注引《先蜀记》说："蚕丛始居岷山石室中。"其地在今四川茂县北境的叠溪，《汉书·地理志》载蜀郡蚕陵县，治今叠溪，旧称蚕陵，即"南过蚕陵山，古蚕丛氏之国也"③。蚕丛氏的来源之地，山崖陡险，怪石嶙峋，由其生存环境而产生大石崇拜，当属自然，这种情况在古代民族中是共通现象。五丁制度与大石相联系，而大石崇拜产生于夏商时代，那么五丁之制同样也是产生在这个时代。这两种制度（王室的祭祀制度和社会组织的五丁制度）相辅相成，清楚地表明了王权与其社会基础的关系，王室正是建立并凌驾在五丁这种社会组织基础之上。一为统治者，一为被统治者。可见，大石崇拜与五丁制度并非神话，它们体现了真实的历史和文化内容。

---

① 扬雄：《蜀王本纪》。
② 刘琳校注：《华阳国志校注·蜀志》，成都：巴蜀书社，1984年，第190页。
③ 陈登龙撰，陈一津分疏：《蜀水考》卷一。

(三)五尺道是蜀通西南夷的重要通道

古蜀与西南夷地区大规模交通的始辟年代至晚也在商代中晚期,其时古蜀王国已向南发展到今四川雅安大渡河流域下游,而古蜀文化圈也已扩张到西南夷广大地区,并在金沙江流域的中游和下游建立了永久性的居住地点[1]。考古学上,相继在四川汉源出土古蜀文化的柳叶形青铜短剑,时代为商周之际[2]。在汉源富林,1976年出土商代青铜器8件,器物上留有细密的编织物印痕,原应有纺织品包裹,其中有青铜钺3件、青铜戈2件、凿1件、斧2件[3]。当中的烟荷包式钺和蜀式无胡戈,都是古蜀文化的典型形式,年代在三星堆二、三期之间(商代中晚期),这表明,继三星堆一期以后,三星堆二、三期即三星堆文化也同样在向大渡河流域扩展,而其目的与军事行动有关。

至于蜀与西南夷交通的早期年代,则在夏商之际,即古蜀王蚕丛败亡,南逃西南夷地区的年代[4]。西汉元、成间博士褚少孙补《史记·三代世表》载:"蜀王,黄帝后世也,至今在汉西南五千里,常来朝降,输献于汉。"《正义》引《谱记》说:"蜀之先肇于人皇之际……历虞、夏、商。周衰,先称王者蚕丛,国破,子孙居姚、巂等处。"唐时姚州治今云南姚安,巂州治今四川西昌,均为西南夷重地所在。蚕丛国破,年代约当夏商之际,正是三星堆文化兴起之时。蜀王蚕丛后代南下姚、巂之间,世

---

[1] 这是指蜀王蚕丛后世在姚、巂等地建立的立足点。《史记·三代世表》褚少孙补曰:"蜀之先……先称王者蚕丛,国破,子孙居姚、巂等处。"
[2] 四川省文物考古研究院多年在四川汉源发掘,收获甚丰,出土文物中不乏古蜀柳叶形青铜短剑。资料现藏四川省文物考古研究院。
[3] 岳润烈:《四川汉源出土商周青铜器》,《文物》1983年第11期。
[4] 《史记·三代世表》褚少孙补曰:"蜀之先……先称王者蚕丛,国破,子孙居姚、巂等处。"

代在那里活动居息，对于古蜀文化在西南夷地区立稳足跟、世代传承起了重要作用，同时也对古蜀文化在西南夷地区发生持续影响起了重要作用。《史记·三代世表》既然记载汉代蜀王后世能够常至京师朝降输献，那就说明蜀王后世必为当地邑君，这也正是《史记·三代世表》褚先生对所谓黄帝后世"王天下之久远"的举证，表明蜀王后世从夏商到西汉一直在西南夷地区保有相当的势力和影响，而又北与蜀地保持着畅达的交通。

蚕丛氏南迁西南夷地区，绝非孤家寡人，亦非只有少数随从相从，当是较大规模的族群迁徙。只有这样，蚕丛氏后代才可能在西南夷地区的社会和自然环境中生存下来，不断发展，也才有可能到西汉时具有往还于中央王朝、"常来朝降，输献于汉"的能力和资格。

据《水经·江水注》载：南安（今四川乐山市）"县治青衣江会，衿带二水矣，即蜀王开明故治也"。南安紧邻僰道，是蜀通五尺道的重要据点，不但曾是蜀开明王的治所，还是成都平原农业经济、城市手工业经济同西南夷半农半牧经济进行交流的要冲[1]。《华阳国志·蜀志》记载蜀开明王"雄张僚、僰"，表明僚、僰之地为蜀国所实际控制，为蜀之附庸[2]。僚指夜郎，今贵州安顺地区至黔西地区；僰指僰道，今四川宜宾到云南昭通地区。《华阳国志·蜀志》还记载说："僰道有故蜀王兵兰。"兵兰指驻兵营寨[3]，应当是古蜀王国建立在僰道的驻兵之所，目的在于蜀军进一步前出南中。考古学上，在云南昭通和贵州威宁发掘了大批古蜀文明的青铜

---

[1] 段渝：《巴蜀古代城市的起源、结构和网络体系》，《历史研究》1993年第1期。
[2] 方国瑜：《中国西南历史地理考释》上册，北京：中华书局，1987年，第9页。
[3] 徐中舒：《巴蜀文化续论》，《四川大学学报》1960年第1期。

器①，贵州威宁出土的古蜀青铜器，时代在公元前800年前后，威宁中水还出土古蜀三星堆文化的玉器，均说明古蜀文明在云南东部和贵州西部的传播时代可以上溯到商周时期，与历史文献的记载完全吻合。既有文明的传播，必有传播的通途。云南昭通和贵州威宁恰好位于五尺道的主干线上。这就意味着，五尺道的开通年代，至少是它的初通年代，一定不会晚于商代晚期，否则对于昭通和威宁地区在那一时代出现古蜀文明因素的现象，将无法给以合理的解释。

（四）五尺道是古蜀王国的官道

一般以为，五尺道的命名来源于山势陡峭，难以开凿，所以道路仅宽五尺，这种看法源于三国如淳和唐代颜师古之说。《史记·西南夷列传》"秦时常頞略通五尺道"句下张守节《正义》引如淳曰："道广五尺。"《汉书·西南夷传》"秦时尝破，略通五尺道"句下颜师古注："其处险陋，故道才广五尺。"其实，且不说以五尺为道完全违反秦法，绝不可能为秦法所容许，我们只看汉武帝时遣唐蒙通西南夷道，可以将道路开凿宽至丈余，就可知道颜师古关于"其处险陋，故道才广五尺"的说法之不可信。《史记·平准书》记载："唐蒙、司马相如开路西南夷，凿山通道千余里，以广巴蜀，巴蜀之民罢焉。"唐蒙、司马相如所"开路"的西南夷道，即指五尺道。据《水经·江水注》记载："汉武帝感相如（按：指司马相如）之言，使县令（按：僰道县令）南通僰道，费功无成。唐蒙南入，斩之，乃凿石开阁，以通南中，迄于建宁，二千余里。山道广丈余，

---

① 贵州省文物考古研究所、四川大学历史文化学院考古系、威宁县文物管理所：《贵州威宁县红营盘东周墓地》，《考古》2007年第2期；王涵：《云南昭通营盘古墓群发掘简报》，《云南文物》第41期，1995年。

深三四丈，其錾凿之迹犹存。"唐李吉甫《元和郡县图志·剑南道上·戎州》亦载："初，秦军破滇，通五尺道，至汉武帝建元六年，遣唐蒙发巴、蜀卒通西南夷，自僰道抵牂牁，凿石开道，二十（按：十当为千）余里，通西南夷，置僰道县，属犍为郡。"由此可知，五尺道的名称绝不可能来源于所谓"其处险陇，故道才广五尺"，即不可能是由于山势陡峭不易开凿只能道宽五尺而得名。

其实，问题的关键并不在于五尺道是否道宽五尺，而在于论者将道宽五尺与秦人开凿联系在一起，从而造成了秦人开凿五尺道的错觉。如果我们仔细考察史书，就可知道，不论《史记》还是《汉书》，都没有说秦人开凿五尺道，仅仅说秦人"略通"五尺道，而如淳、颜师古等注家在说到五尺道时，也仅仅是说道广五尺，并没有把五尺道与秦人开凿相联系。仅仅因为颜师古在《汉书·西南夷传》"秦时尝破，略通五尺道"句下注明道广五尺，论者就以为是秦人开凿了仅宽五尺的五尺道，这显然是误读史书，违背了史书的原意。实际上，从《汉书·西南夷传》所记载的"秦时尝破，略通五尺道"来看，倒是在秦人进入西南夷地区以前，五尺道就已经存在，只是因为秦时五尺道曾经破损，而经由秦人整修罢了。

那么，为什么秦人仅将从今四川宜宾至云南昭通之间的交通线路称为五尺道，而将从蜀地进入西南夷地区的另一条交通线灵关道却不称为五尺道呢？这与秦人整修五尺道并沿袭其旧称有关。五尺道为蜀国五丁力士所开凿，原为蜀王国的官道，属于古蜀王国的国家工程，故以五尺为名，称为五尺道。从史籍可见，战国时秦人从蜀至西南夷地区，分为两路南行，东路沿五尺道，西路沿牦牛道（灵关道），这两条交通线均为蜀时故道。东路的五尺道可由黔西北通往黔中，历来为秦王朝所特别重视，同时为笼络蜀人，利用蜀人维修整治，故沿袭蜀时旧名。秦沿西路牦牛道南下，其政治军事势力仅达越嶲而止,而且这条道路也没有经过秦人修整,所以其旧名没有为秦人所沿袭下来。五尺道之所以以"五"为称,而不是为秦王朝"一断于法"之下"数以六为纪"的以"六"为称,原因就在于五尺道是沿袭古蜀王国的故道和旧称,而不是由秦人新辟和命名。

事实上,先秦时期不论中原诸侯还是西方秦国,他们与巴蜀以南的西南夷地区都没有多少直接联系,先秦文献对于西南夷地区的道路也极少记载,即令五尺道的名称也是由于秦灭蜀才见于文献记载,而西南夷道、牦牛道或灵关道等名称,也都是始见于汉代文献的名称,至于先秦古蜀王国时期这几条道路叫什么,文献并没有留下任何记载,是否亦由"五"命名或与之相关,今已难知其详。

根据《史记·西南夷列传》和《汉书·西南夷传》的记载,秦人在蜀地南部分东西两路南下进入西南夷地区,一路沿五尺道,在五尺道上"颇置吏焉",一路沿牦牛道,在邛、筰"通为郡县",两道的"略通"年代均在秦灭前十余年,远远晚于古蜀通西南夷的时代。秦人所略通的这两道都是沿着旧时古蜀王国通往西南夷的道路而下,并没有新辟道路,这两道都在秦灭后就立即恢复了旧日的古蜀关隘,而蜀商要进入西南夷地区必须偷越五尺道。《汉书·西南夷传》记载秦灭后,西南夷诸族立即"关蜀故徼"。所以,一当西南夷脱离秦王朝的统治,"蜀故徼"也就立即随之恢复,蜀商必须偷越关隘才能进入西南夷地区进行贸易。《史记·大宛列传》载:"然闻其西(按:指滇、昆明之西)可千里有乘象国,名曰滇越,而蜀贾奸出物者或至焉。"这里所说的"蜀贾奸出物者",与《西南夷列传》所说"巴蜀民或窃出商贾"是一致的,都是指偷越"蜀故徼"南出西南夷地区的蜀人商贾。所谓"蜀故徼",是指故蜀与西南夷诸族交通贸易的关隘或关卡,古蜀王国曾在此设置关卡收取关税,相当于《孟子》

所说中原地区的"关市之征"。这也可以说明，先秦五尺道是古蜀王国时期的官道。

四、南方丝绸之路形成的生态条件和性质

道路的形成，必然与其置身其中的生态条件有密切关系，而其社会生态则对其性质有着决定性的作用。

（一）南方丝绸之路形成的生态条件

南方丝绸之路的形成，除政治经济以及其他多方面原因外，还必须重视生态环境方面的原因。

生态的相似性对于蜀与南中地区的文化交流有着极为重要的意义。一个为人忽视但又十分明显的情况是，作为兴起于岷江上游地区的蚕丛氏后代，在败亡之后，不是逃往他们的岷江上游老家，而是逃亡到了南中地区的金沙江流域，这是为什么？其原因还应从生态环境的适应性方面进行考虑。

尽管蚕丛氏兴起于岷江上游山区，但当他们南下到成都平原后，经过数百年的世代相袭，已经完全适应了成都平原这种温暖湿润的生态环境，这使得蚕丛氏的后代不论在生活方式、生产方式、行为方式还是思维方式等各方面都有了彻底改变。南中与四川盆地生态接近，金沙江中、下游与岷江中、下游同处一个水系，在温度、湿度、植被、气候、动物资源等方面的差异较小，蚕丛氏后代南逃南中，比较易于按照惯常的生活方式、行为方式重建家园。如果他们北逃岷江上游山区，则几乎在每个方面都难以适应，很难在较短时期内重建家园，恢复其习以为常的生活和生产方式。

蚕丛氏后代逃亡南中，"子孙居姚、嶲等处"①，姚为今云南大姚，嶲为今四川西昌，属于金沙江中、下游的地域，而不是逃往怒江、澜沧江以西，也在于金沙江中、下游地域的生态与四川盆地相近似，蚕丛后代易于在这里得到适应性发展。

蚕丛氏后代南逃南中的史实，说明蜀与南中容易在生态环境方面得到沟通与回应。南方丝绸之路的形成，这也是一个不可忽视的重要原因。

如果只按照交通线路来讲，蜀人经由四川西部高原通道（白龙江或岷江河谷）出西北与中亚进行接触和交流，应当说道路是比较现成的。四川西部高原自古以来就是一条民族走廊，早期氐羌的南迁，就是沿这条民族走廊频繁进行的，其年代至少可早到新石器时代晚期，这从彩陶、石棺葬和陶双耳罐等从西北高原到岷山地区的南下延伸分布情形便可得到证实。但是这条道路十分艰险，环境险恶（见《史记·大宛列传》所载张骞之言），其生态与成都平原差别太大，蜀人若要经由此道进行远距离对外交流，存在着相当困难。考古资料其实对这一点已作出了明确的回答，尽管蜀式青铜剑曾流传到甘肃，但西北地区的彩陶从来就没有进入成都平原。这种现象足以表明，上古时代在两个生态环境不同的地区之间，要维持其间巩固的、长期的文化交流，是相当困难的。由此也可进一步说明，成都平原的蜀人要出西北高原同中亚进行直接的远距离交流，其可能性几乎不存在。何况历史文献对于先秦时期蜀人出西北地区同外域进行直接交往的活动也全无记载，这也是很能够说明问题的。

但是在四川和云南之间，情况却大不一样。川、滇两地生态近似，西南夷各族本来就在行为方式、生活方式、民风民俗、思维方式等方面容易

---

① 《史记·三代世表》之《正义》引《谱记》。

达成沟通与回应，蜀人在这些地区的活动较易进行，而且，在从中国西南分别向印度和东南亚地区的延伸线上，很早以来就存在一个海贝交易带，特别是从中国西南到印度地区，还存在一个海贝和象牙交易圈，其间是易于沟通和取得回应的。这个横贯中国西南，向西伸入印度，向东南伸入中南半岛的海贝交易圈和象牙交易圈，正是南方丝绸之路得以形成的自然基础和人文基础。南中国沿海的有段石斧和有段石锛，之所以不向长江以北发展，而沿南部中国向西边的缅印方向发展，也在于史前时代这个交易圈的存在和引导。唐代以后云南与东南亚的海产品贸易，其实也正是千百年来这个交易圈不断持续和发展的结果。

（二）南方丝绸之路的性质

关于先秦时期南方丝绸之路的性质，不少学者认为是民间的中外交流之路。有些论者在谈到南方丝绸之路的经济文化交流时，认为其作用甚小，甚至否认历史上有南方丝绸之路的存在。对于这些意见，我们不敢苟同。

其实，所谓民间文化交流，是与官方文化交流相对而言的，而官方意味着中央权力机构。在古代，官方这个概念是以排除了中原周边的少数民族及其所建政权为前提的。在汉文史籍尤其是中原正统王朝的史籍里，相当轻视这种所谓非官方即民间的文化交流活动及其成就，甚至不屑一顾，不置一词。但在事实上，民间的文化交流却发挥着异常积极而重要的作用。如像人们习知的北方民族的迁移转徙所引发的种种文化交流对沟通中西关系的作用，西南地区濮越有段石斧和有段石锛的交流传播对东南亚文化的影响，以及引起产生了种种类似文化交流现象。这些文化交流，尽管为正统史学所不齿，认为均非官方的交流，但正是这种交流，促进了不同地区间和不同民族间的相互了解，建立了友好关系，从而为进一步的交流奠定了基石，铺平了道路。古代中国正统王朝与周边国家和地区的正式官方往来，都是以中外民间交流为基本前提的。难道能够说，民间交流在中西关系史上不占重要地位吗？

从另一方面看，民间文化交流所取得的成果也是相当惊人的。比如中国对西方的丝绸贸易，最早发生于民间，而中国丝绸的西运，促进了西方古典文明的繁荣，成为西方古典文明繁荣中的一大物质文化要素，改变了西方世界的着装习俗和概念，这个民间交流的结果难道不伟大吗？又如，中国四大发明的西传，亦不出自官方，但却影响了世界文明的进程，难道不伟大吗？反过来说，中华文明也吸收采借了不少西方文明的因素，其中大多是通过民间交流而来的，如衣食住行的若干因素，这同样也是影响了中国文化的某些方面，成为中国文化进步的因素之一，它同样也是不朽的伟业。

由此看来，南方丝绸之路这条中外民间交流古道，绝不如某些论者所认为的那样无足轻重。相反，它在中外文化交流中起了不可忽视的作用。

中外史籍对南方丝绸之路的记载虽无专书，但若干文献涉及这条古道上的经济贸易和文化交流[①]，说明它在古代中国西南与东南亚、南亚次大陆的交流中，扮演着头等重要的角色。

释道宣《释迦方志》提到慧能由蜀入印，走了20多个月。有学者据此认为，此道很难被人利用。其实不然。问题在于，慧能出蜀入印，目的地是佛祖所在地，其意并不在进行商贸。但民间的经济贸易，却不一定要到达佛祖之地，可以在东印度，也可以在其他地方。到这些地方，就不可能像慧能那样徒耗时日。再者，慧能为一介僧人，他对路况的了解，对民族

---

① 参阅方国瑜：《云南用贝作货币的时代及贝的来源》，《云南大学学报》1957年第12期。

的分布及他们之间的关系，对道上的各种成规的熟悉程度，远不及经常往来于此道上的中外客商。慧能所遇到的那些困难，是为往来客商所能克服的。所以，当我们认真分析各种情况后，可以认为南方丝绸之路的艰难状况，并不像某些论者所强调的那般恶劣。其实，相比较而言，先秦秦汉时期的南方丝绸之路比出河西走廊的北方丝绸之路更好走些。北方丝绸之路不仅要出戈壁和大漠，还要掌握道上各族与中原的关系，并且要避免匈奴的袭夺，要打通与西域三十六国的关系。所以《史记》记载张骞向汉武帝报告说，北路"从羌中，远"，而南道"宜径"，"又无寇"[1]。这条实录性史料，无疑是对当时南北两条中外丝绸之路交通状况的最好说明。

　　南方丝绸之路的性质究竟应怎样理解呢？在商周时代，南方丝绸之路初通之际，中国西南文化的重心所在的古蜀王国就通过这条道路与印度等地区有了经济文化的往还联系，这种联系的性质应当是官方而不是民间的。以贝币为一般等价物所进行的贸易和文化交流，不会是蜀地普通民众同外界的一般性交易。以下对此进行分析。

　　第一，海贝是古蜀王国的货币。古蜀王国本土并不通用货币（除三星堆外，古蜀其他遗址迄今尚未发现海贝），古蜀是把海贝作为外汇加以储备的，对海贝特别予以珍视。三星堆出土的海贝，大多数是被贮藏在作为国家重器的青铜罍中的。这一现象对于我们的分析有着特殊的意义：其一，它表明海贝极其珍贵，来之不易；其二，海贝与青铜雕像文化形式和青铜原料的来源有关，三星堆青铜雕像文化形式与通过印度地区传播过来的近东文化因素有关，三星堆青铜器的原料来自云南，这三个地区均存在以海贝为贸易等价物的商品交换形式，构成了一条海贝贸易线路。海贝这

---

[1]　《史记·大宛列传》。

种货币由古蜀王国的最高神权政体所控制和独占的事实，无可非议地表明了古蜀与印度地区的外贸由古蜀王国的神权政体所独占的事实，而古蜀对印度的外贸是经由蜀身毒道即蜀—滇—缅—印道即南方丝绸之路进行的。这就显示出了南方丝绸之路贸易的官方性质，也显示出了这种贸易的正式性和非随意性。

第二，三星堆祭祀坑和金沙遗址出土大批象牙，如此大量的象牙出土于同一个地区，这在国内是独一无二的。尽管有学者认为当时的四川产大象，但是却并没有足够的证据予以证实。汉、唐文献均讲到中国西南的大象产在永昌郡，永昌"有身毒之民"①，而古代永昌地域广阔，包括今缅甸的部分地域在内②。因此，说到永昌产象，应包括今缅甸的部分地区在内。据此，则三星堆贸易来于东南亚、南亚地区而象牙为蜀王所控制独占。所以古蜀与缅印地区的象牙交易必为蜀王所控制，这同样也表明了象牙贸易的官方性质和正式性。

第三，学者所断言南方丝绸之路为民间性质，最主要的依据在于张骞所说"蜀贾奸出物者或至焉"一语。但是，对这句话还应进行具体分析。张骞作为汉王朝外交大臣，是站在汉王朝朝廷的立场上看待蜀贾出外域的贸易行为的，认为蜀贾是"奸出物者"。可是，这种立场和观点是在汉王朝统一建起以后才有的，在商周时期却不会产生。在商代，古蜀王国不是商王朝的直辖领土，商与蜀之间存在政体和民族等方面的不同关系，时有

---

① 《华阳国志·南中志》。
② 《后汉书·陈禅传》记载："永宁元年，西南夷掸国王献乐及幻人。"《大唐西域记·迦摩缕波国》记载："此国（按，指迦摩缕波）东，山阜连接，无大国都。壤接西南夷，故其人类蛮獠矣。详问土俗，可两月行，入蜀之西南之境。"可证。

战事发生[①]，古蜀王国的一切政治、经济、文化行为不可能由商王朝决定。因而当时所谓官方，按照历史的实际情况来看应该是，在各个单独政体尚未纳入统一的中央王朝而各个政体自为一方之长的时代背景下，各个单独政体的统治者集团就是其所代表的官方。因此，由古蜀王国的最高神权政体所掌握和运作的南方丝绸之路贸易，其性质应当是官方的、正式的，而不是民间的、随意的。只要找到明确的历史条件这个前提，使用"官方""正式"等词来指称各个地方性政体的行为，应是恰如其分的。至于秦汉时期，周边各地方性政体已融入统一的中华版图之中，此时的官方自然是指秦汉中央王朝，或代理其执行使命的郡县机构，除此而外的行为，则属民间行为。我们自然不能将秦汉时代统一国家的情形来比附商周时期邦国联盟的情形，以致由此来否定先秦南方丝绸之路贸易中正式的官方贸易的存在。

第四，从西南夷道上关隘的开设与关闭情况分析，也可得出同样结论。《汉书·西南夷传》说到秦灭汉兴后，西南夷诸族立即"关蜀故徼"。所谓"蜀故徼"，是指故蜀与西南夷诸族交通贸易道路上的关隘或关卡。西南夷与蜀之间的道路，在秦昭王至秦灭的时段内仍然是畅通的，但当秦灭汉兴，西南夷邛、笮、冉、駹诸族"皆弃此国"，即拒绝汉王朝的统治，关闭了"蜀故徼"，所以才会发生西南夷诸族阻碍汉使十余批出使大月氏那种情况。也正是因为关闭了"蜀故徼"，才会出现"巴蜀民或窃出商贾"到南中做买卖的情况，蜀商必须偷越"蜀故徼"才能进入西南夷地区进行贸易。《史记·大宛列传》记载："然闻其西（按：指滇、昆

[①] 段渝：《政治结构与文化模式——巴蜀古代文明研究》，上海：学林出版社，1999年，第395—409页。

明之西）可千里有乘象国，名曰滇越，而蜀贾奸出物者或至焉。"这里所说的"蜀贾奸出物者"，与《史记·西南夷列传》所说"巴蜀民或窃出商贾"是一致的，都是指偷越"蜀故徼"而南出西南夷地区的蜀商贾。

有的学者以为，这些记载表明了蜀与西南夷之间并没有一条通道，因为既然文献明言"蜀贾奸出""巴蜀民或窃出商贾"，当然也就不会有通道。但是，这种理解忽略了古代王国之间互置关卡、关隘的历史事实。《史记·西南夷列传》所记蜀与西南夷间的"蜀故徼"，是指秦并巴蜀以前古蜀王国与西南夷商道上的关隘。既为"蜀故徼"，当然是指由蜀所控制的边卡。既然古蜀王国在西南夷道之地设置关隘，则这条道路应该是西南夷各族与古蜀王国之间的官道，而不是私道。在先秦分封制下，诸侯国与国之间关卡林立，据《孟子》所说，列国均设置有关市，有所谓"关市之征"①，即在关卡和市场征税。但是在秦汉统一王朝，"富商大贾，周流天下，无所不通"②，郡县之间并不设卡，仅在市场设置市官收取交易税。很明显，巴蜀商贾之所以要"窃出"西南夷道，蜀贾之所以有"奸出物者"，偷渡"蜀故徼"，往来西南夷道，贩卖牦牛、笮马、僰僮，就是因为西南夷地区在秦灭至汉武帝开西南夷这段时间中，脱离了统一王朝的郡县制，重新回到秦以前的分离状态，所以这些地区与蜀之间的旧时关卡又重新恢复，以致出现"蜀故徼"被关闭的情形。

可以证明在西南夷道上有西南夷诸族所设置的关隘的材料还有一些。如《史记·西南夷列传》记载汉武帝开西南夷，"其北方闭氐、笮，南方闭嶲、昆明"，"闭"即关闭道路之义。"闭氐、笮"，是指关闭牦牛

---

① 《孟子·滕文公下》。
② 《史记·货殖列传》。

道,"闭嶲、昆明",是指关闭灵关道。这里所记载的"关闭",是西南夷各族自己关闭了此两道上的关隘,以重兵防守,阻止汉王朝使臣通过。这两道分别由西南夷各族关闭,表明此两道分别为氐、笮和嶲、昆明所控制,这正与五尺道为蜀控制所以有所谓"蜀故徼"的情况,完全一样。

应当指出,所指官道,并不是指只能由官方通行的道路,而是指由官方开凿或管理的道路,百姓和商贾照样可以通行,而"关市之征",正是官方在官道上设卡,对商人予以征税。还应当指出,官道并不一定就是阳关大道,古往今来的官道并不都是平坦大道。例如,秦始皇开凿驰道,"三十五年,除道,道九原抵云阳,堑山堙谷,直通之"①,这条长达"千八百里"②的官方直道,就绝不是一条平坦的康庄大道。唐朝李白《蜀道难》诗说"蜀道之难,难于上青天",李白所指蜀道,即褒斜道、故道等,须翻越秦岭,道路艰险,却都是所谓官道。可见,分析一条道路是否官道,不是看它是否平坦,而是看它的性质如何。

综上所论,关于先秦时期西南夷道的性质,笔者认为主要应该是各古国古族之间既有所谓官方又有所谓民间参与的交流互动和贸易交换之路,既非纯粹官方道路,亦非纯粹民间道路。

---

① 《史记·秦始皇本纪》。
② 《史记·蒙恬列传》。

| 第六章 |

三星堆青铜文化与商文明

　　虽然南方丝绸之路是古蜀通过西南夷地区进而通往印度和西方的道路，但不可否认的是，古蜀文明的若干方面都与中原文明有着千丝万缕的联系，而且中原夏商文明还通过古蜀与西南夷发生某些关系。因而，研究南方丝绸之路，不能不对古蜀与中原文明的关系进行研究，而青铜文化无疑是其中一个重要内容。

　　古蜀王国虽然僻处西南腹地，在地理上同黄河流域中原地区相距遥远，有其悠久的始源、有地域特色的文明模式和文化类型，但并非与黄河流域中原地区相互隔绝，恰恰相反，古蜀文明不论同夏文明还是商文明都有着千丝万缕的联系。历史文献表明，在从史前向文明演进的时期，黄帝、颛顼、大禹等中国古史传说中的英雄人物都同古蜀有着深刻的关系[1]。在夏代，古文献记载"后桀伐岷山"[2]，考古资料也显示出三星堆古蜀文化与二里头文化具有某些关系，应与蜀、夏均为帝颛顼后世的历史渊源关系有关[3]。在殷商时代，古蜀与商王朝的关系虽然罕见于历史文献，但却较多见于殷墟甲骨文，考古资料也有不少根据可资佐证。

商文明是一个高度发达且开放的文明。有商一代，商王朝在政治上与黄河流域和长江流域各个方国发生并保持着程度不等的广泛的联系，文化上则在吸收各地优秀文化的同时，向各地作强劲辐射，因而不但大大扩展了商王朝的版图范围，还极大地拓宽了商文明的分布空间，使它盛极一时，成为世界古代文明史上最辉煌、最有影响力的文明之一。

在商王朝政治扩张和文明辐射的强烈冲击下，深居西南腹地的古蜀王

---

[1] 参见《史记·五帝本纪》《华阳国志·蜀志》等史籍，并见东汉熹平二年（173）朐忍令景云碑有关"术禹石纽、汶川之会"的记载。东汉熹平二年朐忍令景云碑现藏重庆中国三峡博物馆。参见段渝：《酋邦与国家起源：长江流域文明起源比较研究》附录《大禹传说的西部底层》，北京：中华书局，2007年，第446—463页。

[2] 古本《竹书纪年》记载："后桀伐岷山，岷山女于桀二人，曰琬，曰琰。桀受二女，无子，刻其名于苕华之玉，苕是琬，华是琰。"屈原《天问》："桀伐蒙山，何所得焉？"蒙、岷一声之转。《韩非子·难四》"是以桀索崏山之女"，崏与岷通。《左传·昭公四年》："夏桀为仍之会，有缗叛之。"《左传·昭公十一年》："桀克有缗以丧其国。"缗、岷音通。顾颉刚先生认为，夏桀所伐岷山当为有缗氏，地在汉山阳郡东缗（今山东金乡县），与蜀无关。但年湮代远，事属渺茫，以此盖棺定论，似嫌仓促。《管子·山权数》"汤以庄山之铜铸币"，庄山即汉严道（今四川荥经）铜山，《史记·佞幸列传》记载汉文帝"赐邓通严道铜山得自铸钱"，即指此。夏末商初成汤在严道采铜铸币固不足信，但与夏桀伐岷山之说一样，总是事出有因，有文献可据，且均将年代上推至夏末，也不能毫无根据，而成向壁虚构之言。参见段渝：《四川通史》第1册，成都：四川大学出版社，1993年，第43页。

[3] 段渝：《三星堆文化与夏文化》，《中国文物报》2000年8月2日学术版。

国不能不与它发生深刻的联系，不能不对它作出强烈的回应。

一、蜀与商的关系

（一）殷墟甲骨文中的蜀

关于殷卜辞中蜀的地理位置，向有争议。唐兰考释甲骨文中的"巴方"和"蜀"，认为均在四川境（即今四川和重庆境）[1]。董作宾认为"约当今之陕南或四川境"[2]，岛邦男认为约在陕西东南商县、洛南附近[3]。郭沫若认为"乃殷西北之敌"[4]。胡厚宣认为在山东泰安南至汶上[5]。陈梦家先是认为约在殷之西北、西南，后又释蜀为旬，以旬在山西新绛西[6]。童书业则认为巴、蜀原本都是汉水上游之国，春秋战国时才南迁入川[7]。徐中舒在其享有盛誉的论文《殷周之际史迹之检讨》中，认为

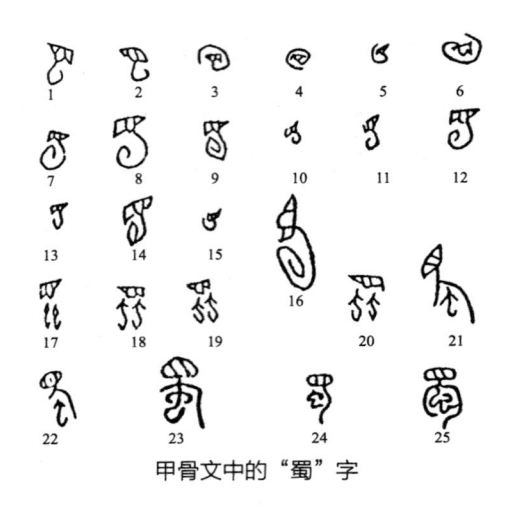

甲骨文中的"蜀"字

---

[1] 唐兰：《天壤阁甲骨文存考释》，北平辅仁大学，1939年，第54页。
[2] 董作宾：《殷代的羌与蜀》，《说文月刊》第3卷第7期，1942年。
[3] 岛邦男：《殷墟卜辞研究》，台北：鼎文书局，1975年，第378—383页。
[4] 郭沫若：《卜辞通纂》，北京：科学出版社，1958年，第119页。
[5] 胡厚宣：《殷代之农业》，《甲骨学商史论丛》二集，上海：上海书店，1990年。
[6] 陈梦家：《陈代地理小记》，《禹贡》第7卷第6、7期合刊；《殷墟卜辞综述》，北京：中华书局，1988年，第295页。
[7] 童书业：《古巴国辨》，《文史杂志》1943年第2期。

巴、蜀均南土之国，殷末周文王经营南国，巴蜀从此归附[①]。

确定殷卜辞中蜀的地望，关键在于确定卜辞中与蜀相关的一系列方国的地望。与蜀同在一辞的，有羌、缶等方国，羌为西羌，古今无异词。缶，卜辞中屡与"我方"发生关系。我方，据卜辞"乙未〔卜〕贞：立事于南，右比我，中比舆，左比（曾）"（《缀》2.62），地在舆、曾之西，均为南国。曾在汉水中上游，见于周成王时铜器《中甗》铭文。位于曾国之西的"我方"，其地当在汉水上游附近。因此缶地亦当在汉水上游。缶，应即文献中的褒。古无轻唇音，读缶为褒。褒即周代褒姒之国，地在汉中盆地故褒城。殷卜辞记"伐缶与蜀"（《粹》1175），又记"缶眔蜀受年"（《乙》6423），显然两国地相毗邻。缶既在陕南，则蜀亦当在此，殆无疑义。

但陕南之蜀并非独立方国，它是成都平原蜀国的北疆重镇，是蜀地的一部分，故亦称蜀。蜀在早商时期就已日渐强大，三星堆巨大的古城即建筑于早商，足见当时蜀国实力之强。到商代中叶，古蜀王国已形成强盛国家，其时蜀国疆域甚广，北及汉中。汉中盆地近年所出商代晚期的青铜器群中[②]，蜀式三角形援无胡直内戈占全部兵器的84%以上，另有青铜人面具、兽面具、陶尖底罐等也是古蜀文化的产物，都是古蜀文化向北连续分布的结果，说明汉中曾是蜀境。当地出土的蜀戈之多，说明是蜀的北方军事

城固五郎庙出土三角援戈

[①] 徐中舒：《殷周之际史迹之检讨》，《中研院历史语言研究所集刊》7本2分，1936年。
[②] 唐金裕等：《陕西省城固县出土殷商铜器整理简报》，《考古》1980年第3期。

重镇。可见，殷卜辞中的商蜀关系，实际上记载的就是双方在各自边境接壤地带所发生的一系列和战事件。

殷卜辞中所见商、蜀关系，有如下数辞：

（1）囗寅卜，㱿贞，王㡀人正蜀　　　　（《后》上9.7）

（2）丁卯卜，㱿贞，王[插图]岳于（与）蜀　（《粹》1175）

（3）贞，㫃弗其伐羌、蜀　　　　　　　（《铁》105.3）

（4）丁卯卜，共贞，至蜀，我又（有）事　（《簠》547）

（5）癸酉卜，我贞，至蜀无祸　　　　　（《乙》811）

（6）癸巳卜，贞，旬在蜀　　　　　　　（《库》1110）

（7）贞，蜀不其受年

　　王占曰，蜀其受年　　　　　　　　（《乙》6422）

（8）岳罙蜀受年　　　　　　　　　　　（《乙》6423）

（9）……㞷蜀……　　　　　　　　　　（《乙》7194）

（10）囗蜀御囗　　　　　　　　　　　（《铁》1.30.6）

（11）……蜀射三百　　　　　　　　　（《铁》2.3.8）

（12）庚申卜，母庚示蜀不用　　　　　（《南明》613）

以上十二辞可分五类。（1）至（3）辞是商王征蜀；（4）至（6）辞是商王（？）至蜀、在蜀；（7）至（10）辞是殷王卜蜀年，卜蜀祸；（11）辞是蜀向商王朝提供服役（？）；（12）辞是商人用蜀人为祭祀牺牲。

从卜辞看，蜀与商王朝和战不定，是国与国的关系，而不是方国与共主的关系。第一类战争卜辞意义明确，无须深述。后四类则需要分析。

据陈梦家《殷墟卜辞综述》，凡卜辞中所见"才（在）某""至某"

之例者，即作为殷商方国，对商王室有五种义务：卜其年则当有入贡其谷物的义务；参加商王室征伐多方的战役；入龟于王室；来其牛马等；载王事[1]。通观上列卜辞，很难认为古蜀对商王朝有这些义务。

卜辞中虽有商王卜蜀年，但绝无蜀入谷于商的记载，应为商觊觎蜀年之辞。虽蜀有龟，且多良龟[2]，却绝无蜀入龟于商的记载。第（4）辞"至蜀"，应为"我方"至蜀，不是商王至蜀，故第（5）辞"我贞（'我方'提供的贞人）"，卜问是否至蜀无祸。第（9）辞蜀，是诅咒蜀人之辞。第（10）辞蜀御，也并非如有的学者所说是蜀向商提供御手。御者祀也，为禳灾除祸之祭[3]。此辞残，全辞不明。第（11）辞亦残，无法确定是否为蜀向殷王室提供射手。第（12）辞是卜问是否用蜀人作为祭祀母庚的牺牲，证明了商王室捕捉蜀人为人牲的事实。除这些外，卜辞中完全没有蜀入卫、来牛马、参加征伐多方的战役以及载王事等记载。

据《尚书·酒诰》，商王朝将其征服的方国均纳入"外服"体制："越在外服：侯、甸、男、卫邦伯"，邦伯即方伯，方国之长。"侯，为王斥候也。""甸，治田入谷也。""男，任也，任王事。""卫，为王捍卫也。"[4]按生产区域和地理方位[5]，如果蜀国被商王朝征服，纳入商王朝的外服体制，那么蜀的班次和职贡应当为男服，治田入谷，贡献于商王朝。但卜辞的记载却不能支持这种推测。并且，卜辞对蜀绝不称方。卜辞

---

[1] 陈梦家：《殷墟卜辞综述》，北京：中华书局，1988年，第316页。
[2] 参见《山海经·中次九经》。成都平原考古亦可充分证实。
[3] 杨树达：《积微居甲文说》，上海：上海古籍出版社，1986年，第30—31页。
[4] 孔晁注《逸周书·职方》。
[5] 关于商代外服制的生产区域和地理方位等问题，载于徐中舒：《论西周是封建社会》，《历史研究》1957年第5期。

所见之蜀，均在蜀之北疆重镇陕南地区，不是蜀的中央王朝所在地。可见蜀王不是殷代外服方伯，蜀国并没有成为商王朝的外服方国。

从对考古资料的分析中，我们可以得出同样结论。三星堆遗址面积约12平方公里，三星堆城址（商代古蜀王国都城）总面积3.6平方公里，大于作为早商都城的偃师商城[1]，而与商代前期都城郑州商城内城的面积相比亦稍大[2]。按照商王朝的内、外服制度和匠人营国之制[3]，王都必定大于方国之都，故卜辞屡称商都为"大邑商"。夏商西周时代方国都城遗址的面积，均远远小于夏商周王都。商代早、中期的湖北黄陂盘龙城遗址，包括城址、大型建筑与墓葬等高等级遗存，盘龙城遗址范围1.1平方公里，城垣内面积7万多平方米[4]，山西夏县东下冯方国城址，南垣约长400米，余三垣不清[5]，总面积甚小。可见，方国都城无不小于王都，这是三代定制，不能逾越[6]。但蜀都却不仅大于早商都城，也大于中商都城。如将蜀国纳入商代外服体制，显然是严重逾制，在当时根本无法想象。这种情形清楚地表明，蜀国都制与商王朝都制分属于两个不同的政权体系，二者在政治上平行发展，相互之间不存在权力大小的区别。由此不难看出，蜀国没有成为商王朝的外服方国，这与殷卜辞中绝不称蜀为方是恰相吻合的。

虽然如此，古蜀文明还是明显地受到了商文明的深刻影响。古蜀文化青铜礼器中的尊、罍等形制，玉石器的圭、戈等形制，大都来源于商文

---

[1] 黄石林、赵芝荃：《偃师商城的发现及其意义》，《光明日报》1984年4月4日。
[2] 《郑州商代城址发掘报告》，《文物资料丛刊》第1辑，北京：文物出版社，1977年。
[3] 《尚书·酒诰》《周礼·考工记》。
[4] 张昌平、孙卓：《盘龙城聚落布局研究》，《考古学报》2017年第4期。
[5] 东下冯考古队：《山西夏县东下冯遗址东区、中区发掘简报》，《考古》1980年第2期。
[6] 参见《左传·隐公元年》。

化，反映了其间经济文化的交往。

（二）商、蜀和战与资源贸易

商代中叶，古蜀三星堆文明走向极盛，与商文明平行发展，比肩而立。这种形势，从当时全中国范围内各大地域文化与商文明的力量对比来看，都是十分特殊的，在整个商代历史上也是极为罕见的。

商王朝经过数代苦心经营，到武丁在位时，"朝诸侯，有天下，犹运之掌也"[①]，对黄河流域中下游地区的统治，近乎取得绝对权力。但对长江流域则不然。在长江中游今湖北黄陂盘龙城，有商王朝的城邑，在遗址中出土159件殷商青铜器（二里岗期），器形分作29种，其中有青铜尊等礼器以及大量钺、戈、矛等兵器[②]。在湖南宁乡曾出土数以百计的商代晚期青铜器，其中一些青铜器铸造极为精美，较之中原同时代器物，有过之而无不及，以至有学者认为是在湖南就地铸造的，其青铜铸造技术已超过中原地区[③]。在江西新干大洋洲出土了400多件青铜器[④]，虽然其中一些器物颇受商文明影响，但主要是地方风格，不能说是商文明的亚型，表明那里存在一支较强的地域文明。这种形势说明，商王朝在长江中游的政治扩张并不十分顺利，颇有阻力。至于长江上游和西南地区，情况则更为复杂。

长江上游、西南地区以蜀为泱泱大国，殷卜辞中已见有蜀的记载，是一个有实力、有影响的地域性政治实体和文明。陕南汉中地区的考古发现

---

① 《孟子·公孙丑上》。
② 湖北省博物馆：《盘龙城商代二里冈期的青铜器》，《文物》1976年第2期。
③ 夏湘蓉、李仲均、王根元：《中国古代矿业开发史》，北京：地质出版社，1980年，第203页。
④ 彭适凡等：《江西新干大洋洲商墓发掘简报》，《文物》1991年第10期。

还证实，古蜀又是一支富于实战能力的强大军事力量，尤其广汉三星堆青铜文明的发现，更显示出古蜀王国具有鲜明个性的青铜文明特点，而它的青铜文明，在主体方面并不是商文明所能涵盖的。由三星堆极宏富、极辉煌的青铜文明，可知当时的蜀必然是一个拥有相当广阔地域的大国，也是一个握有相当丰富资源的大国。商中叶时，蜀的北境在汉中，这已由汉中城固出土铜器群[①]所证实[②]。蜀的东境在长江三峡之东，这也由大量考古材料所证实[③]。蜀的南方是广袤的南中之地，三星堆祭祀坑出土的数十尊西南夷青铜人头像，已表明南中是蜀的附庸[④]。因此，如果从地域广运的视角看，蜀拥有长江上游和上中游之交，北至陕南、南至南中的广阔地域。虽然它的腹心之地只有成都平原一块，但由于根基深厚，基础广博宏阔，触角伸出很长，支撑点密集、深广而牢固，所以能够强大到极致，以至敢于起而与商王朝相抗衡。

就资源而论，农业资源方面，黄河中、下游主要是旱作农业区，商代是温暖气候，农产量应当不错。但商都殷墟积聚了巨量人口，需要消费巨量粮食，并且商王室上下和朝内外大小官员又大量饮酒，"作长夜之饮"，"腥闻在上"[⑤]，也需消耗大量粮食原料，而商王朝都城殷墟所在地区是有名的沁阳田猎区，不可能提供巨量粮食满足其需要。所以商王经常为农业收成担忧，卜辞中常见"卜年"之辞，就意味着商王朝时感面临人

---

① 唐金裕等：《陕西省城固县出土殷商铜器整理简报》，《考古》1980年第3期。
② 段渝：《论商代长江上游川西平原青铜文化与华北和世界文明的关系》，《东南文化》1993年第2期。
③ 段渝：《论早期巴文化——长江三峡的古蜀文化因素与"早期巴文化"》，载《巴渝文化》第3辑，重庆：西南师范大学出版社，1994年。
④ 段渝：《商代蜀国青铜雕像文化来源和功能之再探讨》，《四川大学学报》1991年第2期。
⑤ 《尚书·酒诰》。

口过多与粮食短缺矛盾所造成的严重威胁。

　　古蜀王国的中心成都平原是一个不算很大的冲积平原，现在面积充其量不超过9500平方公里，古代开发有限，并没有达到这个水平。假如仅凭成都平原的农业资源，是绝不可能造就出也不可能支撑起一个敢于同商王朝相抗衡的强大政治实体的。但是，蜀自三星堆二期即夏代以来，长期奉行沿江东进的政策，大力向东方扩张，占有川中、四川盆地东部之地，又东出三峡，据有夔、巫之地，其扩张冲击波一直推进到西陵峡以东的江陵荆南寺，前锋几乎快触及江汉平原。这些地区不是商王朝的统治区，甚至不是商王朝的争夺区，加之文明程度浅演，不能抗衡古蜀三星堆文明的强劲扩张之势，因而成为蜀国北疆汉中盆地和汉沔嘉陵江经济区的战略大后方。古蜀王国西南的南中广大地区也是蜀的战略大后方，那里稻作农业相当发达，资源极其丰富，是商王朝的政治势力和军事力量不能触及之地，但却长期为蜀所控临。上述三个农业发展区域——成都平原经济区、汉沔嘉陵江经济区、南中经济区，共同支撑起了古蜀文明的基础。三星堆古蜀王国都城之所以有巨大的城圈、庞大的人口、复杂的政治宗教机构和辉煌的文明，就在于它植根于它所统治的广阔地域的富足农业资源之上。商代长江流域气候较之现代更为温暖，是稻作农业较理想的经营地区，收成相当丰厚，汉代寒冷期这里尚且能够"无冻饿之人""无凶年忧"[①]，商代更应如此，所以才会引起商王朝的觊觎。由此可见，长江上游、西南地区农业资源的富足，使蜀能够供养大量非食物生产者，培育一个复杂的政治组织及其庞大的分级制体系，从而创造出灿烂的古代文明。

　　战略资源方面，尤其青铜原料方面，中原无锡，可开采的铜矿也少。

---

① 《汉书·地理志》。

商王朝的青铜原料究竟来自何方，学术界还没有取得一致意见。翦伯赞认为来自长江上游西南地区[①]，石璋如认为就在河南商王朝本土[②]，但均苦于没有确据而不能论定。近年以来安徽、江西发现了古铜矿，有证据表明商代已在那里进行开采。如此看来，商王朝的青铜原料，可能大多来源于长江流域。作为商王朝南土据点的湖北黄陂盘龙城[③]，曾出土孔雀石[④]，或许可以表明盘龙城的功能之一，就是扮演维护长江流域"金锡之道"的兵站的角色。殷墟5号墓的部分青铜原料，已经科学测试证实来源于云南。[⑤]这表明，除长江中游而外，商王朝青铜原料的另一个重要来源地是长江上游。

商王朝要获取长江上游云南地区的铜、锡、铅矿料，就非得首先跨越蜀国不可，或者通过蜀国，让蜀起中介作用。不管采取哪种形式，总之在商王朝从云南获取青铜原料的过程中，不可避免地会与蜀发生各种关系。

古蜀国青铜原料的来源，同样并不在成都平原蜀的腹心地区。川西高原汉之严道（今四川荥经）地区，那里古有铜山，汉文帝"赐邓通严道铜山，得自铸钱，邓氏钱布天下"[⑥]，铜矿资源相当丰富，《管子·山权数》所称"汤以庄山之铜铸币"，庄严同义，庄山之铜即指严道铜山。这意味着严道铜山是蜀国青铜原料的产地之一。除此而外，川西高原的灵关（今四川芦山）、徙（今四川天全）、青衣（今四川雅安），以及南中北部川西南山地的邛都（今四川西昌）、朱提（今四川宜宾、云南昭通）等地，

---

① 翦伯赞：《中国史纲》第1卷，北京：生活·读书·新知三联书店，1950年，第207页。
② 石璋如：《殷代的铸铜工艺》，《"中研院"历史语言研究所集刊》第26本，1955年。
③ 江鸿：《盘龙城与商朝的南土》，《文物》1976年第2期。
④ 中国古代冶金编写组：《中国古代冶金》，北京：文物出版社，1978年，第5页。
⑤ 金正耀等：《广汉三星堆遗物坑青铜器的铅同位素比值研究》，《文物》1995年第2期；中国科技大学科研处：《科研简报》第6期，1983年5月14日。
⑥ 《史记·佞幸列传》。

也是蜀国铜矿资源的来源地①。但是，以上产铜地区却并无产锡的记载，因此，蜀的大部分青铜原料必然来于其他地区。据科学测试，蜀国青铜器的铅料来自云南②，而蜀国青铜器同云南青铜器的合金成分又十分接近。由此看来，云南是蜀国青铜原料的主要来源地之一。

商王朝和蜀国都要在云南取得青铜原料，必然就会因此而发生关系。但对于这些关系，历史文献完全没有记载，只有上引"汤以庄山之铜铸币"一语，透露出商王朝在蜀地取铜的一丝信息。这条材料并非完全不可靠。商代有铜贝

三星堆铜贝

是考古学上的事实，不但中原发现过，山西发现过，三星堆祭祀坑也曾出土3枚。虽然说早商成汤时期商在蜀取铜不大可能，但如果是商中叶，商王朝在蜀取铜却并非不可能。既然商中叶武丁时可以在蜀国以南的云南取铜，那又为什么不可能在蜀地取铜呢？问题其实不在这里，而在商王朝以什么方式、通过什么途径在蜀、滇取铜。这个问题的实质，是要回答商、蜀关系的问题。

显然，蜀国因控制了南中而拥有富足的铜、锡、铅资源，三星堆祭祀坑出土西南夷形象的青铜人头像已充分证实南中广大地区为蜀所服，而三星堆青铜原料多来自云南，这是不成问题的。在历年的云南考古中，都几

---

① 《汉书·地理志》《续汉书·郡国志》。
② 金正耀等：《广汉三星堆遗物坑青铜器的铅同位素比值研究》，《文物》1995年第2期。

乎没有发现商文化的影响之迹，这就表明商王朝对云南的关系不是直接而是间接的。商王朝要获取云南的青铜原料，只能通过蜀国。从殷墟卜辞和汉中考古可以知道，商王朝并没有征服蜀国，蜀也不是商的臣属方国。在这种情况下，为了获取蜀国以南云南地区的青铜原料，商王朝必须而且只能采用贸易方式，通过蜀为贸易中介的途径来取得，甚至有可能直接与蜀进行贸易，从蜀人手中获取青铜原料。这应当就是"汤以庄山之铜铸币"的本来面目。可见，商、蜀之间的铜矿资源贸易，是形势使然。

从可能性上看，不论商还是蜀都有比较发达的贸易系统，而共同的贸易中介物是海贝即贝币，这种贝币在商、蜀地域内都有大量发现，背部磨平穿孔，以便串系，进行交易。贝币为商、蜀之间的铜矿资源贸易提供了双方通用的等价商品，使双边贸易成为可能。殷卜辞中有"至蜀""在蜀"的卜辞，也许就和铜矿贸易有关。

从商文化对蜀文化的影响来看，它主要体现在礼器上而不是兵器上，这意味着商王朝的军事力量并没有能够深入蜀地，而是它的礼制深入了蜀地，这是和平的文化交流的结果。如果联系到商、蜀双方的青铜原料贸易来看，商王朝礼制对蜀文化的影响应是随着贸易而来的，这正是文化交流的重要途径之一。

以上分析表明，有商一代，商王朝始终未能征服蜀国，也没能够控制蜀国以南南中地区的铜矿资源。由于商王朝缺乏青铜原料资源，而对于富产青铜原料资源的南中地区又鞭长莫及，所以只能仰给于控制了南中资源的蜀。因而，为了保证青铜原料来源渠道的畅通，商王朝必须容忍一个强大的蜀国在它南边恣意发展——既然不能摧毁它，那就只能利用它。这也是三星堆文明得以雄踞西南的重要政治经济原因之一。

（三）蜀与商的文化交流

固然，古蜀文明的诸要素，从总体上说来是独立产生的，是组成中华文明的若干个区域文明之一，并非中原文明的分支和亚型。然而，由于历史、地理、民族、文化的各种因素，也由于未曾间断的和战关系，古蜀文明同中原文明相互影响、文化渗透，直至出现文化趋同以至文化交融，实属历史发展的必然。

就青铜器而论，虽然古蜀青铜文化自成一系，具有鲜明的个性和特征，但其中不仅可以见到中原青铜文化的明显影响，而且有许多礼器本身就直接仿制于中原青铜器。比如，三星堆青铜人头像双耳所饰云纹，青铜神人大面像鼻、额之间上伸的夔龙纹饰等，都是中原青铜器常见的纹饰，而为古蜀所采借。又如，三星堆出土的青铜尊、罍和玉戈等青铜礼器和牙璋等，也完全仿制于中原文化。再如，三星堆出土的陶高柄豆、陶盉，其形制同样源于中原文化。

三星堆出土的青铜爬龙柱形器上的龙，是以古蜀文化采借中原文化龙的形象制作而成的。这尊青铜龙，与华夏龙似是而非。它头顶有一对长而弯的犄角，又有一

三星堆龙虎铜尊

三星堆铜罍

三星堆玉戈

青铜龙柱形器　　　　三星堆青铜神树上带翼龙

对小犄角，下颌长有胡须。其特征，除具龙的造型特征外，又明显地像一只张口怒目的神羊，与红山龙、华夏龙迥然异趣。这些同中有异、异中有同的特点，表明三星堆是以山羊为原型之一，综合采纳了华夏龙的形态特征，整体结合而成的龙，可谓之"蜀龙"。三星堆青铜大神树树干上的一条带翼的龙，可谓"飞龙"，虽然与红山和华夏龙均不带翼有异，但龙的形象来源于中原，反映了飞龙入蜀的情况，同时也说明古蜀也是"龙的传人"之一，并对文化交流、融合和传播，起了不可忽视的作用。

　　文化交流一般是在互动的状态下进行的，两种或两种以上文化的交流总是表现为交互感应的关系。中原文化与周边各种文化的关系，就是这种交互感应、交互作用的关系，因此才逐渐形成中华文化的整体面貌和传统。中原文化与巴蜀文化的关系也是如此，不能例外。

　　反映在考古学文化上，青铜无胡式三角形援蜀式戈和柳叶形剑便是蜀

第六章　三星堆青铜文化与商文明

文化赠予中原文化的礼品。蜀戈首先发源于蜀，年代在商代前期①。到了商代中后期，作为古蜀文化连续性分布空间和蜀国北方屏障，与商文化西南政治势力范围交接地带的陕南汉中，出现了这种无胡蜀戈。其后，到商代晚期，这种戈型又继续向北流布，以至今天在中原和殷墟续见出土。柳叶形剑的发源和流传也是这样，最早的柳叶形青铜剑，出土于成都十二桥（2件）、广汉三星堆（1件）。到殷末周初，陕南、甘肃等地才有这种剑型出现。它们反映了古蜀文化与中原文化之间互动、交互感应的关系。

蜀式柳叶形青铜剑

在古文字方面，在广汉三星堆遗址出土的一些陶器上，发现有刻画符号②，作乂、八、𝒟、弓、◙、𝒳、⌬等形。例如，在一件Ⅰ式小平底罐肩部，刻画有X形符号。一件Ⅰ式高柄豆的圈足外壁，有一⌬形符号。一件Ⅰ式小平底罐的肩部，有三枚成组、两组对称的◙形符号；在一件Ⅱ式陶盉的裆间，也各有一◙形符号。这些陶器上的刻画符号，显然不是偶然的刻画痕迹。同一种符号出现在不同的器物上，这一现象说明，这些符号及其含义已经固定化，约定俗成。其意义，正如大汶口陶器上的刻画符号一样，均代表着较早期的古文字。X符号可能具有计

---

① 杜廼松：《论巴蜀青铜器》，《江汉考古》1985年第3期；林春：《巴蜀的青铜器与历史》，载李绍明、林向、徐南洲主编《巴蜀历史·民族·考古·文化》，成都：巴蜀书社，1993年，第164—173页。

② 四川省博物馆等：《广汉三星堆遗址》，《考古学报》1987年第2期。

311

数的意义，∧符号亦然。这两种符号，均与西安半坡、临潼姜寨①，以及二里头夏代遗址②和侯马东周遗址③所出土的陶器符号，有相同的意义。乙、R两字意义不明。符号，原《报告》称为"贝纹"。从这个字的形体分析，确象贝形，显然是一个象形字，当释为"贝"。字的形体，象以一绳并列悬系两串贝之形，当释为"朋"。此字与甲骨文"朋"字的字形近似。联系到三星堆一、二号祭祀坑所出土的大多数海贝均有穿孔的情况，释为贝，释为朋，当有根据。符号，酷似人眼之形，外圈为眼眶，中间小圆为眼球，此字当释作"目"。此字与河南舞阳贾湖遗址所出龟腹甲上的目字字形相较④，三星堆遗址的目字更突出两眼角罢了。

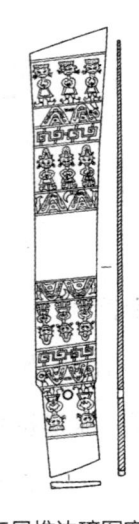

三星堆边璋图案　　三星堆大边璋

---

① 王志俊：《关中地区仰韶文化刻画符号综述》，《考古与文物》1980年第3期。
② 方酉生：《河南偃师二里头遗址发掘简报》，《考古》1965年第5期。
③ 侯马市考古发掘委员会：《侯马牛村古城南东周遗址发掘简报》，《考古》1962年第2期。
④ 冯沂：《河南省舞阳贾湖新石器时代遗址第二至六次发掘简报》，《文物》1989年第1期。

第六章 三星堆青铜文化与商文明

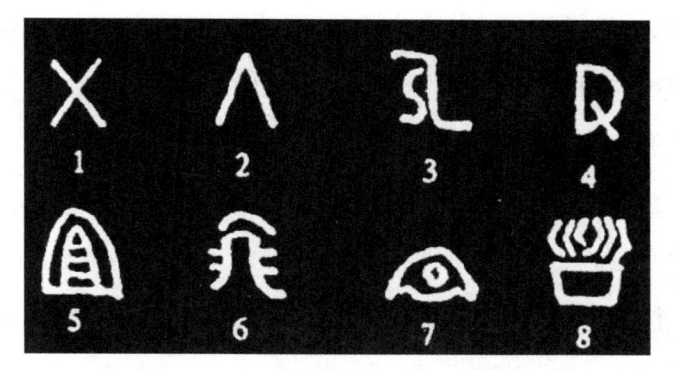

早期方块表意字　1–7.三星堆陶器　8.三星堆牙璋

广汉三星堆二号祭祀坑内出土的一块牙璋（K2③：201附4）的射部和柄部，两面各阴刻两组图案，每一组包括五幅图案，其第二幅图案的"两山中间，刻有一个⚌形符号"①。这个符号不仅在年代上远远早于后来的巴蜀符号（春秋战国），而且在迄今所见的全部巴蜀符号中无从查找，它显然不是其中的一种。从这个符号的方块化、抽象化和线条化等特点来看，与春秋战国

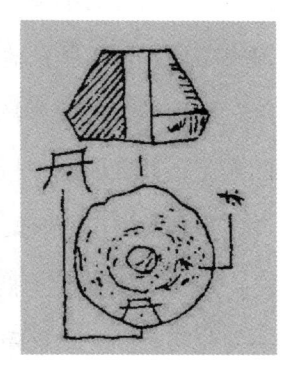

成都十二桥出土陶轮上的刻画文字

时期巴蜀青铜戈上的方块表意字有异曲同工之处，应当说是文字而不是纹饰或符号。从结构分析，此字大约是合体字，由⚌和口两个独体字构成。口象器皿之形，⚌象器中所盛物之形。此字在结构上已简化到看不出所象事物的程度，且以两个独体象形符号形成会意，与汉语古文字中"比类合

---

① 陈德安、陈显丹：《广汉三星堆遗址二号祭祀坑发掘简报》，图三八、三九，《文物》1989年第5期。

313

谊，以见指㧑"①的会意字属于同一原理，与埃及古文字中会意字的构成原理亦同②。这个字的意义，由它所在牙璋图案中的位置可以看出，应与祭祀有关，有可能是祭名，但其具体意义和读音不详。

在与广汉三星堆二号祭祀坑年代大致相当的成都十二桥商代木结构建筑遗址的第12层内，出土的一件陶纺轮（IT22：3），腰部刻有丹、大两字③。这两个字与三星堆二号坑牙璋上文字一样，也是抽象化、线条化了的方块表意文字。此两字必非偶然的刻画符号，从字形结构分析，颇似汉语古文字中的指事字。其横笔、直笔和折笔是基本的象形结构，中间的小圆点·和两旁的小圆··则是其所指明的事物要点。估计这两个字的字义与城市布局和作坊所在地的关系有关，但尚不能确定。此类"象人为的事物之形"的构字方法具有普遍性。如汉语古文字中"井"字就作井中一个小圆点的形态，井象四周围栏之形，当中的小圆点·则指水井④。又如，甲骨文中"亦"是人的正面形象，在其腋下分别加上一个小点，两小点即示其两腋所在。可见，陶纺轮上两字确为文字无疑。因此，年代与之相仿并且属于同一文化系统的三星堆陶器上的刻画文字和牙璋上的文字，亦是文字。

固然，古蜀地区与中原"言语异声，文字异形"⑤，"蜀左言"⑥，古文字自有源流，自成体系，字体、结构、音读均与汉语古文字不同⑦。但是

---

① 《说文解字·叙》。
② A. Gardiner, *Egyptian Grammer*, Oxford, 1982.
③ 四川省文物管理委员会、四川省文物考古研究所、成都市博物馆：《成都十二桥商代建筑遗址第一期发掘简报》，图三八、图四〇：4，《文物》1987年第12期。
④ 徐中舒：《古井杂谈》，《四川大学学报》1977年第3期。
⑤ 《说文解字·叙》。
⑥ 扬雄：《蜀王本纪》。
⑦ 段渝：《巴蜀古文字的两系及其起源》，《考古与文物》1993年第1期。

第六章 三星堆青铜文化与商文明

从广义上看，古蜀文字不论是方块表意字还是表形字，都确定无疑地属于象形文字系统，都肯定从具有形、音、义三要素的象形文字发展而来。这尽管和世界古文明初期任何一个古文字系统相同[1]，然而由于古蜀文字从其起源孳乳时代直到战国秦汉时代，虽经历了上千年的发展演变，其基本结构却依然未变，保持着象形文字系统的鲜明特征——这又明显区别于苏美尔、埃及等文字系统，而与汉语古文字具有相当的共性。中原文字尽管也有分合重组的发展演变史，但是，"即便是形声字，也还是要借用字形来表达其音，而不必另制音符，所以汉字完全属于象形文字系统"[2]。古蜀方块表意字脱胎于象形字而存其风骨；古蜀符号中的声符也是从意符演变而来的，未另制音符。这正是古蜀文字与中原文字的共同基础所在。

李学勤先生指出，我国先秦古文字中，除汉字外唯一可以确定的，只有巴蜀文字[3]。徐中舒先生很早就曾指出，巴蜀文字与汉字在构成条例上具有一定的共同基础；而它们的分支，则当在殷商以前[4]。李复华、王家祐先生认为，巴蜀方块字可能就是夏代文字[5]。这些分析判断，不能说没有一定道理。正因为巴蜀文字同中原文字有一定的共同基础，而古蜀文化与中原炎黄文化有着某种历史上的不可分割的关系，所以文化交流能够畅达，文化融合能够进行。也正因为如此，蜀中才有可能仅在统一于中原后不久，便很快涌现出一大批如司马相如、扬雄、王褒、严君平、犍为舍人等饮誉中华的大文学家、大哲学家和大语言文字学家。

---

[1] G. Barraclough ed., *The Times Atlas of World History*, London, 1979, pp.52–53.
[2] 徐中舒主编：《汉语古文字字形表·序》，成都：四川人民出版社，1981年。
[3] 李学勤：《论新都出土的蜀国青铜器》，《文物》1982年第1期。
[4] 徐中舒：《论巴蜀文化》，成都：四川人民出版社，1992年，第47页。
[5] 李复华、王家祐：《关于"巴蜀图语"的几点看法》，《贵州民族研究》1984年第4期。

在早期城市方面，成都平原城市的起源模式、网络特点以至结构功能等，与中原城市区别甚大。尽管如此，古蜀城市起源、形成和发展的步伐却与中原城市是大体一致的[①]。这显然是受到某种共同因素的制约，其中最主要的是黄河流域和长江流域政治经济形势的连锁演变，使城市在发展过程中出现若干趋同的促动因素，从而成为中国城市演变的共同基础。

除此而外，人群往来、民族迁徙、战争和平、信息交往等，都对古蜀文明与中原文明的交流、传播以至趋同发展，起了重要作用。在多种因素的交互作用下，古蜀文明与中原文明才最终合流，成为积淀在中华文化传统中的若干基本成分之一。

二、商文明的青铜冶金术

古蜀文明是南方丝绸之路国内段青铜文化的中心和传播源，但是古蜀文明本身的青铜文化来源何处，这个问题却是南方丝绸之路国内段青铜文化的研究所不能解决的。从迄今为止的考古发现看，古蜀青铜文化兴起的时代是在商代，那么，古蜀青铜文化的兴起是否与当时极为辉煌发达的商文明的南向传播和影响有关呢？这是古蜀文明和南方丝绸之路研究中不能回避，同时也是非常关键的问题。以下，我们首先从冶金术问题展开讨论。

近年来，在黄河流域不同地区陆续发现砷青铜制品，这是欧亚早期青铜时代的典型特征之一。对于中国境内出现的砷青铜制品，有的学者认为与近东地区青铜文化的传播有关。这个重大问题不是我们这里所要讨论的，不过可以肯定的是，殷商时期的青铜制品已经是铜锡、铅锡和铜锡铅

---

① 段渝：《巴蜀古代城市的起源、结构和网络体系》，《历史研究》1993年第1期。

第六章　三星堆青铜文化与商文明

合金，这种青铜冶金术当然是中国本土的成就，而不是来源于西方。

如果从科学技术史展示的人类文明进程角度去衡量古代青铜文化的发展水平，一项至关重要的工作就是必须对这个文化系统中青铜合金术的发展水平进行科学分析。当前，世界上一般的做法，是将青铜合金术的历史划分成若干逐渐进化的阶段。在国内，北京钢铁学院（今北京科技大学）的冶金史专家曾经提出一个发展阶段模式："开始时是用铜矿石加锡矿石或铅矿石或者由多种元素的铜矿石冶炼出青铜，而后发展到先炼出铜，再加锡、铅矿一起冶炼，最后发展到先分别炼出铜、锡、铅或铅锡合金，然后再按一定配比混合熔炼，这样得到的青铜成分比较稳定，可根据不同器物的要求而改变成分配比，熔炼起来容易控制。"[1]这实际上是将青铜合金术划分为三个发展阶段。美国冶金史专家L.艾奇逊（Lesite Aitcheson）则把从最初的青铜合金术到成熟的青铜合金术具体划为四个发展阶段：铜矿砂加锡矿砂，铜锭加锡矿砂，铜矿砂加锡锭，铜锭加锡锭[2]。以上两种划分法没有实质性区别，都是学术界最普遍的做法。

关于商文明的冶金术情况，从商代考古可以知道，在河南偃师二里头文化遗址中，20世纪60年代初出土刀、锥、镞、鱼钩、铃等小件铜器[3]。1973年在二里头遗址八区属于第三期的地层中发现一件青铜器，"是我国迄今发掘出土的最早的一件青铜容器"[4]。对这件青铀爵用电子探针法定

---

[1] 北京钢铁学院《中国冶金简史》编写小组：《中国冶金简史》，北京：科学出版社，1978年，第23页。

[2] L. Aitcheson, *A History of Metals*, Macdonald and Evans Ltd, 1960.

[3] 中国科学院考古研究所二里头工作队：《河南偃师二里头遗址发掘简报》，《考古》1965年第5期。

[4] 中国科学院考古研究所二里头工作队：《河南偃师二里头遗址三、八区发掘简报》，《考古》1975年第5期。

317

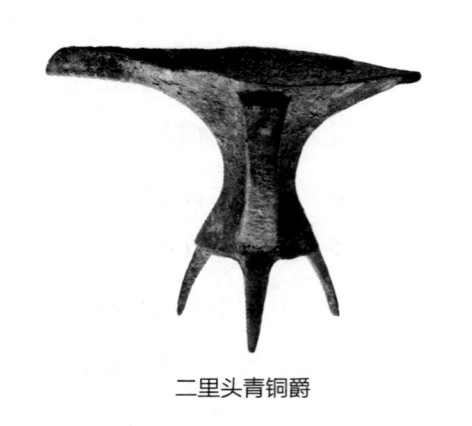

量分析，含铜92％，锡7％。对遗址三区发现的一件铜锛用同样方法分析，含铜98％，锡1％，近乎纯铜。这些青铜器，无论从铜、锡、铅含量，铸造技术，还是形制等方面来看，都具有早期铜器的显著特点[①]。二里头遗址发现的铸铜作坊遗迹中，虽未发现任何铜、锡、铅金属矿石或金属块，难以判断这个时期的青铜合金冶炼术属于哪个发展阶段[②]，但从其铜、锡含量分析，显然不是有意识地按照一定的铜、锡配比冶炼出合金，然后再铸造成器物的。这似乎表明，二里头时期早商合金术还处在青铜冶炼史上的初级阶段。

二里头青铜爵

1954年在郑州二里岗遗址发掘的铸铜遗址和1956年发掘的紫荆山以北铸铜遗址中，都发现了铜矿石[③]。与二里岗同一时期的湖北盘龙城遗址内发现的铸铜遗址中[④]，出土了一些孔雀石和木炭，据称附近200里以内有丰富的铜矿资源，具有冶铜的条件[⑤]。铜矿石、孔雀石（氧化矿物）是冶炼青铜的最重要原材料，必须与锡、铅等矿石或金属同炉而冶，才能炼出青铜。二里岗时期的遗址内未发现锡矿或金属锡，似乎可认为当时的青铜冶炼处

[①] 中国科学院考古研究所：《新中国的考古发现和研究》，北京：文物出版社，1984年，第323—324页。

[②] 夏湘蓉等：《中国古代矿业开发史》，北京：地质出版社，1980年，第200页。

[③] 廖新民：《郑州市发现的一处商代居住与铸造铜器遗址简介》，《文物》1957年第6期。

[④] 湖北省博物馆：《盘龙城商代二里冈期的青铜器》，《文物》1976年第2期。

[⑤] 北京钢铁学院《中国古代冶金》编写组：《中国古代冶金》，北京：文物出版社，1978年，第5页。

第六章　三星堆青铜文化与商文明

于铜矿砂加金属锡（锡锭）的发展阶段，即L.艾奇逊所划分的第三阶段。

关于晚商时期，在安阳殷墟的发掘中，常常发现孔雀石，其中最重的一块达18.8公斤[①]。殷墟铸铜遗址内发现过重约3公斤的长方形锡锭[②]。在年代相当于中商二里岗期直到晚商的湖南石门皂市遗址内，发现过不少的铜块[③]。根据1959年至1960年在小屯东南苗圃北地发掘的大型铸铜遗址中未发现任何铜矿石的情况，学者们推测，当时是先在铜矿附近冶炼成铜块，再运到这里加工[④]。这种现象似乎表明，晚商时期已达到青铜冶炼术的高级阶段，即铜锭加锡锭的阶段[⑤]。但在殷墟时常发现的显然作为冶铜原料的孔雀石，似乎还说明这一合金技术的发展在当时仍然带有相当的不平衡性，尚未达到高低成熟的稳定状态。

殷墟西北冈墓地出土的孔雀石

如果说，殷商晚期可能已出现成熟的冶金术，但还表现出不平衡、不稳定的性质，那么到了周代，情况就已大大改观，根据对开采年代上限可达西周的湖北大冶铜绿山古铜矿的勘察和采集到铜锭的情况，考古学推定，"铜绿山生产的红铜一般并不在当地铸造青铜器，而是分运各地的"[⑥]。由此也有理由推测，周代首先在铜、锡矿产地分别冶炼出金属铜、

---

① 刘屿霞：《殷代冶铜术之研究》，《安阳发掘报告》1933年第4期。
② 万家保：《殷商的青铜工业及其发展》，《大陆杂志》1970年第41卷第4期。
③ 高至喜、熊传新：《湖南商周考古的新发现》，《光明日报》1979年1月24日。
④ 中国科学院考古研究所安阳发掘队：《1958—1959年殷墟发掘简报》，《考古》1961年第2期。
⑤ 童恩正、魏启鹏、范勇：《〈中原找锡论〉质疑》，《四川大学学报》1984年第4期。
⑥ 夏鼐、殷玮璋：《湖北铜绿山古铜矿》，《考古学报》1982年第1期。

金属锡，把它们分运至各铸铜作坊，按一定配比熔炼成青铜。这在今天已大体为考古、历史和冶炼史专家所公认。

三、古蜀文明的青铜冶金术

那么，作为南方丝绸之路国内段起始地和中国西南古代文明一个中心区域的成都平原，它的冶金术在商代达到哪一发展阶段了呢？它与商文明之间，是否具有直接的技术赠予和接受关系呢？

地处成都平原中部的原广汉县南兴镇三星乡，1986年发掘的两个祭祀坑中出土大量青铜器[①]。这批青铜器群的最大特点，是有器体雄浑、蔚为壮观的大型青铜雕像群。这类大型青铜雕像群在华北地区商周考古中是从来没有见到过的。从其气势宏大的造型工艺上看，可以说已经超过商代中晚期中原青铜器的制作技术水平。在这两个祭祀坑中，"出土了大量翻模铸造用的泥芯（内范）及青铜熔渣结核和成块的金料"，"遗址内出土大量的厚胎夹砂坩埚"[②]。证明这里曾经是一个大型青铜器铸造中心，两个祭祀坑内的大型青铜雕像群均在当地制作。从迄今为止的发掘情况看，无论在遗址还是祭祀坑内，均未发现任何铜矿石、锡矿石，也未发现金属铜和

三星堆遗址厚胎夹砂坩埚

---

① 四川省文物考古研究所：《三星堆祭祀坑》，北京：文物出版社，1999年。
② 陈显丹：《论广汉三星堆遗址的性质》，《四川文物》1988年第4期。

金属锡。这种情况，再加上高水平的造型技术工艺，似乎就意味着，当时成都平原文明中心的青铜合金术，已经达到了青铜冶炼史的高级阶段。

这一认识，我们还可以从以下几个方面的分析中取得更加深刻的印象。

第一，三星堆两个祭祀坑出土的青铜器，初步预测总重量接近1吨[1]。如此大量的青铜器，假如没有较高的熔炼青铜能力，没有熟练的合金技术，是不可能被制造出来的。因此，大型青铜器群本身就是青铜冶炼术达到成熟阶段的内证。

三星堆夹砂陶坩埚

第二，根据在坑内烧骨和填土中发现铜渣、泥芯，以及遗址内发现大量厚胎夹砂坩埚等情况分析，青铜器的制作地点在遗址以内。铜渣的发现，当然不能说明这是一个炼铜遗址。如果是炼铜遗址，必应有数倍于已经铸造成型的青铜器的铜、锡矿石的冶炼废渣。在古代，即使选用最富的矿石，每炼100斤铜需要300至400斤或更多的矿石[2]。如果不是最富的矿石，亦需5倍以上。照此推算，冶炼出总重量约1吨的青铜，至少需要5吨甚至更多的矿石，同时留下超过青铜同样倍数的大量炼渣，估计超过40万吨[3]。三星堆遗址内发现的炼渣，其数量却无法与青铜器相比。这就证明了

---

[1] 《迄今我国发掘数量最多形体最大的古青铜雕像群——广汉县青铜雕像群室内清理工作展开》，《光明日报》1986年12月10日。

[2] 北京钢铁学院《中国古代冶金》编写组：《中国古代冶金》，北京：文物出版社，1978年，第28页。

[3] 夏鼐、殷玮璋：《湖北铜绿山古铜矿》，《考古学报》1982年第1期。

三星堆遗址内有铸铜作坊而无炼铜作坊的事实。同时也证明，成都平原文明中心的青铜熔铸与矿石冶炼，是异地而为的。与晚商华北相比，情形大体相同。这正是成都平原冶金术的发展早已脱离初级阶段，进入了高级阶段的标志。三星堆发现的青铜炼渣是当地熔铸青铜的实物根据，泥芯和坩埚是当地浇铸青铜器的有形见证，而大量青铜器群则是二者相加的必然结果，由此可见，青铜雕像群等器物是在当地将金属铜、锡同炉而冶，熔炼成青铜，然后就地翻模加工铸造成形的。

第三，成都平原是大河冲积扇平原，本土缺乏铜、锡等矿藏资源。但靠近盆地边缘的荥经富于铜矿，从古至今开采不息。《史记·佞幸列传》记载汉文帝"赐邓通蜀严道铜山，得自铸钱，'邓氏钱'布天下"。汉严道即今荥经。荥经铜矿汉初大量开采，必有其悠久的历史渊源。《管子·山权数》记载："汤以庄山之铜铸币。"庄与严同义，战国秦汉史籍多混用，如将楚庄王又称作楚严王。汉代称严，则是因避明帝刘庄讳的缘故。虽然成汤时期不大可能至成都平原开采铜矿，并且《管子》之书晚出不尽可信，但由此仍可看到商代川西采、冶铜矿历史的蛛丝马迹。因此，商代中晚期蜀人能够开采荥经一带地表上的铜矿并加以冶炼，就不是不可能的。根据古代利用自然资源由近及远的通行原则，可以推断，蜀人最早开采的铜矿，或者其最早的铜矿资源的来源之一，可能就在荥经。由此进一步推论，如果三星堆青铜器群是使用荥经的铜矿石进行冶炼，而不是使用从荥经或其他地方炼铜作坊运来的金属锭，就必然会在遗址内留下大量炼渣，绝不会是今天见到的远远低于青铜器本身重量的那些炼渣。因此，符合逻辑的推论就应当是，三星堆青铜器群的铸造必然使用的是金属铜，而不是矿石原料。这就证明，成都平原的冶金术，确已远远超出直接从矿石冶炼中获取青铜的发展阶段。

第六章 三星堆青铜文化与商文明

第四，成都平原古代未闻有锡矿，从三星堆遗址和祭祀坑内均未发现锡矿石或金属锡的情况分析，当时蜀人通过贸易换来的锡是金属锡锭而不是锡矿石。由于锡的交换代价昂贵，来之不易，不会轻易浪费抛弃，同时也由于纯锡容易生成"灰锡"而消失，所以在遗址内未发现纯锡当可理解。

以上几点，足以证明成都平原的青铜冶金术已达到相当高的发展水平，即将金属铜与金属锡熔炼为青铜的成熟阶段。与大体同时的华北二里岗上层的殷墟一期的冶金术相比，成都平原是丝毫也不逊色的。

我们知道，最初铜器的出现，在形制上无不模仿陶、石、竹、木、角等实用器物的形状[1]。早期青铜时代的情况与此大致相仿。到了青铜时代高级阶段，青铜器铸造在技术方面才最终脱离模仿石器时代和铜石并用时代实用器物的模式，真正成体系地发展出种类繁多而华丽的各种器物。在早商时期的二里头文化中，各种小件铜制工具几乎完全模仿石、骨、蚌器而作，兵器中的直内、曲内戈以及有上下阑的铜钺，也都脱胎于当时的生产工具石镰和石斧，铜爵的形制也直接模仿自陶爵。这表明早商时代的铸铜工艺还保留着相当的原始性，距离开始掌握这种新技术还不是太久[2]。在中商二里岗期（其上层相当于殷墟一期）和殷墟二期，铜器纹饰结构简单，饮食器中大多数器种的形制，也还是直接仿自陶器[3]。从殷墟二期以后，青铜器这种技术才开始展现出明显的进步。

从这一角度观察三星堆出土的大型青铜雕像群，不难发现，无论在同一时期还是年代更早的成都平原陶、石等器物中，都找不到这批青铜雕像

---

[1] 容庚、张维持：《殷周青铜器通论》，北京：文物出版社，1984年，第1页。
[2] 北京大学历史系考古教研室：《商周考古》，北京：文物出版社，1977年，第17—19页。
[3] 北京大学历史系考古教研室：《商周考古》，北京：文物出版社，1977年，第33—36页。

群所可以模仿的器物形制。就其制作技术而言，尽管也有纹饰较简单或素面无纹饰等现象，但如青铜神树、爬龙柱形器、大型青铜立人以及各种人像、人头像、面具和动物像等极为复杂的造型工艺水平，其技术要求也严格得多。相反，三星堆出土其他质料器物中，却屡见仿青铜器形制者。例如出土的锯齿形三角援玉戈，显然是模仿同出的青铜戈。这一现象，正是青铜时代高级阶段的标志。因此可以肯定，青铜雕像群不是从其他质料器物形状中脱胎而出的，它们是已经进入全盛时期的青铜铸造技术的创造性产物。

四、三星堆青铜雕像群与商文化的关系

三星堆祭祀坑内发现的大型青铜雕像群，是目前已知的古代蜀人年代最早、最为卓越的青铜器群。从雕像本身可以推断，如果这一高度成熟的青铜文化是蜀人自己发明的，那么就其如此发达的冶金术而言，当然应该经历了若干世代的探索前进，由低级向高级逐渐发展进化的阶段，绝不是突然之间发明的。但迄今成都平原考古发掘中，尚无迹象表明曾经有过这种青铜雕像文化的独立发生、发展过程。早于三星堆的青铜器，即或有之，亦为数太少，比如零散的铜牌饰，可能与西北或中原有关，但零星资料不足为据，而与之同时或稍晚的青铜器，主要器种是兵器，不是雕像，所以不能证明成都平原青铜雕像文化的发

三星堆青铜立人像

生、发展序列。

　　另一方面，三星堆青铜雕像文化给人的印象似乎是，它好像是猛然一下子突现在成都平原之上的。从祭祀坑本身情况可见，一号坑开口于遗址第五、六层以下，从地层叠压打破关系分析，此坑年代的下限不晚于遗址第三期后段①。整个三星堆遗址第三期前段的地层中，迄今尚未发现青铜器②。这似乎可作为这种青铜器群迄无渊源可寻的直接内证。尽管在相对于三星堆遗址三期后段开始至四期的地层中，不仅三星堆祭祀坑，而且成都平原其他一些地方，也都突然出现大量青铜器，例如新繁水观音1、2号墓③，彭州竹瓦街铜器窖藏④等，但反映的都绝非青铜雕像文化。与祭祀坑年代大体相同的成都十二桥遗址第十二层、十三层中，亦未发现与其

三星堆三角援玉戈

三星堆青铜纵目面具

---

① 四川省文管会等：《广汉三星堆遗址一号祭祀坑发掘简报》，《文物》1987年第10期。
② 四川省文管会等：《广汉三星堆遗址》，《考古学报》1987年第2期。
③ 四川省博物馆：《四川新繁县水观音遗址试掘简报》，《考古》1959年第8期。
④ 王家祐：《记四川彭县竹瓦街出土的铜器》，《文物》1961年第11期；四川省博物馆等：《四川彭县西周窖藏铜器》，《考古》1981年第6期。

有关的任何青铜器[①]。这也可作为三星堆大型青铜雕像所体现的青铜雕像文化渊源，至今在整个成都平原尚无先例可循的又一个证据。

上述疑点，是否意味着成都平原青铜雕像群是一种外来文化，而它们所体现的高度成熟的冶金术也是一种随之而来的技术和文化呢？对于前一个问题，将在后面详细讨论，这里首先讨论后一个问题。

我们认为，尽管在古蜀地区范围内没有发现青铜雕像文化的渊源，但却不能由此否定三星堆后期冶金术已独立发生的事实。我们根据三星堆遗址后期制陶技术剧烈变化的情形，或有可能说明成都平原当时所拥有的冶金术规模。

冶金术的起源与制陶术的进步有着不可分割的关系。矿石冶炼所必备的高温，一般是在制陶术发展到已经可以提供足够的加热温度后才可能获得。大多数青铜器铸造所需的陶范，也是在制陶术进步的基础上才可能获得。中国古代文献对于由制陶术进一步发展到冶金术的关系，曾有很好的说明。《墨子·耕柱篇》说："昔者夏后开（夏启）使蜚廉折金（开采铜矿）于山川，而陶铸之于昆吾。""陶铸"一词，即是由制陶术到金属冶铸的极好说明。古文献以及现代汉语中屡见不鲜的"陶铸""陶冶"等词汇，其词源所反映的正是在制陶术基础上诞生冶金术这一历史的实际进程。根据陶冶、陶铸的关系，我们对三

三星堆遗址陶盉

[①] 四川省文管会等：《成都十二桥商代建筑遗址第一期发掘简报》，《文物》1987年第12期。

星堆第三期前后制陶术的进步情况作一分析,或许对探究成都平原冶金术开端的问题会有所帮助。

从公布的资料看,三星堆遗址三期后段以前,制陶术的进步呈现为阶段性的渐进状态,陶质、陶色上,除第二期开始以夹砂褐陶取代第一期以泥质灰陶为主的情况外,以后各期都与第二期大体相同[1]。器物形制方面,第一期出现的平底罐在以后各期都继续流行,成为贯穿各期的主要器形。第三期后段以前各期新增的器形,也都同样可以从其前一期找到变化发展的根据。制陶方法上,从第一期到第三期后段前,多为手制,只有少数是轮制[2]。这些说明,在这一大的阶段中,制陶术的进步是平缓的、渐进的,没有表现出剧变和突然高涨。

但是到了第三期后段,情况明显有了变化。陶质陶色上无大区别,器形和制作方法上却有重要进步。在此期内出现的尖底器,具有相当特点。尽管尖底器从器形上看可能由过去的小平底演化而来,但它一经出现就立即取得独树一帜的地位,以至很快发展成为第四期全部陶器中占极大优势的器形,并且与大体同时的成都十二桥木结构建筑遗址[3]、商周之际的新繁水观音遗址[4]、成都羊子山周代土台遗址[5]、成都指挥街周代遗址[6]、成

---

[1] 四川省文管会等:《成都十二桥商代建筑遗址第一期发掘简报》,《文物》1987年第12期。

[2] 四川省文管会等:《广汉三星堆遗址》,《考古学报》1987年第2期。

[3] 四川省文管会等:《成都十二桥商代建筑遗址第一期发掘简报》,《文物》1987年第12期。

[4] 四川省博物馆:《四川新繁县水观音遗址试掘简报》,《考古》1959年第8期。

[5] 四川省文管会:《成都羊子山土台遗址清理报告》,《考古学报》1957年第4期。

[6] 四川大学博物馆、成都市博物馆:《成都指挥街周代遗址发掘报告》,《南方民族考古》第1辑,成都:四川大学出版社,1987年。

都方池街东周遗址[1]、成都南郊战国墓[2]、成都百花潭中学十号战国墓[3]、成都青羊宫遗址战国文化层[4]一脉相传,有着清晰的演变脉络,确已形成一种完整而富于特色的文化传统。第三、四期之间制陶术上另一重要进步是,在制陶方法上大多数已运用轮制,手制仅限于少数器形如盉、高柄豆、勺等,且已有大量证据表明轮制法有慢轮和快轮两种[5]。更重要的是,遗址内出土大量厚胎夹砂坩埚和泥芯。这些均说明当时已能掌握相当的高温加热技术,以至能够为冶金术的发生提供温度上的条件。所以,在这一时期出现冶金术并不是偶然的。

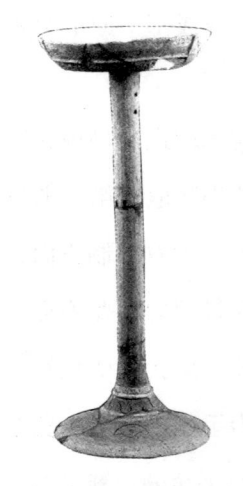

三星堆遗址陶高柄豆

如果说,制陶术的进步所导致的对于高温加热技术的准确掌握,为冶金术的发生提供了不可缺少的陶冶条件,那么这种技术进步带来的重要结果,就完全有可能导致冶金术的真正诞生,从而带来超出技术本身意义的革命性变革。从三星堆遗址陶器所反映的技术进步,到坩埚和泥芯的出现,再到青铜器群的铸造,其发展演变程序是合乎逻辑的,也是对陶冶、陶铸这一必然关系的再一次证明。

以上分析说明,在三星堆三、四期之间,冶金术必已发生并得到一定

---

[1] 王毅:《成都市蜀文化遗址的发现及其意义》,《成都文物》1988年第1期。
[2] 赖有德:《成都南郊出土的铜器》,《考古》1959年第8期。
[3] 四川省博物馆:《成都百花潭中学十号墓发掘记》,《文物》1976年第3期。
[4] 四川省博物馆:《成都青羊宫遗址试掘简报》,《考古》1959年第8期。
[5] 陈显丹、陈德安:《从三星堆遗址看早蜀文化的特征及其发展》,四川省文管会印,1986年10月。

程度发展，并且达到一定规模，以至拥有铸造"蜀戈"的能力。在冶金术基础达到如此水平时，铸造大型青铜雕像群所需的技术条件可以说已经具备了。

但这些分析仅仅能够说明冶金术基础的情况，说明它与大型青铜雕像群在制作技术条件上前后因袭和发展关系，却并不等于阐明了青铜雕像的文化渊源。鉴于青铜雕像文化在成都平原前所未见等情况，它与成都平原本身已经发展起来的冶金术之间，就有可能分属于两个或更多的文化渊源了。

三星堆祭祀坑出土青铜器的最大特点是浓厚的礼仪性色彩，即大型青铜雕像群，青铜瑗，青铜戈、尊、罍等器物。尊和罍为殷商风格，当归于文化移入的结果。三角形锯齿援戈，与冯汉骥教授所命名的"蜀戈"①相比，形制上的变化仅限于将三角形援上下刃的直线变为锯齿形，可以认为是三角援直内戈的变种。这种三角形锯齿援戈不限于青铜制品，还出土玉质的种类戈，显然它们都是礼器。从发表的资料看，尽管尚无各种器物具体数量、比例等确切的统计数据，但礼器居多是可肯定。这批青铜礼器中，戈是从实用器物演化而来的；而为数众多的各种雕像却均非从实用器物演化而来。因此，三星堆礼仪性青铜器按

三角形锯齿援戈

其演化程序可以分作两大类，一类是由实用性器物演化而成的，其代表器物是戈；一类则纯粹是非实用性器物，其代表器物是雕像群。以下对这两

---

① 冯汉骥：《关于"楚公蒙"戈的真伪并略论四川"巴蜀"时期的兵器》，《文物》1961年第11期。

类器物的意义进行讨论。

首先看青铜戈。考古资料说明,陕南汉中盆地东部的城固县,历年来出土不少三角形援直内戈[①]。它们均非礼器,而是实战所用的兵器。在年代上,城固发现的三角形援直内戈,如五廊庙村1964年发现的一件(原《简报》称为戚),根据同出的曲内戈、弧形直内钺的年代分析,大致属于二里岗上层或殷墟一期之物,至晚亦不会晚于殷墟二期[②]。广汉三星堆祭祀坑的年代,从一号坑出土商代铜器分析,亦属殷墟一期[③]。但城固发现的其他三角援直内戈,其年代未必与五廊庙村同时,可能要晚一些;而三星堆出土的礼器戈,其年代还应提前。

我们知道,戈本来是作为武器(或工具)被创造出来的,它最基本的功能在于应用于实战。从实用的戈发展演化成礼仪性用器,其间

城固博物馆藏三角援戈

必有一逐渐演变的漫长过程。三星堆出土的显然是作为礼器的三角形锯齿援戈,既然从三角形援直内戈演化而来,那么它的前身必然已有相当长久的历史,这就是说,从实战武器演化而成的三角形锯齿援戈既与城固出土的实战用戈相当,那么这种礼器戈所由以演变的前身,其在成都平原出现的年代就当早于殷墟一期,也早于城固出土的戈。如城固出土的戈的年代

---

① 唐金裕、王寿芝、郭长江:《陕西省城固县出土殷商铜器整理简报》,《考古》1980年第3期。
② 李伯谦:《城固铜器群与早期蜀文化》,《考古与文物》1983年第2期。
③ 四川省文管会等:《广汉三星堆遗址一号祭祀坑发掘简报》,《文物》1987年第10期。

可晚至殷墟二期，则更加证明它大大晚于成都平原。这一点，也就同时证明，以城固铜器群为代表的文化，并不是早于成都平原的更早的蜀文化。相反，从商代一直到春秋战国时期蜀戈在成都平原自成一系的演变序列可以说明，城固的三角形援直内戈是成都平原"蜀戈"连续性分布的结果。同样，城固出土的铜人面具和铜兽面，也是三星堆大型青铜雕像群的派生物，是从成都平原传播而去的。

从成都平原青铜文化到陕南汉中盆地连续性分布的情形，可以说明汉中在商代曾是蜀文明的北方屏障这一湮没的史实，大量蜀戈在城固的出土正是有力的证据；而大批礼仪性青铜器、金器及玉器在广汉被发现，正是蜀文明中心实在地的有力证据。由此也可以使我们对殷墟武丁期卜群中关于"征蜀""伐缶（按当指褒。古无轻唇音，用字寄音不寄形，读缶为褒。褒即褒城，在今汉中市西）与蜀"[1]在地理和史实上取得更加深刻的认识。同时，还可使我们更加透彻地理解为什么东汉以前人们通常将蜀（成都平原）、汉（汉中盆地）并列，划为同一个自然及人文地理区域[2]。更为重要的是，通过成都平原青铜文化在陕南汉中盆地这一连续性空间分布的史迹，有可能使我们对商代成都平原蜀文明的地域范围加以重新认识，并使我们建立起商代晚期蜀（成都平原）、汉（汉中盆地）历史文化区这样一个历史的、地理的和文化的新概念。

世界考古资料说明，青铜时代铜制品产生的一般程序，首先是武器、工具，然后是日常生活用器，最后是繁缛的礼仪性非实用器，在公元前5000年以后，当早期但富于成效的冶金术发展起来时，人们首先冶铸和锻

---

[1] 郭沫若：《殷契粹编》第1175片。
[2] 《史记·货殖列传》。

安纳托利亚出土的坩埚陶范青铜制品

造出来的铜制品，如像在西亚安那托利亚锡亚尔克I（Sialk I，Anatolia，约前4500）发现的第一件铜针头、第二件铜镞[1]，在克尔曼以南的特佩叶海亚（Tepe Yahya）所发现的公元前3800—前3500年地层中大量砷青铜制成的锥和凿[2]，在北非所发现的公元6000—前5000年代的最早的铜锥和铜针[3]等，都毫无例外地是武器和工具。在死海西岸的恩格迪（Ein Gedi）以及以色列的比尔谢巴（Beersheba）所发现的某些据测是供宗教仪式使用的铜器[4]，年代则比上述武器和工具晚得多，在公元前3200年左右。西亚冶金术的起源可早到公元前8000年。可见非实用器的出现的确晚于实用器物。日本学者梅原末治在对青铜时代器物发展的一般趋势作出比较研究后得出结论说，北欧瑞典、欧洲中部和古代希腊，都只是到了青铜时代的全盛期或

---

[1] R. Chirshmann, "Fouiles de sialk, Louver, Dép.Antig.Orient.", *Série archéol.*, Paris, Vol.2, 1938, p.205.

[2] C. C. Lamberg-Karlovsky, *Excavations at Tepe Yahya*, Iran, 1976.

[3] R. F. Tylecote, *A History of Metallurgy*, ch.2, 1976.

[4] R. F. Tylecote, *A History of Metallurgy*, ch.2, 1976.

第六章　三星堆青铜文化与商文明

铁兵器出现的年代，铜才开始用为制作兵器以外的各种器物的原料[①]。事实上，古埃及也是如此。中王国时代开始出现青铜器，主要器物是武器和工具[②]，青铜时代以前的红铜或铜石并用时代，铜一般也都是制作器物和工具的原料。在西方冶金术来源之地的西亚地区，青铜制品的发展程序也是如此。可见，铜制品从实用器物发展到礼仪性制品，是世界冶金史的一般特点。

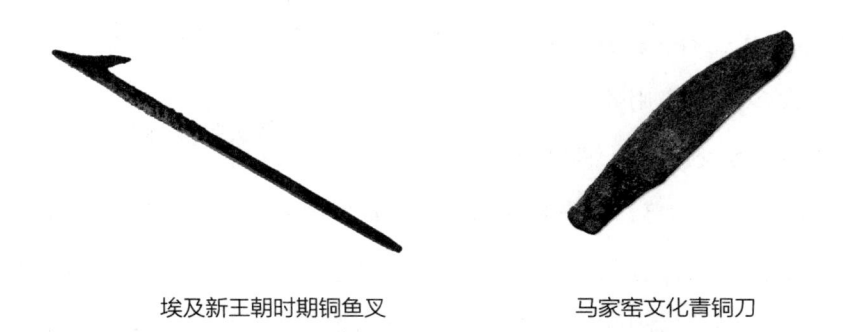

埃及新王朝时期铜鱼叉　　　　　马家窑文化青铜刀

中国中原地区的情况也不例外，在青铜时代的早期以至铜石并用时代，铜制器物绝大多数是武器和工具，也有少量装饰用品，绝无大型礼器，甚至中小型礼仪性器物也难以见到[③]。中国最早的一件青铜器，是1975年出土于甘肃东乡林马家窑遗址的用单范铸成的铜刀[④]，碳-14测定年代为

---

① 梅原末治：《中国青铜器时代考》，胡厚宣译，上海：商务印书馆，1936年，第7、8页。
② G. Mokhtar ed., *General History of Africa*, Vol. II, 1981, p.158.
③ 甘肃省博物馆：《甘肃省文物考古工作三十年》，《文物考古三十年　1949—1979》，北京：文物出版社，1979年，第141页。
④ 北京钢铁学院冶金史组：《中国早期铜器的初步研究》，《考古学报》1981年第3期。

公元前3000年①。年代最早的一件青铜容器，是1973年在河南偃师二里头遗址第三期地层中所发现的青铜爵②。无论青铜刀还是青铜爵，都是实用器物。早商时代的二里头遗址出土的铜器，也绝大多数是实用器物③。商代礼器，就其祖型而言，则大多数是实用器。正如容庚教授正确地指出，商代礼

二里头文化青铜爵

器如青铜容器中的尊，本来是饮酒之器，食器中的簋本是盛黍稷之器，鼎和鬲则是作为烹饪之用的，"可见铜器的制造原为实用。可是后来因用于祭祀燕享，这种铜器便称为礼器"④。商代青铜器由实用器发展到礼器，是青铜器功能体系演变的典型例证。达到这种发展水平，则说明青铜文化已进入高度成熟的全盛期。

商代成都平原的青铜文化，从晚商殷墟一期开始较多出现，如三角形援直内戈，从三星堆三期后段到稍晚的新繁水观音、彭州竹瓦街，都有发现，再加上城固出土的蜀文化产物蜀式戈，为数已不算少。将大型青铜雕

---

① 夏鼐：《碳-14测定年代和中国史前考古》，《考古》1977年第4期。
② 中国科学院考古研究所二里头工作队：《河南偃师二里头遗址三、八区发掘简报》，《考古》1975年第5期。
③ 中国科学院考古研究所洛阳发掘队：《河南偃师二里头遗址发掘简报》，《考古》1965年第5期。
④ 容庚、张维持：《殷周青铜器通论》，北京：文物出版社，1984年，第3页。

像群和商文化因素的尊、罍等加在一起，已经相当可观。在所有这些青铜器中，正如前面所论，三角形援直内戈的年代最早（成都平原本土早于青铜礼器戈的实战用戈尚未发现实物，但作为礼器戈的前身，它的存在必然是事实，不过至今尚深埋于成都平原大地之下，相信今后会重见天日），早于其他礼仪性器物如青铜雕像群（它与其他礼器戈同时）。因此很清楚，成都平原青铜文化的发展程序，也是与世界各古文明中心和华北商文明相一致的，先有实用器物，在此基础上进一步发展出礼仪性器物。这一过程的意义，也与各古文明中心一样，标志着成都平原蜀的青铜文化进入了全盛时期，完全有理由称之为一个灿烂的古代文明。

如果说，三角形援直内戈从实用到礼器的程序已经明确，并由此找到了蜀、汉连续性空间内它的中心位置所在，那么相比之下，青铜雕像群这一纯粹的礼仪性用器的情况却大不一样。青铜雕像文化的内涵，至今在成都平原考古中找不到其发展

反缚跪坐的石雕人像

演化程序的任何痕迹。从其他非金属制品来看，三星堆遗址内曾发现两件双手反缚跪坐的石雕人像[①]，但它们显然不是青铜雕像的祖型。在其他器物中，也没有证据能够提供丝毫线索。这就意味着，这批青铜雕像的文化内涵不是成都平原所固有。换句话说，用青铜材料铸造大型人像、人头像和

---

① 陈显丹：《论广汉三星堆遗址的性质》，《四川文物》1988年第4期。

人面具群，不是成都平原蜀人固有的文化传统，而是通过某种途径从其他文明区移入而来。

首先看中原商文明，有商一代并无以青铜铸造大型青铜雕像群的文化传统，而是鼎、簋等器物组合，这是考古学界所熟知的，尽管在商代考古中也偶尔发现过铜人面具，如1935年秋在安阳西北冈东区大墓1400东墓道西口台阶上出土的一件铜人面具[①]，1977年在北京平谷县刘家河一座商代中期墓葬中发现的五件铜人面形饰[②]，以及西安老牛坡（商代墓葬出土的铜人面具）[③]等，但不仅数量少，谈不上构成一种特定的文化传统，而其制作工艺也显然不及三星堆大型雕像群，就更不用说体量上的巨大差别了。

西北冈大墓出土青铜人面

从形制分析，西北冈铜人面具与刘家河铜人面形饰明显属于同一文化类型，其口、眼、鼻以至头形都极为相似。西北冈铜人面具头顶上方有一供悬系之用的钮，刘家河铜人面形饰则在额部两侧和腮部两侧各有二穿孔，亦为悬系所用。同三星堆雕像比，它们之间无论在头形、面貌、冠饰

---

① 陈梦家：《殷代铜器》，图版7，《考古学报》1954年第7期。
② 北京市文管处：《北京市平谷县发现商代墓葬》，图一五，《文物》1977年第11期。
③ 西北大学历史系考古专业：《西安老牛坡商代墓地的发掘》，图二二，《文物》1988年第6期。

第六章 三星堆青铜文化与商文明

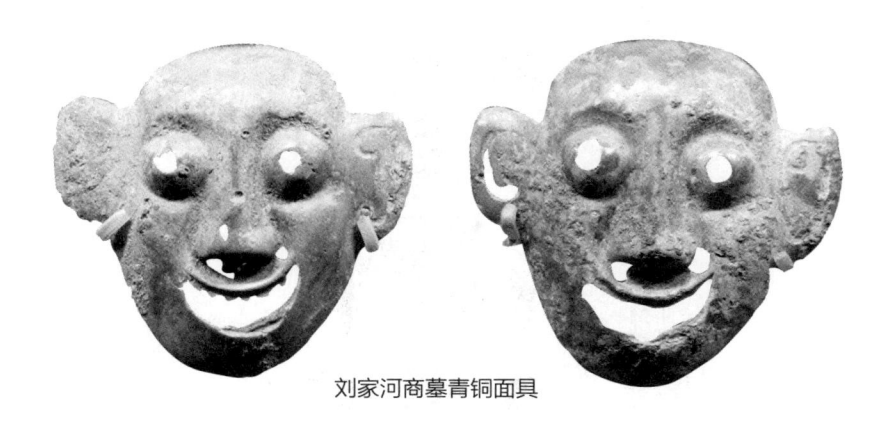

刘家河商墓青铜面具

等头部特征方面还是在功能方面，均无相同之处。三星堆青铜雕像群展示出一个大型礼仪中心内宗教或祭祀用器的主要内容①，它们是成组、成体系的。西北冈和刘家河的铜人面具及铜人面形饰，后者只是衣饰，前者也绝不是成体系的宗教或祭祀用器。二者功能，迥然有异。就雕像细部所反映的文化传统来看，三星堆出土人物像，不论立人像、人头像还是面具，双耳垂均各有穿孔，是某种文化传统的流风故俗，而不是为装配或悬系于其他器物之上所留下。根据一号坑出土金杖图案上人头像双耳垂穿孔并各饰一三角形耳坠的情况看，这些雕像双耳垂的穿孔都应是悬系耳坠等物的。中原人面具双耳无穿孔，与三星堆有重要区别。由此可见，成都平原青铜雕像与中原铜人面具之间，没有共通之处，是两个不同文化系统中的不同产物。因此毫无疑问，成都平原青铜雕像文化不可能来自中原商文明。

作为商代蜀文化连续性空间内的陕南汉中城固铜器群中，有23件铜人

---

① 段渝：《商代蜀国青铜雕像文化来源和功能之再探讨》，《四川大学学报（哲学社会科学版）》1991年第2期。

337

·南方丝绸之路与欧亚古代文明·

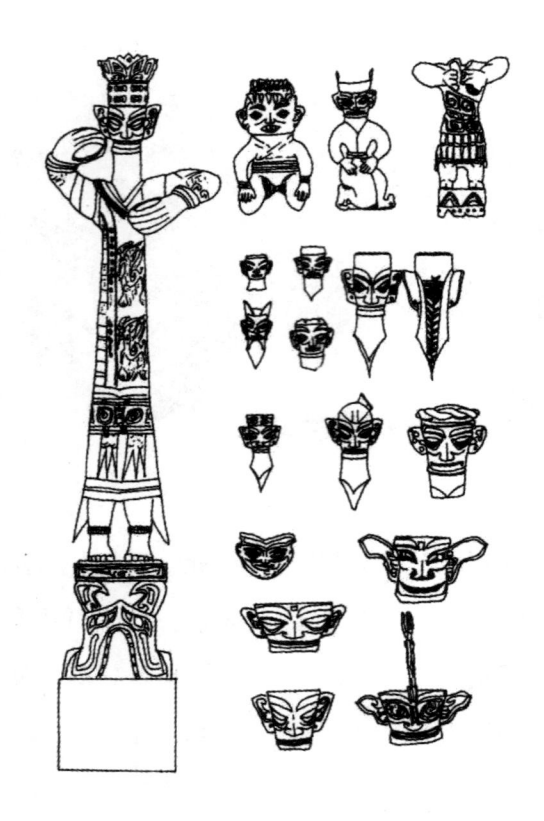

三星堆出土的部分青铜人物像

面具（铜脸壳）和25件铜兽面（铜铺首）①。其年代大体相对于武丁时期，即殷墟二期。因此不能排除从成都平原发展而来的可能。从形制上观察，这批铜人面具与三星堆雕像有不少共同之处。比如，城固铜人面具和铜兽面的双耳有穿孔；其铜人面具（76：147）张口露牙之形，亦与三星堆跪坐铜人像（K1：293）大同。这就暗示着二者间所存在的某种源与流的关系。如果考虑到城固铜器群的年代较三星堆晚，而城固铜人面和铜兽面没有来

---

① 唐金裕、王寿芝、郭长江：《陕西省城固县出土殷商铜器整理简报》，图版五，《考古》1980年第3期。

第六章 三星堆青铜文化与商文明

城固出土青铜面具

三星堆跪坐人像

自华北商文化的可能，也不是城固本地的产品，并且在城固铜器群中占全部青铜戈总数高达84％的三角形援直内戈是来自蜀文化，那么我们和有较充分的理由认为城固铜人面具和铜兽面，与三角形援直内戈一样，都是蜀文化的产物。这就是说，在成都平原以北，找不到青铜雕像群的文化来源。

值得注意的是，在年代晚于三星堆北方草原夏家店文化上层，1958年在宁城县南山根东区石椁墓中出土一种铜制优良的短剑，剑柄由一对相背的男女全身裸体立雕像构成①，人物面部扁平，颧骨较突出，双眼前突，鼻较长。有学者认为夏家店文化上层属于古代的东胡文化。在夏家店文化上层的墓葬中，还时常发现以麻布和巨蚌壳作覆面及以人面形铜片随葬的

---

① 中国科学院考古研究所内蒙古工作队：《宁城南山根遗址发掘报告》，《考古学报》1975年第1期。

339

葬俗，据称与辽代贵族"以金银为面具"的丧葬之礼有直接的关系①。南山根剑柄立雕像和察右前旗豪欠营六号辽墓女尸头上的鎏金铜面具②，虽与三星堆雕像、青铜及黄金面罩具有一定相似度，属于一类文化现象，但男女立雕像本身不是独立器种，仅仅是作为青铜短剑剑柄的艺术化附加，它的基本功能不在于宗教仪式而重在实用，并且夏家店文化上层年代的上限，至多只能早到商周之际，一般是在西周早期③。至于"以金银为面具"则是晚在辽代的事，不能直接上溯到商代。因此，北方草原青铜文化即使在某些现象上与成都平原有相似之处，也难以将它们之间的文化传统联系起来，视为源与流的关系。

再看成都平原以西、以东和以南的地区。西边是绵亘的横断山脉，那里的青铜文化发生年代较晚，文化面貌也不一样。东方是后来的巴地，其青铜文化只能上推到春秋时代，是随

立人柄曲刃青铜短剑

察右前旗鎏金铜面具

---

① 靳枫毅：《夏家店上层文化及其族属问题》，《考古学报》1987年第2期。
② 乌兰察布盟文物工作站：《察右前旗豪欠营第六号辽墓清理简报》，《文物》1983年第9期。
③ 《中国大百科全书·考古卷》，北京：中国大百科全书出版社，1986年，第569—570页。

巴国文明的移入发展起来的[①]。巴地以东的江汉平原，有一个博大精深、高度成熟的楚文化体系[②]，但它那无与伦比的辉煌时代是在春秋战国时期。商代尚无楚文化，那时江汉地区的盘龙城青铜器群是作为商文化向其直辖南土传播的结果[③]。南面的滇池区域，虽在滇西剑川海门口[④]发现14件公元前12世纪的铜器[⑤]，但它在云南青铜文化分期中尚属滇西青铜文化的早期[⑥]，远远低于成都平原青铜文化的发展水平。由此可以充分确认，无论在成都平原本土，还是在华北、长城以北草原、川东鄂西、云南和成都平原以西山区，在商代均无大型青铜雕像群的文化传统。

滇文化贮贝器

[①] 段渝：《试论宗姬巴国与廪君蛮夷的关系》，载《四川历史研究文集》，成都：四川省社会科学院出版社，1987年，第19—35页。
[②] 张正明：《楚文化史》，上海：上海人民出版社，1987年。
[③] 李学勤：《盘龙城与商朝的南土》，《文物》1976年第2期。
[④] 云南省博物馆：《剑川海门口古文化遗址清理简报》，《考古通讯》1958年第6期。
[⑤] 中国科学院考古研究所实验室：《放射性碳素测定年代报告》，《考古》1972年第1期。
[⑥] 张增祺：《滇西青铜文化初探》，《云南青铜器论丛》，北京：文物出版社，1981年，第95—96页。

需要特别指出，东周时代至汉代云南滇池区域青铜文化中，有较为浓厚的成都平原早、中期青铜文化的色彩。晋宁石寨山大量青铜器上铸人物和动物立雕像[1]，与三星堆雕像群的文化习俗有惊人的相似之处，造型艺术也较接近。石寨山和江川李家山出土的贮贝器面上的雕像人物中均有有穿耳者，有辫发者，亦与三星堆雕像人物有某些共同点。石寨山出土一件长方形铜片（M13：67）上所刻符号中，有一图像为一柄短杖，杖身有4个人首纹。此杖虽无实物发现，但这类杖首铜饰物在石寨山墓葬中却发现不少，有一种作铜鼓形，与此符号所绘杖首全同。林声先生认为，此杖可能为某种宗教用物或代表权力的节杖[2]。此杖形制虽与三星堆出土的金杖有些区别（长短不同），但杖上绘人首之形以及用杖来代表宗教上的神权和世俗间的王权，却与成都平原颇为相同（详后）。在云南青铜文化中还可见到，滇池地区如晋宁石寨山、江川李家山[3]均发现无格式青铜剑。据童恩正教授研究，这种无格式剑与巴蜀扁茎无格柳叶形剑相比，主要区别仅在于一茎扁而一茎圆，二者显然属于同一风格，因此滇池地区的无格剑与巴蜀的文化交流有一定的关系[4]。张增祺先生也认为，滇文化中的这种铜剑与川西的联系，从出土文物中是得到了充分证实的[5]。此外，石寨山出土的一件铜鼓（M13：3）上所刻伎乐图中，刻画了人、鱼、鸟的图像，似乎也与三

---

[1] 云南省博物馆：《云南晋宁石寨山古墓群发掘报告》，北京：文物出版社，1959年。
[2] 林声：《试释云南晋宁石寨山出土铜片上的图画文字》，《云南青铜器论丛》，北京：文物出版社，1981年，第72页。
[3] 云南省博物馆：《云南江川李家山古墓群发掘报告》，《考古学报》1975年第2期。
[4] 童恩正：《我国西南地区青铜剑的研究》，《云南青铜器论丛》，北京：文物出版社，1981年，第168页。
[5] 张增祺：《滇西青铜文化初探》，《云南青铜器论丛》，北京：文物出版社，1981年，第94页。

星堆金杖图案有某些内在的联系。

总而言之，滇文化与蜀文化的联系是多方面的。虽然需要指出，滇池地区青铜文化的发生年代较迟，其上限据碳-14测定年代，江川李家山第一期M12木柄残片为距今2500±105年，即公元前550年，一般断在春秋晚期[1]，与早期成都平原文明不同时。但是，时间是文化传播不可缺少的最经常的伟大朋友。西汉元、成间博士褚少孙补《史记·三代世表》云："蜀王，黄帝后世也，至今在汉西南五千里，常来朝降，输献于汉。"《正义》引《谱记》曰："蜀之先肇于人皇之际，……历虞、夏、商，周衰，先称王者蚕丛，国破，子孙居姚、嶲等处。"唐姚、嶲二州分别治云南姚安和四川凉山，均属古代南中范围。据《华阳国志·蜀志》："七国称王，（蜀王）杜宇称帝，……以汶山为畜牧，南中为园苑。"似乎当时南中为成都平原文化所濡染。到战国之末，蜀王后代选择南中为其避难生息之地，看来也同其先王与南中的文化联系有关。《水经·叶榆水注》所引《交州外域记》关于蜀王子安阳王（开明王）南迁的史迹[2]，与此亦不失为一很好的说明。滇文化中上述文化传统，不论文化面貌还是年代，均与成都平原文化以及有关蜀史的记载基本相合，也证明了云南青铜文化的若干要素来源于成都平原青铜文化这一推测。当然也应指出，滇文化对于蜀文化的吸收重在若干要素，它的主体部分仍表现了强烈的云南地方文化色

---

[1] 王大道：《滇池区域的青铜文化》，《云南青铜器论丛》，北京：文物出版社，1981年，第81、82页。

[2] 徐中舒：《〈交州外域记〉蜀王子安阳王史迹笺证》，载《论巴蜀文化》，成都：四川人民出版社，1982年，第150—165页；蒙文通：《安阳王杂考》，载《越史丛考》，北京：人民出版社，1983年，第63—81页；蒙文通：《巴蜀古史论述》，成都：四川人民出版社，1981年，第36—37页。

彩，亦有中原以至西亚地区的某些文化因素，而绝不是全盘吸收。

　　以上我们以青铜雕像文化为主要线索，分析了它在以成都平原为中心的连续性空间内连续性分布的情况，由此说明了蜀文明的地域范围。同时，以上论述还说明，成都平原青铜雕像文化，在同时期古代中国范围内都难以寻找。鉴于这些情形，要追寻这一特殊文化形式的来历，必须放开视野，将其置于欧亚古文明的大范围内去进行比较分析。

| 第七章 |

青铜文化与南方丝绸之路

正如我们在第一章里所论，按照现今的版图，南方丝绸之路分为国内和国外段。国内段以成都平原为起点，向南经云南出缅甸，国内段向北经陕南延伸到中原黄河流域，也向东与长江中游地区相联系。国外段向西的线路称为蜀身毒道，经缅甸、印度向中亚、西亚和地中海地区延伸。其中，关于南方丝绸之路与西域丝绸之路的连接问题，学术界尚有不同看法，或认为在今阿富汗和印度，或认为在今俄罗斯的木鹿地区，或认为在今伊朗地区，究竟如何，迄今尚无一致认识。这里不打算对这个问题进行深入分析，不过从考古资料来认识，从各条丝绸之路的物候环境和物产等情况看，各条丝绸之路输往外域的商品或产品是有差异和区别的。尽管南方丝绸之路与西域丝绸之路在进入印度和阿富汗以后，在线路方面有着一定的重合，但由于负载的物品或交流的事物有所不同，两条线路各行其是，可以从中看出南方丝绸之路与近东文明之间的线路关系。

一、南方丝绸之路国外段青铜器的分布关系

从全球同时也是从南方丝绸之路的视野看，毋庸置疑的是，青铜文化最早诞生在今土耳其的安纳托利亚高原。

古代欧亚地区，在今西亚的土耳其东南著名的卡萤泰佩（Cayonu Tepesi）等多处遗址，出现了最早的一批权杖头等自然铜制品，年代为距今约1万年。一般认为，全球最早的铜制品出现在安纳托利亚高原，在锡亚尔克发现了约公元前4500年的锻造精致的铜制品[①]，在克尔曼南面特佩叶海亚一处公元前3500年的地层中，发现了

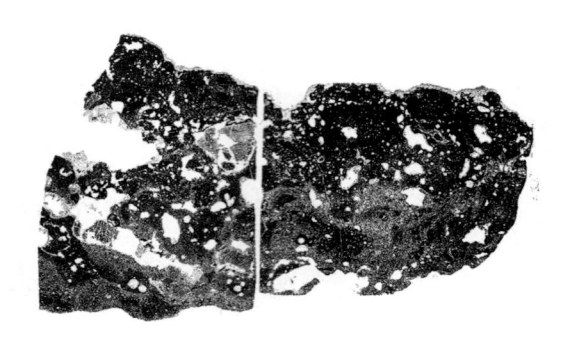

卡萤泰佩出土的自然铜

克里特岛出土的铜锭

---

① R. Ghirshman, "Fouilles de Sialk, Louver, Dép. Antiq. Orient.", *Série archéol.*, Paris, Vol.2, 1938, p.205.

第七章　青铜文化与南方丝绸之路

大量砷青铜制品[①]。在埃及，发现了公元前5000年至前4000年间的自然铜制品，到公元前3000年左右出现了砷青铜制品，到公元前2600年开始出现青铜制品。在美索不达米亚，在欧贝德文化时期（前4000—前3500）出现了铜制品，到公元前3500年至前3200年间出现了青铜制品。在叙利亚的阿姆克早于公元前3500年的地层中，发现了砷铜制品。在巴勒斯坦发现的铜制品同样是砷青铜。在欧洲希腊半岛和克里特发现了属于公元前2500年后的铜制品。在印度河流域，摩亨佐·达罗和哈拉帕文化，发现了公元前2500年至公元前2000年间的铜制品，其中约有六分之一是青铜制品，而在恒河流域则发现了公元前1500年至300年的铜制品[②]。

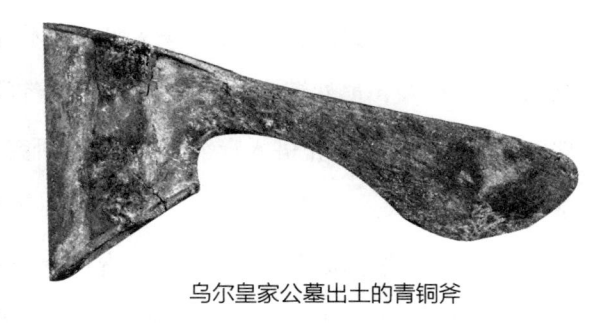

乌尔皇家公墓出土的青铜斧

进入早期青铜时代后，最早出现的青铜是在美索不达米亚，其年代在公元前3000年至前2500年之间。不过，由于美索不达米亚是两河冲积平原，该地区缺乏冶炼青铜所需的矿藏资源，幼发拉底河和底格里斯河三角洲的青铜矿料资源是来自安纳托利亚高原和波斯高原的。在乌尔罗亚尔的墓葬中发现的青铜斧和青铜短剑，含锡量为8%—10%。

在今土耳其安纳托利亚高原以西的特洛伊，直到公元前2200年至前

[①]　C. C. Lamberg-Karlovsky, *Excavations at Tepe Yahya*, Iran, 1967-69: Progress Report I, Bull.27, American School of Prehistoric Research, Peabody Museum, Harvard University, 1970.

[②]　参见华觉民等编译：《世界冶金发展史》，北京：科学技术文献出版社，1985年，第22—29页。

1900年才出现了锡青铜,与此同一文化的塞米(Thermi)出土了4件锡青铜制品①。在埃及,虽然铜器出现很早,但锡青铜制品的出现,是第四王朝时期的事情,此后才真正进入青铜时代②。据研究,埃及的青铜原料来源于西奈半岛。

英国冶金史学家泰利科特认为,青铜冶金术从安纳托利亚高原发源,首先向西传播到叙利亚,通过爱琴海向外传播,而后分别北向传播到欧洲,向南传播到两河流域、伊朗,进一步传播到中国、印度③。

二、古蜀青铜雕像形制的文化来源

商周时期古蜀青铜器,在制作技术和器物形制方面可明显地区分为两种。一种是商周式器物,如彭州竹瓦街窖藏中铸有"牧正父己""覃父癸"等铭文④的青铜器,显然不是蜀器,而是殷器。一种是蜀人自己制作的器物,如无胡式青铜戈以及各种青铜罍等。不少学者早已指出这种区别。可见,当商代后期中原青铜文化进入鼎盛时期之时,古蜀的青铜文化也达到全盛阶段,三星堆祭祀坑所出大型青铜雕像群不过是它最辉煌的顶点,而这一时期蜀国青铜文化的普遍进化,也由此得到了充分证明。

三星堆一、二号祭祀坑内出土了大量青铜雕像,分为人物雕像、动植物像等两大类。其中,青铜人物雕像有82尊,包括各种全身人物雕像、人

---

① W. Lamb, *Excavation at Thermi in Lesbos*, Cambridge: Cambridge University Press, 1936.
② A. Lucas, *Ancient Egyptian Materials and Industries*, London: Edward Arnold, 1962.
③ 参见华觉民等编译:《世界冶金发展史》,北京:科学技术文献出版社,1985年,第25—29页。
④ 徐中舒:《四川彭县濛阳镇出土的殷代二觯》,《文物》1962年第6期。

第七章　青铜文化与南方丝绸之路

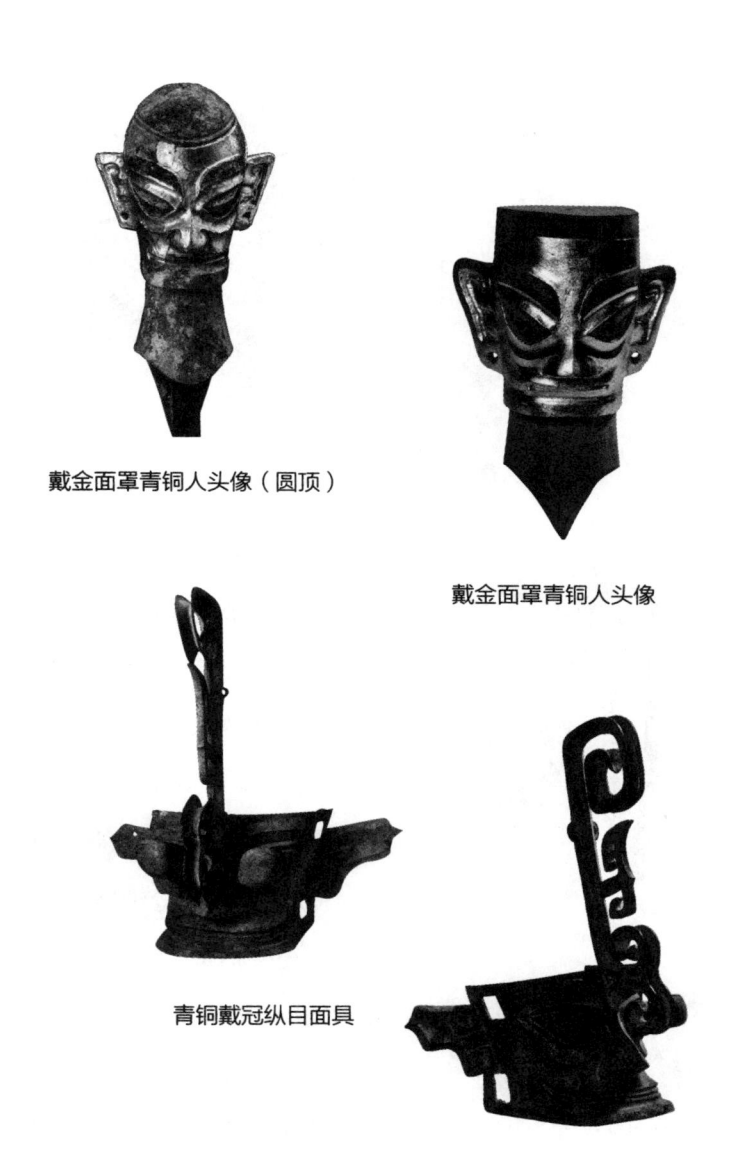

戴金面罩青铜人头像（圆顶）

戴金面罩青铜人头像

青铜戴冠纵目面具

头雕像和人面像。全身人物雕像有10尊，最大者通高260厘米，最小者仅高3厘米左右，既有站立，又有双膝跽坐和单膝跪地等姿态的造型。人头雕像的大小，一般同真人接近；根据发式、服式和脸型，可以分作几个不同的型式。人面像包括几个不同的型式，最大一尊通高65厘米，通耳宽138厘

349

顶尊跪坐人像　　　　　青铜鸡

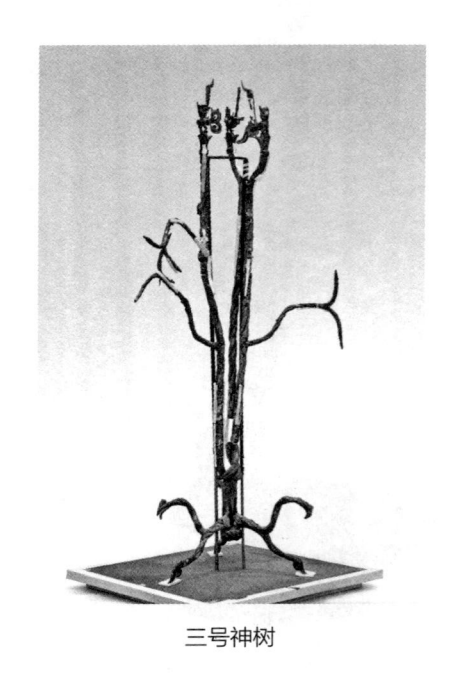

三号神树

米，厚0.5—0.8厘米。此外，还出土数具纯金打制成的金面罩。二号坑出土一尊青铜人头雕像，面部还戴着一具金面罩。动植物雕像包括鹰、鸟、鸡、蛇、夔、龙、凤等造型，还有6棵青铜神树，复原3棵，最高者高达3.95米[1]。

三星堆大型青铜雕像群是如何产生的，至今仍是一个引起争论而饶有兴味的问题。面对这一大批青铜雕像，尤其是其中的青铜人物雕像，学术界对它们的性质、功能众说纷纭，莫衷一是，似乎一时竟无法从中理出一条清晰的头绪，找不出它的发生演化脉络。对此，我们同样必须运用历史学、考古学和文化人类学的分析方法，与考古学资料历史文献相结合，将这个问题放

---

[1] 四川省文物考古研究所编著：《三星堆祭祀坑》，北京：文物出版社，1999年。

在当时的社会背景和文化环境中去分析，视野将会更加开阔，将会有助于对问题的深入理解。

（一）三星堆青铜雕像群与文化的进化

早商时期，三星堆已出现高大厚实的城墙。据试掘，城墙横断面为梯形，墙基宽40余米，顶部宽20余米。调查和勘测结果表明，三星堆遗址古城东西长1600—2100米，南北宽1400米，现有总面积3.6平方公里[①]的城圈面积稍大于郑州商城，筑墙方法与华北区别甚大，因此不是中原文化的派

三星堆遗址祭祀区分布示意图

---

① 陈德安、罗亚平：《蜀国早期都城初露端倪》，《中国文物报》1989年9月15日。

生或传播。城墙体的高大坚厚,意味着可供支配征发的劳动力资源相当充足;进而可知统治者必已统治着众多的人口,控制着丰富的自然资源,这是无可怀疑的。城圈的广阔,表明城圈内的社会生活、政治结构早已超出原始的部落联盟制水平。结合对众多劳动者的统治和对丰富自然资源与社会财富的控制来看,已有一个集权的政府组织,应是无可怀疑的[①]。迄今考古发掘尚未发现与城墙始建年代同期即相当于早商时期的能够充分体现权力结构的其他物质文化遗存,但有充分的理由可以相信,随着工作的深入开展,必定将有重大的惊人发现。

一、二号祭祀坑的年代,大致上就处在以上历史年代序列的后面。因此从文化的发展进化上看,大型青铜雕像群的出现,就有其必然性。但必然性仅能指出这一文化的总体发展方向,并不能指出为什么青铜雕像偏偏会在这里而不是在其他地区产生,这显然就属于特殊性问题。

在城墙产生与青铜雕像群问世之间,有一大段历史年代,可达数百年之久[②]。就更大范围而言,新繁水观音、彭州竹瓦街等地所出蜀式三角形援无胡青铜戈,Ⅰ、Ⅱ、Ⅲ式并存。虽然这种年代结构似乎不尽合理,但却暗示着蜀国青铜文化发生年代应予提前的可能。因为Ⅰ式更为原始,其出

三角形援无胡青铜戈

---

① 段渝:《略论蜀古文化的物资流动机制》,《社会科学报》1990年12月6日。
② 段渝:《略论蜀古文化的物资流动机制》,《社会科学报》1990年12月6日。

现年代自然会早于Ⅱ式、Ⅲ式。三星堆二号祭祀坑内出土20件三角形锯齿援无胡戈，实为蜀戈的第Ⅲ式，而其年代又早于新繁水观音和彭州竹瓦街所出蜀戈的第Ⅰ式，即Ⅲ式戈的年代反而比Ⅰ式、Ⅱ式还早，这就更不合理了。考虑到蜀戈在蜀地有自成一系的演变脉络[①]，这种Ⅲ式戈早于Ⅰ式、Ⅱ式戈的现象就只能意味着，Ⅰ式、Ⅱ式戈的实际出现年代应当大大予以提前，即早于晚商时期三星堆二号坑的年代。当然，这还有待于今后考古发现的进一步证实[②]。同时，根

三角援形戈

据中外冶金史，实用器的出现早于礼仪用器[③]。所以，目前所见与雕像群同一时期的蜀式青铜戈，其产生年代也应提前，早于晚商，即早于青铜雕像群的年代。这几点，可以证明古蜀国青铜文化的产生年代较早，不会晚到已知的商代晚期。因此，就不能把晚商时期以青铜雕像群为代表的古蜀国青铜文化的出现看成是一个突发事件。我们认为，尽管青铜雕像群这一特殊的文化形式源于近东文明的因素，但早在这种文化形式传入之前，即在早商至晚商之间，古蜀人已经有了自身的青铜文化。

青铜雕像群的出现，必须具备一定的社会背景和文化环境，不可能凭空产生，也不可能是古人随心所欲的创制。在目前情况下，我们认为要判

---

① 李学勤：《论新都出土的蜀国青铜器》，《文物》1982年第1期。
② 段渝：《古代中国西南的世界文明——论商代成都平原青铜文化与华北和世界古文明的关系》，《南方丝绸之路研究论集》，成都：巴蜀书社，2008年。
③ 容庚、张维持：《殷周青铜器通论》，北京：文物出版社，1984年，第1页。

断这一文化形式是文化交流和移入的结果，还是蜀人自己的发明创造，可以从以下两个方面进行分析讨论。

第一个方面，假如是蜀人自己的发明创造，而此前绝无此类雕像及其生产能力，那么就无疑意味着在蜀文化内部突发出一种新的文化形式。从对雕像群的功能性分析中，可以知道这是为了加强神权与王权的统治（详后）。这就进一步说明，当时有了加强神权与王权统治的迫切需要，以至有必要创制出青铜雕像这一特殊的文化形式。但是，我们首先要提出的问题是，为什么未在早商至中商时期产生这种用于加强神权和王权统治的文化形式，却突然发生在晚商。既然古蜀在早商时期就已建筑起规模宏大的三星堆城墙，产生并形成了以神权和王权为中心的政治统一体，当时也就特别需要宗教神权的护佑，新的文化形式在这一时期也就特别容易形成。其次，从早商到晚商的数百年间，三星堆遗址未发现任何同样类型的雕像，这又是为什么？再次，新发生的文化形式，对于旧有文化来说，无疑是一重大进步。青铜雕像群这类重器，技术复杂程度远远超出青铜戈、剑等兵器类的制作，更超出石、陶、木、角等器。如果这种文化形式完全独立地从蜀文化内部产生，那么，无疑就等于说蜀人社会经济飞跃到一个新的发展高峰。不仅如此，它所体现出来的细密的分工与协作、复杂而完整的生产过程、严格的组织与管理等，必然还会造成其他手工业的进步和整个文化的飞跃，带来全面深刻的变革，在考古学上必然有相应的结构性反映。也就是说，古蜀文化内部既然突然形成大型青铜雕像群的生产能力，那么在社会组织和与之相适应的观念形态等方面都应同时有巨大变化，从而表现出文化的整体进化。

第二个方面，如果蜀人本身具备铸造青铜雕像群的技术能力，而仅仅借用外来文化形式，发展了青铜雕像这一特殊的文化形式，那么此时它的其他手工业就不必有重大变化，但是在其他某些方面则有变化。这些变化的方面与借用这种文化形式的目的性有关，与雕像文化所发生的功能有关。前面已指出，雕像文化在于加强神权与王权，即发挥维护、巩固和加强蜀王统治的功能，与一般社会民众的生活没有直接关系。因此，引进这种文化形式并加以整合，其后果必然是神权与王权得到进一步加强，与此无直接关系的经济部门和人民生活不受太多的影响；反映在考古学文化上，表现一般社会生活的器物就不会发生重大变化，也不会出现社会全面进步这样的后果。按照文化进化的稳定性原则[①]，受外力影响的程度，也不会达到改变基本结构和特征那样的后果，除非被外来文化所全面取代。

以上两个方面都是青铜雕像文化产生的可能性解释，并且只可能有这两条途径，或者是自发产生，或者是文化移入。哪一种解释更符合历史实际，文献无征，只有以考古资料予以验证。

三星堆文化共分四期，第一期与后三期有明显区别，主要表现在陶系上，这已为许多学者所指出。但这种变化，并不反映文化的全面进化，只是文化内涵的变化，即文化发展的不连续性或间断性，意味着有新的文化传入。后三期中，每期之间虽有较小的变异性，但更有明显的连续性，上一期中新出现的器物在下一期盛行，而上一期盛行的器物在下一期又大体消失。可以看出，后三期文化是成序列演进的，即所谓循序渐进、发展演变。青铜器方面，蜀戈形制的Ⅰ、Ⅱ、Ⅲ式，也应是循序渐进、发展演变的，没有出现突变。可见，陶器和青铜器的演变，表现出结构性的整体演进特点。

---

① L. A. 怀特等：《文化与进化》第3章"适应与稳定性"，韩建军等译，杭州：浙江人民出版社，1987年。

但是青铜雕像群的突现，却打破了这种结构性的整体演进。与此相适应的是，在青铜雕像群出现的同一时期，三星堆遗址也出现引人注目的变化。在城圈以内房屋密集的生活区内，出土大量陶质酒器和食器。不仅有面积10平方米左右的木骨泥墙小房舍，而且有面积超过60平方米的穿斗结构大房子和抬梁结构的厅堂。在房舍所形成的聚邑内，出土大量工艺陶塑动物、乐器、雕花漆木器、玉石礼器，还出土双手反缚跪坐的石雕人像，但缺少农业生产工具[1]，与仅出土大量生产工具和作坊遗迹的区域[2]形成鲜明对照。内涵丰富的三星堆一、二号祭祀坑，也与遗址内基本无随葬品的墓葬[3]形成强烈对比。这一方面确切表明了阶级分化的加剧，另一方面则无可疑置地说明，王权在这一时期得到了强化。

尽管如此，但古蜀文化的基本结构和特征却并无显著变化。除祭祀坑及其所反映的统治集团权力的强化外，富于显著连续性的陶、石器物序列的物质文化结构并未改变。社会组织中也没有新的机制出现。总之，除青铜雕像群及随之而来的统治权力的强化外，古蜀文化的其他诸方面基本上都处于符合自身逻辑的发展演化进程当中，既看不出显著的突发性变化，也看不出文化的普遍演化的任何迹象。

因此，从考古发掘中显示出来的文化的进化情况看，只能认为青铜雕像群这一文化形式不是自发地产生于古蜀文化内部，而是文化移入的结果。这是从以上分析得出的必然结论。

---

[1] 林向：《蜀酒探原——巴、蜀的"萨满式文化"研究之一》，《南方民族考古》第1辑，成都：四川大学出版社，1987年。

[2] 陈显丹：《广汉三星堆遗址发掘概况、初步分期——兼论"早蜀文化"的特征及其发展》，《南方民族考古》第2辑，成都：四川科学技术出版社，1990年。

[3] 四川省文物管理委员会等：《广汉三星堆遗址》，《考古学报》1987年第2期。

（二）文化飞地还是文化移入

既然三星堆遗址祭祀坑所出青铜雕像文化有近东文明的因素，那么这一现象有没有可能属于文化人类学上所谓"文化飞地"一类情况呢？

文化飞地，一般是指生活在某一文化中的某一部分人类群体，从某一文化环境中迁移到另一文化环境，随之将其原先文化整个地带至后来居地。在这种情况下，迁移过程中也许不会留下明显的文化遗物，因此不大可能从其原先居地到后来居地之间的迁移路途中发现文化传播痕迹。文化人类学界一般认为，如果在某一地点突然出现与当地完全不同的文化类型的遗物，而无法发现其来源，同时又在不相毗邻的某一地区存在过这种文化传统，那么可以断定此类现象属于文化飞地。例如美洲新大陆早期文化，欧美人类学家多认为属于文化飞地，其来源为东亚大陆，有的学者甚至认为来源于古代中国。

从三星堆大型青铜雕像群以及金杖、金面具等文化形式分析，它们的确反映了同近东文明的千丝万缕的联系。根据青铜雕像以及人体装饰艺术风格上的鼻饰、额饰、面部涂红和手腕、足踝同时戴方格纹镯等文化现象的起源、年代与空间连续性分布等大量情况来看，从近东经南亚再东至成都平原古代蜀国之地，已经形成了某一文化因素在大范围内的空间分布，并且在年代上也是基本前后相接的。如果认为是文化飞地，对这种明显的传播痕迹当然无法加以解释。因此可以肯定不是文化飞地。

上面提到，文化飞地的必要前提，是整个文化系统的迁移，即一种文化的移植，而不是某些或某个文化因素的传播。三星堆祭祀坑所出器物，虽已构成近东文化因素的某种集结，但完全限于祭祀礼仪用器，并且还不是所有祭祀礼仪用器。如尊、罍等器属于中原夏商文化的因素，三角形锯齿援戈属于蜀文化自身的传统，海贝则当从印度地区交换而来。就青铜雕像本身而言，例如二号坑所出青铜大立人，其衣长袍左衽，与史籍所记蜀人衣式完全一致[①]；其衣襟前胸后背上的龙纹，也是新石器时代以来中国各地古文化的明显标志，均与近东文化无关。至于生活用器，如陶、石、木器等，更是在古代蜀文化区土生土长起来的，而各式玉器及其象征系统，则完全是中华文明的特有因素，与近东文化丝毫不相关。如果是文化飞地，那么必须从生活用器、居住建筑、武器、工具、宗教用器等，直到宗教观念、艺术风格的一切方面，都应处处体现近东文明的特征，处处表现出一种文化的全面移植。但在这些方面，三星堆文化绝大多数与近东文明毫无共同之处。大量比较研究材料证明，三星堆遗址的青铜雕像文化，是文化移入而不是文化飞地。所谓文化移入，是指不同社会的文化共同体由于广泛而直接的接触和联系所产生的文化变迁。文化移入由于不同的条件、基础和联系方式而出现不同的结果：或者是原先处于支配地位的文化传统被所联系的对象全面取代，或者是完全排斥外来文化并避免与其发生任何接触，或者是有选择、有条件地吸收其他文化的某些新鲜因素但并不全面丧失自己的文化传统，等等。显然，古代蜀国的青铜雕像、金杖、金面具

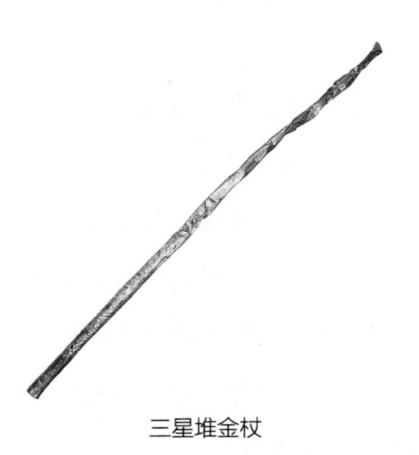

三星堆金杖

等属于有选择、有条件地对外来文化加以吸收，并按照自身的需要进行改造和创新，应是文化移入而不是文化飞地的产物。

作为文化移入的另一重要证据是，三星堆青铜雕像群仅仅是在雕像这

---

① 扬雄：《蜀王本纪》。

种造型艺术即通常所说器物风格上与近东文明相同，但青铜雕像群的制作方法却完全是中原和蜀人习用已久的铸铜法，即范铸法，包括浑铸法和多范台铸法等①，而不是近东文明中通常所见的失蜡法或锻铸法②。器形的相似与器物制作术的相异，无可非议地表明蜀人仅仅吸收了近东文明的雕像艺术形式，而运用本地世代相传的铸铜法制作。这正是一切以外来文化为表、以本土传统文化为里的文化移入方式的最普遍情况。如果是文化飞地，那么毫无疑问，铸铜法也应理所当然地运用随之而来的失蜡法或锻铸法，而绝不是罕见于近东文明的范铸法。

　　由此必然引出另一个问题：为什么古蜀王国会与近东文明间实现这种文化移入，却不就近吸收华北商文明以九鼎和斧钺等作为王权和神权象征系统来加强统治呢？这种避近就远的行为应当如何解释呢？要回答这个问题，就不能不涉及文化移入环境的问题。

　　我们知道，商代成都平原的古蜀文化与黄河流域商文化是两个不同的文化区系，有其自身的"生长点"。考古资料也提供了若干例证，证实商周王朝确已形成以鼎为核心的完整的用鼎制度③。但是，在古蜀王国，无论文献还是考古资料，都绝无使用鼎的任何证据。陶器方面，蜀人亦以小平底罐、尖底罐、高柄豆、鸟头把勺

三星堆鸟头把勺

---

① 曾中懋：《广汉三星堆一、二号祭祀坑出土铜器成分的分析》，《四川文物》"广汉三星堆遗址研究专辑"，1989年。

② R. F. Tylecote, *A History of Metallurgy*, 1976.

③ 俞伟超、高明：《周代用鼎制度研究》，《北京大学学报》1978年第1、2期，1979年第1期。

等为基本器物组合，而明显地区别于以鼎、鬲、甗等三足器为基本器物组合的商文化。商、蜀之间这种文化区系差别的形成，除可上溯至史前时代文化渊源的不同外，也与商代的特定文化环境息息相关，不是随心所欲所致。

这种特殊的文化环境，一般地说，首先在于地域差异、民族差异和政权差异。从地域方面看，成都平原深陷于四川盆地西部盆底，同它周围的边缘山地共同形成一个独立或半独立的自然地理区划，深刻地影响到它向心形文化结构的形成①。在古代交通极不发达的条件下，与中原的经济文化往来不能不受到高峻的秦巴山地的限制。从民族上看，古蜀人与中原诸夏民族不属于同一个群体②，其间不存在共同地域传统这一极为重要的文化和社会纽带。最为重要的是，在政权方面，古蜀王国历来是作为一个与商王朝毫不相关的独立的政治实体而存在的。这个政治实体，在"内诸夏而外夷狄"的时代，也历来受到中原华夏国家的歧视，被称为"西辟之国""戎狄之长"③"南夷"④等。至于殷墟甲骨文中的"蜀"字，虽极可能为音译，然其字形，从目从虫，则鲜明地表现出殷人对蜀的敌视。这与中国封建社会的统治者对周边少数民族的称谓名词中通通加上"犭"偏旁的行为，竟一脉相传，丝毫不差。从殷卜辞可见，商王武丁对蜀曾大加征伐，甚至"登人征蜀"⑤，而西周早期对蜀的征伐也不仅见于古文献⑥，亦

---

① 段渝：《论巴蜀地理对文明起源的影响》，《四川大学学报》1988年第2期。
② 《汉书·地理志》："巴、蜀、广汉本南夷，秦并以为郡。"
③ 《战国策·秦策一》。
④ 《汉书·地理志》。
⑤ 郭沫若：《殷契粹编》第1175片；刘鹗：《铁云藏龟》105.3；罗振玉：《殷虚书契后编》上9.7。
⑥ 《逸周书·世俘篇》。

见于周原甲骨①。从产生于上古直至春秋时代仍未泯灭的所谓"非我族类，其心必异"②的传统心理素质，也人为地限制了古蜀与中原诸夏间的经济文化交流。殷卜辞所记录的商王朝与蜀的和战不定关系，正是对考古资料中所见古蜀缺乏商王朝关于权力象征系统等重要现象的合理解释。在作为商、蜀文化和政治势力范围相交界的汉中城固所发现的大量蜀戈与蜀文化青铜面具共存的现象③，则是对殷卜辞中关于商、蜀关系记录的极好证明。

古蜀文化向北延伸受到限制，也不可能向南方无限深入。对于一个已经进入青铜文明的王权中心来说，扩大王权统治范围，最大限度控制各种资源和财富，乃是不可阻挡的发展趋势，与此相适应，不仅会加速对后进地区的文化传播，而且由于其自身的种种需要，对与先进地区间的文化移入和采借也会日益频繁地发生。但这种性质的文化移入是有条件的，取决于双方的政治军事实力的对比，取决于双边关系。显然，拥有"邦畿千里，维民所止"④的商王朝，其与蜀的文化交往关系，不可能建立在平等互惠的基础之上，这种关系对双边互惠性的文化移入起着事实上的阻隔作用，正如其间森严的军事壁垒一样。在这种情形下，为加强蜀王的统治，蜀人就有可能借用其他文化的新鲜因素，达到在观念形态上强化神权并借以加强王权统治的目的。三星堆祭祀坑内大量礼器与兵器（仪仗）的共

---

① 周原甲骨H11：68，H11：97。见陈全方：《陕西岐山凤雏村西周甲骨文概论》，《四川大学学报》丛刊第10辑，《古文字研究论文集》，1982年。
② 《左传·成公四年》。
③ 唐金裕、王寿芝、郭长江：《陕西省城固县出土殷商铜器整理简报》，《考古》1980年第3期。
④ 《诗经·商颂·玄鸟》。

存，正是对此的绝好证明。

我们知道，还在古蜀文明形成之前，近东文明早已发展起来并定向繁荣，并向爱琴海诸岛、东南欧和南亚等地迅速传播。在近东文明之风的四向吹拂中，冶金术及有关的一些文化因素传至南亚地区，印度河文明由此而出现青铜雕像。从对成都平原蜀文化与近东和印度河文明的相似文化因素的分析中，亦知近东文明的某些因素已经南亚地区达于成都平原，例如青铜雕像、金面具、金杖文化形式以及一些人体装饰艺术等。由此可见，这些新移入的某些文化成分，因其充满着的神秘王国气氛，为古代蜀人所未见，为整个古代中国所从未见，而这恰好适应了蜀王国在神权的庇护下大大强化王权机制的需要。例如，作为神权、王权和经济特权统一体的最高象征物金杖的出现，无疑适应了作为蜀王统一政权并作为群巫之长标志的现实需要。大型青铜雕像则不仅显示出在物质财富上的垄断和在精神世界中的巨大威慑作用，同时还活生生地展现出蜀王国的神权与政权结构，即群巫从属于大巫、诸王从属于蜀王这一现实的权力结构，也足以使诸神或诸王对于大型礼仪中心的奢望得到充分满足。

特别应当指出的是，近东文明的因素几乎只出现在成都平原蜀文化中最为显赫并且最能代表崇高权威的那一部分，绝大多数日常用品乃至以金属制造的军事装备却丝毫未受影响，这一现象必须引起充分注意。它意味着这样一个事实：古蜀文化同近东文明间的文化移入采借，只是在最高层中实现的，是直接为古蜀王国的最高统治集团的利益服务的。近东文明因素在成都平原的出现，不是大量涌入，而仅仅流进它那最精华、最能象征神权与王权统治的部分。这一事实也意味着，蜀人对于近东文明的吸收，有着充分的选择性，目的在于满足古蜀统治集团对于权力与财富的各种需要。

第七章　青铜文化与南方丝绸之路

（三）三星堆青铜雕像群与近东文明

三星堆出土的金杖、金面罩、青铜人物全身雕像、人头像、人面像、兽面像等，在文化形式和风格上完全不同于古蜀本土的文化，在古蜀本土也完全找不到这类文化因素的渊源。不仅如此，即令在殷商时代的全中国范围内，同样也是找不到这类文化形式及其渊源。这就意味着，它们是借用了中国以外某文明地区的文化形式，并且根据蜀人自身的某种需要，制作而成的。那么，这类文化形式究竟从何而来呢？很明显，要解开这个秘密，还得从世界文明史的角度说起。

考古学上，至少有三个证据所构成的文化丛，可以表明这些文化因素渊源于古代近东文明。这三个证据，就是前面提到的青铜雕像群、金杖和金面罩。

众所周知，上古时代的西亚、埃及、爱琴海区域以及印度，都是文明先进地区或国度，都产生过高度繁荣的青铜文明。从冶金史角度看，一般认为古代西亚安那托利亚（Anatolia）是冶金术的发源地[1]，由此向埃及、东南欧、印度等方向传播[2]。到公元前5000年，上述地区很快就有了铜制品，不久后各地都先后进入早期青铜时代，使人们第一次有可能铸造像矛头和斧头之类的器物。这一新技术的最初产品是武器，也有一些用以表示重要身份的标志物和祭祀用器[3]，后来逐渐出现供宗教和祭祀仪式所用的大型礼仪性器物。

公元前4000年末至3000年中叶，美索不达米亚（Mesopotamia）地区

---

[1] J. Mellaart, *Catal Huyuk, A Neolithic Town in Anatolia*, 1967; G.Barraclough ed., *The Times Atlas of World History*, London, 1979, p.40.

[2] R. F. Tylecote, *A History of Metallurgy*, 1976, ch.2, ch.3.

[3] G. Barraclough ed., *The Times Atlas of world History*, London, 1979, p.40.

363

在全球最早进入青铜时代。至迟在公元前3000年初,西亚美索不达米亚地区就开始形成了青铜雕像文化传统。关于这一时期的青铜雕像,在西亚、北非、爱琴海,东南欧文明以及南亚文明中均有发现,并显然成为一种文化传统。西亚用青铜造像有着悠远的历史,在乌尔(Ur),发现了公元前30世纪初的青铜人头像①。在尼尼微(Nineveh),发现了阿卡德·萨尔贡一世(Sargon I of Akkad,约前2371—前2316年在位)宏大的青铜人头像和小型工人全身雕像②,还出土各种青铜人物和动物雕像③,以及阿卡德王朝(Akkad,前3000年后半叶)统治者的青铜雕像④,都是光彩照人的精品。古代爱琴海文明中也有大量雕像,不过它最引人注目的倒不是青铜雕像,而是用纯黄金制成的戴在逝去的国王们脸上的金面罩。在古埃及,1896年发现了古王国第六朝第二位法老佩比一世(Pepi I,约前2200)及其子的大小两件一组的青铜雕像群⑤。

萨尔贡青铜像

---

① 尼·伊·阿拉姆:《中东艺术史》,朱威烈等译,上海:上海人民美术出版社,1985年。
② R. Willis, *Western Civilization: An Urban Perspective*, Vol.1, Cengage Learning, 1981, p.16.
③ 罗塞娃等:《古代西亚埃及美术》,严摩罕译,北京:人民美术出版社,1985年。
④ H.Frankfort, *The Birth of Civilization in the Near East*, 1954, plate XII, 22.
⑤ Quibell, *Hierakonpolis*, II, p.1; Mosso, *Dawn of Mediterranean Civilization*, p.56; H.R.Hall, *The Ancient History of the Near West*, 1947, p.136.

在古埃及文献里，这种类型的大型青铜雕像群的铸造年代早到公元前2900年①。埃及在进入中王国后不久，古埃及人利用青铜制作各类雕像的风气愈益普遍，在卡纳克遗址（Karnak）就发现过大量青铜雕像残片②。至于在印度河文明中最早出现青铜器的哈拉帕文化摩亨佐·达罗城址，也发现了若干青铜雕像，包括人物雕像、动物雕像和青铜车，其中以一件戴着手镯臂钏的青铜舞女雕像驰名于世。

法老佩比一世父子青铜雕像

爱琴海文明青铜雕像　　　　青铜舞女

---

① G.Mokhtar ed., *General History of Africa*, Vol. Ⅱ, 1981, p.158.
② R. Willis, *Western Civilization: An Urban Perspective*, Cengage Learning, Vol.1, 1981, p.18.

从青铜雕像、权杖、金面罩以及相关文化因素的起源和发展上看,近东文明这些文化因素的集结相继出现在其他文明当中,并不是偶然的,它们具有传播学上的意义,这一点早为国际文化史学界所公认。

商代三星堆遗址出土的青铜雕像群和金杖、金面罩,由于其上源既不在古蜀本土,也不在中国其他地区,但却同上述世界古代文明类似文化形式的发展方向符合,风格一致,功能相同,在年代序列上也处于比较晚的位置,因而就有可能是吸收了上述文明区域的有关文化因素进行再创作而制成。

在雕像人物面部形态上,三星堆青铜人物雕像群中除开那些西南夷的形象外,高鼻、深目的若干面部特征给人留下深刻印象。这类人物,阔眉,杏叶大眼,颧骨低平,高鼻梁,挺直的鼻尖,大嘴两角下勾,下颌一道直达双耳后面的胡须。这些面部特征,与同出的各式西南夷形象以及中原、长江中下游商周之际的各种人面像明显不同,也与成都指挥街发现的华南人扁宽鼻型的人头骨不同。很明显,如此风格的人物面部形态造型,有外域文化因素。

在艺术风格上,三星堆青铜人物雕像群的面部神态几乎一样,庄严肃穆,缺乏动感和变化,尤其是双眉入鬓,眼睛大睁,在整个面部处于突出地位,这同西亚雕像艺术的风格十分接近。眼睛的艺术处理,多在脸孔平面上铸成较浅的浮雕,以突出的双眉和下眼眶来显示其深目,这也是西亚雕像常见的艺术手法。对于人物雕像的现实主义和对神祇雕像的夸张表现,也同近东早、中期的艺术特点有相近之处。对于神树的崇拜,则反映了这种文化形式从近东向南连续分布的情景。

在功能体系上,不论西亚、埃及还是爱琴文明中的青铜雕像群,大多出于神庙和王陵,普遍属于礼器,起着祭祀和纪念的作用。三星堆雕像群也出于祭祀坑内，无一不是礼器，无一不具宗教礼仪功能。它们与近东雕像的意义完全相同，如出一辙，而与中原所出雕像主要充作装饰的情况相去甚远。至于用金杖代表国家权力、宗教权力和经济特权，就更与中原用"九鼎"代表这些权力的传统有着明显差异（详见本书第八章第三节），而与近东文明却类似。从这些青铜雕像的先后年代看，古代各文明中心制作青铜雕像这一文化传统上有着传播学上的意义。从西亚到埃及、印度河流域这一年代发展顺序，也许能够告诉我们这种青铜雕像文化的传播年代、方向序列。从这一大背景分析，成都平原大型青铜雕像群的文化内涵，由于它与世界古文明青铜雕像文化的发展方向相符合，风格一致，并且在年代序列中处于很晚的位置，因而就有从西亚、埃及通过南亚文明传播而来的可能。

从形制分析，三星堆青铜雕像群中除开那些为人们所熟知的西南夷形象外，还有一种高鼻深目人的形象。这一类形象与西南夷形象的区别是一目了然的。它们所代表的族类，显然既不是古代成都平原土著居民，也不是中原古代民族。如将其与成都指挥街周代遗址中发现的人头骨鉴定结果相对照，可知成都指挥街发现的普遍为长颅型，上面低矮，鼻型偏宽，齿槽突颌较明显，与华南地区古代居民的体质特征接近[1]。上述青铜雕像则是棱型挺直的鼻梁，高鼻尖，显然与成都指挥街古代居民不同。当然，其具体族属尚待进一步研究。

根据冯汉骥教授关于利用考古发掘所得人物图像来探索其族属关系，准确性当不下于文字的研究方法[2]，以及C. A. 迪奥普教授（Cheikh Ante

---

[1] 四川大学博物馆、成都市博物馆：《成都指挥街周代遗址发掘报告》，《南方民族考古》第1辑，成都：四川大学出版社，1987年。

[2] 冯汉骥：《云南晋宁石寨山出土文物的族属问题试探》，《考古》1961年第9期。

Diop）从雕刻人物图像研究古埃及人种肤色的方法①，我们在上面关于雕像人物族属的比较分析及其推论，从方法上看应当说是可以成立的。如果能从人种学上进一步证明这一点，那么就有更充分的理由认为，成都平原青铜雕像文化因素的来源，与古代近东文明区有着千丝万缕的联系。

青铜神树残树

　　三星堆二号坑出土的青铜树，可复原者有三棵，两大一小，最高一棵将近4米，树座呈圆形，有的座上还有面向外下跪的青铜武士。树上有繁盛的树枝、花朵，还有飞禽、带翅的悬龙等。其中一棵小型青铜树的树枝和果实还用金箔包卷，是名副其实的"金枝"，其情景竟与弗雷泽（James George Frazer）在其名著《金枝》（*The Golden Bough*）中所描写的情景相类似，不是偶然的。

　　从欧亚古代文明的视野看，埃及、亚述、腓尼基、印度等古文明中，均有神树或生命之树的传说，这些传说遗留在壁画、印章以及青铜或石刻作品当中。至于青铜神树，美索不达米亚似乎也是其渊薮。在乌尔王陵出土的殉葬品中，发现黄金制成的神树，旁有黄金制作的带翅的山羊。安那托利亚出土的公元前2200年的神树，上面也有各种人物和动物雕像。埃及

---

①　G.Mokhtar ed., *General History of Africa*, Vol. Ⅱ, 1981, pp.74–75.

第七章　青铜文化与南方丝绸之路

乌尔王朝黄金神树 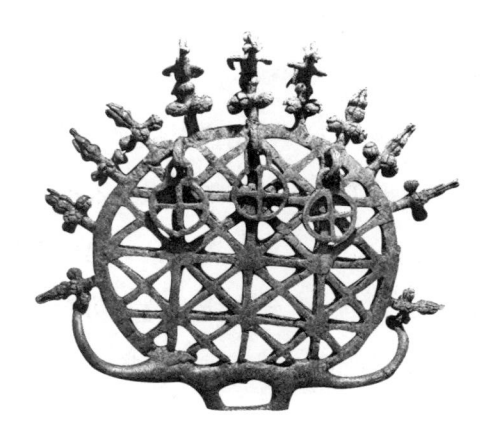　　　　安纳托利亚神树

克诺索斯壁画宗教舞蹈场面

古王国的浮雕刻有满是奇珍异果、飞禽走兽的神树图案[1]。在古代爱琴海文明克里特人的宗教仪式中，则以神圣的树、树枝和鸟作为女神的象征[2]，克诺索斯壁画上的宗教舞蹈场面对此就有生动的描绘。令人饶有兴味的是，在深受近东艺术影响印度古代文明的纪念性雕塑中，也有不少反映神树的作品，药师女与神树的结合便是这类作品的代表作。总

---

① R. Willis, *Western Civilization: An Urban Perspective*, Vol.1, Cengage Learning, 1981, p.42.
② 兹拉特科夫斯卡雅：《欧洲文化的起源》，陈筠等译，北京：生活·读书·新知三联书店，1984年，第107—108页，图28。

之，欧亚古文明的神树，其功能大致上都与崇拜有关。三星堆青铜树也不例外。

《山海经·海内南经》记载："有木，其状如牛，引之有皮，若缨、黄蛇。其叶如罗，其实如栾，其木若蓲，其名曰建木。"同书《海内经》也有相似的记载。郭璞注曰："建木青叶、紫茎，黑华、黄实，其下声无响，立无影也。"建木所在及其功能，《淮南子·地形训》说："建木在都广，众帝所自上下，日中无景，呼而无响，盖天地之中也。"高诱注："众帝之从都广山上天还下，故曰上下。"高说于义得之，所说"从都广山"则未达一间①。众帝上天还下，乃缘建木，而非都广山，并且都广之地无山。可见建木即是所谓"天梯"，为天地人神之间的通道。都广，《山海经·海内经》记载："西南黑水之间，有都广之野……鸾鸟自歌，凤鸟自舞，灵寿实华，草木所聚。爰有百兽，相群爰处。此草也，冬夏不死。"与《淮南子·地形训》和《山海经·海内经》相合。可见建木所在，必为都广之野。都广之野实指成都平原，是蜀人的天下之中，而建木形态，又合于三星堆祭祀坑所出青铜神树。以上文献之所以说建木"下声无响""呼而不响"，就在于它是以青铜制作而成。如此，青铜神树就是建木，它们是蜀人的通天之梯，也就是神树。

袁珂先生指出，古籍中以树为天梯，"可考者惟此建木"②。《淮南子》所说众帝上下于建木，缘之以登天，这与中原和其他地区的神灵、主神以山为登天之梯不同，而与近东和印度文明有相似之处，这无疑从一个侧面反映了南方丝绸之路青铜文化及其相关观念的传播情况。

---

① 袁珂：《山海经校注》，上海：上海古籍出版社，1980年，第450页。
② 袁珂：《山海经校注》，上海：上海古籍出版社，1980年，第451页。

第七章　青铜文化与南方丝绸之路

至于黄金面罩，除了著名的迈锡尼文明金面罩外，举世闻名的还有埃及新王国时期法老图坦哈蒙（Tutankhamen，约前1341—前1323年在位）的用纯金打制而成的栩栩如生的葬殓面具和木乃伊金棺等[①]。从宗教或祭祀仪式角度看，它们与三星堆青铜神树和黄金面罩的意义是何其相似，这种文化现象如出一辙。

迈锡尼黄金面具 　　　　　　图坦哈蒙金面罩

上述所有文化因素，如果仅就个别的复合而言，完全可以说是巧合，但是这里绝非个别文化因素的复合，而是构成了文化集结的复合，这就很难再用偶然的巧合解释了。有一种文化传播论观点（Fritz Graebner）认为，由多种文化因素的并存关系所构成的文化集结（文化丛）的复合，如果是分布地域被切断或隔开很远，则某些文化因素的发源地和现在分布地之间就必然会有传播痕迹[②]。尽管这一理论由于带有明显的欧洲中心论而受到批评，并且以某种文化集结的复合去确定文化谱系这一论点确有一元传

[①] G.Mokhtar ed, *General History of Africa*, Vol.II, 1981, p.109.
[②] 庄锡昌等编著：《文化人类学的理论构架》，杭州：浙江人民出版社，1988年，第21—22页。

371

播说之嫌，并不正确，但它关于空间连续性分布的文化集结必定具有某种联系的观点，却无疑是精彩的，并非没有根据。从冶金术的传播方向分析中，我们已经知道，某种文化因素确有可能穿越浩瀚的连续性空间。（当然也应指出文化传播并不等于文化取代，它常常是双边以至多边的文化移入的结果，并且接受的一方通常会后来居上，以自己的方式发展创新了这些文化因素，埃及对于冶金术的吸收、改进和推广就是一显著例证。因此，文化传播是一种世界性现象，没有理由加以指责。）同样，青铜雕像这种文化因素也并非不能穿越浩瀚的连续甚至不连续的空间进行传播，何况它不是单一的文化因素的复合。因此，如果我们把以上关于青铜雕像文化的分布地域按其年代先后顺序排列成表，那么显然可见：第一，它们是分布在大范围的连续性空间的；第二，它们在这一大范围连续性空间的分布年代恰好是先后连接的，即由西亚或埃及到爱琴海、东南欧，由西亚或埃及到印度河流域和中国西南。根据这一文化因素分布的连续性空间及其年代来看，我们没有理由否认成都平原青铜雕像文化受到来自西亚或埃及影响的推断。

综上所述，我们无论从成都平原青铜雕像文化本身，还是从与之密切相关的权杖出发，着眼于同包括中国中原商文明在内的世界各主要古文明中心进行文化因素的比较研究，都可以证明成都平原文明中某些重要因素受近东文明影响的设想，它可以说是多元、多方位文化移入并为古蜀人加以整合、创新和发展，使之成为自身文化中重要因素的结果。另一方面，有必要特别指出的是，成都平原文明虽然包含了古代西亚、埃及等文明中心的某些要素，但更多的却是成都平原本身的传统文化，并且有不少夏商文明的因素。因此总括而论，商代成都平原古蜀文明，是在其自身高度发达的新石器文化基础上，在文明诸要素不断产生的基础上，主要吸收了中原商文明的因素，例如陶器形制、玉器形制、青铜容器乃至于金属铸造成形技术等，同时兼收并蓄了一些古代近东文明以至地中海文明的因素，例如青铜雕像文化、权杖及其象征系统，以及大量使用黄金等其他文化现象，从而最终形成的高度发展并富于世界性特征的古蜀文明。古蜀文明之所以会在商代中晚期产生如此辉煌的文明成就，也正是因为它本身拥有冶金术、城市、大型礼仪中心以及远程贸易能力等物质的、技术的和观念形态方面的坚实而雄厚的基础，通过与中原、长江中游、西北地区、北方草原和世界各主要文明中心长期、持续的接触、交流，并将其有利自身发展的方面加以吸收、消化以至改进、发展而产生的结果。

三、柳叶形青铜短剑形制的文化来源

剑是古代中国最常用也是最普通的兵器之一，中国古代从青铜剑制作到铁剑制作的发展历程，是在先秦时期完成的，而铜剑制作也是从先秦时期开始的。迄今为止，中国考古学上还没有发现新石器时代有剑的形制，先秦秦汉文献对于剑的记载也是周代及以后，而以春秋战国秦汉为盛。这一事实表明，在中国古代史上，剑这种近距离短兵器的出现，是从制作青铜剑开始的。

（一）柳叶形青铜短剑来源地的争论

关于中国古代青铜剑的起源，学术界长期以来认为是在西周时期[①]，通常把1956—1957年陕西长安张家坡西周墓中出土的一把剑身为柳叶形的

---

① 杨泓：《古代兵器通论》，北京：紫禁城出版社，2005年，第75—76页。

青铜短剑作为中国古代最早出现的剑[①]。后来，由于北京昌平白浮西周墓出土的青铜剑的形制来源于山西保德县林遮峪[②]，而这种剑型与长安张家坡西周墓出土的柳叶形青铜剑有所不同，于是学术界又认为这两种短剑都是殷周时期一些少数民族的兵器[③]，前一种具有西南地区文化的特征[④]，后一种则具有北方草原文化的特征[⑤]。至今，关于柳叶形青铜剑在中国出现的最初年代是在商代这一点，学术界的看法已基本趋于一致，但关于柳叶形青铜剑在中国的最初出现地域或发源地，却存有相当争议，有的学者认为起源于陕西，有的学者认为起源于中原，有的学者认为起源于四川，迄无定说，不过柳叶形青铜剑的发生地是在中国，却是多数学者分歧当中的一致。

张家坡出土青铜短剑

早在20世纪50年代，宿白先生就认为中国的剑是由伊朗高原传入的。近年来有学者对于中国商周时代柳叶形青铜剑的来源问题提出了新的看法。卢连成先生在《草原丝绸之路——中国同域外青铜文化的交流》一文中指出，青铜剑在西亚杰姆代特文化出现的年代为前3100—前2900年，是当时普遍使用的短兵器，认为中国的柳叶形剑可能受西亚杰姆代特·奈斯

---

① 中国科学院考古研究所：《沣西发掘报告》，北京：文物出版社，1963年。该《报告》称这件青铜兵器为匕首，其实应该是青铜短剑。
② 北京市文物管理处：《北京地区的又一重要考古收获——昌平白浮西周木椁墓的新启示》，《考古》1976年第4期；吴振禄：《保德县新发现的殷代青铜器》，《文物》1972年第4期。
③ 杨泓：《中国古兵器论丛（增订本）》，北京：中国社会科学出版社，2007年，第162页。
④ 童恩正：《我国西南地区青铜剑的研究》，《考古学报》1977年第2期。
⑤ 乌恩：《关于我国北方的青铜短剑》，《考古》1978年第5期。

尔文化（Jemdet Nasr Culture）及后来的苏美尔—阿卡德（Sumer-Akkad）青铜文化的影响，经伊朗高原传至中亚、南西伯利亚和蒙古高原[①]。林梅村先生赞成这一意见，并且在《商周青铜剑渊源考》一文中，进一步认为柳叶形青铜剑是由印欧人于公元前2000年迁徙到罗布泊和哈密盆地时随同带至，并认为"剑"是吐火罗语月氏方言，在陕西岐山张家坡、贺村，甘肃灵台白草坡，以及北京琉璃河等地西周早期墓中出土柳叶形青铜剑，应是周人所接受的北方草原文化的影响[②]。这一新观点的提出，显然使原来没有解决的问题变得更加复杂化。

灵台白草坡出土西周镂空剑鞘青铜短剑

（二）中国柳叶形青铜短剑的出现年代

迄今为止，考古学提供的一个基本事实是，陕西岐山张家坡、贺村，甘肃灵台白草坡，以及北京琉璃河等地西周早、中期墓中出土的柳叶形青铜剑，在中国境内既不是时代最早的，也不是发现最多、最集中的。早于上述西周早、中期的柳叶形青铜剑出土的地点，是在中国西南的古蜀文化区，这里早在商代中晚期就有了这种剑型。

典型的蜀式青铜剑是柳叶形短剑，其特征是扁茎、无格、剑身呈柳叶形、剑茎与剑身同时铸成。这种剑可分两类，一类剑身较宽而薄，中起

[①] 卢连成：《草原丝绸之路——中国同域外青铜文化的交流》，载上官鸿南、朱士光编《史念海先生八十寿辰学术文集》，西安：陕西师范大学出版社，1996年，第719页。

[②] 林梅村：《商周青铜剑渊源考》，《汉唐西域与中国文明》，北京：文物出版社，1998年，第39—63页。

柳叶形青铜短剑　　　　　三星堆柳叶形青铜剑

脊，两侧有血槽，剑基多浅刻虎纹和巴蜀符号；另一类剑身较窄而厚，不见纹饰符号。这种剑型，学术界一般称之为"巴蜀式柳叶形青铜剑"。不过，从这种柳叶形青铜剑的发展演化序列看，后一类的形制不但在出现年代上早于前一类，而且在造型和工艺上都显得较为原始。因此，前一类剑应当是从后一类剑演化而来的。后一类剑在商代晚期和西周早期主要分布在古蜀文明的中心地区成都平原，前一类剑则主要是在春秋战国时代广泛分布在以成都平原为中心的四川盆地和渝东长江干流及其周围地区。很明显，在西南地区巴蜀文化区，成都平原是柳叶形青铜剑的使用和传播源的所在。

关于成都平原的巴蜀式柳叶形铜短剑的起源问题，长期以来学术界看法颇不一致，或认为起源于中原，或认为起源于陕南。这些认识，主要是基于过去柳叶形青铜剑在巴蜀地区发现的年代不早于春秋，而同样或类似的剑型在陕西宝鸡茹家庄、竹园沟、长安张家坡，甘肃灵台白草坡，以及

第七章　青铜文化与南方丝绸之路

北京琉璃河等西周早、中期墓葬内有一定数量的发现[①]。但是，由于近年考古发掘的新进展和新材料的不断出现，使这种认识已有重新研究的必要。

1986年春，在四川广汉三星堆遗址相当于商末周初的地层中，出土1件柳叶形青铜剑，长24厘米[②]。同年夏在三星堆一号祭祀坑内出土1件柳叶形玉剑，扁茎，无格，茎上一圆穿，残长28厘米[③]，年代相当于殷墟一期。1985—1989年在成都市十二桥商代建筑遗址发掘中，在第12层出土1件青铜剑，剑身呈柳叶形，中起脊，扁茎，无格，茎无穿，残长20.2厘米，年代为晚商。1990年在成都市十二桥新一村晚商地层内又出土1件柳叶形青铜剑，残长20.9厘米[④]。这几件柳叶形青铜剑，不仅年代早，而且形制原始，尤其是成都十二桥和新一村所出，茎上无穿，应是这种剑的早期型式。这表明，无论从年代还是从形制上看，成都平原出土的柳叶形青铜剑，均早于宝鸡、长安等地所出同类剑。由此可见，柳叶形青铜剑的最早使用地应在成都平原古蜀地区，其年代为商代晚期或更早。

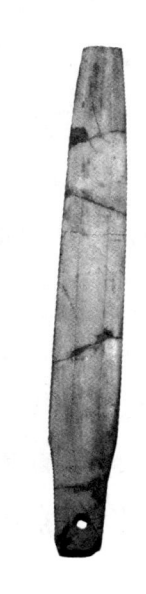

三星堆柳叶形玉剑

[①] 《陕西省宝鸡市茹家庄西周墓发掘简报》，《文物》1976年第4期；《宝鸡竹园沟等地西周墓》，《考古》1978年第5期；《宝鸡竹园沟西周墓地发掘简报》，《文物》1983年第2期；《沣西发掘报告》，北京：文物出版社，1962年。

[②] 林向：《"三星伴月"话蜀都——三星堆考古发掘琐记》，《文物天地》1987年第5期。

[③] 陈德安、陈显丹：《广汉三星堆遗址一号祭祀坑发掘简报》，《文物》，1987年第10期。

[④] 江章华：《巴蜀柳叶形剑渊源试探》，《四川文物》"三星堆古蜀文化研究专辑"，1992年。

在古蜀文明辐射圈内的西南夷道上的四川西昌大洋堆，出土1件时代相当于商代的匕首式柳叶形青铜短剑[1]。这种形制的青铜剑，不论在西亚还是小亚细亚地区，都是青铜剑比较早期的形制。在云南滇池区域的青铜文化中，青铜剑亦是仿自古蜀柳叶形青铜剑，其不同点仅在于滇式剑的剑茎呈扁圆形，而蜀式剑是扁茎[2]。贵州赫章可乐战国墓葬以及威宁中水汉墓内出土的青铜剑[3]，则完全是对古蜀柳叶形青铜剑的改装。

古蜀文明区内柳叶形青铜剑的发现，年代既早，数量亦多，分布也很集中。从时序上看，在商代晚期，柳叶形青铜剑主要是集中分布在成都平原；商周之际和西周时代，柳叶形青铜剑主要是向北发展，延伸到陕西南部；春秋战国至西汉早期，柳叶形青铜剑陆续而且呈连续性地向四川盆地东部地区以及四川西南地区和云南、贵州等西南夷地区辐射，成为西南地区最主要的青铜剑剑型。

蜀式青铜钺

（三）柳叶形短剑与青铜兵器组合

四川盆地青铜兵器的组合，常常是戈、矛、剑、钺配套使用，这在考古发现的巴蜀墓葬里是十分普遍的现象。其中的剑为柳叶形，钺为銎内。蜀式青铜钺可约略分为直内和銎内两类，直内钺刃部外突近半圆，銎内钺圆刃，身近斧形，这两类青铜

---

[1] 资料藏四川省凉山彝族自治州西昌市文物管理所。
[2] 童恩正：《我国西南地区青铜剑的研究》，《考古学报》1977年第2期。
[3] 贵州省博物馆考古组、贵州省赫章县文化馆：《赫章可乐发掘报告》，《考古学报》1986年第2期；贵州省博物馆考古组、威宁县文化局：《威宁中水汉墓》，《考古学报》1981年第2期。

钺均不见于商文化，它们在成都平原古蜀地区出现的年代均为商代晚期，两者之间不大可能具有演变关系，但銎内钺的演变脉络较明显。西周以后，蜀式青铜钺均为銎内钺，直内钺已不见使用。

商代考古中，在黄河流域中下游地区发现的青铜扁内斧（钺）不与青铜剑形成兵器组合。这个现象说明，中国北方黄河流域地区所发现的青铜扁内钺和柳叶形剑，不是一同（成组合配套）在当地发生、发展并配合使用的，二者应分别发生在不同地区，并且不是作为作战武器功能的系统配置来使用的。黄河流域中原地区车战使用长兵器，短兵器并不适用，所以夏商时代黄河流域几乎不见青铜剑，这是与当时的战争形式和环境相适应的。河南偃师二里头出土的铜钺为直内，有的学者认为是经过改装的近东战斧[①]。二里头的直内钺不与剑同出，这是因为当时黄河流域中下游地区还没有青铜剑的使用，说明斧与剑在黄河流域的开始行用，不论在时间还是空间上都不具有共时性，这仍然表明斧、剑二者的来源不同。

西南地区古蜀柳叶形青铜剑与銎内钺组合配套使用，銎内钺为砍劈武

二里头文化铜钺

---

① 卢连成：《草原丝绸之路——中国同域外青铜文化的交流》，载上官鸿南、朱士光编《史念海先生八十寿辰学术文集》，西安：陕西师范大学出版社，1996年，第719页。按：据笔者在近东、小亚细亚和希腊等地博物馆所见，不论在两河流域、小亚细亚还是在希腊等古文明里，青铜斧除銎内类型的而外，直内类型的亦复不少。但中国黄河流域地区的斧钺自有起源，不必勉强去同近东起源说挂钩。

器，其功能与斧相同，仅形制稍异，古蜀銎内钺的钺身尤近斧形，在有的地方出土的斧和钺，形制几乎完全一致，区分不出哪是斧，哪是钺。仅从这两类兵器的组合看，古蜀与中原的兵器组合确有不同，它们分别属于不同的武器系统，有不同的渊源，尽管二者存在交流关系[①]。由此可见，古蜀柳叶形青铜剑与銎内钺成的组合配套使用，显然不是从黄河流域中原地区传入的。饶有兴味的是，近东地区的柳叶形青铜剑常与管銎青铜斧形成青铜兵器的组合，古蜀的这种情况与近东文明近似，应是通过南亚和中亚地区引入的近东文明因素。

有的学者认为，西南地区的柳叶形青铜剑滞后于黄河流域中原地区，是所谓文化滞后原理的体现。其实不然。大量考古发现已经证实，古蜀柳叶形青铜剑出现的年代比中原黄河流域早，黄河流域的柳叶形青铜剑出现在西周早期，而古蜀的柳叶形青铜剑出现在商代晚期，并且古蜀柳叶形青铜剑不但连续使用的时间很长，从商代晚期直到战国秦汉，而且在出土柳叶形青铜剑的数量上，也是最多、最集中的。同时柳叶形青铜剑与銎内钺也是长期组合，直到战国秦汉。古蜀柳叶形青铜剑的这种发展情况充分说明，它是一个具有自身连续性和系统性的文化传统的存在、发展和延续，而这是所谓文化滞后说所不能解释的。

为什么古蜀人会使用青铜剑这种兵器呢？这与这种剑型的功能和古蜀地区的环境有关。古蜀地区的中心是成都平原，向西据有四川西部高原，并且向四川西南山地和云贵高原扩张。在古蜀时期，尤其在春秋时期开明治水以前，成都平原森林密布，沼泽众多，古蜀人在没有使用车战的情况

---

① 段渝：《巴蜀青铜文化的演进》，《文物》1996年第3期；段渝：《四川通史》第1册，成都：四川大学出版社，1993年，第121—122页。

下（迄今考古学上还没有发现古蜀人使用战车的遗迹，历史文献同样没有古蜀人使用战车的记载），作战时使用短兵器，便于在森林中格斗，不但便于携带，而且便于近战。短兵器不但是轻型武器装备，还可以进行中距离投掷，适合于在密林和山地作战，四川峨眉符溪、成都市罗家碾和成都市三洞桥青羊小区曾出土过带鞘的短小柳叶形青铜双剑，就是用于遥击的飞剑①。长兵器则适合于在平原和沼泽地带作战时使用。古蜀墓葬出土的青铜兵器，往往是长短配合，成组成套，这在很大程

带鞘短小柳叶形青铜双剑

度上是适应环境的结果。所以，古蜀较早引入青铜剑，这是由它的需要所决定的，这就是古蜀之所以不车战、不骑战，却较早引入短兵器的原因之所在。这与商代中原车战适合使用长兵器而不用短兵器的情况完全不同。

在黄河流域尤其华北大平原上进行车战或集团作战，十分适合杀伤力很强的重型武器长兵器的施展，短兵器则完全不适用，所以黄河流域中原地区所发现的商周兵器，基本上是戈、矛等类长兵器。《尚书·牧誓》记载周武王东伐商纣王时在商郊牧野举行的誓师大会上说："称尔戈，比尔干，立尔矛，予其誓。"他所举出的这几类兵器，是当时最普遍使用的作战武器，它们全都是长兵器，恰恰没有剑一类短兵器。这就充分说明，商代黄河流域中原地区所使用的兵器，基本上都是长兵器，这与考古资料所

---

① 童恩正：《我国西南地区青铜剑的研究》，《考古学报》1977年第2期。

显示出来的情况是完全一致的。

（四）柳叶形青铜短剑与近东和印度文明

柳叶形青铜剑的起源，其实也并不在中国西南古蜀地区，因为在古蜀地区迄今没有发现它的起源发生序列。相反，柳叶形剑在古蜀地区一经出现，就是一种比较成熟的剑型。这种情况表明，柳叶形剑是外来的剑型，它是古蜀吸收的其他文明的成果，而不是古蜀自身的发明。

从考古资料分析，柳叶形青铜剑发源于安那托利亚文明，时代为公元前3000年左右，稍后在近东文明，继而在中亚文明中大量出现柳叶形青铜剑，到公元前三千纪中期，柳叶形青铜剑出现在印度河文明中，这种剑型在印度地区一直流行到公元前1500年左右。中国西南地区出现这种剑型，时当商代晚期，在公元前1300年左右。从柳叶形青铜剑的发生、发展、分布及其年代等情况来看，中国西南地区这种剑型，应是从古代印度地区传入。

在南亚印度河及恒河流域青铜文化中，既有柳叶形青铜剑，又有管銎青铜斧，它们显然来源于中亚地区。在中亚西部的马尔吉那青铜文化和伊朗的卢里斯坦青铜文化及尼哈温德青铜文化中，柳叶形青铜剑均与管銎青铜斧并存的现象，又来源于近东文明的传统。在中国西南的青铜文化中，呈柳叶形剑身的青铜剑是使用最普遍的青铜兵器，尤其是

安纳托利亚青铜短剑

古蜀地区，柳叶形青铜剑常常与銎内钺一道形成通用的兵器组合，但在古蜀地区却无法找到它们起源于当地的遗迹。因此，我们完全有理由认为，它们极有可能是通过南亚地区引入的中亚、西亚的青铜文化因素。这与古蜀三星堆文化青铜雕像文化因素是经由南亚吸收采借的近东文化因素的情况①，是完全一样的，而且在年代上也大致同时。

在印度河和恒河流域发现的柳叶形青铜剑，均为扁茎，无格，剑身为柳叶形，剑茎与剑身同时铸成，剑身有宽而薄与窄而厚两种。从形制上观察，印度河文明的青铜剑可以分为几种不同的形制。出土于Chanhudaro、Nal、Surkotada等地属于摩亨佐·达罗的几件哈拉帕文化短剑，扁茎，无格，剑身较薄，呈较宽的柳叶形，长12—20厘米不等。在上述地点出土的另一类柳叶形剑，剑身较窄，较厚，中起脊，在剑基处有二圆穿，长30—35厘米。前一类与古蜀柳叶形青铜剑极为相似。很容易判断，两者之间一定具有同源的关系。印度河和恒河流域的青铜文化，时代在公元前2700—前1500年之间。这个时代，正是古蜀三星堆青铜文明从发展走向鼎盛的时代，也是古蜀柳叶形青铜剑初现的时代。由此看来，古蜀地区的柳叶形青铜剑这种剑型，应当是从印度河和恒河流域引入，而古蜀人在古蜀地区自己制作的。

哈拉帕文化青铜剑

---

① 段渝：《论商代长江上游川西平原青铜文化与华北和世界文明的关系》，《东南文化》1993年第2期；段渝：《商代蜀国青铜雕像文化来源和功能之再探讨》，《四川大学学报》1991年第2期。

从考古学上看，早在石器时代，印度北部、中国、东南亚的旧石器，就具有某种共同特征，中国西南与缅、印就已发生了文化传播和互动关系[1]，而缅甸现住民中的大多数也是在史前时期从中国云贵高原和青藏高原迁入，其中的孟—高棉语族，是最先从云贵高原移居到缅甸的，这完全可能同有肩石器从云贵高原向缅印地区的次第分布有关。商代三星堆祭祀坑中的白色海贝，来源于印度地区；三星堆和金沙遗址大批象牙的来源，也和印度地区有所关系；古蜀和西南夷地区的"瑟瑟（sit-sit）"和"碧琉璃（梵语beryl）"，亦是从印度引入的西亚产品。其间的民族往来迁徙通道与文化交流传播渠道，正是柳叶形青铜剑从印度地区传入中国西南地区的路线，这就是张骞说的蜀身毒道，亦即今日为学术界所盛称的南方丝绸之路。

（五）柳叶形青铜短剑的传入路线

柳叶形青铜剑传入中国西南古蜀地区的可能路线有两条：一条是从西亚、中亚经过南亚传入中国西南成都平原，另一条是从西亚、中亚经过阿尔泰地区或北方草原地区折而向南，通过甘青高原沿岷山山脉南达四川盆地，而后为古蜀所吸收。以下我们对此进行分析。

前一条线路，是从伊朗通过厄尔布士山脉与苏莱曼山脉之间的地带进入南亚印度地区[2]，再从印度地区辗转传入中国西南，这条线路即是著名的

---

[1] 陈炎：《中缅文化交流两千年》，转自周一良主编《中外文化交流史》，郑州：河南人民出版社，1987年。

[2] 叶奕良先生在《"丝绸之路"丰硕之果——中国伊朗文化关系》（周一良主编《中外文化交流史》，郑州：河南人民出版社，1987年，第250页）中说道："由于海路不发达，东西方交通必须经过伊朗的厄尔布士山脉与苏莱曼山脉之间的地带。这样，波斯人便逐渐掌握了中国与西方罗马帝国之间的贸易情况。"不论从中国西北还是西南转道中亚至西亚，均须经由此道西行。

蜀身毒道，亦即南方丝绸之路。南方丝绸之路早在商代已经初步开通，它是一条以商业贸易为主要内容的中西交通线，起点为成都平原，经云南，出缅、印、阿富汗至中亚、西亚地中海地区，是古代亚洲途程最长的交通大动脉之一。

后一条路线可能与中亚和阿尔泰地区有关。在中亚青铜文化中，安德罗诺沃文化（Andronovo Culture）是广泛分布在中亚草原地区的一支青铜文化，年代为公元前2000年—前1000年，其青铜武器的形制多承袭了中亚青铜文化中的柳叶形剑和銎内斧的传统。公元前1300年—前800年间分布在南西伯利亚的卡拉苏克文化（Karasuk Culture），其柳叶形青铜剑和管銎青铜斧并用的习俗，一般认为是受到的安德罗诺沃青铜文化的影响。在阿尔泰山区所发现的青铜柳叶形短剑，很明显地是由卡拉苏克文化传入的。关于这一点，林梅村先生的看法是不错的[1]。但这条从中亚到阿尔泰山区的青铜文化传播带，是否在阿尔泰地区就折而向南，将这条线路向南延伸到中国西南方向了呢？

如果要从阿尔泰线路转向中国西南地区，那么这条线路就必然要通过甘青高原南下，这就是后来的丝绸之路河南道。从考古学文化上看，中国西南古蜀地区与西北高原甘青地区早在新石器时代就发生了文化交往，四川西部高原历年所发现的彩陶显然与马家窑文化有关[2]，而从川西高原一直向南分布到云南的大量石棺葬等文化因素也来源于西北甘青高原。从民族文化角度看，古代中国西南地区的两大主要民族集团中，氐羌民族是其中之一（另一个民族集团是来自长江流域的濮越），他们与发源于黄河上源

---

[1] 林梅村：《商周青铜剑渊源考》，《汉唐西域与中国文明》，北京：文物出版社，1998年，第39—63页。

[2] 石兴邦：《有关马家窑文化的一些问题》，《考古》1962年第6期。

湟水析支（一作赐支）之地的古羌族在族源上有着不可分割的关系，古蜀王国的统治者也多与氐羌民族集团有关[①]。从交通上看，四川西部高原岷山山脉从来就是联系中国西部民族南北往还的重要走廊。在交通线方面，古蜀西部地区主要有岷江河谷与川西北高原沟通，有岷江支流南河达于临邛、青衣（今芦山县），入西夷各地。又有"秦道岷山青衣水"[②]，入青衣河谷，折转岷山谷地，北至秦陇地区。史籍所载黄帝后代在此活动，便是明证。《山海经·海内东经》记载："白水出蜀（山名，今西倾山）而东南注江"，白水（今甘南白水江）即是联系蜀与武都（今甘肃西和县南）的重要通道。《尚书·禹贡》记载说："西倾因桓是来，浮于潜，逾于沔，入于渭，乱于河"，即指此而言。由甘青入若水（今雅砻江），再转泷水（今大渡河），又可入岷江下游，进抵蜀之腹心成都平原，亦可由若水达于绳水（今金沙江），再转入西南夷地区。这表明，在古蜀的西部地区，确实存在通往西北高原的交通线，这同时也是古代中国西部地区的民族走廊。

然而，我们是否能够根据这些交通和民族等方面的情况，就判定西南地区的柳叶形青铜剑是经由西北方面，从阿尔泰地区传入的呢？这还需要进行分析才能得出相关结论。

考古材料说明，来源于西北甘青地区的彩陶，虽然在四川西部高原岷江

---

① 段渝：《四川通史》第1册，成都：四川大学出版社，1993，第31—36、260—273页。
② 方诗铭、王修龄校注：《古本竹书纪年》，"梁惠成王十年"，上海：上海古籍出版社，1981年，第115页。

上游的汶川、茂县、理县等地有着点状分布[①]，但是既没有成为川西北高原文化的主流，也没有循着岷山余脉进入四川盆地。西北高原的石棺葬、陶双耳罐等典型文化因素，同样也是沿着四川西部山地南下分布，直达西南夷地区的，它们都没有能够进入到四川盆地，更没有进入到成都平原。其中的原因究竟何在呢？笔者认为，这至少可以从以下两个方面给以解释。

第一，西北高原的古代民族长期适应干寒气候下的高原畜牧业和粗耕农业生计方式，温暖、潮湿而多雨的平原气候对于他们来说，不论在生产方式还是生活方式上都是极不适应的。

第二，以四川盆地西部的成都平原为中心，早在新石器时代晚期就已开始了城市文明起源的历史进程，到夏代已经初步进入文明社会，到夏商之际形成了灿烂的古蜀三星堆文明，成为中国西部长江上游的古代文明中心，并以其强势文化向周边地区作强劲辐射。在这个时期，不论在四川西部高原还是在甘青高原的民族或族群的社会里，都还没有诞生文明，他们在古蜀文明强烈的文化与政治扩张面前，既不可能针锋相对，更不可能逆流而动，给古蜀文明以更加强劲的反向辐射，并强制性地进入四川盆地。

在这两方面因素的作用下，西部民族及其文化就只能沿着四川西部山地，从西北甘青高原南下西南夷地区。所以，反映在考古学文化上，我们所看到的就是西部民族及其文化因素从甘青地区向南一直到横断山地区的

[①] 林名均：《四川威州彩陶发现记》，《说文月刊》1944年第4卷；郑德坤：《四川古代文化史》，华西大学博物馆，1947年；四川大学历史系：《四川理县汶川县考古调查简报》，《考古》1965年第12期；蒋成、陈剑：《岷江上游考古新发现述析》，《中华文化论坛》2001年第3期；成都市文物考古研究所：《四川茂县营盘山遗址试掘报告》，《成都考古发现（2000年）》，北京：科学出版社，2002年；王鲁茂、黄家祥：《四川姜维城遗址》，《中国文物报》2000年11月26日；石兴邦：《有关马家窑文化的一些问题》，《考古》1962年第6期。

连续分布，而在四川盆地内自然也就很难发现它们的踪迹。因此，阿尔泰文化因素不可能从由西北甘青高原经川西北高原岷江上游地区进入成都平原。何况在从四川西部高原到横断山脉地区的早期文化中，也没有发现来自阿尔泰地区的文化因素。至于西南夷地区的青铜剑，则不论在形制上还是在产生年代上，就更是与阿尔泰地区的文化因素谈不上任何关系，无法把它们与"北来说"联系起来。

从柳叶形青铜剑出现的年代及其形制方面，将古蜀与北方系青铜剑进行比较分析，我们可以得出完全相同的结论。前面已经说明，古蜀青铜剑的形制是扁茎、无格，剑身呈柳叶形，茎与身同时铸成。在成都市十二桥商代建筑遗址内出土的蜀式柳叶形青铜剑，茎上无穿，是这种剑型的早期形制，在四川广汉三星堆一号祭祀坑内出土的1件残长28.2厘米的柳叶形玉剑，形制与十二桥青铜剑几乎完全相同，只是三星堆玉剑的茎上有一圆穿，这从短剑的发展演化顺序上说，应是晚于十二桥青铜剑的形制。这种情况还进一步意味着，柳叶形青铜剑在古蜀地区的出现年代还应提前，即早于成都十二桥商代建筑遗址的年代。我们知道，成都十二桥建筑遗址的年代为商代晚期[1]。那么，按照上面的讨论分析，柳叶形青铜剑在古蜀地区的出现年代应当上溯到中商时期，与三角形青铜戈在古蜀地区的出现年代大致相当[2]，而北方地区所发现的中亚式青铜剑，年代一般在商末到西周初期。商代北方系青铜文化中的剑，剑身亦多呈柳叶形，但是它们大多数或是曲柄剑，或是翼格剑，或是匕首式短剑，而且多在剑首处铸有动物形雕像。这几种剑型，都只是在呈柳叶形的剑身方面与古蜀青铜剑有某些相

---

[1] 四川省文管会、成都市博物馆：《成都十二桥商代建筑遗址第一期发掘简报》，《文物》1987年第12期。
[2] 段渝：《巴蜀青铜文化的演进》，《文物》1996年第3期。

似之处，而在剑基、剑茎以及剑首等方面却存在很大区别。从这些方面分析，二者的来源并不相同，这可以说是十分明显的。

至于阿尔泰地区的青铜剑，从现已公布的资料看，目前只能看到近年在新疆阿勒泰地区征集到的1件摹本[1]。据介绍，这件青铜柳叶形剑，全长22厘米，茎长14.2厘米，最宽处3.9厘米，把长7.8厘米。整个器形细长、轻薄，塔城市出土，现藏塔城市文管所。据分析，塔城是安德罗诺沃文化的分布区，这件青铜剑的形制与安德罗诺沃文化的柳叶形剑雷同。但是，仔细观察这件青铜剑的线描摹本，却无法断定它是一把剑，它的形制更接近青铜矛，而与青铜剑相去甚远。这种形制的青铜兵器，在西亚和小亚细亚地区的青铜文化中常常可以见到，均定名为矛（spear head），而不是剑（sword）或短剑（dagger）。至于20世纪60和70年代先后在阿尔泰地区发现的其他几件"柳叶剑"，其实也很难确认是剑。据易漫白《新疆克尔木齐古墓群发掘简报》，在该墓出土的随葬品中，有4件铜镞，"有三棱或扁平棱形等式，后一种较大而又薄如铜片，极为罕见，可能不是镞"[2]。遗憾的是，该简报没有发表文物附图。有学者根据简报所描述的后一件铜镞的形制，判定它是"柳叶剑残片"[3]，其实这是没有多少根据的。这样看来，阿尔泰山区是否出土柳叶形青铜剑的问题，还需要根据实物加以重新认识，尚不能给以明确判定。据此，我们可以初步断定，不论阿尔泰地区还是北方草原地区的柳叶形青铜剑，在形制方面均与西南地区的古蜀青铜剑

---

[1] 林梅村：《商周青铜剑渊源考》，《汉唐西域与中国文明》，北京：文物出版社，1998年，插图3。
[2] 易漫白：《新疆克尔木齐古墓群发掘简报》，《文物》1981年第1期。
[3] 林梅村：《商周青铜剑渊源考》，《汉唐西域与中国文明》，北京：文物出版社，1998年，第61页，注释第32。

存在较大差别，所以很难把古蜀柳叶形青铜剑的来源同阿尔泰或北方草原青铜文化联系起来。

在西南夷地区，近年来确曾发现不少与北方草原青铜文化有关的器物，如像鄂尔多斯式青铜弧背刀、环首刀等。这些器物的年代，一般是在战国至汉代，几乎没有春秋时期以前的器物。所以，根据在西南夷地区所发现的战国至汉代这些北方草原青铜文化因素，不可能把这些地方从史前至商周时期的文化同北方草原青铜文化和阿尔泰青铜文化联系起来。

其实，如果我们通观小亚细亚、伊朗、中亚、印度和中国西南、西北的青铜剑，就会发现：中亚青铜剑出现的年代比印度晚得多。印度哈拉帕文化的青铜剑，年代在公元前2500—前1500年（一说前1750年），而中亚地区发现的青铜短剑，最早的年代不出公元前1500年的安德罗诺沃文化，到卡拉苏克文化时期也就更晚。这是一个十分有趣的现象，它说明印度地区的青铜剑不可能由中亚传播而来，应是直接从伊朗高原经厄尔布尔士山脉向南经苏莱曼岭传入，与中亚青铜剑属于两条不同的传播渠道。青铜短剑由印度传播而来，因此自然不可能与新疆方面属于同一传播途径。

这个问题还可以直接从青铜剑的形制上得到清楚的反映。巴蜀柳叶形青铜短剑在形制上与印度哈拉帕文化和伊朗、小亚细亚青铜剑相似，而与中亚青铜剑和阿尔泰青铜剑在剑形如剑首、剑柄形态上有着十分明显的区别，这就清楚地表明了它们不同的来源和传播渠道。同时，这种情况似乎还可说明巴蜀柳叶形青铜剑的年代比阿尔泰和新疆以及所谓北方系青铜短剑为早。

由上可见，柳叶形青铜剑在中国西南地区的出现，是成都平原古蜀人通过印度地区吸收采借的中亚、西亚文明的因素，它从一个重要侧面反映出古代中国西南文明的开放性，而这与三星堆文化所包含的近东文明因素是完全一致的。

四、南方丝绸之路与东南亚青铜文化

从远古时代起，中国与东南亚就发生了若干文化联系，并在相互间的各种交往中常常居于主导的地位，尤其东南亚古文化中明显受到中国影响的某些重要因素，其发源地或表现得相当集中的地区，是以成都平原为中心的古蜀地区，通过云南这一重要通道的传播，对东南亚古文化产生了深远影响。正如童恩正先生所说：在中国西南地区，巴蜀文化发展最高，历史最悠久，形成了南方一个古文明的中心，四川的古代文化几乎集南方各大族系文化之大成，它的某些文化因素，通过横断山脉河谷的很多天然通道，远播东南亚各地，并不是偶然的[①]。

（一）古蜀文化南传东南亚的几点原因

据研究，古代东南亚的若干文化因素来源于古蜀，大致有：农作物中的粟米种植，葬俗中的岩葬、船棺葬、石棺葬，大石文化遗迹，以及一些青铜器的器形和纹饰，等等[②]。

古蜀文化的若干因素向南传播并影响到东南亚相关文化的发生、发展，绝非偶然，它导源于地理的、民族的、历史的各种因素。

东南亚地区分为几个部分，除海岛外，重要组成部分的中南半岛、马来半岛，是同东亚大陆连为一体的。它们与中国大陆，地域与共，江河相

[①] 童恩正：《试谈古代四川与东南亚文明的关系》，《文物》1983年第9期。
[②] 童恩正：《试谈古代四川与东南亚文明的关系》，《文物》1983年第9期。

通，不存在不可逾越的地理障碍。地理条件的优越性，为中国与东南亚的文化交流提供了可能的条件。

中国南方青铜时代中，最有可能实现同东南亚文化交往的地区是云南。可是云南青铜文化发生较迟，在商周时期不足以给东南亚以太大的影响。紧邻云南北部的古蜀地区，则不仅青铜文化发祥很早，而且十分辉煌灿烂，辐射力也相当强劲。古蜀青铜时代不仅青铜文化，而且其他方面的若干因素也很发达，优于南面的滇文化。滇国青铜时代从古蜀文化中采借吸收了若干因素，就是很好的证据。在这种情形下，古蜀文化通过滇文化及其再往南面的交流孔道，南向传播于东南亚地区，从文化人类学的角度看，是完全可能的，而考古出土材料的若干证据，则显示了这种可能性是完完全全的历史事实。当然，古蜀文化向东南亚的传播，传播方式有所不同，有的是直接传播，有的是间接传播，不可一概而论。

云南与东南亚之间的考古学材料证明，两地的古代民族存在若干共性，有着某种共同的渊源关系。云南南部的古代民族，从史籍记述可见，属于百越或百濮系统，而古蜀地区各族中，百濮民族系统为其荦荦大者。民族源流的相近，民风民俗的相类，无疑是文化联系的有利条件，使得较进步的文化容易向较后进的文化进行播染，这在文化史上是不变的规律。

在古代，国界的概念往往并不十分清晰，尤其对于民间来说，所认定的界限主要不是国界，而是民族，是文化认同。所以，从中国西南地区到东南亚这一大片广阔的空间内，古蜀文化若干因素的连续分布是一个非常值得注意的文化现象。对其诸多原因，由于资料的限制，当前还不能够给予一一判明。我们热切地期待着更多的地下材料重见天日。

第七章　青铜文化与南方丝绸之路

（二）蜀王子安阳王的南迁

西汉贾谊《新书·修政语》记载："尧教化及雕题、蜀、越，抚交趾，身涉流沙，封独山，西见王母，训及大夏、渠搜、北中国幽都及狗国与人身鸟面及僬侥。"[1]其中几个地名和古国、古族名，多与古蜀和西南地区的内外交通线有关，其中把"蜀、越、交趾"联系在一起，颇引人注意。越为长江下游和华南地区古族，先秦秦汉时期的南中地区亦有相当多的越人，《华阳国志·南中志》称"南中在昔盖夷越之地"，古文献亦称南中有"濮越""滇越"等；交趾在中南半岛北部，有雒田、雒王、雒侯、雒将[2]。以此联系到越南北部红河流域发现的形制与三星堆文化相同的歧锋牙璋，越南北部永福省义立遗址发掘出土的与三星堆文化相似的多边形有领玉璧形器、石璧形器、A类灰坑等[3]以及在四川凉山州、云南以及越南青铜时代东山文化发现的蜀式三角形援青铜戈，云南和中南半岛出土的大量铜鼓和《水经·叶榆水注》所引《交州外域记》以及越籍《大越史记》《安南志略》等文献所载蜀王子安阳王南迁交趾建立"蜀朝"的历史来看，先秦时期从四川经云南至中南半岛的交通线是畅通的，这不仅与战国晚期蜀王子安阳王从蜀地南迁交趾有关，而且同从商代以来中越文化的早期交流互动有关。

在古蜀文化对东南亚的传播当中，最引人注目的是战国末蜀王子安阳王的南迁和在今越南北部红河流域地区建立王朝的历史事件。

---

[1]　阎振益、钟夏校注：《新书校注·修政语》，北京：中华书局，2000年，第360页。
[2]　王国维校：《水经注校·叶榆水》注引《交州外域记》，上海：上海古籍出版社，1984年，第1156页。
[3]　四川省文物考古研究院、陕西省考古研究院：《中越两国首次合作：越南义立遗址2006年度考古发掘的收获》，《中国文物报》2007年4月6日。

393

公元前4世纪末叶蜀亡于秦后,蜀王的群公子大多降秦,先后封于蜀,贬为蜀侯。然而号为安阳王的蜀王子并未降秦,他率其部众辗转南迁至交趾之地,称雄数代,达百余年之久。

在《水经·叶榆水注》所引《交州外域记》,以及其他一些史籍中,保存了蜀王子安阳王南迁的珍贵史料。《交州外域记》记载道:

交趾(按:指今越南北部红河地区)昔未有郡县之时,土地有雒田,其田从潮水上下,民垦食其田,因名为雒民。设雒王、雒侯,主诸郡县。县多为雒将,雒将铜印青绶。后,蜀王子将兵三万来讨雒王、雒侯,服诸雒将。蜀王子因称为安阳王。后,南越王尉佗举众攻安阳王,安阳王有神人名皋通,下辅佐,为安阳王治神弩一张,一发杀三百人。南越王知不可战,却军住武宁县。按《晋太康记》,县属交趾。越遣太子名始,降服安阳王,称臣事之。安阳王不知通神人,遇之无道,通便去,语王曰:"能持此弩王天下,不能持此弩者亡天下。"通去。安阳王有女名曰媚珠,见始端正,珠与始交通。始问珠,令取父弩视之。始见弩,便盗以锯截弩讫,便逃归报越王。南越进兵攻之,安阳王发弩,弩折,遂败。安阳王下船径出于海。今平道县后王宫城,见有故处。《晋太康地记》县属交趾。越遂服诸雒将。……

据越籍《大越史记全书》《安南志略》《越史略》诸书的记载,蜀王子安阳王名泮,蜀人,显然就是蜀王开明氏后代。安阳王既称蜀王子,说明是蜀王后世子孙[①]。"开明"与"安阳","开"字先韵,古音在真

---

① 徐中舒:《论巴蜀文化》,成都:四川人民出版社,1982年,第159页。

部，"安"字古音在元部，顾炎武以真、文、元为一部，段玉裁始析为三部，然以古音部相近，古多通用，故又认为汉多三部合用，可见汉时"开""安"二字音近相通；"明""阳"二字，古音皆在阳部，本常通用。可见开明与安阳，本是一词的同音异写，仅音读稍异[1]。蜀王子安阳王的史迹，除上举诸书外，还见于《史记·南越尉佗列传》之《索隐》所引《广州记》、《唐书·地理志》所引《南越志》，以及《太平寰宇记》所引《日南传》等。

安阳王自开明王朝灭亡后，即率部经今四川雅安芦山地区逾大相岭，出牦牛道，至汉源渡河抵越西，跨小相岭出泸沽，沿安宁河至西昌，再出云南之濮水（礼社江）、劳水（元江），经红河进入交趾（今越南北部地区）[2]，征服当地雒王、雒侯，建立政权。《续汉书·郡国志》"交趾郡"下刘昭补注曰："即安阳王国。"《广州记》称安阳王"治封溪县"[3]。越南史籍《大越史记全书》《岭南摭怪》等，均以今越南河内东英县古螺村古螺城为公元前3世纪蜀人所建造的安阳王城，这与安阳王进入交趾建国的年代相当吻合。越南史籍中的"螺城"，当为"雒城"之讹。

据笔者的实地勘察，河内东英县古螺城（安阳王城）原有外城、内城和宫城三重城墙，外城平面略呈五边形，周长8千米左右，墙基最厚处约25米，现存高度约4—5米，顶宽约12米；内城平面约呈椭圆形，周长6.5千米，城墙现存高度2—3米，顶宽约20米，这两道城墙的间距约30米，内墙已毁不存；宫城平面略呈长方形，周长1.65千米。从形制上看，古螺城与中国四川新津宝墩古城十分近似。宝墩古城现已发现内城和外城，城址平

---

[1] 蒙文通：《越史丛考》，载《古族甄微》，成都：巴蜀书社，1993年，第361—362页。
[2] 蒙文通：《越史丛考》，载《古族甄微》，成都：巴蜀书社，1993年，第365页。
[3] 《史记·南越列传》之《索隐》引。

面大致呈不甚规整的五边形，长约2000米，宽约1500米，城墙周长约6.2千米[1]。内城中一处称为"鼓墩子"的地方发现大型建筑遗迹，有可能是古城的中心，或许将来能够发现宫城。从出土器物上看，古雒城城址内出土万余枚青铜箭镞[2]，这也与中国史籍关于安阳王善用弩的记载恰相一致。越史记载安阳王城为九重，考古发掘证实为三重。这种"重城"形制，及其依河而建之势，与成都平原古城群有极为相似之处。越史所记载的关于在安阳王城修建过程中由金龟相助才得以建成的传说[3]，与战国时期秦人因得神龟帮助才得以建成成都城，因而成都又被称为"龟化城"的传说如出一辙。显然，安阳王城是由来自四川的蜀王子安阳王所建。

古螺城东南外建有祭祀安阳王的安阳王庙，还建有祭祀安阳王女儿媚珠的寺庙，在河内还有一条名为"安阳王大街"的大道，这些都与中、越

安阳王庙　　　　　　　　　媚珠庙

---

[1] 成都文物考古研究所、新津县文管所：《新津宝墩遗址调查与试掘简报（2009—2010）》，载《成都考古发现（2009）》，北京：科学出版社，2011年，第67页。
[2] 赖文到：《古雒城遗址出土的东山文化青铜器》，《越南考古学》2006年第5期。
[3] 见《岭南摭怪列传·金龟传》，载戴可来、杨宝筠校注：《岭南摭怪等史料三种》，郑州：中州古籍出版社，1991年，第27—30页。

历史文献关于安阳王故事的记载相当吻合，充分说明了蜀王子安阳王南迁交趾的史实。

蜀王子安阳王南迁的史迹，在考古学文化上也有若干反映。近年在峨眉符溪、峨边共安和永东、犍为金井、汉源小堡、会理瓦石田、盐源柏林、盐边团结等地均发现大量蜀式器物，反映了安阳王南迁的情况[①]。云南滇池区域青铜文化中，也有大量蜀式器物，如呈贡龙街石碑村、晋宁石寨山、江川李家山古墓群中，都出土大量蜀式无胡青铜戈。从流行年代及戈的形制纹饰分析，其中一些与蜀人南迁和蜀文化的渗透和影响有关。越南北部东山文化中的无胡青铜戈[②]、"棘"字青铜戈[③]以及船棺葬等，也与蜀文化的南传有深刻联系，从而证实了中、越史籍关于蜀王子安阳王南迁交趾建国的史实。

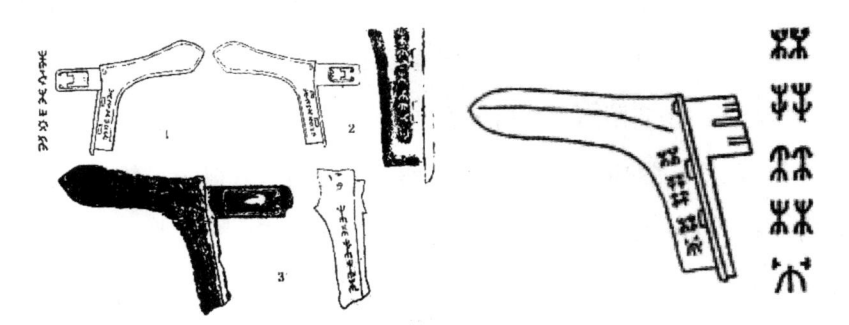

四川出土战国时期"棘"字戈与越南东山文化"棘"字戈之比较

---

① 王有鹏：《犍为巴蜀墓的发掘与蜀人的南迁》，《考古》1984年第12期。
② 黎文兰、范文耿、阮灵等：《越南青铜时代的第一批遗迹》，河内：河内科学出版社，1963年。参考霍巍、黄伟：《试论无胡蜀式戈的几个问题》，《考古》1989年第3期。
③ 饶宗颐先生认为，"棘"字青铜戈上的"棘"，有可能是西南夷中的"僰"。见饶宗颐：《由牙璋略论汉土传入越南的遗物》，载《南中国及邻近地区古文化研究》，香港：香港中文大学出版社，1994年，第1—4页。

安阳王在红河地区建立的王朝，前后维持了大约130年，约在公元前180年，安阳王为南越王赵佗所灭，此时上距蜀亡于秦已130余年，足见安阳王在交趾建国相当长久，非只一二代。据蒙文通先生研究，史籍称安阳王将兵三万讨雒王，实为一民族之迁徙，而其中不胜兵者当不下三万人，则南迁的蜀人略有六万，与当地骆越民数九万之比为2∶3。如此，南迁的蜀人对于后世越南民族形成的关系至为重大。越南旧史尊蜀泮为蜀朝，而蜀泮在越南民间长期享有崇高威望，当非偶然[①]。这说明，古蜀开明王朝的后代子孙，对越南北部红河地区的开发，作出了不可磨灭的贡献。

从先秦时期古蜀文化在越南北部红河流域的传播，到战国末期蜀王子安阳王的南迁，再到汉初南越王赵佗灭掉安阳王政权，上千年的历史说明，从四川经云南至中南半岛的南方丝绸之路交通线一直是畅通的。

安阳王史迹，通常引起学术界关注的是在越南建国以及兵败于赵佗等事件，而对安阳王史迹中的另外两个事件则缺乏关注。这两个事件，一是安阳王的弩，二是安阳王兵败后的去向。

根据历史文献的记载，安阳王之所以有能力打败雒王、雒侯、雒将，是因为他有一张可以一次发射万弩的弓，而他之所以兵败赵佗，也在于他的神弓被人所折。学术界对于安阳王的神弓，研究者寥寥，或者说此事乃是神话或传说，没有实据，不可俱信。虽然神弓之说不可俱信，但也并非捕风捉影之说，应有相当的史实依据。其一，一发万弩，显然是夸张的说法，但是如果万弩齐发，不就是一发万弩传说的来源或故事原型吗？当然，安阳王不可能有万弩，但有数十成百具弩的可能性还是存在的。在安阳王城的考古发掘中，发现成堆成堆的箭镞，这些成堆的箭镞完全有可能

[①] 蒙文通：《越史丛考》，载《古族甄微》，成都：巴蜀书社，1993年，第373页。

就是当年安阳王为其众多的弩而准备的。根据文献的记载，因为安阳王的武库遭到破坏而不能使用，所以箭镞也就成为无用之物了，所以才被弃置不用。从这个情况来看，安阳王一发万弩虽不可俱信，但此传说的历史素地却是真实可信的，那就是安阳王有着相当多的弩，他的军队有着相当的战斗力。

关于安阳王兵败的故事，是一则没有结尾的故事。文献说安阳王兵败后，出海逃亡，却并没有说他逃到哪里去了。这里隐含着两个重要情况，却没有引起学术界的注意。一是安阳王出海，他并没有死亡，而是下船出海，这就意味着他知道并且了解海上的情况，他的出海逃亡，极有可能有逃亡的目的地，而不是仓皇出逃。如果不是这样，他为什么不选择陆路逃亡呢？陆路逃亡当然比海路更容易。安阳王入越所率领的三万兵马，不可能悉数驻扎在安阳王城内，而必然分布在王城周围。既然安阳王入越征服了雒王、雒侯和雒将，自然是占领了那些被征服者的地盘，而雒王、雒侯和雒将的地盘必然是分布比较广大的。这就是说，安阳王如要选择逃亡路径，最佳路径应该是他的部下所在的原雒王、雒侯和雒将的地方，却不是出海，何况史籍并没有说赵陀已攻陷了这些地盘。从这里看，安阳王出海是他有意识的选择。从考古看，在东南亚一些地方发现过船棺葬，而船棺葬是古蜀文化的传统，东南亚的船棺葬除与古蜀文化的传播有关外，其中也有可能还有安阳王出海事件的遗存，同时还有可能与安阳王部属的分布有关。此外，东南亚一些地方发现的弩机，其时代应该是汉代，与安阳王兵败赵陀的时代大致相当。据此可以推测，在除安阳王城以外的地方所发现的汉代有领手镯、船棺葬和弩机，其中有的极有可能与安阳王兵败后逃亡所至有关，而这些情况，中国古文献缺载。

如果以上可以得到证实，那么很重要的是，从安阳王出海，并在东南亚某些地方再建根据地的情况可知，当时的海路是畅通的。也就是说，除开从四川经贵州、广西、广东到达南中国海而外，南方丝绸之路还在东南亚地区开辟了海路，连通四川、云南和东南亚沿海地区。如是，那么南方丝绸之路东南亚线路应当是兼具陆路和海路的中外文化交流线路之一。

（三）古蜀青铜文化与班清文化

泰国东北部呵叻高原，处于澜沧江湄公河流域，经由南方丝绸之路、澜沧江湄公河水路，中泰之间在石器时代就发生了经济、文化交流。

泰国东北部呵叻高原乌隆他尼的班清遗址（Ban Chiang），是东南亚最著名的史前考古遗址之一。学术界认为，班清是东南亚最重要的史前聚居地，泰北早期居民的社会、经济、文化水平的代表。

班清遗址划为早期（约前3600—前1000）、中期（约前1000—前300）、晚期（约前300—200）。遗址各个时期都出土了陶器和青铜器。

班清遗址出土文物中，最引人注目的是陶器，数量多、种类多、个体大。其中，班清彩陶与中国甘肃仰韶文化的彩陶有着惊人的相似性，而班清的时间晚于仰韶文化。可以推论，中国西北部的仰韶文化，先是经由藏羌彝走廊南下岷江上游至蜀，再经南方丝绸之路滇蜀道南下至滇南，而后经澜沧江、湄公河水路传播至泰北。

对考古发掘资料的研究表明，在青铜时代东南亚大陆的一些地点发现了不少青铜器，其中泰国一些地点出土的某些青铜器在形制等方面与中国西南出土的青铜器相似甚至完全相同，如在柬埔寨三隆森（Samrong Sen）遗址、班清遗址，泰国班诺洼（Ban Non Wat）、农诺（Nong Nor）遗址等地点出土的有领青铜手镯等。除青铜手镯外，在泰国一些地点还出土石质、大理石质以及海贝质的有领手镯。如在班纳迪（Ban Na Di）、班清、

第七章　青铜文化与南方丝绸之路

班鲁考（Ban Lum Khao）、班诺洼、农诺等地点出土的非金属类有领手镯，其形制与青铜手镯完全相同。在班纳迪、农诺等地点出土的大理石质有领手镯和蛇纹岩有领手镯，还在折断处使用了细的青铜条进行连接修理[①]。在一些青铜器如铜鼓上的纹饰方面，东南亚出土铜鼓上的船纹及船纹上的羽人形象，也与中国西南出土铜鼓上的船纹和羽人纹饰相同。

青铜手镯尤其是有领青铜手镯，在公元前1000多年前的三星堆文化中，已有成熟的形式。在中国商周之际公元前1000年左右的成都市金沙遗址内，也出土了形制成熟且同于三星堆文化的青铜手镯。在公元前300—400年前的贵州省西北部的威宁地区，出土了形制与三星堆文化和金沙遗址相同的有领玉质手镯，在威宁地区还发现了古代四川所盛行的柳叶形青铜短剑。在贵州省以西的云南省的滇池区域青铜文化中，不但有形制来源于古蜀地区的青铜短剑，还有滇文化铜鼓上的船纹及船纹中的羽人形象，它们的形式也都极其相似于四川出土的同类制品，而且它们的年代都晚于四川的出土物。不难看出，云南和贵州的上述器物和纹饰，来源于古

班清遗址青铜手镯

金沙遗址青铜手镯

[①] Charles Higham, *Early Cultures of Mainland Southeast Asia*, Bangkok: River Books, 2002, p.139, 140, 142, 149.

蜀青铜文化的南传。

在东南亚发现上述器物的地点，由于没有发现这些器物的发生形式，没有构成它自身的早期发展序列，因此这些器物的形制必然是从东南亚以外的地方传播而至的。我们认为，东南亚大陆青铜文化中与中国西南相同或相似的器形和纹饰，它们的来源，应当是中国西南，其传播路线，应当是南方丝绸之路。

（四）铜鼓文化的传播

铜鼓文化广泛分布于中国西南、东南亚的广阔地区，因其分布辽阔，数量众多而享有"北鼎南鼓"之誉。学术界认为，铜鼓文化首先出现在百越民族，是百越民族典型的代表性器物。随着百越族的不断迁徙、分化，铜鼓文化从中国西南传播到东南亚、印度东北部等地，逐渐成为百越族后裔壮、侗、苗、瑶、布依等民族共同的文化元素。

铜鼓从铜釜中分离出来，成为专门的乐器，时间是在公元前7世纪左右[1]，但随着铜鼓的使用和流传，逐渐超出普通乐器的范畴，成为当地民众图腾崇拜的物化代表。铜鼓的铸造形制、纹饰，直接反映出当地的金属铸造水平、审美情趣、图腾崇拜形象、社会风俗习惯、艺术水平等，沿袭千年，形成灿烂的铜鼓文化。

中国云南滇中至滇西地区是世界铜鼓的起源地，中国云南万家坝型铜鼓是世界最早的铜鼓，中国石寨山型铜鼓是万家坝型铜鼓的直接继承者。云南铜鼓文化经南方丝绸之路步头道传播到越南北部红河流域，与越南红河流域的青铜文化相结合，制造出新型的铜鼓。因此，越南东山铜鼓（包

---

[1] 蒋廷瑜：《铜鼓史话》，北京：文物出版社，1982年，第67页。

括A型和B型）是在中国万家坝型铜鼓的影响下，在越南本土制造的，它出现时间稍晚于中国石寨山型铜鼓，然后与石寨山型铜鼓平行发展，比石寨山型铜鼓的消亡要晚一百多年。

铜鼓文化传入今泰国、老挝、柬埔寨、马来西亚、印度尼西亚等地，这些国家发现的属于黑格尔I型铜鼓（即早期铜鼓），是在中国石寨山型铜鼓和越南东山铜鼓（A型和B型）影响下产生的，其传播方式多为贸易交换、赠予等直接输出。越南东山铜鼓对上述国家的影响大于中国石寨山型铜鼓[1]。

从滇西南向西，铜鼓文化传播至缅甸，在掸邦、克耶邦、克伦邦等地区，形成了晚期铜鼓的铸造中心，在缅甸西当河与怒江之间的克伦邦地区，至今仍然制造和使用铜鼓[2]。缅甸主要流行西盟型铜鼓。西盟型铜鼓是石寨山型铜鼓流传后变异类型，流行于广西和云南西南部中缅交界的西盟、孟连、耿马、沧源等县的佤族地区，以及越南、老挝、缅甸、泰国和柬埔寨等国。流行时间从唐代直至近代。唐代，缅甸古国——骠国曾经派使团（乐团），沿南方丝绸之路西线至长安进献，白居易作《骠国乐》诗，其中有句："玉螺一吹椎髻耸，铜鼓千击文身踊。"明确提及铜鼓。

从上叙述可以看出，东南亚国家流行的铜鼓，并非只有一种类型。造成这种情况的原因，既有传播路线的不同，也有时代差异，即铜鼓在传播和使用过程中形态发生了变化。但是，有一个共同点，就是铜鼓在中国云南南部及广西、东南亚诸国都有着十分重要的地位，是人们心目中的圣物。

---

[1] 李昆声、黄德荣：《中国与东南亚的古代铜鼓》，昆明：云南美术出版社，2008年，第278页。

[2] 凌纯声：《记台大二铜鼓兼论铜鼓的起源及其分布》，载《中国边疆民族与环太平洋文化》（上），台北：联经出版事业公司，1979年。

| 第八章 |

黄金文化与南方丝绸之路

自古以来，黄金因其光泽和价值而备受珍爱，又因其特殊品质而适用于多种用途。在古代欧亚，黄金制品已大量出现，中国早期的黄金制品较多地出现于商代。从地域上划分，商代的黄金制品，在中原和北方地区主要发现于北京、河北、河南、山东、辽宁和山西，在南方则集中发现于四川。这些出土的黄金制品，不论从它们的形制、数量或制作方法上，还是从它们的功能体系上看，都存在南北之间的系统区别，从而反映了商代南方系统和北方系统不同的价值取向、价值观念以及其他一些问题，并且可以从中发现商代三星堆黄金文化的近东文明来源。

一、商代中国黄金制品的南北系统

不论在古代文献还是考古上，迄今还没有中国新石器时代的黄金制品被发现。考古学上，中国早期的黄金制品出现在青铜时代，目前所见资料

第八章　黄金文化与南方丝绸之路

中最早的一例，要数1976年在甘肃玉门市火烧沟遗址的墓葬中出土的黄金制品，有黄金制作的"鼻饮"和齐头合缝的金耳环，与彩陶、石器、青铜器和银器共存，其年代大致与夏代同时，相当于齐家文化的后期[①]。除此而外，在中国其他地区尚未发现夏代的黄金制品。

（一）商代黄金制品的北方诸系统

本章所说的南方和北方，是指地理学上以秦岭和淮河划线所区分的南方和北方。

中国北方地区现已发现的商代黄金制品主要如下：

1. 河南郑州商城

在郑州商城发掘中，在商城东北角内侧的祭祀坑内，出土一团极薄的金箔片，展开之后是一件夔龙纹金叶饰片[②]。

2. 河南安阳殷墟

1931年至1932年殷墟第四、五、六次发掘，出土黄金块2块及小片金叶[③]，黄金块出土于E16坑内，黄金叶出土位置不详。在安阳后冈的商墓中

殷墟出土金叶

[①] 甘肃省博物馆：《甘肃省文物考古工作三十年》，载《文物考古工作三十年（1949—1979）》，北京：文物出版社，1979年，第142—143、151页。

[②] 河南省博物馆、郑州市博物馆：《郑州商代城遗址发掘报告》，《文物资料丛刊》（一），北京：文物出版社，1977年，第42页。

[③] 李济：《安阳最近发掘报告及六次工作之总估计》，载《李济考古学论文选集》，北京：文物出版社，1990年，第275、282页。

405

还发现少量黄金制品，如后冈大墓内发现黄金叶[1]，后冈M47二层台上也发现黄金叶[2]。在安阳侯家庄甲种I式大型墓HPKM1001的盗坑填土中发现有黄金残片[3]。1949年以前共在小屯发掘出金叶24片，最薄仅0.5毫米[4]。1953年在安阳大司空村171号墓出土金箔1件，厚仅0.01毫米[5]。

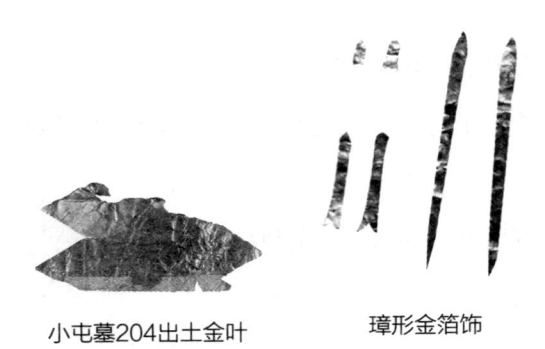

小屯墓204出土金叶　　　璋形金箔饰

此外，在安阳殷墟曾发现一块重一两的金块，尚未进行制作，大概是天然金初经熔化而自然凝结者[6]。

3. 河南辉县琉璃阁

在河南辉县琉璃阁141号商墓内出土金叶片，共重50克[7]。

---

[1] 石璋如：《河南安阳后冈的殷墓》，《中研院历史语言研究所集刊》第13本，1948年。
[2] 北京大学历史系考古教研室商周组：《商周考古》，北京：文物出版社，1979年，第101页。
[3] 北京大学历史系考古教研室商周组：《商周考古》，北京：文物出版社，1979年，第98页。
[4] 《小屯》丙编《殷墟墓葬》。
[5] 中国科学院考古研究所：《一九五三年安阳大司空村发掘报告》，《考古学报》1955年第9册。参考《中国冶金简史》，北京：科学出版社，1978年，第34页。
[6] 郭宝钧：《中国青铜器时代》，北京：生活·读书·新知三联书店，1963年，第48页。
[7] 中国科学院考古研究所：《辉县发掘报告》，北京：科学出版社，1956年。

4. 河北藁城台西

20世纪70年代在河北藁城台西村商代中期墓葬M14内发现金箔片，金箔片上压印有云雷纹，厚度不到1毫米①。

5. 山东益都苏埠屯

在山东益都苏埠屯商墓内，出土金箔14片，均极薄而均匀②。

6. 北京市平谷区刘家河

1977年在北京平谷县刘家河发现了一座商代中期墓葬，墓内出土一批黄金制品③，计有：

金臂钏2件，形制相同，系用直径0.3厘米的金条制成。两端作扇面形，相对成环，环直径12.5厘米。一件重93.7克，另一件重79.8克。

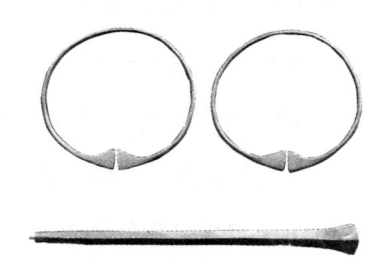

商中期金臂钏、金笄

金耳环1件，一端作喇叭形，宽2.2厘米，另一端作尖锥形，弯曲成直径1.5厘米的环形钩状，重6.8克。

刘家河商墓金耳坠

---

① 河北省文物管理处台西工作队：《河北藁城台西村商代遗址发掘简报》，《文物》1979年第6期；河北省文物考古研究所：《藁城台西商代遗址》，北京：文物出版社，1985年，第136页。
② 山东省博物馆：《山东益都苏埠屯第一号奴隶殉葬墓》，《文物》1972年第8期。
③ 北京市文物管理处：《北京市平谷县发现商代墓葬》，《文物》1977年第11期。

金笄一件，长27.7厘米、头宽2.9厘米、尾宽0.9厘米，截断面呈钝三角形，重108.7克。

此外，还出土金箔残片，残存2厘米×1厘米，无纹饰。

7. 北京市昌平区雪山村

1961年在北京昌平雪山村的一座墓葬中，发现一副黄金耳环[1]，一端作喇叭状，另一端作O形。

8. 河北卢龙县东阚各庄

1972年在河北卢龙东阚各庄商代晚期墓葬中出土与饕餮纹鼎、乳丁纹簋共存的金臂钏，两端接头处作扇面形[2]。

9. 辽宁喀左县和尚沟

1979年在辽宁喀左和尚沟墓地M1内出土2件金臂钏，两端作扇面形[3]，年代约为商末。

10. 山西石楼县后兰家沟、永和县下辛角村、吕梁市石楼县桃花庄

在山西石楼后兰家沟[4]、永和下辛角村[5]分别发现了与殷墟式青铜器共存的黄金耳饰5件，耳饰柄端作横S形，垂端作卷云形，柄的中部穿绿色珠。

另在原吕梁县石楼镇桃花庄墓内人骨腿骨处和头骨处发现金片，还出

---

[1] 北京大学历史系考古教研室商周组：《商周考古》，北京：文物出版社，1979年，第130、135页；鲁琪、葛英会：《北京市出土文物展览巡礼》，《文物》1978年第4期。

[2] 河北省博物馆等：《河北省出土文物选集》，北京：文物出版社，1980年。

[3] 郭大顺：《试论魏营子类型》，《考古学文化论集》（一），北京：文物出版社，1987年，第85页。

[4] 郭勇：《石楼后兰家沟发现商周铜器简报》，《文物》1962年第4、5期。

[5] 石楼县文化馆：《山西永和发现殷代铜器》，《考古》1977年第5期。

土上有绿松石的金片8片（可能是耳环）①。

11. 山西保德县林遮峪

在山西保德县林遮峪发现了与殷墟式青铜器共存的黄金弓形饰2件②，素面，两尖端各一穿孔，一件高11.1厘米、宽26厘米、厚0.5厘米，一件高13厘米、宽29.1厘米、厚0.5厘米，另有金丝6根。

保德林遮峪出土黄金弓形饰

从以上中国北方地区商代黄金制品的出土情况，可以看出它们具有两个明显的共性：第一，它们都出土于墓葬（殷墟金块除外）；第二，它们都是作为装饰品（人体装饰物或器具饰件）来使用的（金块除外）。从墓葬的角度上看，尽管对于山西保德、石楼、永和等处出土点的墓地情况，目前还了解得很少，但包括青铜器和黄金饰物均属墓葬的随葬品，则是可以肯定的③，而其他地点出土的黄金制品都确凿无疑地出于墓葬。从装饰品的角度上看，安阳后冈M47出土的黄金叶，是与绿松石、蚌片等一道组成的圆形饰物，显然是装饰在木器或其他易朽器物上的遗痕④。至于藁城台西

---

① 谢青山、杨绍舜：《山西吕梁县石楼镇又发现铜器》，《文物》1960年第7期。
② 吴振录：《保德县新发现的殷代青铜器》，《文物》1972年第4期。
③ 中国社会科学院考古研究所：《新中国的考古发现和研究》，北京：文物出版社，1984年，第241页；林沄：《商文化青铜器与北方地区青铜器关系之再研究》，《考古学文化论集》（一），北京：文物出版社，1987年，第130页。
④ 北京大学历史系考古教研室商周组：《商周考古》，北京：文物出版社，1979年，第101页。

M14出土的金箔片，原来也是漆盒上的饰件，这从出土的漆盒尚见痕迹便一望可知①。金叶和金箔片虽然在用途上并不与其他地点所出作为人体装饰物的金臂钏、金耳环、金笄、金弓形饰（弓形胸饰？）等相同，但从作为装饰品这个意义上说，它们则是共同的、一致的。

然而，由于地域、民族和文化区系的不同，商代北方地区的黄金制品又存在着一些明显的差别。下面对此加以扼要分析讨论。

金箔见于藁城台西、平谷刘家河和山东苏埠屯商墓，郑州商城、殷墟、辉县琉璃阁等地出土的金叶其实也属金箔一类，不过切割成叶形而已。殷墟出土的金块，大概是供进一步加工捶制成金箔的材料。除此而外，北方其他地区尚未发现商代金箔。藁城台西就其文化面貌看，与商文化差别很小，应属商文化的亚区。平谷刘家河就其青铜器看，更接近于安阳殷墟早期墓葬中所出的同类器形②，应为服属于商王朝的方国遗存。平谷刘家河位于燕山南麓，在商周二代均属所谓"北土"。《左传·昭公九年》记载詹桓伯说："及武王克商，……肃慎、燕、亳，吾北土也。"大概刘家河出土的青铜器和黄金制品就是商代燕（北燕）的文化遗存。由此看来，北方的金箔均出于商文化区和与之密切相关的方国，其他文化区域则未见，这似乎意味着殷商文化有制作金箔的习俗，而北方其他文化则没有这种传统。

出土金臂钏的北京平谷刘家河与辽宁喀左和尚沟在文化面貌上差别很大。喀左和尚沟墓地属于燕山以北、长城以外介于夏家店下层文化与夏家

---

① 河北省文物考古研究所：《藁城台西商代遗址》，北京：文物出版社，1985年，第148页。
② 中国社会科学院考古研究所：《新中国的考古发现和研究》，北京：文物出版社，1984年，第240页。

店上层文化之间的魏营子类型[①]，年代为商末周初，晚于刘家河墓葬。在夏家店下层文化中，除和尚沟墓地出土两端作扇面形的金臂钏外，其他地点迄未发现，也没有发现同类别的青铜或其他质料的臂钏。这种情况表明，燕山以北大小凌河流域魏营子类型的金臂钏，是由燕山南麓平谷刘家河传播而至的。关于这一点，如果联系到1961年在宁城南山根属于夏家店上层文化的石棺墓M101内发现的金臂钏来看，将会更加清楚。

南山根M101内出土的金臂钏，两端也作扇面形[②]，其形制与刘家河和和尚沟所出大体相同，所不同的仅在南山根M101金钏的两端是相对接的，而刘家河和和尚沟金钏则不合缝对接。不过由此却可以很清楚地看出，夏家店上层文化的金臂钏显然是从魏营子类型演变而来。可见，不论在地域传递关系、形制演变关系还是时代早晚关系上，都可以说明两端扇面形金臂钏从燕山南麓向燕山以北、长城以外发展的事实，而不是相反。至于燕山以南河北卢龙东阚各庄出土的金臂钏，从其形制与刘家河所出相同，以及年代晚于刘家河等情况分析，可以认为是刘家河金臂钏向其东南方向邻近方国发展的结果。

金耳饰根据其形制可在地域和文化上分为两个系统，一个系统是燕山以南、长城以内的夏家店下层文化的喇叭形金耳饰，另一个系统是太行山以西黄河东岸的商代方国文化的穿珠式金耳饰，两个系统的金耳饰在形制上完全不同。

黄河东岸山西石楼、永和等地出土的穿珠式金耳饰，均与殷墟式青

[①] 郭大顺：《试论魏营子类型》，《考古学文化论集》（一），北京：文物出版社，1987年，第79—98页。
[②] 中国社会科学院考古研究所内蒙古工作队：《宁城南山根遗址发掘报告》，《考古学报》1975年第1期。

铜器同出，表明它们是太行山以西黄河东岸的商王朝方国的文化遗存，可能与商代的"鬼方"有关[①]。古文献多见"鬼方"和"伐鬼方"的记载，《易·既济九三》说："高宗伐鬼方，三年克之。"《易·未济九四》《后汉书·西羌传》引《竹书纪年》等记载略同。高宗是殷王武丁庙号，武丁时殷王朝西伐至太行山以西地区，使商文化扩张到黄河东岸，"邦畿千里，维民所止，肇域彼四海"[②]，这一史实与该区多次发现殷墟式青铜器的现象恰相一致，是很能说明问题的。不过，山西黄河东岸出土的穿珠式金耳饰，却绝不见于商文化和商代其他文化，表明是该区方国文化有特色的地方产物。有学者认为山西黄河东岸各地与金耳饰同出的一些青铜器具有斯基泰文化的特征。可是斯基泰文化的形成年代，一般认为仅能追溯到公元前7世纪[③]，远远晚于殷墟文化的年代，可见此说完全不能成立，而穿珠式金耳饰也与斯基泰文化完全没有关系。

至于燕山南麓、长城以内的北京平谷刘家河和昌平雪山村出土的喇叭形金耳饰，两者形制相同，应属同一系统。考虑到喇叭形青铜耳饰是燕山以南夏家店下层文化的典型饰物，在河北大厂大坨头[④]、天津蓟州区张家

[①] 山西省文物工作委员会：《建国以来山西省考古和文物保护工作的成果》，载《文物考古工作三十年（1949—1979）》，北京：文物出版社，1979年，第58页。
[②] 《诗经·商颂·玄鸟》。
[③] 莫润先：《斯基泰文化》，载《中国大百科全书·考古学》，北京：中国大百科全书出版社，1986年，第482—483页。
[④] 天津市文化局考古发掘队：《河北大厂回族自治县大坨头遗址试掘简报》，《考古》1966年第1期。

园①、围坊②、北京昌平雪山③、房山琉璃河刘李店④、河北唐山大城山⑤、小官庄⑥等地均有发现，因而燕山南麓所出与此相类的喇叭形金耳饰就完全有可能脱胎于夏家店下层文化的喇叭形青铜耳饰。虽然，这两种耳饰在形制上也存在一点差异，金耳饰的柄部作O形，青铜耳饰的柄部作倒U形，但这种差异所体现的是同一文化中同类制品的早晚变化关系，而不是异质文化之间的关系。正如张忠培等先生所分析的那样，较早的喇叭形耳饰的柄呈倒U形，较晚的出现了O形柄，而形制与青铜耳饰相同的金质耳饰，出现在较晚的阶段⑦。所以，喇叭形金耳饰应为夏家店下层文化的产物，平谷刘家河出土的这种金耳饰，应来源于夏家店下层文化。这种情况表明，喇叭形金耳饰这种文化因素的流动方向，恰与上文所论两端扇面形金臂钏的流动方向相反，不是从刘家河墓葬流向夏家店下层文化，而是从夏家店下层文化流向刘家河墓葬。

　　至于出土于太行山以西黄河东岸山西保德的黄金弓形饰，则在商代的黄金制品中独树一帜，除此而外的其他地区均未发现这类制品，迄今尚无可以进行比较研究的材料。大概如同分布于与之相距不远的穿珠式金耳饰

---

① 天津市文物管理处：《天津蓟县张家园遗址试掘简报》，《文物资料丛刊》第1辑，北京：文物出版社，1977年。
② 天津市文物管理处考古队：《天津蓟县围坊遗址发掘报告》，《考古》1983年第10期。
③ 鲁琪、葛英会：《北京市出土文物展览巡礼》，《文物》1979年第4期。
④ 北京市文物管理处、中国科学院考古研究所、房山县文教局琉璃河考古工作队：《北京琉璃河夏家店下层文化墓葬》，《考古》1976年第1期。
⑤ 河北省文物管理委员会：《河北唐山市大城山遗址发掘报告》，《考古学报》1959年第3期。
⑥ 安志敏：《唐山石棺墓及其相关的遗物》，《考古学报》1954年第7册。
⑦ 张忠培、孔哲生、张文军、陈雍：《夏家店下层文化研究》，载《考古学文化论集》（一），北京：文物出版社，1987年，第68页。

一样，黄金弓形饰同样也是该区方国文化有特色的地方产物。

从以上的分析讨论中可以初步总结出商代黄金制品北方诸系统的几个特点：

第一，中原商文化区的金箔系统，其分布空间大体上在燕山以南的华北平原范围内，并向东伸展到山东半岛西部边缘。

第二，燕山南麓、长城以内平谷刘家河的两端扇面形金臂钏系统，这个系统有着向燕山以北、长城以外作历时性辐射的发展趋势。

第三，燕山南麓夏家店下层文化的喇叭形金耳饰系统，这个系统与同一文化的青铜喇叭形耳饰具有发展演变的密切关系。

第四，太行山以西黄河东岸的穿珠式金耳饰和黄金"弓形饰"系统，这个系统既没有东跨太行，也没有西越黄河，而是自成一系，与其他系统之间不存在交流传播关系。

总的说来，商代北方地区的黄金制品主要分布在黄河以东的华北平原及其北侧和西侧，而以西侧尤其北侧的燕山南麓为发达，制作较精，水平甚高。不过，诸系都存在数量不丰、种类不多、形体较小等特点。与同一时期的青铜器相比，北方诸系统的黄金制品明显地处于较低的发展水平，地位也远在青铜器之下。

（二）商代黄金制品的南方系统

迄今为止的考古资料表明，商代南方的黄金制品集中分布在西南地区四川广汉三星堆遗址和成都市金沙遗址。

广汉位于横断山纵谷东侧的成都平原中部，水网密布，生态良好。1986年夏在广汉三星堆遗址相继发现两个祭祀坑，出土大批青铜、黄金、

第八章 黄金文化与南方丝绸之路

玉石制品以及大量象牙和海贝[1]。其中的各种黄金制品多达数十件，一号坑计出4件，二号坑计出61件，另有金箔残片残屑等191.29克，还有4件粘贴于青铜人头像上的金面罩[2]，可谓全国现已发现的商代遗址中出土黄金制品最为丰富的，其数量超过北方诸系统出土量的总和。三星堆黄金制品的年代，可以根据祭祀坑青铜器的年代予以确定。三星堆祭祀坑的年代，一号坑的下埋年代相当于殷墟一期，其中青铜器的年代在二里岗上层一、二期与殷墟一期偏早阶段之间，二号坑的下埋年代约在殷墟三、四期之间，其中青铜器的年代均在殷墟二期的年代以内[3]。因此，与两个祭祀坑内青铜器密不可分的黄金制品的年代，可以分别确定为商代中期和商代晚期。

成都市金沙村遗址位于成都市区西部，从2001年2月发掘至2002年中，共出土金器200余件，器类主要有人面罩、射鱼纹带、四鸟绕日饰、鸟首鱼纹带、喇叭形器、盒形器、球拍形器、鱼形器以及大量器物残片等，其年代约为晚商到西周[4]。金沙遗址所出金器，有些与三星堆所出极似，可归于三星堆文化系统，另有一些则不见于三星堆文化。

三星堆出土的各种黄金制品，根据发掘报告[5]，主要有如下种类：

1. 金杖（K1∶1）

1件，用纯金皮包卷木芯而成，长143厘米、直径2.3厘米，重463克。

---

[1] 四川省文物管理委员会等：《广汉三星堆遗址一号祭祀坑发掘简报》，《文物》1987年第10期；四川省文物管理委员会等：《广汉三星堆遗址二号祭祀坑发掘简报》，《文物》1989年第5期。

[2] 四川省文物考古研究所：《三星堆祭祀坑》，北京：文物出版社，1999年。

[3] 陈德安：《三星堆遗址的发现与研究》，《中华文化论坛》1998年第2期。

[4] 成都市文物考古研究所、北京大学考古文博学院：《金沙淘珍——成都市金沙村遗址出土文物》，北京：文物出版社，2002年。

[5] 四川省文物考古研究所：《三星堆祭祀坑》，北京：文物出版社，1999年。

杖的上端有一段46厘米长的平雕图案，分为三组，用双勾法雕刻出鱼、鸟、人头、羽箭等图案。

金杖细节

2. 金面罩

7件，均用纯金皮模压而成，双眉、双眼镂空，鼻部凸起。其中4件分别粘贴在青铜人头像面部，3件当为从青铜人头像面部脱落者。这3件脱落的金面罩与青铜人头像面部大小相似，一件（K1：282）残宽21.5厘米、高11.3厘米，重10.62克；一件（K2③：147），残为两半，一耳残缺，宽23.2厘米、高9.6厘米，重29.36克；另一件（K2②：62-1）残损过甚，仅残面部的一侧，残宽19.3厘米、高12.2厘米。

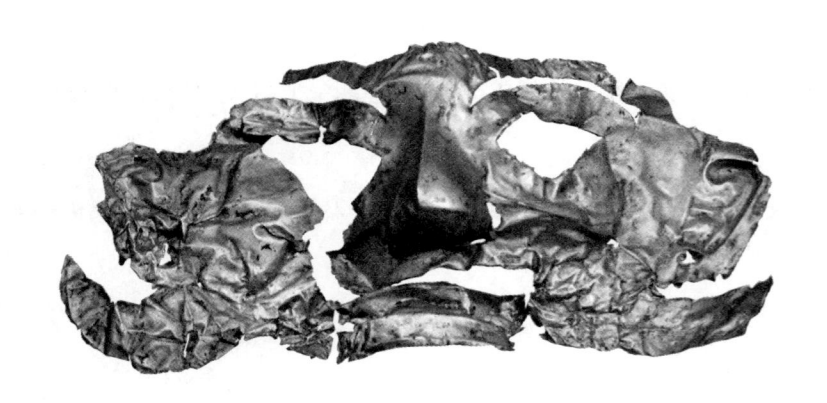

三星堆金面罩 K1：282

3. 金果枝（K2③：322-6，K2③：322-51）

二号坑出土的三号小神树，果柄有数处用金箔包卷。从这种现象分析，果枝原本均有金箔包卷，是典型的金枝。

4. 璋形金箔饰

14件，分A、B两型，A型2件，B型12件，共重10.15克。

5. 虎形金箔饰（K1：11-1）

1件，通身模压目形斑纹，高6.7厘米，长11.6厘米，重7.27克。

6. 鱼形金箔饰

19件，分大号和小号两种，大号5件，小号14件，共重44.81克。

虎形金箔饰

7. 金箔带饰

有宽、窄两种，宽带饰残为6段，重10.82克，窄带饰有两种共13件，共重37.58克。

8. 圆形箔饰

6件，大小相同，直径2.1厘米，圆心处有一小圆穿，共重4.37克。

9. 四叉形器（K2③：120）

1件，宽6.9厘米、高9.4厘米，重6.02克。

金箔四叉形器

10. 金箔残片

5件,形制不规整,共重14.20克。

11. 金箔残屑

56片,重14.90克。

12. 金料块（K1∶39）

1块,长11.9厘米,宽4.4厘米,厚0.2厘米—0.5厘米,重170.44克。

金料块

金沙遗址出土的金器主要有如下种类:

1. 太阳神鸟金箔

直径12.5厘米,厚0.02厘米,重20克。

太阳神鸟金箔

2. 鱼纹金带

2件,一件长21.6厘米,宽2.03厘米,厚0.02厘米;一件长21.9厘米,宽2.03厘米,厚0.02厘米。共重11克。

鱼纹金带

3. 金面具

2件,2001年出土的一件高3.7厘米,宽4.9厘米,厚0.01—0.04厘米,重5克。2007年出土的一件高19.9厘米,宽11厘米。

金面具

第八章　黄金文化与南方丝绸之路

4. 金冠带

直径19.9厘米，宽2.8厘米，厚0.02厘米，重44克。

5. 蛙形金箔

2件，一件长6.9厘米，宽6.2厘米，厚0.1克，重4克。一件长7厘米，宽6厘米，厚0.16厘米，重3克。

蛙形金箔

6. 喇叭形金器

直径11.6厘米，高4.8厘米，厚0.02厘米，重51克。

7. 三角形金器

长25厘米，最宽7.2厘米，厚0.02厘米，重48克。

喇叭形金器

8. 鱼形金箔

长4.9厘米，宽1.1厘米，厚0.02厘米，重量不足1克。

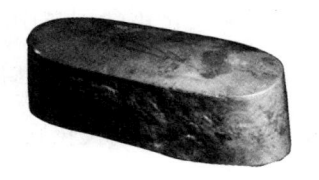

9. 盒形金器

高3.1厘米，长径9.4厘米，短径3厘米，厚0.03厘米，重50克。

盒形金器

10. 几字形金器

高18.3厘米，宽1厘米，厚0.05厘米，重12克。

以上仅是2019年10月启动三星堆新一轮考古发掘以前的情况。在三星

几字形金器

419

堆新一轮发掘中，出土大量金器，包括鸟形金饰、金树叶、金带、大量金箔、金面具残片等，尤其是出土一件宽28厘米、高23厘米的大型金面具，金器的出土数量远大于1986年的数量。由于发掘还在进行，报告尚未发表，此处暂不论列。

从三星堆文化黄金制品的形制、出土情况尤其它们与大型青铜制品群密不可分的关系等情况，很容易看出它们具有几个明显的特点：

第一，数量多，三星堆祭祀坑出土达到近百件（片），金沙遗址出土超过200件，在商代中国首屈一指。

第二，形体大，尤以金杖、金面罩为商代中国黄金制品之最。

第三，种类丰富，为北方系统各系所不及。

第四，均出土于祭祀坑或祭祀区，而非出于墓葬。

第五，大多数金器与实用器或墓葬装饰用品无关，而与大型宗教礼仪、祭典和祭祀仪式所用祭祀用器有关，或与王权（政治权力）、神权（宗教权力）和财富垄断权（经济权力）的象征系统有关[①]。

三星堆文化黄金制品中最重要的种类是金杖和金面罩。这两种制品的文化形式在商代中国的其他任何文化区都无发现，即令在以三星堆遗址为代表的整个古蜀文化区也是绝无仅有。这种情况应当特别引起我们的重视。此外，数尊金面青铜人头像和数十尊青铜人头像、立人像、跪坐人像、顶尊人像、鸟足人像、神坛、神殿以及各种青铜面具、神树、眼形饰等，也与金杖、金面罩相同，都是为商代中国包括古蜀文化区所仅见。根据笔者对金杖、金面罩的起源、形制、功能体系、象征系统和艺术风格等方面所作的比较研究，三星堆文化的金杖、金面罩等文化形式，很有可能

---

① 段渝：《商代蜀国青铜雕像文化来源和功能之再探讨》，《四川大学学报》1991年第2期。

是通过古代印度地区和中亚的途径，从古代的西南夷道、蜀身毒道、滇缅道，采借吸收了近东文明的类似文化因素，而由古代蜀人按照自身的文化传统加以改造创新而成的，它们反映了商代中国西南与南亚、中亚和西亚古代文化之间的交流关系[①]。

关于三星堆文化的黄金制品，还有一些问题需要提出讨论，这里仅扼要讨论金面罩与青铜人头像的关系，以及耳饰、腕饰、脚镯等问题。

根据发掘报告，三星堆一号祭祀坑出土金面罩1件，二号坑出土金面罩2件，另在二号坑出土的4尊青铜人头像面部覆盖（粘贴）有金面罩。学术界普遍认为，这几件金面罩原来应是粘贴在青铜人头像面部之上的。有学者进一步认为，三星堆青铜人头像的脸庞原来都可能覆有金面罩，只是大部分已损毁[②]。这个问题还可以进一步深入探讨。从出土的3件金面罩本身，目前还无从分辨出它们各自原来粘贴在哪种型式的青铜人头像脸部，所以还无法判定是否每一型式每一尊青铜人头像脸部原来都被覆以金面罩。

从二号坑出土的4尊戴有金面罩的青铜人头像分析，可以分作A、B、C三型（发掘报告分作A、B两型，每型各2尊），A型2尊，B、C两型各1尊。A型（K2②：214，K2②：137）为戴金面罩青铜圆头型人头像。B型（K2②：115）为戴金面罩青铜长脸型人头像。C型（K2②：45）为戴金面罩青铜长方脸型人头像，面像与青铜大立人像（K2②：49、150）相同，而

[①] 段渝：《巴蜀是华夏文化的又一个起源地》，《社会科学报》1989年10月19日；《古蜀文明富于世界性特征》，《社会科学报》1990年3月15日；《商代蜀国青铜雕像文化来源和功能之再探讨》，《四川大学学报》1991年第2期；《论商代长江上游川西平原青铜文化与华北和世界文明的关系》，《东南文化》1993年第2期；《"支那"名称起源之再研究》，载《中国西南的古代交通与文化》，成都：四川大学出版社，1994年。
[②] 林向：《三星堆青铜艺术的人物造型研究》，《中华文化论坛》2000年第3期。

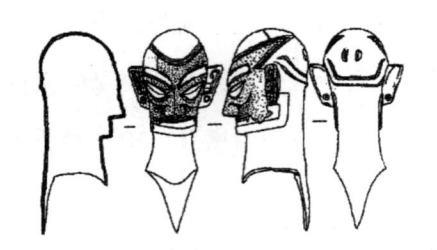

·南方丝绸之路与欧亚古代文明·

三星堆金面罩铜人头像（K2②：214） 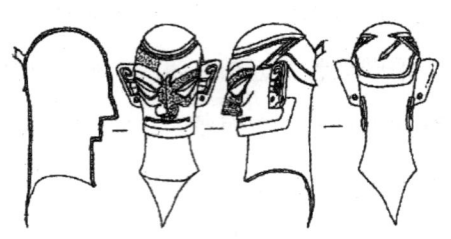 　　三星堆金面罩铜人头像（K2②：137）

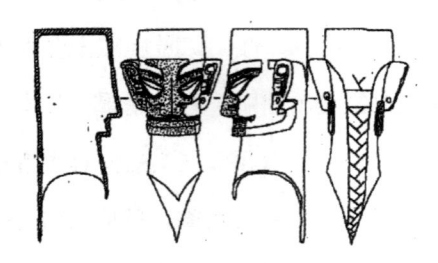

三星堆金面罩铜人头像（K2②：115） 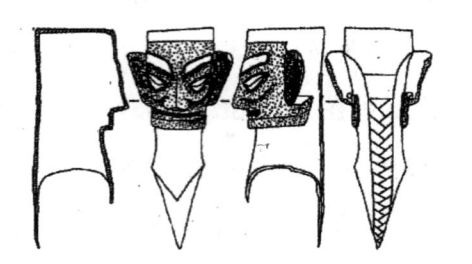 　　三星堆金面罩铜人头像（K2②：45）

与B型有别。这三型戴金面罩青铜人头像，在与各自型式相同但未戴金面罩的青铜人头像中都只占有很小甚至极小比例，如C型头像共有37尊，但戴金面罩者只有1尊。至于除此三型以外的其他各型青铜人头像，则均未发现戴金面罩的痕迹。这是否意味着只有这三型青铜人头像当中的某几尊才覆有金面罩，而其他则否呢？或是由于人头像的制作有早晚之别，而其粘贴金面罩的习俗因时而异了呢？这个问题目前还没有可供进一步分析研究的材料，只能存疑不论，留待来者。

三星堆黄金面罩在两耳垂部留有穿孔，戴金面罩青铜人头像以及其他各种青铜人头像、人面像和立人像，都在两耳垂留有穿孔，显然是作为佩戴耳饰之用的，但耳饰的实物迄无发现。不过，从三星堆金杖平雕图案中的人头像和玉石边璋（K2②：201-4）阴刻图案中的人像上，可以知道三

422

第八章　黄金文化与南方丝绸之路

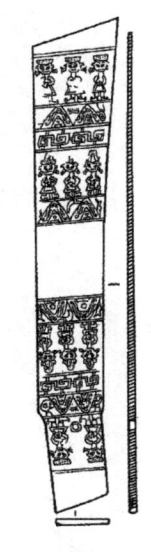

三星堆牙璋
(K2②: 201-4)

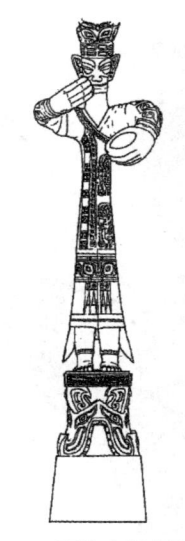

三星堆青铜大立人
(K2②: 149、150)

星堆文化至少有两种耳饰形制：一种是铃形耳饰（金杖、玉石边璋），铃身有两道弦纹，另一种是双环形（或套环形）耳饰（玉石边璋）。由于这几种人像、人头像均为写实之作，所以它们佩戴的两种耳饰原也应有实物存在，惜已损毁无存，自然也就无从知道原物是用黄金还是青铜或是其他金属材料制成。

从形状上看，三星堆铃形耳饰和双环形耳饰均不同于燕山南麓夏家店下层文化的喇叭形耳饰和长城以外北方草原的双环叠压形耳饰，也绝不同于太行山以西黄河东岸的穿珠式耳饰，而是自身发展起来的一个系统。

三星堆的腕饰和脚镯见于青铜大立人像，双手腕各戴腕饰三个，素面无纹饰，双脚踝处各戴方格形脚镯一个。由于不是原物，所以无从获知腕饰和脚镯的原物是用什么材料制成的。不过，青铜立人像的腕饰较粗，显

423

·南方丝绸之路与欧亚古代文明·

三星堆青铜大立人腕饰　　　　　　　　三星堆青铜大立人脚饰

然与刘家河臂钏不同系，而青铜立人像的脚镯，则在北方诸系统中绝未见到。由此可以知道，三星堆的腕饰和脚镯也是与北方诸系统没有关系的。

以上分析讨论说明，与北方诸系统相比较，不论从种类、形制还是从功能、象征意义上看，三星堆文化的黄金制品都是自成一系的，完全看不到有受北方诸系统影响的任何迹象。这一结论，将有助于从一个重要侧面阐明中华文明大框架中三星堆文化与商文化平行发展的历史事实。

二、南北系统的技术异同

从技术特点上看，商代中国黄金制品的北方诸系统与南方系统之间有不少共同点，但也有若干差异。

第八章 黄金文化与南方丝绸之路

黄金多以自然金,即生金的形态存在[1]。中国古代将金矿分为砂金和山金两种类型,砂金有"水沙中"淘洗的砂金和"平地掘井"开采的砂金两种,山金则有残积、坡积砂金矿床、古砂金矿床和脉金等三种。早期的采金技术,一般都是"沙里淘金"[2],也有学者认为应是利用地表的天然金块[3]。不管哪一种采金方法,都必须将自然金先行熔化或熔合,此后才能制器或进一步施以各种加工。自然金不可能不经熔炼,那种认为用铅杵将金砂锤成颗块是没有根据的[4]。这表明,商代中国黄金制品的南北系统,都是在掌握了黄金开采技术和自然金熔炼技术以后兴起的。

从黄金的熔炼方面看,黄金的熔点为1063℃,比纯铜的熔点1083℃稍低,而比青铜的熔点要高。商代已是青铜时代的高级发展阶段,它是在掌握了纯铜冶炼术的基础上发展而来的。在二里头遗址三区发现的一件铜锛[5],含铜98%,几乎接近纯铜[6]。在郑州二里岗铸铜遗址和同一时期的湖北盘龙城铸铜遗址均发现了炼铜原料铜矿石或孔雀石(氧化矿物)[7],在湖

---

[1] R. F. Tylecote, *A History of Metallurgy*, 1976.

[2] 北京钢铁学院《中国古代冶金》编写组:《中国古代冶金》,北京:文物出版社,1978年,第95页;夏湘蓉、李仲均、王根元:《中国古代矿业开发史》,北京:地质出版社,1980年,第298、302—304页。

[3] R. F. Tylecote, *A History of Metallurgy*, 1976.

[4] 华觉明:《中国古代金属技术——铜和铁造就的文明》,郑州:大象出版社,1999年,第450—451页。

[5] 中国科学院考古研究所二里头工作队:《河南偃师二里头遗址三、八区发掘简报》,《考古》1975年第5期。

[6] 中国社会科学院考古研究所:《新中国的考古发展和研究》,北京:文物出版社,1984年,第324页。

[7] 廖新民:《郑州市发现的一处商代居民与铸造铜器遗址简介》,《文物》1957年第6期;湖北省博物馆:《盘龙城商代二里冈期的青铜器》,《文物》1976年第2期。

南石门皂市相当于从二里岗到晚商的遗址内还发现过不少铜块[1], 殷墟发掘中也常常发现孔雀石, 其中最重的一块达18.8公斤[2]。在广汉三星堆祭祀坑中, 曾出土大量翻模铸范用的泥芯（内范）及青铜熔渣结核, 遗址内还出土大量厚胎夹砂坩埚[3], 证明当地曾有大型青铜器铸造中心, 并意味着三星堆文化已达到首先炼出金属铜、锡, 再将金属铜、锡同炉而冶的青铜时代高级阶段[4], 表明早已掌握了纯铜冶炼技术, 为黄金熔炼准备了温度和技术条件。因此, 商代中国南北系统均已掌握了黄金熔炼技术, 这是毫无疑问的。安阳殷墟和广汉三星堆均出土了金块, 均是将自然金熔化后铸成块状的, 确凿无疑地表明了这一事实。由此还可以看出, 中国早期黄金制品的制作, 是在进入青铜时代以后, 而不是以前。

在黄金制品的最早阶段, 一般是直接将砂金在坩埚中熔化后铸成小件饰物, 经过相当的发展后, 才有可能进一步发展出捶制技术。这一点, 已为玉门火烧沟夏代黄金"鼻饮"、耳环均非捶制品的情况所证实。平谷刘家河出土的金笄, 从器表及断面观察, 似为铸件[5]。同出的两件臂钏系用0.3厘米的金条制成。与金笄相比, 有可能金臂钏是先将砂金熔化铸成金条后, 将两端捶成扇面形, 然后弯曲而成的。同出的金箔残片则表明已掌握了捶制技术。昌平雪山村和平谷刘家河出土的喇叭形金耳饰亦当为铸件, 其制作方法当与夏家店下层文化出土的同形青铜耳饰相同。喀左和尚沟出土的两端扇面形金臂钏, 其制作方法应同于刘家河, 先铸造而后施以捶

---

[1] 高至喜、熊传新:《湖南商周考古的新发现》,《光明日报》1979年1月24日。
[2] 刘屿霞:《殷代冶铜术之研究》,《安阳发掘报告》1933年第4期。
[3] 陈显丹:《论广汉三星堆遗址的性质》,《四川文物》1988年第4期。
[4] 段渝:《四川通史》第1册, 成都: 四川大学出版社, 1993年, 第105页。
[5] 北京市文物管理处:《北京市平谷县发现商代墓葬》,《文物》1977年第11期。

打。至于安阳殷墟和藁城台西发现的金叶和金箔，则均为捶打后切片而成的，台西金箔还出现了模压云雷纹的技术，在工艺上比上几例均更成熟一些。可见，北方诸系统在技术上都已超过了黄金制品的初期阶段，但发展不平衡，燕山南北以范铸为主，商文化及其亚区以先范铸后捶制为主。显然，商文化的发展水平更高。

与北方诸系统相比，南方系统三星堆文化的黄金制品在技术和加工工艺发展上显得水平更高一些，制作也更为精湛。比如金杖，根据其长度和直径计算，其金皮的展开面积为1026平方厘米。如此之大的金皮，又捶制得如此平整、伸展，在那一时代实属罕见，说明三星堆文化时期蜀人对黄金良好的延展性已有了充分认识。除捶制外，三星堆黄金制品还较多地运用了包卷、粘贴、模压、雕刻、镂空等深加工工艺和技术。再从金杖表面的平整度和光洁度分析，当时可能还运用了表面砑光工艺。它们无疑是中国古代黄金加工工艺和技术充分发展的科学结晶。

三星堆文化黄金制品的制作技术和加工工艺，有一些是商代北方系统所没有的，如雕刻、镂空、包金等技术，在北方系统的黄金制品中还没有发现。北方系统中包金的最早实例，目前所见资料应为浚县辛村西周早期卫墓所出矛柄和车衡端的包金以及兽面饰包金和铜泡[1]。这种情况似可说明，商代北方系统的黄金制品在技术和工艺水平上逊色于南方系统三星堆文化。这与北方系统尤其商文化高度发达的青铜器制作技术和工艺形成了强烈的反差。这种差异，很大程度上是由黄金制品在南北系统中的功能差异所决定的。

---

[1] 郭宝钧：《浚县辛村》，北京：科学出版社，1964年，第61页。

三、南北系统的功能差异

从南北系统各自出土的黄金制品看，它们在功能上的差异是一目了然的。

在北方诸系统中，燕山南麓和长城以外北方草原地区的两端扇面形金臂钏系统、喇叭形金耳饰系统，以及太行山以西黄河东岸的穿珠式金耳饰和黄金弓形饰系统，其黄金制品的唯一功能在于人体装饰。考虑到这些黄金制品多半从相同种类的青铜制品脱胎而来，因此可以基本论定，它们是作为那些相同种类青铜制品的艺术补充而被加以看待、使用的。当然，从另一个角度上看，也可以认为它们是相同种类青铜艺术的新发展。但不管怎样，它们的功能是人体装饰，属于生活用品，所反映的是审美观念，而不是意识形态观念。不过，从价值观上看，由于黄金制品的出土量普遍少于相同种类青铜制品的出土量，而且年代也较之为晚，因而就有可能反映了这几个系统已把黄金视为稀世之珍那样一种新的价值取向。

安阳殷墟和藁城台西属于金箔系统。在这个系统中，黄金制品虽是新出之物，但不论其作用还是地位都远在青铜制品之下。殷墟和台西的金箔均出土于墓葬，从出土位置看，这些金箔均是充作墓内木器或漆器上所附饰件之用的，既不在墓的中心位置，更无法与墓内形制丰富、制作精良而洋洋大观的各式青铜制品相比。台西墓地中出土金箔的M14，其墓主属于中下层统治者阶级，其身份是"巫医"[①]，相反，在大型墓内却无黄金制品出土，这也证明黄金制品的地位远在青铜制品之下。

事实上，商文化区出土黄金制品的数量是十分稀少的，绝大多数商墓

---

① 河北省文物研究所：《藁城台西商代遗址》，北京：文物出版社，1985年，第146—149页。

内都没有黄金制品出土，就连生前地位十分显赫的殷王武丁之妻妇好的墓内，也没有发现黄金制品，而在殷王室的文字档案甲骨文中，也全然没有关于贡纳、掠夺或使用黄金的片言只字记载。这种现象，无疑意味着商文化对于黄金持一种比较冷漠的态度，其价值取向并不倾向于黄金，而是倾向于富于传统的青铜。

与北方诸系统形成鲜明对照的是，黄金制品在南方系统三星堆文化中据有极高、极优越的地位，其地位甚至超乎青铜制品之上。关于这一点，可以从对金杖、金面罩功能的分析中获得足够清楚的认识[1]。在三星堆文化这个神权政体中，金杖是国家权力的象征物，代表着实际的政治权力，是集神权（意识形态权力）、王权（政治权力）和财权（经济垄断权力）为一体的最高权力的象征；在商文化中，象征国家最高权力的是用青铜制成的"九鼎"。在三星堆文化中，即使是用青铜制成的各级统治者即所谓"群巫"的头像，也要在面孔上覆以金面罩来显示其高贵和尊崇；在商文化中，黄金只配充作木器一类的附属饰件。由此不难看出两者之间重要的系统差异。十分明显，商文化和三星堆文化对于青铜与黄金的不同价值取向，恰恰是两个不同文化系统的不同价值观念的反映。

最后需要指出，商文化与三星堆文化之间的上述差异，并不表示两者文明发展水平的高低，只是反映了两者价值取向的不同。在"国之大事，在祀与戎"[2]的时代，人们赋予黄金和青铜不同的文化内涵和价值，是完全

---

[1] 段渝：《商代蜀国青铜雕像文化来源和功能之再探讨》，《四川大学学报》1991年第2期；《论商代长江上游川西平原青铜文化与华北和世界文明的关系》，《东南文化》1993年第2期；《政治结构与文化模式——巴蜀古代文明研究》，上海：学林出版社，1999年，第83—141页。

[2] 《左传·成公十三年》。

可以理解的，尤其不同文化之间所存在的这种差异，更不足怪。因此，商代南北系统黄金制品的功能差异，其实质是价值取向和价值观念的差异。

四、三星堆黄金制品的文化来源

为了进一步阐明成都平原文明的开放性，还有必要对三星堆一号坑出土的一件金杖及其文化源流进行分析。

（一）金杖与九鼎

古蜀王国用金杖标志至高无上的统治权力，这同中原夏、商、周三代的最高权力标志物是全然不同的。

金杖局部

三星堆一号坑内出土的用纯金皮包卷而成的金杖，全长142厘米，直径2.3厘米，金杖上端有46厘米长的一段平雕纹饰图案。出土时，金皮内侧存碳化木痕[①]。在距杖头约20厘米处，发现一穿孔的铜龙头饰件。推测此杖原为一柄金皮木芯铜龙头杖，金杖的性质，据称是一柄表示权力的王权杖。

古蜀文化考古证明，这根金杖不仅年代最早而且是第一次发现，在四川盆地找不到它发展演变的序列关系，这表明权杖不是古蜀文化的固有产

---

① 四川省文物考古研究所：《三星堆祭祀坑》，北京：文物出版社，1999年。

物。进一步扩大视野来看，还可以说它同样不是商文明的产物。

根据古文献记载，中国夏、商、周三代政治和经济特权的最高象征物是所谓"九鼎"。用九鼎代表国家权力，在三代已构成一脉相承的文化传统。关于这一点，《左传·宣公三年》有清楚的说明：

昔夏之方有德也，远方图物，贡金九牧，铸鼎象物，百物而为之备，……用能协于上下，以承天休。桀有昏德，鼎迁于商，载祀六百。商纣暴虐，鼎迁于周。德之休明，虽小，重也。其奸回昏乱，虽大，轻也。天祚民德，有所底止。成王定鼎于郏鄏，卜世三十，卜年六百，天所命也。周德虽衰，天命未改。鼎之轻重，未可问也。

在先秦两汉为数众多的古文献里，涉及九鼎的材料相当丰富。所有史料都表明，整个先秦时代帝王们都把鼎当作权力的最高象征，称之为"神鼎"[1]"宝鼎"[2]。九鼎的来历，古史传说记为"禹收九牧之金，铸九鼎"[3]，"禹贡金九牧，铸鼎于荆山下，各象九州之物"[4]。原是为控制天下九州的自然资源和财富，而将各地重要自然资源和各种财富制成图像，铸于鼎上，以征收贡赋，故曰"远方图物，贡金九牧，铸鼎象物，百物而为之备"。由于垄断了天下自然资源财富，垄断者自然就是最高统治者，而铸有图像的九鼎自然也就成为权力与财富的最高象征。

上引《左传》说明，三代间的每一次王朝代兴，九鼎均随之转移。

---

① 《汉书·郊祀志》。
② 《史记·封禅书》。
③ 《史记·封禅书》。
④ 《汉书·郊祀志》。

《墨子·耕柱篇》所记九鼎转移情况与此大同，"夏后氏失之，殷人受之，殷人失之，周人受之"①，这就是权力与财富再分配所带来的政权转移。史书记载周武王伐纣，"乃命南宫百达、史佚迁九鼎三巫"②。《史记·周本纪》还记载克殷后，周武王"封诸侯，班赐宗彝，作《分殷之器物》"，对殷周之际权力与财富再分配的情况作了直接的描述。春秋时楚庄王称霸，"观兵周疆"，"问鼎之大小轻重"③，也正是明确表示欲取周室而代之的政治意图。秦图王业，也要首先"据九鼎，案图籍"④。由此可见，九鼎在中原各王朝的象征意义，是与国家政权相等的。从考古资料看，商周确有形制众多的铜鼎，并已形成鼎、簋相配合的整套用鼎制度⑤。诚如郑德坤教授所说："是王朝正统性的象征，它们表示着实际的政治权力。"⑥可见，中原王朝从不以杖代表实际的统治权力。

可是，在关于古代蜀人的文献材料中，丝毫也见不到用鼎的记载。相反，考古资料却说明，商代成都平原的器物形制，例如陶器，是以小平底罐、尖底罐、高柄豆、鸟头把勺等为基本组合

三星堆小平底陶罐

---

① 《墨子·耕柱篇》。
② 《逸周书·克殷》。
③ 《左传·宣公三年》。
④ 《战国策·秦策一》。
⑤ 俞伟超、高明：《周代用鼎制度研究》，《北京大学学报》1978年第1、2期，1979年第1期。
⑥ 郑德坤：《中国青铜器的起源》，原载《香港中文大学中国文化研究所学报》第16卷，1985年。转引自《文博》1987年第2期，白先勇译。

的，明显地区别于以鼎、鬲、甗等三足器为基本特征的中原商文化。在三星堆祭祀坑中，虽然看到一些中原商文化因素，如尊、罍等器物，但绝无鼎出土。并且，即令是商文化的尊、罍等青铜器，在三星堆大型青铜器群中，也有着与商文化不同的使用功能。如三星堆青铜尊内就盛放着海贝，而不是像商文化那样用作庙堂盛酒的宴享之器。这些现象足以表明，无论在古代蜀人的观念还是实际政治生活中，鼎处于无足轻重的地位，绝未把它当作权力与财富的象征。

通观三星堆出土器物，能够全面代表王权（政治权力）与神权（宗教权力）以及财富的，是金杖。金杖杖首为青铜龙头，这十分重要。龙是古代中国自新石器时代以来神话的主体内容之一。龙有"能幽能明，能细能巨，能短能长，春分而登天，秋分而潜渊"[1]的神功，足以充当传递天地之间信息的神圣使者[2]。在被鲁迅称作"古之巫书"的《山海经》中，多次提到一龙或二龙充当天地人神间信息传递者的情况。《左传》《国语·周语》《史记·夏本纪》《淮南子》等古文献中，对龙的神功妙力亦多有渲染。因此，青铜龙头杖首无疑是蜀人巫师用的沟通天地人神的工具。三星堆二号坑出土的大型青铜立人，其衣饰上主要是阴刻龙纹，这也很能说明问题。

另一不可忽视的现象，是金杖杖身上面的三组人首、鸟、鱼平雕图案。我们认为，金杖杖身图案与龙头杖首在意义上是紧密扣合的，其功能是同一的。鱼能潜渊，鸟能登天，二者所具备的恰恰是龙的神化般功能。至于为什么用不同的动物形象来表现同一的功能，则在于龙的神话来自北

---

[1] 《说文·龙部》。
[2] 张光直：《美术、神话与祭祀》，郭净等译，沈阳：辽宁教育出版社，1988年，第51页。

方，鸟、鱼则是本地通神之物，是不同文化的复合。杖身图案人首戴冠双耳垂环，与二号坑所出青铜大立人极似，当是巫师形象的刻画，足见杖身所说明的事实，正是由鸟、鱼充当蜀巫交通天地人神的工具。再联系到两个祭祀坑所出器物均属于同一个大型礼仪中心的宗教或祭祀用器的性质，这一点就更加明白无误了。此外，两坑同出的大型青铜器群、金器和大量玉器，又都是极为宝贵的财富，其所有权非王者莫属，因此它们无疑同时也是权力的象征。所以，金杖的意义就不只是作为巫师借以沟通天地的神杖，同时也是作为王者权力与财富象征的王杖，可以说，商代成都平原的蜀人，就是用金杖来表示神权、政权和财富的。这三者的同时具备，也象征着蜀人首领所居的最高的统治地位。由此可见，成都平原的权杖与中原的九鼎在权力象征系统上是根本两样的。

根据考古调查和发掘，在甘肃、陕西西部、新疆等地发现若干四坝文化权杖头，其形态与近东和欧亚草原东部的塞伊玛—图尔宾诺文化的同类物非常相似[1]。学者认为："可以基本认定，权杖这种具有特殊功能的器具不是华夏文明固有的文化特质，应属外来因素。"[2]权杖头集中发现于夏商之际的西北地区，在中原则未发现。虽然中原黄河流域龙山文化时期以至夏商时期文化中可见自西北传入的塞伊玛—图尔宾诺文化的一些因素，如倒钩铜矛，但并没

西汉木鸠杖

---

[1] 梅建军、高滨秀：《塞伊玛—图尔宾诺现象与西伯利亚动物纹的起源》，《新疆文物》2003年第1期；李水城、水涛：《四坝文化铜器研究》，《文物》2000年第3期。
[2] 李水城：《权杖头：古丝绸之路早期文化交流的重要见证》，《中国社会科学院古代文明研究中心通讯》2002年第4期。

有发现权杖或权杖头，意味着夏商王朝并不使用权杖作为国家权力的象征物，因为中原王朝权力象征系统的核心是九鼎，夏商周三代均莫不如此。

从文献来看，中原王朝用杖的记载始于周代。《礼记》和《吕氏春秋》中曾提到用杖之事，称为"几杖"，是供老人专用的。至于《续汉书·礼仪志》中提到的"王杖"，实为"玉杖"，它同样也是授予年高"致仕"的卿大夫以上官员的，虽有尊崇，却无实际权力。这些杖的杖首，多为鸠形①，据说是由于"鸠者，不噎之鸟也，欲老人不噎（故授鸠杖）"②。尽管考据家们对鸠形杖首的来历各说不一，但从其功用来看，从传统中医观点出发，以鸠作食疗，可保养老人咽喉③这一说法，或许是比较合理的。

陕西澄城刘家洼出土春秋时期金权杖头、铜权杖尾

以上说明，权杖在成都平原的出现，一方面与成都平原固有文化无关，另一方面也绝不是商文明的产物，而且也与四坝文化的四羊杖首无关。我们认为，从世界文明中权杖的起源和传播这一视角进行分析，就有可能解决成都平原权杖来源的问题，同时阐明青铜雕像文化的来源，并再次揭示出成都平原文明所包含的广泛的世界意义。

---

① 林剑鸣：《简牍概述》，西安：陕西人民出版社，1984年。
② 《续汉书·礼仪志》。
③ 陈世桂：《"鸠杖"考古话敬老》，《历史知识》1988年第1期。

（二）金杖与近东文明

世界上出现的第一具杖，是西亚欧贝德文化第四期（Ubaid IV，约公元前4000年前期）埃利都神庙第7—6层的墓中所发现的一件男子雕像手中所握的杖。这根杖的杖式为短杖，无杖首，约当雕像一肘之长。学者们推论："这种男性氏族长或部落长，手里的小杖，显然是后世王杖或权标的起源。"① 在此后不久，西亚地区从这种小杖发展而来的真正的王权杖逐渐增多，实物遗留下来不少。在今以色列境内的比尔谢巴出土了公元前3300年的砷青铜杖首，在死海西岸恩格迪南部的洞穴中发现一个窖藏，内有砷青铜权杖首240枚②。在保存至今的许多石刻、雕塑等艺术品中，也常常可以见到各种权杖。青铜时代的西亚，用权杖表示王权和神权的传统，在当时的石刻、雕塑等艺术品中比比皆见，如著名的汉谟拉比法典石碑上半部浮雕上的太阳神像，左手中就握着一柄无杖首的短杖。这幅浮雕证明，所谓权杖，不单单是世俗的王杖，而且还是神杖，标志着神的权力。这种传统一直保持到后来很久。

埃及出现权杖的年代明显晚于西亚，并且有可能是受西亚文明的影

汉谟拉比法典顶部浮雕

---

① 世界上古史纲编写组：《世界上古史纲》上册，北京：人民出版社，1979年，第121页。

② R. F. Tylecote, *A History of Metallurgy*, 1976.

第八章　黄金文化与南方丝绸之路

美尼斯的蝎王权标头　　　狮鹰石灰石权杖头　　　西帕儿的沙马什铭文权标头

响才开始使用的。在古埃及格尔塞文化（Gerzean Culture，约前3500—前3100）末期，开始出现圆盘形、梨头形等形式的权标头（Macehead）。在举世闻名的希拉康坡里遗址（Site of Hierakonpolis）神庙地面下发现埋有大量远古文物的所谓"大宝藏"中，出土了数十件标志王权的权标头，其中最为著名并为埃及学家们引以为豪的，有蝎王权标头（Macehead of King Scorpion）、纳尔迈权标头（Macehead of King Narmer）。希拉康坡里第100号墓（画墓）西墙所绘彩色壁画上，最引人注目的是一位高举权标头的大人物[①]。这一时期埃及的权标，从纳尔迈调色板（Obverse of King Narmer's Palette）和登王时期一个象牙图刻上的形状来看，在形制上几乎与西亚欧贝德文化晚期

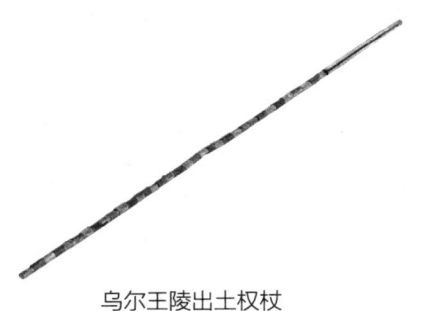

乌尔王陵出土权杖

---

① 参阅H. Frankfort, *The Birth of Civilization in the Near East*, 1954；H. R. Hall, *The Ancient History of the Near East*, 1947；《世界上古史纲》上册；《中国大百科全书·考古学卷》，1986年。

437

·南方丝绸之路与欧亚古代文明·

纳尔迈调色板

发现的完全一样,不过杖首是梨头形。但西亚苏美尔早王朝中期也有类似的"基什之王麦西里姆"双狮权标头[1]。在乌尔王陵,还发现了装饰着黄金、贝壳和青金石的权杖,没有杖首[2]。从这一时期的历史来看,西亚对古埃及文化有许多重要影响,包括希拉康坡里第100号墓的壁画,相当多的衣冠服饰都来自西亚,这无可非议。同时,冶金术也是在此期间或其前不久由西亚穿越西奈半岛进入埃及的,埃及铸铜业所需的大量铜料也仰给于西亚地区特别是叙利亚的铜矿。因此,我们说埃及权标的文化传统渊源于西亚,是有根据的。

然而,至少从第四王朝第三位法老凯夫伦(Chefren)开始,法老手握的权杖在形制上出现重要变化,不再是那种短小而带有梨头形杖首的式样,而变得杖首细长且无杖首[3]。第六王朝法老佩比一世宏大的青铜雕像手中所握的权杖,同样也是杖首细长,高度比肩而无杖首[4]。新王国第十八王朝法老图坦哈蒙位于"王谷"的陵墓中,则发现了众多不同形制的权杖[5]。从形制上分类,王朝时代埃及法老的权杖,有曲柄杖(长、短两种)、短

---

[1] G. A. Barton, *The Royal Inscriptions of Sumer and Akkd*, 1929, pp.2–3.
[2] Susan La Niece, *Gold*, London: The British Museum Press, 2009, p.27.
[3] G. Mokhtar ed., *General History of Africa*, Vol.II, 1981, p.108, Plate 2.la.
[4] J. Ki-Zerbo ed., *General History of Africa*, Vol.I, 1981, p. 729, Plate 28.3.
[5] A. T. White, *Lost Worlds*, 1956.

第八章　黄金文化与南方丝绸之路

杖（有杖首、无杖首两种）和长杖。从那一时期遗留下来的实物、雕像、壁画等所表现的内容分析，最显赫的无疑是那种高度齐肩的细长权杖。比较而言，这种细长的权杖很有可能是埃及法老们由于环境和地位的变化而对政权最高象征物在技术上所作的改进。因为王朝时代以前的各种带有权标头的短小王杖，除了象征统治权外，另一个重要功能是作为打击敌人的武器。纳尔迈调色板和登王象牙图刻上，都明确无误地表现了纳尔迈和登王亲临前线，血战沙场，而后或者由于政权的巩固，权威的树立，从而对权杖进行了改制。权杖形制从短变长并取消了权标头，其含义正在于最高统治者对战场的脱离，并意味着统治权力的提高。后来的短杖以及其他形式的权杖，都不过是为适应不同的仪式和宴会场面设计的。与其最初功能相比，意义已经因时而变了。

至于古代爱琴海文明中，古希腊、古罗马的贵族统治者们手握带有

图坦哈蒙雕像

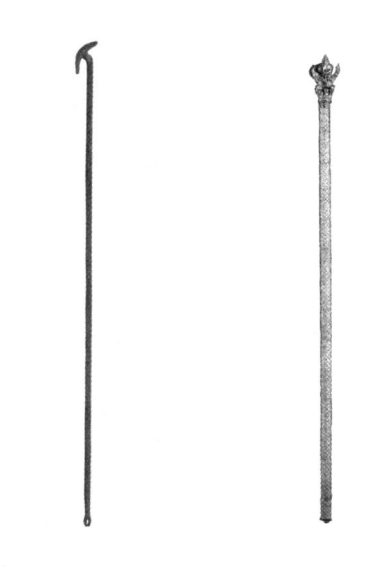

古埃及第十二王朝时期木权杖　　古埃及第十二王朝时期木权杖

439

权标头的短小权杖的情形①，已早为人们所熟知，这无疑也与西亚文明特别是冶金术通过小亚细亚、安那托利亚跨海向东南欧的传播有关。

以上扼要说明，杖这种原本普通的器物作为政治、军事、经济、宗教等独占权力的特殊象征物，原是西亚的一种地方性文化传统。随着西亚文明之风的四向吹拂，主要是冶金术向北非和欧洲大陆的传播，这种权杖文化因素也被带至世界其他文明地区。古埃及、爱琴海诸文明无不深受此风影响。后来的历史还证明，世界上许多地区、国度，都先后使用权杖代表至高无上的统治权。追根溯源，大概都与西亚文明有着直接或间接的关系。

意大利普利亚赫拉神庙金权杖杖首

从其他文化要素分析，三星堆出土的青铜神树、黄金面具等，都不是商代成都平原以至商文化的产物。在西亚著名的乌尔王陵殉葬品中，发现黄金制成的"神树"②。埃及古王国时代的一幅浮雕上也刻着满是飞禽走兽的大树③。在古代爱琴海克里特人的宗教仪式中，女神的标志是神圣的树、树枝和鸟，一幅克诺索斯壁画的宗教舞蹈场面上，就醒目地画着几棵这样的神树④。至于黄金面罩，也是最早产生在美索不达米亚。乌鲁克（Uruk）文化期娜娜女神庙的大理石头像，据说曾覆以金箔或铜箔。叙利亚毕面勒

---

① Susan La Niece, *Gold*, London: The British Museum Press, 2009, p.27.
② C. L. Woolley, *The Regal Cemetery*, 1934.
③ R. Willis, *Western Civilization: An Urban Perspective*, Vol.1, Cengage Learning, 1981, p.42.
④ 兹拉特科夫斯卡雅：《欧洲文化的起源》，陈筠等译，北京：生活·读书·新知三联书店，1984年，第107—108页，图28。

金公牛竖琴　　　　　　　乌尔王陵金公牛头

神庙地面下发现的一尊青铜雕像，也覆盖着金箔。在伊拉克，还发现头部和双臂覆以金箔的青铜人物雕像。西亚艺术中的许多雕像都是饰以金箔的。如乌尔王陵出土的牛头竖琴，牛头即以金箔包卷；另外的几尊金牛雕像，也以0.5—2毫米的金箔包卷覆盖，明显地是一种文化传统[1]。埃及的黄金面罩，最驰名的是埃及新王国时期法老图坦哈蒙的用纯金打制而成的栩栩如生的葬殓面具和木乃伊金棺等[2]。迈锡尼文明也发现不少黄金面罩，覆盖在死者头部。这种文化形式，被认为是受到古埃及文化的影响。从宗教或祭祀仪式角度看，它们与三星堆青铜神树和黄金面具的意义是何其相似，这种文化现象如出一辙。

前面已经证明，不论夏商王朝还是三星堆之前的古蜀都没有使用权杖象征统治权力的政治文化传统。商代晚期三星堆文化出现的金杖，其意义、

---

[1] R.F. Tylecote, *A History of Metallurgy*, 1976.

[2] G. Mokhtar ed., *General History of Africa*, Vol. II, 1981, p.109.

功能与近东文明毫无二致，而在年代上则远远晚于西亚和埃及。根据西亚权杖的起源和传播情形推断，古蜀文明权杖极有可能是由西亚或埃及，通过南亚文明区辗转传播而来的。其途径，应是沿南方丝绸之路滇缅道①，先由西亚到中亚，再由中亚经巴基斯坦、印度、缅甸进入中国云南转入成都平原。成都平原金杖用金皮包卷杖身，用青铜铸成杖首，亦与西亚和埃及大量使用黄金和青铜的特点相符合。由于三星堆金杖的形制呈细长形，有杖首，看来有可能是融合了西亚和埃及两大文明的特色制作而成的。

三星堆金杖又显示出一些中国北方草原及逶迤而南的中原地区的文化色彩，这就是龙头形杖首。考古发现告诉我们，中国最早的龙是发现于内蒙古大草原敖汉旗兴隆洼的一件陶器上的龙纹②，而到夏商时代，龙的神话和龙的形象已在中原地区得到广泛传播，以至成为王朝兴衰的一种象征③。三星堆遗址出土的以大量通体磨光、加工精整的小型磨制石器为特色的主要生产工具，恰恰暗示着它与长城以北的以细石器文化为特色的北方草原新石器文化之间所存在的某种关系。三星堆大量夏商风格的玉质礼器又无可争辩地展现了它与中原地区的较为直接的文化交流。这两者，对于我们认识龙头形杖首的文化内涵无疑具有重要意义。因此可以说，成都平原金杖反映的文化因素是多方面的，其杖式反映了西亚和埃及文明因素，其杖首形制却反映了中国北方草原和中原商文明因素。由此可见，三星堆文化的内涵绝非单一的，而有着多元文化来源的性质，它是一种来源广泛的复合型文明，这是应有的结论。

---

① 藤泽义美：《古代东南亚的文化交流——以滇缅路为中心》，《南亚与东南亚资料》1984年第5辑。
② 陆思贤：《龙起源于七八千年前的内蒙古》，《光明日报》1987年12月14日。
③ 《史记·夏本纪》《国语·周语》。

| 第九章 |

城市文明与南方丝绸之路

城市是文明时代的重要标志。"文明"（Civilization）一词，来源于拉丁文Civis和Civatas，意指城市居民和社会，含有"城市化"或"城市的形成"等意义。城市一旦形成，便意味着史前生产方式和村落生活方式的基本结束，标志着新的生产方式、社会组织和城市生活方式的出现，宣告了文明时代的来临。正因为城市对文明社会具有特殊意义，戈登·柴尔德（V. G. Childe）才将社会从史前进入文明的巨大变革称为"城市革命"[1]。显然，研究古代文明的起源和形成，不能不着力研究古代城市的起源和形成。

这里论述的古蜀古代城市，既不等于中国封建时代的城市和欧洲中世纪城市，也不等于近代以来的城市。"古代城市"这个概念，是指城乡分化初期阶段的城市，即"早期城市"或"最初城市"。

早期城市的概念很难界定。尽管如此，正如柴尔德所说，"有10个

---

[1] V. G. Childe, *Man Makes Himself*, New York, 1948.

以考古学材料演绎出来的抽象标准，可以把甚至是最早的城市与任何过去的或当代的村庄区别开来"。它们是：（1）大型居住区；（2）人口构成和功能与任何村庄都不同；（3）剩余财富的集中化；（4）巨大的公共建筑；（5）从事非体力劳动的统治阶级；（6）文字；（7）历法学和数学；（8）专职艺术家；（9）对外贸易；（10）以居住区而不是以亲属关系为基础的政治组织[1]。美国文化人类学家R. M. 亚当斯认为，城市形成过程中最本质的转变是社会组织领域内的变化，即社会的规模扩大，复杂性增加，同时在政治上和宗教上都有新的机构出现[2]。柴尔德的演绎抽象，正如C. 伦福儒评论的那样，强调了各种因素之间的相互关系，是一种具有普遍性的模式[3]。亚当斯着重强调政治组织领域内的结构性变化和机制转变，他的论述也建立在对中美洲、秘鲁和美索不达米亚早期文明进行分析的基础之上，同样具有广泛的适用性。

具体从考古学文化上来界定早期城市，苏联学者В. И. 古梁耶夫根据对古代东方和中美洲古代文明材料的研究所提出的看法是值得重视的。他认为古代城市形成的标志和特点是：（1）出现了统治者及其王室居住的宫殿群；（2）出现了宏大的寺庙和圣所；（3）宫殿、寺庙建筑群与平民的房舍隔离开；（4）圣区与住宅区明显不同；（5）具有奢华的王陵和墓葬；（6）产生了大型艺术品；（7）有了文字（碑铭石刻）；（8）数量上

---

[1] 戈登·柴尔德：《城市革命》，载《当代国外考古学理论与方法》，西安：三秦出版社，1991年，第1—12页。

[2] 罗伯特·M. 亚当斯：《关于早期文明发展的一些假说》，载《当代国外考古学理论与方法》，西安：三秦出版社，1991年，第33—42页。

[3] 科林·伦福儒：《对考古学解释的反思》，载《当代国外考古学理论与方法》，西安：三秦出版社，1991年，第323—343页。

的标志是：大型广场、大量住宅和公用房屋、较密集的居民等[①]。

西方人类学家和历史学家还普遍认为，城市革命进程中其他的一些重要特征还有：在特殊的及相互依存的地区间进行商品交换和商品再分配的机构；通常是在城市革命的核心部分形成以后，人口才有所增加[②]。这些分析，同柴尔德、亚当斯、古梁耶夫的看法基本一致，也是界定早期城市的通行准则。

上述关于早期城市的各项界定标准，多数具有普遍性，对于中国早期城市的确认以及早期城市形成过程的研究，有着重要的借鉴意义和参考价值。根据考古、文献资料并参照上述理论进行分析，可以有把握地确认，在殷商时代，以成都平原为本土的蜀王国即已产生形成了两座早期城市，这就是广汉三星堆古城和早期成都。

一、三星堆古城的发现与确认

20世纪80年代以来，三星堆遗址的重要性日渐为四川省学术界的各个考古机构所认识。1987年，四川省文物考古研究所在三星堆建立了工作站，负责遗址的保护、发掘和研究工作，学术界对三星堆遗址与蜀王故都的关系逐渐有了深入而明晰的认识。

20世纪80年代的考古发掘，在蜀王故都的探索上取得了一系列令人瞩目的突破性成果。首先是探明了三星堆遗址的分布范围：东起回龙村，西至大堰村，南迄米花村，北抵鸭子河，总面积约达12平方公里。分布最集

[①] В.И.古梁耶夫：《玛雅城市国家》，莫斯科，1979年，第14—15、19页。
[②] 《简明不列颠百科全书（第15版）》第2卷，北京：中国大百科全书出版社，1985年，第271页。

中、堆积最丰富的地点，有仁胜、真武、三星、回龙四村。其次，找到了相当于夏商周时期的房屋基址40余座、陶窑1座、灰坑100多个、小型墓葬4座。再次，发掘出大量陶器、玉石器。尤其是一、二号祭祀坑，出土青铜人立像、青铜面像、青铜头像、青铜神树、青铜龙、青铜蛇、青铜夒、青铜凤、青铜鸡，以及金杖、金面罩、象牙、海贝等稀世珍品上千件。另一重大发现，便是三星堆城墙的发现与确认[①]，为蜀王故都的重见天日提供了铁的证据。

1988年以后，四川省文物考古研究所对三星堆遗址内东、西、南三面的土埂进行了全面调查和试掘工作，获得重大成果。试掘探明，城墙横断面为梯形，墙基宽40余米，顶部宽20余米。墙体由主城墙、内侧墙和外侧墙三部分组成。在主城墙局部，使用土坯砖，这是我国城墙建筑史上发现的使用年代最早的土坯垒筑城墙的实物例证。调查和勘测结果表明，被城墙所围的城圈范围，东西长1600—2100米，南北宽1400米，现有总面积3.6平方公里。面积超过郑州商城内城。城墙无转角，不封闭，北面以鸭子河为天然屏障。在古城的中轴线上，分布着三星堆、月亮湾、真武宫、西泉坎等四处台地。文化堆积层较丰富、集中。1929年出土的玉石器坑和1986年出土的两个大型祭祀坑，都位于这一中轴线上，说明这个区域是三星堆蜀国都城最重要的宫殿区。在城墙夯土内发现的陶片，均属三星堆遗址第一期。东城墙和南城墙内侧，发现城墙夯土压在三星堆一期（相当于龙山文化时期）的文化层之上，同时又被三星堆二期（相当于夏代至商代早期）偏晚文化层所叠压。从地层分析，三星堆城墙的时代相当于早商

---

① 《三星堆遗址》，《考古学报》1987年第2期；《广汉三星堆遗址一号祭祀坑发掘简报》《广汉三星堆遗址二号祭祀坑发掘简报》，分载《文物》1987年第10期、1989年第5期；陈德安：《三星堆遗址的发掘与研究》，《中华文化论坛》1998年第2期。

时期①。

这次调查、勘测和试掘，确认了三星堆城址是夏代晚期至商代蜀国的都城，使数十年以来学者们对蜀王故都的探索获得了突飞猛进的发展，整个学术研究呈现出一派欣欣向荣的景象。

关于蜀王故都，历史文献记载显得过分简略了。三代蜀王的故都所在，蚕丛、柏濩两代完全没有什么材料传世，至于鱼凫王的故都，文献记载也是浑浑噩噩，似乎所在皆有。《蜀王本纪》说：

鱼凫田于湔山（按：今都江堰市境内），得仙，今庙祀之于湔。

《华阳国志·蜀志》也说：

鱼凫王田于湔山，忽得仙道，蜀人思之，为立祠。

按照《左传·庄公二十八年》具有权威性的解释：

凡邑，有宗庙先君之主曰都，无曰邑。

东汉刘熙的《释名·释州国》也说：

国城曰都。都者，国君所居，人所都会也。

---

① 陈德安、罗亚平：《蜀国早期都城初露端倪》，《中国文物报》1989年9月15日。

既然蜀人在今都江堰市境内的湔山建立了鱼凫王庙，那么，那里似乎便是鱼凫王的故都所在了。

可是，持不同见解者大有人在。唐人卢求的《成都记》[①]、宋人罗泌的《路史·前纪》都不以为然。这两部书共同说道：

鱼凫治导江。

"导江"在都江堰市南，与湔山并不在一个地点。不过，从大范围来看，两地都在今都江堰市境内，差距不太大。

宋人孙松寿的说法，差距就很大了。他在《观古鱼凫城诗》的自注中写道：

温江县北十五里有古鱼凫城。

清嘉庆《温江县志》充分肯定这一说法：

（鱼凫王城）在县北十里。俗称古城埂。

这几种说法，孰是孰非，自古以来，人们并没有做过认真的辨析。

所幸的是，科学的考古学为我们提供了探索古蜀王国秘密线索的钥匙。三星堆遗址的发掘，大批文化遗物的出土，大量文化遗迹的揭露，尤其是古老城墙的发现，证实了上述古籍所载蜀王故都的虚幻性。因为，一

---

① 曹学佺：《蜀中名胜记》卷六引。

座金碧辉煌的蜀王故都，已真真切切地展现在我们眼前。

三星堆文明的再发现，举世瞩目。但是，要确切证实三星堆古城是古蜀王国的故都，还需要进行深入细致的论证工作。

三星堆古城址的现存总面积为3.6平方公里。这样大的古城占地面积，即使在当时（早商时期）的全中国范围内，都是极其罕见的。城墙体的高大、坚厚，反映出可供支配、征发和役使的劳动力资源相当充足，进而可知居住在城内的统治者必然高高在上，统治着数量庞大的人口，控制着丰富的自然资源、生产资源和社会财富。城圈的广阔，其实质是意味着城圈以内复杂社会的形成，表明其中的生活方式已经截然不同于史前的乡村，城圈内部的社会组织、政治结构以至整个社会的控制系统和运作机制，都已远远超出史前酋邦的水平。再结合对为数众多的直接生产者和从事非生产劳动的专业技术人员（比如各种艺人）的有效统治以及对自然资源、生产资源和社会财富的高度控制来看，一个具有集权性质的政府组织显然已经形成。

在三星堆古城以内已经发掘清理的房屋密集的生活区中，出土了大量陶质酒器、食器和玩物。发掘清理的房屋遗迹，既有平民居住的面积仅10平方米左右的木骨泥墙小房舍，又有权贵们居住的面积超过100平方米的穿斗结构大房舍和抬梁式厅堂，还发现了面积达200平方米的超大型房屋，更发现了面积达800平方米以上的青关山大型建筑基址。几种房舍的区别，揭示出其间深刻的阶级分化。在生活区内，发现了纵横交错的排水通道，出土大量青铜艺术品和工艺陶塑制品、乐器等，还出土大批玉石礼器和雕花漆木器，出土双手反缚、跽坐的石雕奴隶像，相反却缺乏农业生产工具[①]，

[①] 林向：《蜀酒探原》，载《南方民族考古》第1辑，成都：四川大学出版社，1987年。

表明这些区域是贵族统治者们的居宅。这就与其他仅出土大量生产工具、成品半成品和手工作坊遗迹的区域，形成了鲜明的对照。同时也展示出建筑群依照房舍主人身份的贵贱高低进行分区的景象。

三星堆一、二号祭祀坑出土的上千件青铜器、金器、海贝、象牙和玉石礼器，无一不是权势与财富的代表和象征。它们显然绝对属于城内的核心统治集团所拥有。与此形成强烈对比的是，在遗址内发掘出的4座墓葬，基本上谈不上有随葬品，更不用说有什么金银财宝。这当中的区别，透露出严重的贫富分化、阶级分化和严酷的阶级剥削的实质。

高耸的城墙、城墙外围深陷的壕沟，是阶级冲突加剧的象征。遗址内一些出土陶器上的早期文字符号①，是脑力劳动与体力劳动分野的标志。在三星堆遗址周围12平方公里范围内，分布着10多处密集的古遗址群，文化面貌与三星堆遗址相同。这些遗址群，既与三星堆古城相连，又被三星堆高大的城墙隔开。它们毫无疑问是三星堆古城直接统治下的广大的乡村群落。古城内的粮食、生活用品和一应物品，多来源于此，取之于此。这正是古代城乡连续体业已形成的最显著实例。三星堆古城，显然首先就是作为这片广阔乡村的对立物，从中生长、发展起来，并凌驾在它们之上，对它们实施直接统治的。

古蜀地区各种生产资源、社会财富和富于战略意义及宗教神权巨大权威的自然资源，向着三星堆古城的单向性流动和高度汇聚，表现出三星堆古城对整个蜀文化区的高度凝聚力、向心力和高度的社会控制；而蜀文化区各地的青铜兵器等军事装备，又是从三星堆古城呈反向性地流向各个次

---

① 林向：《三星堆遗址与殷商的西土》，《四川文物》"三星堆研究专辑"，1989年；段渝：《巴蜀古文字的两系及其起源》，《成都文物》1991年第3期。

级邑聚、边缘地区和军事据点，表现出三星堆古城对整个蜀文化中专职暴力机构和军队的强有力控制与指挥。这两种现象确凿无疑地说明，在古蜀王国的巨大社会控制系统中，起决定作用的调控枢纽是凌驾于全社会之上的国家政权，其核心是王权与神权。

以上所有的因素，无不揭示人口集中的大规模化，人口结构中非直接生产者的大量产生，剩余财富的集中化，商业关系的广泛建立和远程贸易的产生，社会分层的复杂化和阶级社会的形成，大型居住区与贫民窟的对立，巨型宗教礼仪中心的建成，文字的产生和使用，专业艺人队伍的存在以及神权与王权的强化和统治机器的专职化、制度化，如此等等。所有这些物质的和非物质的因素，整合起来看，正是业已形成为一座早期城市的最主要标志，构成一幅城市文明的清晰图景。

即令从经济进步的角度来认识，三星堆古城所拥有的大规模青铜器生产、玉石器生产和金器制作以及昌盛的酿酒业、建筑业等，无不显示出远远高于史前村落的经济发展程度。因此，作为城市化机制的核心，三星堆遗址也十分清楚地表现出它作为多种产业生长点和地区的增长中心的特点。因此毫无疑问，三星堆应是一座典型的古代中心城市，即都市，也是古蜀文明的高级中心之所在，权力中心之所在，即古蜀王国的都城。

二、三星堆古城的形成

广汉三星堆古城的形成过程，从一开始就表现出强烈的神权政治中心性质，以神权政体为中心的社会组织和政治机构，在城市形成进程中发挥着核心的聚合作用。

三星堆城墙的墙体异乎寻常地厚实，基部厚40米，顶部厚20米。如此牢固宽大并具永久性的城墙，其功能和用途是什么？不少学者以为其本身就是防御体系，是为拱卫蜀王之都而营建的。这种解释未必恰当。三星堆城墙固然高大坚厚，但它内外两面却都是斜坡，横断面呈梯形，与郑州商城决然不同，这种形制根本不可能适用于战争防御[①]。况且，从城墙剖面的文化遗物面貌和碳-14测年数据来看，似乎几道城墙的筑成年代有先后早晚之分。如此，视其为防御体系，将更加失去依据。有学者认为城墙与防御洪水有关，其功能之一便是作为堤防。可是从地形和位置看，东西两道城墙分别纵贯于鸭子河与马牧河之间，其横断面分别正对南北的两道河流，却不是以其纵断面朝向河流，很难起到御水的作用。南城墙虽与马牧河几字形弯道的东边相平行，然而马牧河弯道却又在城圈以内，因此也难以起到堤防的作用。

　　解释三星堆城墙的功能和用途，最好是联系城内有关文化遗存加以综合研究。迄今为止的三星堆考古发掘中，很少见到实战所用的兵器，即或有其形制，也多属仪仗、礼仪用器，例如玉戈、玉匕、无刃的三角形齿援青铜戈等，而标志宗教神权及其礼仪活动的各类陶制品、玉石制品、黄金制品和青铜制品，出土却极为丰富。强大的宗教神权，显然是同城墙一道与生俱来的。城墙始建年代为三星堆遗址二期，恰恰在这一期中，遗址内开始出现一种很有特色的鸟头柄勺，鸟头长喙带勾，形似鱼鹰，与史籍所述商代蜀王鱼凫的形象惊人的相似。这种鸟头柄勺，绝非一般的普通实用器，而是鱼凫氏蜀王国在特殊的宗教礼仪场合用以舀酒的神器。这种神器与城墙同时出现的现象，暗示着两者之间具有某种不可分割的内在联系。将它们系结在一起的纽带，正是宗教神权。

---

① 段渝：《关于长江文化研究的几点思考》，《东南文化》1992年第1期。

第九章　城市文明与南方丝绸之路

可以表明三星堆城墙所具宗教性质和神权象征性的，还有若干其他证据，其中重要的是三星堆遗址文化内涵的变化。三星堆遗址分为四期，第一期为新石器文化，第二期以后进入早期文明。引人注目的是，在第一、二期之间，文化面貌出现了显著变异，反映了社会结构及其运作机制的突变，这种突变是另一支文化战胜土著文化的结果。作为这种文化征服后果的直接表现形式，最引人注目的便是巨型古城的诞生和鸟头柄勺的出现，两者最恰当不过地表明了社会组织领域内的本质性变化，以及政治上宗教上新的机构的出现。结合《蜀王本纪》《华阳国志》等古文献分析，这种转变来自鱼凫王对蚕丛、柏濩的征服，并在这个基础上创立了以鱼凫王为核心的宗教神权政体——古蜀王国。作为这个宗教神权政体的象征性神器——以鱼凫为形象制成的鸟头勺柄，在这一时期的突然出现，绝不是偶然的。城墙的营建，目的正在于适应这个新政体的宗教神权性质。城墙既然不足以构成防御体系，它的首位功能又不是御水，那么就只能合理地解释为宗教性建筑，神权统治者通过它那庞大的物质形式所产生的巨大威慑力量，来炫耀神权政体至高无上的权威，并使王权在神权的庇护下达到充分合法化，借以实施严酷的阶级统治。联系一、二号祭祀坑内瘗埋的大批青铜器群、金器、象牙、玉石器来看，大型宗教礼仪活动和祭典等，有可能便是在宽阔的城墙上举行的。这种情形，与美索不达米亚文明、中美洲古代文明及印加文明城墙、城堡的功能近似。

由此可见，尽管鱼凫王征服蚕丛氏和柏濩氏的战争为三星堆成为古蜀国王都奠定了基础，然而在这座古城的聚合形成过程中，根本性的促进因素却是宗教神权。三星堆文化从夏代到商代的持续发展，城墙的连续使用和续有新筑，鸟头柄勺的始终存在和精益求精，以及金杖、金面罩、青铜雕像群、玉石礼器等神权政治产物的出现，都是同这座城市从聚合成形到

453

规模不断扩大的发展进程相一致的。

三、三星堆古城的功能、结构与布局

商代三星堆蜀王都城规模庞大，聚集了大量人口。根据有关专家对中国早期城邑人口户数平均占地数值的研究，户均占地约为158.7平方米[①]，与《墨子·杂守》所记"率万家而城方三里"，即户均占地154.2平方米的实际情形基本吻合。按此人口密度指数估算，商代三星堆蜀都面积3.5—3.6平方公里，约有22698户。以每户5口计，约有113490人。这在当时确实算得上大城市了。

居住在三星堆蜀都内的众多人口中，可以依靠食贡获取消费品的，仅是王室、显贵等一小部分上层统治人物。不过他们使用的消费品的某些种类，尤其是奢侈品，如大宗象牙、海贝、玉料、黄金、铜锡原料等，仍须通过交换从外获取。中下层统治者虽可通过田产等解决衣食的主要来源，但也必须加入商品交换行列以获得田产或租税所无的各类商品。至于城市平民和工商业者，其主要衣食则必须仰给于市场。所有这些需要，都刺激了商品关系的发展和贸易网络的扩大，并推动了地区之间和不同类型生产性经济之间的各种经济关系的广泛建立。

考古发掘中，三星堆祭祀坑出土了大量来源于印度洋海洋文明的穿孔环纹货贝，即齿贝，与云南出土的贝币一致，也与商周贝币的功能相同，是用于商业贸易的一种货币。这表明，作为王都和神权政治中心，三星堆古城同时也积极发挥着组织贸易的功能。这种贸易，当主要是外贸。三星

---

① 林沄：《关于中国早期国家形式的几个问题》，《吉林大学社会科学学报》1986年第6期。

堆祭祀坑所出大型青铜人物雕像群、神树、黄金权杖和黄金面罩，其文化因素的来源就与近东文明有关，大量海贝也是原产于印度洋的深水产品，当是从中亚和印度、缅甸等地区引入的[1]。可见，作为古代都市，三星堆古城最大限度地发挥了其经济功能和对外文化交流功能。

在城市布局方面，三星堆蜀都的规划布局，目前还不能具体描述。可以知道的是，三星堆蜀都是以中轴线为核心加以规划、开展布局的，几个重要遗址如宫殿区和作坊区都分别位于中轴线的不同区段上。中轴线东西两侧，东西城墙以内，分布着密集的文化遗存。中轴线南端，南城墙内外，也发现密集的文化遗存。其中有些是生活区，揭露出大片房舍遗迹；有些是生产区，发现陶窑、石壁成品半成品、大量生产工具，遗址内发现的陶坩埚和铸造所遗泥芯[2]，表明有大型铸铜作坊。加上广阔的城圈，具宗教功能的雄伟的城墙，南城墙内的大型祭祀坑，这一切都使三星堆古城在总体规划和具体布局上显示出王都气象。宫殿区、宗教圣区、生活区、生产区，便构成商代三星堆蜀国都城平面规划的四个基本要素。在三星堆古城的西城墙外，还分布有墓葬区，但鱼凫王王族以及统治者显贵们的大型墓葬，至今还没有发现。

四、十二桥文化与金沙遗址：成都城市的形成

古蜀王国城市文明的曙光不仅从三星堆跃然升起，而且还从早期成都

---

[1] 段渝：《巴蜀文化是华夏文化又一个起源地》，《社会科学报》1989年10月19日；《古蜀文明富于世界性特征》，《社会科学报》1990年3月15日；《论商代长江上游川西平原青铜文化与华北和世界文明的关系》，《东南文化》1993年第2期。

[2] 陈显丹：《论广汉三星堆遗址的性质》，《四川文物》1988年第4期。

的地面上迸射而出。大量的考古资料说明，早期的成都，是一座稍晚于三星堆蜀王之都的起源形成但却与它同步繁荣发展起来的具有相当规模的早期城市。

早在20世纪五六十年代，考古工作者就在成都市青羊宫、羊子山、百花潭、天回山等地相继发现了古蜀文化的遗址、遗迹和遗物。在此之前，20世纪二三十年代还在成都白马寺发现大量蜀式青铜器。其中的许多文化因素，颇早于文献记载所说蜀王开明氏定都于成都的年代。这些考古材料，实际上为探讨成都这座早期城市的起源提供了重要依据。但由于古代文献和考古资料的限制，学术界还不可能设想成都的城市起源会早于春秋战国之际，更不敢贸然把它上溯到更早的商周时代。

1985—1986年，考古工作者在成都市区西部的十二桥，发掘了一座属于商代晚期的大型木结构建筑群，总面积达15000平方米以上[1]。其中，发现了大型宫殿木结构建筑廊庑部分的遗迹。在主体建筑周围，发现了密集排列的小型干栏式建筑遗迹，它们是大型木结构宫殿建筑的附属建筑群。大型主体建筑与小型附属建筑相互联结，错落有致，浑然一体，组成规模庞大的建筑群体。1990年初，又在十二桥遗址新一村住宅工程地面下，发掘出堆积4米以上的文化层，发现了纵横交错的房屋构件20余根，还出土一批从商代早期到春秋战国时期的青铜器和陶、石等器物[2]。这些，为证明早在商代成都业已形成为一座文明古城提供了直接依据。

在成都十二桥遗址北面的羊子山，还在1956年，考古工作者就曾经清

---

[1] 四川省文管会、成都市博物馆：《成都十二桥商代建筑遗址第一期发掘简报》，《文物》1987年第12期；四川省文物考古研究院、成都文物考古研究所：《成都十二桥》，北京：文物出版社，2009年。

[2] 周尔太：《十二桥商代建筑遗址有新发现》，《成都晚报》1990年4月19日。

理了一座高大的土台建筑，即著名的羊子山土台[①]。土台为三级四方形，每层有登台土阶，用泥草制土砖筑墙，内以土夯实。在一望无际的成都平原，这座高达10米以上的土台，显得倍加巍峨高大。土台年代，原来认为其上限约在春秋前期至西周晚期。经林向先生研究认为，土台的始建年代，上限当在商代晚期或商周之际[②]。

成都羊子山土台的三级四方形制，与广汉三星堆遗址二号坑所出青铜大立人，即古蜀王国神权政治领袖雕像的三层四方形基座，形制颇为一致，而青铜大立人的三层四方形基座，正可以说是成都羊子山土台大型祭坛的缩影。不仅如此，成都羊子山土台的方向，测定为北偏西55°，而广汉三星堆遗址的两个祭祀坑的方向，同样也都是北偏西55°。可见，作为三星堆古蜀王国高级中心调控下运转的第二级中心，成都的文化面貌尤其是体现权利、义务的那些文化面貌，是处处与三星堆文化保持一致的。

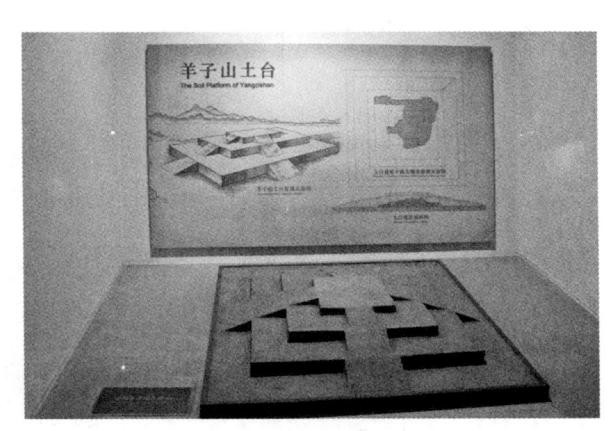

羊子山土台模型

与十二桥文化早期阶段属于同一时期的成都市各考古遗迹，以十二桥建筑群为中心，沿古郫江故道分别向北面和西南面的弧形地带延伸分布，

---

① 四川省文物管理委员会：《成都羊子山土台遗址清理报告》，《考古学报》1957年第4期。
② 林向：《羊子山建筑遗址新考》，《四川文物》1988年第5期。

其分布范围达10多平方公里，包括抚琴小区、方池街、王建墓、指挥街、岷山饭店等地带，物质文化均与十二桥遗址商代文化层相同[①]，并且其中任何一个遗址均未发现边缘，证实它们原是同一个巨型遗址的不同组成部分。在各个遗址内，均发现丰富的陶器，其中绝大多数已碎。一般说来，文化层内每平方米范围中（厚约20厘米），可发现碎陶片100—1000片[②]，可见人口的集中化所达到的相当高度，表明商代的成都已具颇为宏大的人口与建筑规模。

据发掘简报，十二桥遗址下文化层分为早、中、晚三期。早期年代的碳-14测定数据有2个，一为距今4010±100年（经树轮校正），一为距今3680±80年，均在夏代和早商时代的纪年范围之内。中期年代约当殷墟文化第一期，即相当于商代中期或稍偏晚的时期。晚期年代约为商末周初。这几个碳测数据看来偏早，根据学术界近年来的研究，十二桥遗址商周文化层包括第一期和第二期两个发展阶段，遗址的第13层和第12层属于第一期，第11层和第10层属于第二期。第一期包一、二两段，时代从殷墟三期到周初；第二期的时代在西周前期[③]。这组年代数据，不仅告诉我们十二桥遗址早期阶段与三星堆遗址相当一致的同步性发展，而且还告诉我们，十二桥遗址的早期文化层各期是连续发展演进的，达到了自身的稳步发展状态。以十二桥遗址为中心南北延伸分布的古遗址群，年代与十二桥遗址基本一致，表明它们作为早期成都这个总遗址的各个组成部分，都是同步发展演进的。它们的共存关系，不单具有明显的空间连续性，而且具有明

---

① 王毅：《成都市蜀文化遗址的发现及其意义》，《成都文物》1988年第1期。

② 罗开玉：《成都城的形成和秦的改建》，《成都文物》1989年第1期。

③ 江章华：《成都十二桥遗址的文化性质及分期研究》，载《四川大学考古专业创建三十五周年纪念文集》，成都：四川大学出版社，1998年。

第九章　城市文明与南方丝绸之路

确的时间稳定性。

2001年，在成都市区西部发现了金沙遗址[①]。金沙遗址位于成都市区西郊二环路与三环路之间，遗址北侧是故郫江，磨底河由西向东从遗址流过，将遗址分为南、北两部分，北为黄忠村，南为金沙村。金沙遗址的分布面积达5平方公里以上。

金沙遗址出土了大量珍贵文物，包括数以千计的金器、铜器、玉器、象牙、石器、骨器、木器等遗物，以及数以万计的陶器、陶片。发掘清理出大量极为重要的遗迹现象，如房址、陶窑、墓葬、窖穴、灰坑、象牙堆积坑等。金沙遗址出土黄金器物达200余件，其中有黄金面罩、射鱼纹金带、鸟首鱼纹金带、太阳神鸟金箔、蛙形金箔、鱼形金箔、金盒、喇叭形金器等，是先秦时期全国范围内出土金器数量最大、种类最多的遗址。金沙遗址出土铜器约1500件，主要有立人像、人头像、立鸟、牛首、虎、龙头、戈、璧形器、方孔形器、眼形器、铃、贝饰等。出土玉器2000余件，不仅数量多，种类丰富，而且制作工艺十分高超，主要有琮、璧、璋、

金沙遗址石蛇　　　　　　　　　三星堆遗址陶窑

---

① 成都市文物考古研究所：《金沙——21世纪中国考古新发现》，北京：五洲传播出版社，2005年。

459

钺、戈、凿、凹刃凿形器、环、贝等器类,是中国出土玉器最多的遗址之一。金沙遗址还出土近千件石器,包括跪坐人像、虎、蛇、龟、钺,制作十分精美。此外还出土10多件木器,主要有耜、神人像等,还有上万件陶器、陶片。令人惊讶的是,金沙遗址出土了大量象牙,其数量之多、个体之大、保存之好,在中国乃至世界考古史上都是十分罕见的[①]。

从金沙遗址的发掘情况来看,其出土的不同遗迹、不同质地文物表现出一定的功能分区,由此可以大致推测整个金沙遗址的规划布局:在金沙遗址东部区域,出土了1300多件包括金器、铜器、玉器、象牙、石器、骨器在内的遗物,还发现半成品石器分布区、野猪獠牙分布区和象牙堆积坑。象牙堆积坑内有大批象牙,伴出有玉器和铜器,这个区域可能是宗教礼仪活动区或作坊区。在金沙遗址中南部的"兰苑",发现大量房屋建筑和红烧土、成排的窖藏、400多个灰坑、80多座墓葬、1座陶窑,出土数以万计的陶器、陶片,以及少量玉石器、金器、铜器,时代大约在商代晚期,其中房屋建筑遗迹主要分布在"兰苑"中北部,墓葬主要分布在"兰苑"西部和南部。这个区域应是人们的生活区并有一个小型墓葬区。金沙遗址中部"体育公园"发现房屋建筑遗迹、红烧土和15座墓葬,其中3座墓葬有随葬品,出土少量玉石器和陶器,年代约在西周早期,这个区域似为居住区废弃后的墓地。金沙遗址东北部黄忠村发现了17座地面建筑,面积都在30平方米以上,其中的6号房址的面积达到430平方米,是一座六开间的大排房。在这个区域清理了13座土坑墓,还发现17座小型陶窑。黄忠村

---

① 成都市文物考古研究所:《金沙——21世纪中国考古新发现》,北京:五洲传播出版社,2005年。

很可能是金沙遗址大型宫殿建筑区的一部分[①]。

金沙遗址的遗迹遗物表现出宝墩文化晚期和三星堆文化的一些因素，但其主体文化与十二桥文化最为接近。金沙遗址出土的铜器、陶器、金器、玉器等文物，时代为商代晚期至春秋前期，与十二桥文化时代相当；金沙遗址出土陶器的主要种类都是十二桥文化的典型器。因此，可以比较明确地认定，金沙遗址是成都十二桥文化的组成部分，是早期成都城市的核心区。

从金沙遗址包括羊子山土台、指挥街遗址、抚琴小区遗址、新一村遗址等的布局和级别上看，黄忠村显然是这个总遗址群的核心组成部分，无论其分布面积、建筑规模还是出土器物，都远远超乎其他遗址。可见，金沙遗址应当就是早期成都城市的中心之所在。这个中心所在的宫殿式建筑，与位于其北面的羊子山大型礼仪建筑遥遥相望，形成一座早期城市建筑格局最明显的标志。这种规模布局，这种尊卑有序、层次分明的等级体系，是任何一个史前乡村都不能比拟的。显然可见，以金沙遗址为中心的商代成都，是一座早期城市。

成都金沙遗址、十二桥遗址、羊子山土台建筑遗址以及出土的金器、玉器、青铜器等所体现出来的技术专业化发展，在力学、几何学、算学、金属技术等方面科学知识的进步，动员、组织、支配劳动力资源、生产资源、自然资源和社会财富的广泛深入，还反映出一个更加波澜壮阔的时代背景，足以证明其已经形成了一个拥有相当集中化权力的政治中心，在支配着大批手工业者、建筑者、运输者、掌握科学知识的专业人员、各级管

[①] 朱章义、张擎、王方：《成都金沙遗址的发现、发掘与意义》，《四川文物》2002年第2期。

理者，以及为这一大批脱离食物生产领域的社会各阶层提供食物等基本生活资料的为数更多的农业生产者及其剩余劳动。所有这些社会各阶级、阶层，在一个拥有众多建筑物但其空间分布又十分有限的范围内如此的集中，发生着种种复杂的关系，这恰恰是一座古代城市所必然具备的社会结构，说明一个植根于社会而又凌驾于社会之上的政权组织已经形成。它雄辩地证明，商代晚期的成都，是一座当之无愧的早期城市。

五、成都城市的功能、结构与布局

早期成都城市的形成过程，走了一条与三星堆蜀都完全不同的道路，成都城市的最初起源与形成，同宗教神权没有直接关系。迄今成都商周时期遗址出土的大量卜用甲骨，绝大多数出于一般性遗址，并且均为无字甲骨，钻凿形态极不规整。这与商周王朝的甲骨有着规整的形态相比，反映了占卜行为不由王室巫师集团掌握的特点。从三星堆遗址绝未出土卜用甲骨来看，成都出土的甲骨又反映了占卜行为由民间自主的情景。此即《国语·楚语》所谓"夫人作享，家为巫史"，一般民众均可自主接神，自定位序，自作享祀。这实际上表明，早期成都还没有形成凌驾于社会之上的神权政治集团。

早期成都之所以是一座自由都市，是由于在它的聚合形成过程中，工商业发展是主要的推动力量。从十二桥遗址、金沙遗址、黄忠小区遗址来看，商代晚期成都已经开始向着早期的工商业城市方向发展，拥有青铜器、玉器、陶器、石器、骨器等作坊。三星堆出土的雕花漆木器，大概也同成都的漆器生产传统有关。由成都的大量人口所决定，当时已形成一定规模的市场，当无疑问。商代至两周成都各考古遗址曾出土不少卜甲，其中的主要品种陆龟并不产于成都平原。《山海经·中次九经》："又东北三百里曰岷山，江水出焉，东北流注于海，其中多良龟。"良龟即形体丰硕、甲版宽大的大龟，成都商周考古所见此种大龟的甲版不少，当取之于此，可见大龟或其腹甲必在成都有销售市场。成都是大河冲积平原，成都平原本土缺乏铜锡等青铜原料，其青铜作坊的生产原料也必须仰给于商品交换。成都金沙遗址出土的成吨象牙，也不可能取自成都平原，必定是从古哀牢以西、以南地区甚至缅印地区通过贸易而来的。成都指挥街周代遗址孢粉组合中发现成都平原不出产的铁杉、珙桐，以及最近几十年才引进成都的雪松花粉[1]，还出土仅产于川西高原的白唇鹿犄角标本，这些观赏性很强的动植物，显然都来自交换。

成都聚集着数量庞大的人口，需要消费巨量的农业产品、副食品和各种手工业制品。城市各阶级、阶层中，能够依靠食贡获取消费品的，仅是王室、显宦等一小部分上层统治人物，而他们的消费品的某些种类，特别是奢侈品，仍须通过交换从外获取，如大宗的象牙、海贝、玉料、黄金、铜锡原料等，均如此。中下层统治者虽可以衣租食税方式，或因拥有各类产业（主要是田产）解决其衣食的主要来源，但要获得租税所无或农田不产的各类商品，也必须加入商品交换行列。至于城市平民和工商业者，其主要衣食必须仰给于市场，经由交换解决。所谓"公食贡，大夫食邑，士食田，庶人食力，工商食官，皂隶食职"[2]，实际是指社会各阶级、阶层的职业性质，主要针对阶级地位和阶级关系而言。这与《国语·周语》所记"庶人、工、商，各守其业，以共其上"，《左传·昭公七年》所记"天

---

[1] 罗二虎等：《成都指挥街遗址孢粉分析研究》，载《南方民族考古》第2辑，成都：四川科技出版社，1989年。
[2] 《国语·晋语》。

有十日，人有十等"，《左传·襄公九年》所记"其庶人力于农穑，商工皂隶不知迁业"相同，所指主要是阶级关系和职事划分。可见所谓"食某"，并不是指其生活资料的唯一来源和唯一的经济形式。城市的经济结构，也从来没有如此单纯，即令早期城市亦非如此，所以无论殷商西周还是春秋战国时代，成都必然拥有进步的工商业及其组织管理机构。

不仅如此，早在商周时代，成都就已初步成为中国西南同南亚、西亚进行经济文化交流的枢纽。早在商代，三星堆蜀都的大型青铜人物雕像群、神树、黄金权杖和黄金面罩，其文化因素的来源就与近东文明有关，当经南亚地区引入[①]，大量海贝也是原产于印度洋的深水产品。在两周时期，居住在成都的蜀国王公乃至一般平民流行佩戴一种称为"瑟瑟"的宝石串饰或琉璃珠串饰，后世屡有出土。杜甫寓居成都时的诗作《石笋行》就说："君不见益州城西门……雨多往往得瑟瑟，此事恍惚难明论，是恐昔时卿相墓。"成都西门一带，确是古蜀王国的墓区所在，近年不断发现大批墓葬。据杜诗，唐时瑟瑟往往出于成都西门地面下，足见随葬之多，蜀人佩戴此种串饰之普遍。瑟瑟（Sit-Sit）是古代波斯的宝石名称，是示格南语或阿拉伯语的汉语音译[②]。成都西门多出瑟瑟，既称瑟瑟，显然杜工部认为是来自西亚、中亚之物。由此可见，作为古代都市，成都的确已最大限度地发挥了其经济功能和对外文化交流功能。由此也可看出，汉代成都之所以发展成为中外闻名的国际贸易都市[③]，实由先秦而然，可谓源远流长。

---

① 段渝：《古蜀文化是华夏文化又一个起源地》，《社会科学报》1989年10月19日；《古蜀文明富于世界性特征》，《社会科学报》1990年3月15日；《论商代长江上游川西平原青铜文化与华北和世界文明的关系》，《东南文化》1993年第2期。
② 劳费尔：《中国伊朗编》，北京：商务印书馆，1964年，第345—347页。
③ 段渝：《秦汉时代西南国际都会的形成》，《成都文物》1997年第2期。

在布局方面，成都城市依江山之形，沿郫江古道呈新月形分布，城市聚合之初的核心部分是金沙村、黄忠村和十二桥，羊子山土台是城市最高大宏伟的建筑。早期成都城市的规划布局完全不存在中轴线，它最显著的特点有二：一是无城墙，二是不成矩形，与三星堆蜀都和中原商周城市均判然有异。这两个特点是紧密相关的，一方面在于适应城市的地理环境，另一方面则是为了适应城市的工商业主导功能。

六、古蜀城市文明的中外比较

（一）城市规模比较

先看华北早期城市。河南偃师二里头遗址是迄今已知中原最早的都城遗址，或以为是夏都阳城或斟鄩，或以为是商汤之都亳，迄无定论。该城无城墙，但有宫殿区以及分布于四周的居住区和手工业作坊。河南偃师尸乡沟商城是早商城址，包括大城、小城、宫城三重城垣，城址总面积200多万平方米[①]。河南郑州商城，公认是一座商代早期的都城，或以为是商都亳，或以为是商都隞。这座商王朝都城被一夯土城垣环绕，总面积约3平方公里，城内东北部有大片宫殿遗址。这几座处于城市形成早期阶段的夏商王朝国都，除郑州商城外，无一可同商代三星堆蜀都和商周之际成都的规模相比。

再看古埃及城市。位于尼罗河三角洲西部边缘低沙漠地区的梅里姆达（Merimda）遗址，碳-14测年数据为公元前3820±350年，覆盖面积18万

---

① 段鹏琦等：《偃师商城的初步勘探和发掘》，《考古》1984年第6期；高炜、杨锡璋、王巍等：《偃师商城与夏商文化分界》，《考古》1998年第10期。

平方米，估计人口约有1.6万。巴策尔（K.W.Butzer）断定这是一座新石器时代城镇①，但后来的研究证实，梅里姆达遗址并非属于新石器时代，而是属于埃及文明形成时期的涅伽达文化Ⅱ期（Naqada CultureⅡ），甚至早王朝时期的城址②。前王朝时期的希拉康坡里遗址，由一个中心城市和周围若干附属的乡村组成，面积约8万平方米，人口有0.4—1万③。

梅里姆达遗址

希拉康坡里遗址

在该城市发展的第二阶段，即早王朝和古王国时期，面积达到8.6万平方米④。与古埃及的早期城市相比，中国古代的早期城市，在进入夏代以后，规模要大得多。三星堆古城和成都古城，比上述埃及古城大出几倍甚至几十倍，人口也多出几倍甚至十几倍。

---

① K. W. Butzer, "Archaeology and Ecology in Ancient Egypt", *Science*, Vol.132, No.3440, 1960, p.1618.

② *The Cambridge Ancient History*, Vol.1, part 2, 1971, p.7.

③ K. W. Butzer, "Archaeology and Ecology in Ancient Egypt", *Science*, Vol.132, No.3440, pp.1619–1620.

④ J. E. Quibell, *Hierakonpolis*, part 2, 1902, p.15.

第九章　城市文明与南方丝绸之路

乌尔遗址俯瞰图

乌尔遗址宗教中心　　　　　　　　乌鲁克遗址

最后看美索不达米亚苏美尔城市和印度河文明时代的摩亨佐·达罗城市。迄今已知全球最早的古城遗址是位于约旦的耶利哥遗址，约7000年前。两河流域苏美尔早期城市则以传说中亚伯拉罕的故乡乌尔以及乌鲁克最为著名。乌尔古城占地220英亩（约89万平方米），将近1平方公里，

467

迈锡尼古城遗址

摩亨佐·达罗遗址

摩亨佐·达罗遗址巨大的澡

雅典卫城遗址

而乌鲁克城墙则包围了2平方英里（约3.2平方公里）以上的土地[1]。印度河文明时代的摩亨佐·达罗城市，占地为2.5平方公里[2]。苏美尔城市的人口，柴尔德估计在0.7—2万人之间[3]，法兰克福（H. Frankfort）估计不超过2.4万人[4]，伦纳德·伍利（Leonard Wooley）则估计有3.4万人[5]。至于摩亨佐·达罗的人口总数，柴尔德估计接近2万，日知等中国学者则推测为3.5万人[6]。总的说来，三星堆和成都的规模与西亚和印度河文明早期城市接近，但人口密度却大得多。

（二）早期城市体系比较

一般说来，在邦国林立的上古时代，一个邦国只有一个政治经济中心，而一个文明古国也只有其王都可以称得上城市。《左传·庄公二十八年》："凡邑，有先君宗庙之主曰都，无曰邑。"《释名·释州国》释曰："国城曰都，都者国君所居，人所都会也。"王都不仅政治地位高于邑聚，而且是宗庙之所在，人口也最为集中，具有城市的规模。邑只是较大的聚落，不具备城市的规模、人口数量、功能体系和性质。如以柴尔

---

[1] 刘易斯·芒福德：《城市发展史——起源、演变和前景》，倪文彦等译，北京：中国建筑工业出版社，1989年，第48页。

[2] 《世界上古史纲》编写组：《世界上古史纲》上册，北京：人民出版社，1979年，第348页。

[3] 戈登·柴尔德：《城市革命》，载《当代国外考古学理论与方法》，西安：三秦出版社，1991年，第1—12页。

[4] H. Frankfort, *The Birth of Civilization in the Near East*, 1954.

[5] 刘易斯·芒福德：《城市发展史——起源、演变和前景》，倪文彦等译，北京：中国建筑工业出版社，1989年，第48页。

[6] 《世界上古史纲》编写组：《世界上古史纲》上册，北京：人民出版社，1979年，第348页。

德、亚当斯和古梁耶夫等分别提出的早期城市的界定标准来衡量，古代相当多的小邦虽然有都，却不一定就有城市。

在商代，"大邦殷"是一个庞大邦国联盟的首邦，其邦国本土也只有一座城市，即商王都。商都"不常厥邑"[1]，徙都频仍，史称"前八后五"，每迁新都，故都即废。至于尸乡沟商城与郑州商城的关系，看来尸乡沟商城要早于郑州商城，尤其尸乡沟商城小城的建成使用年代约在二里头文化第四期[2]，可能是商汤灭夏后所都之西亳，大城则稍后发展起来，而郑州商城可能是隞都。此外，湖北黄陂盘龙城商城、山西夏县东下冯商城、山西垣曲商城，虽均在商代早期，但相距太远，不能构成城市体系，而且它们也只是方国或军事据点。殷代的侯甸男卫外服体制，虽在空间组织形态上与城市体系有些近似，但外服君长称为"邦伯"，其邦不直属"大邦殷"版图。因此，在"大邦殷"本土内，仅有一都，而没有城市体系。正因有如此特点，日知等学者才称殷商为城邦制国家。

周初政体也是方国联盟，周王实为共主，常称各国为"友邦"，称各国君长为"友邦冢君"[3]。其时周为两都，形成西土和中土两个中心。宗周重在宗庙先君之主，成周重在军事。虽然成周号称"天下之中，四方入贡道里均"[4]，但真正具有组织区域性商业的功能，从兮甲盘铭文看，是在西周中晚期之际。邑一级的聚落，是在春秋中叶以后，随着从卿大夫专权到"陪臣执国命"局面的形成和发展，才开始逐步上升形成城市，即所谓

---

[1] 《尚书·盘庚》。
[2] 王学荣：《偃师商城布局的探索和思考》，《考古》1999年第2期。
[3] 《尚书·周书》诸篇。
[4] 《史记·周本纪》。

"城市之邑"①。这时的城市,除少数具有国家政治中心或军事重镇的主导功能外,大多数已走上工商业城市的发展通路,比起殷商西周时代已有了非常显著的变化和巨大的历史性进步。

在全球最早产生城市的两河流域南部,苏美尔城市文明的典型特征是城邦制国家,一个城市连同它附近的乡村就组成一个国家实体,城邦之间只有联盟,谈不上城邦内部的城市体系。

在印度河文明,摩亨佐·达罗城市与哈拉帕城市分别位于印度河上、下游,相距400英里,形成两个中心,"显然是两个彼此独立的国家的都城(或许多城邦联盟的中心所在地)"②。当然,更谈不上其间具有什么城市体系的关系。

古希腊城市有所谓上城、下城之分。上城一般为城堡,是政治中心之所在,战时作为避难之所,是城市的屏障。下城一般为城市居住区,是城市的工商业和文化中心。但上、下城是一个连续的城市整体,不能分离,一旦割裂便不能称其为完整意义上的城市。因此,在一个城市国家以内,同样不存在城市体系。

商代成都平原腹地的两座城市,三星堆古城和早期成都,一南一北,形成蜀国的早期城市体系。作为神权政体,三星堆蜀都无可置疑地是蜀国城市体系的首位城市,居于中心和首脑地位。成都是次级城市,无论就政治权力还是经济权力来说,都居于次要的、从属的地位。在神权政治时代,包括经济在内的一切社会功能,都要为神权的存在服务,既是神权的附庸,又是神权的种种表现形式或神权作用的结果。因此,即使像成都这

---

① 《战国策·赵策一》。
② 《世界上古史纲》编写组:《世界上古史纲》上册,北京:人民出版社,1979年,第342页。

样的早期工商业城市，在那一时代也绝不可能获得突飞猛进的发展。

商代三星堆蜀都和成都，两座城市相距不过40公里，起源、形成年代虽有早晚差别但繁荣年代却相差无几。在这两座城市的周围，都分别分布着密集的遗址。其内均有主体建筑和一般性建筑，拥有作坊区、生活区、宗教区、宫殿区。每座城市的遗址都具有空间连续性，自成一体，各自呈现出城市的完整面貌。这与黄河流域古城一般雄踞于周边各聚落之上，成为特定地域内若干聚落群中唯一的政治经济中心的情况，有着明显的区别；与西亚、埃及和印度河城邦的情况，也有重要的差异；与古希腊城市国家上、下城的情况，更有内涵和性质的不同[①]。可见，像蜀国这类早期城市体系及其空间组织形态，在世界文明初期的城市史上是不多见的。

我们知道，城市体系的形成，尤其是功能体系分区建立的城市体系，一般属于比较晚近的现象，它主要导源于工商业经济的高度持续发展。蜀国早期城市体系的形成，正反映了其工商业经济兴盛发达的情况。无怪乎秦大夫司马错力主秦惠文王伐蜀时说"得其布帛金银，足给军用"，足以"利尽西海"[②]，而古蜀归秦后，也确使"秦益强，富厚轻诸侯"[③]。

（三）城市起源模式比较

中原城市的起源，一般认为与统治权力有关，是为了防御和保护目的

[①] 段渝：《古中国城市比较说》，《社会科学报》1990年1月25日；又见《人民日报》（海外版）1990年2月8日。
[②] 《战国策·秦策一》。
[③] 《战国策·秦策一》。

而兴建起来的[①]。张光直先生进一步论证说，中国早期城市不是经济起飞的产物，而是政治领域中的工具[②]。换言之，中原城市首先是作为区域的政治军事中心而出现的，经济增长、城市起源即以此为基本条件并建立在此基础之上。古蜀的城市起源则有不同类型，三星堆古城和成都的聚合模式，均与中原有异，而且，东周时代成都平原的若干新兴城市，其起源主要同成都平原农业经济、城市手工业经济与盆周山区畜牧业或半农半牧业经济的交流有关，或与南方丝绸之路国际贸易有关。这种情形，与中原东周时代的城市大多从过去的封邑、采地转化而来的情况，也有显著区别。这实际上表明，中国古代城市的起源、形成和演进，也同文明起源一样，存在着多种模式和多元演进道路，而不同地区、不同类型的城市最终都确立起工商业主导功能，则是城市发展的必然方向。

---

① 傅筑夫：《中国经济史论丛》上册，北京：生活·读书·新知三联书店，1980年，第321—323页。
② 张光直：《关于中国初期"城市"这个概念》，《文物》1985年第2期。

| 第十章 |

海贝象牙与南方丝绸之路

从中外古文献的研究中，我们发现先秦时期中国西南与缅甸、印度和中亚就已存在以商业活动为主要内容的交通线。事实上，从对考古资料进行分析的角度看，商周时代中国西南与印度的交通就已经明确存在了，并且通过印度至中亚、西亚的南方丝绸之路交通线，吸收采借了近东文明的若干因素。

一、三星堆海贝与南方丝绸之路

（一）三星堆海贝来源地的疑问

1986年夏，四川广汉三星堆遗址一、二号祭祀坑出土大批青铜人物雕像群、动植物雕像群、黄金制品、玉石器、海贝和象牙。三星堆出土的海贝，既有产于南海的贝，但更多的是产于印度洋的贝。这是一种白色的贝，即环纹货贝（Monetria annulus），称为"齿贝"，日本学者也称之为

三星堆海贝

"子安贝",大小约为虎斑贝的三分之一,中间有齿形沟槽,与云南省历年来发现的齿贝相同。这种齿贝,只产于印度洋深海水域[1],既不产于近海地区,更不产于江河湖泊。地处内陆盆地的三星堆出现如此之多的齿贝,显然是从印度洋北部地区(主要指孟加拉国湾和阿拉伯海之间的地区)引入的。

贝,在中国古代并不稀奇,中国古文献中就多有对于贝的记载,如《逸周书·王会篇》讲到"且瓯文蜃,共人玄贝,海阳大蟹",在《左传》等文献里,也可见到楚国富有贝的记载。不过,《左传》等文献里虽然记载江、淮产贝,但是江、淮所出贝,乃是蚌壳,而非海贝,不可混为一谈。考古方面,在中国甘肃、青海、新疆以及山东等地,都发现了海贝。关于三星堆海贝的来源,不少学者持审慎态度,也有学者断然说产自中国,认为原产于华南。对此,仔细参订文献,并非没有疑义。海贝,多是深海产物,尤其白色的齿贝产于印度洋深海水域,乃是不争的事实。中国古籍里确实讲到南海附近产贝,但对产贝说要具体分析。殷墟甲骨文和一些史册中所谓产贝之地,其实多是中原的贝从那里输入,而那里本身并不产贝,只是从那里进口引入,并由此输往中原,故中原人以为是那里所

---

[1] 熊永忠:《云南古代用贝试探》,《四川文物》1988年第5期;王大道:《云南出土货币概述》,《四川文物》1988年第5期。笔者曾在伦敦就环纹货贝的产地问题请教过这种贝壳的印度销售商,他们都说产于印度洋。

476

产。在9—10世纪阿拉伯人所著《中国印度见闻录》中[①]，说到广州是从海上引进海贝的输入点，即是从海岛或沿海国家、地区进口海贝的集散地，说明大批海贝有赖进口，可是中国史籍却多误以为广州一带产贝，可见是将海贝的进口地和集散地误为原产地。也有另一种情况，古代中国视周边一些地区为属国，以附属国视之，故将其所产物品视为中国所产。比如"交广"连称，便把交趾（今北越）纳入中国领土的范围之中。交趾、日南相近，多见海贝，通过交趾入广州，海贝便被视为产于交广，这样也就混淆了其原产地与集散地的区别。

（二）齿贝的原产地

在印度洋北部地区，一直流行以齿贝为货币的传统。《通典》卷一九三"天竺"条记载说："西与大秦、安息交市海中，或至扶南、交趾贸易，多珊瑚、珠玑、琅玕。俗无簿籍，以齿贝为货（币）。"《旧唐书·天竺传》也说道："（天竺）以齿贝为货（币）。"元人汪大渊《岛夷志略》"朋加刺"条记载道："国铸银钱为唐加，每个钱八分重，流通使用，互易趴子一万五百二十有余，以权小钱便民，良有益也。"所谓"朋加刺"，即孟加拉国的对音。此书还谈到，许多地方如"罗斛""暹罗""大乌爹""放拜"等，都以海贝为货币。这些地方，虽不能确指，但均在印度洋地区，属于南亚次大陆或东南亚靠海的某些地方。根据《岛夷志略》，印度洋面上的马尔代夫也是以海贝为货币的。此书"北溜"条说道："地产趴子，海商每将一舶趴子下乌爹、朋加刺，必互易米一船余，盖彼番以趴子权钱用，亦久远之食法也。"北溜，故地在今马尔代

[①] 《中国印度见闻录》，穆根来等译，北京：中华书局，1983年，第15页。

夫群岛的马累（Male）。北溜国以贝为货币，还见于明人马欢《瀛涯胜览》，此书"溜山国"条记道："海𧴩，彼人采积如山，罨烂其肉，转卖暹罗、榜葛剌等国，当钱使用。"明人巩珍《西洋番国志》"溜山国"条也说："出海𧴩，土人采积如山堆，罨待肉烂，取壳转卖暹罗、榜葛剌等国代钱使。"暹罗，为今泰国。榜葛剌，即《诸蕃志》所述的鹏茄罗国，求之声类，当即孟加拉国，亦即《岛夷志略》所述的朋加剌。英国人哈威所著的《缅甸史》，引用唐大中五年（851）波斯旅行家至下缅甸的记载，说道："居民市易，常用海𧵅（Cowries）以为货币。"海𧵅，即是海𧴩[①]，今云南仍然称海贝为"海𧵅（𧴩）"。

东印度和缅甸亦富齿贝。唐人樊绰《蛮书·南蛮疆界接连诸番夷国名》记载："小婆罗门国，与骠国及弥臣国接界，在永昌北七十四日程，俗不食牛肉，预知身后事。出齿贝、白蠟、越诺。"文中"出齿贝"一句，今本作"出见齿"，四库馆臣不知"见齿"为何物，所以在校注时说："按：此句未详。"吴承志《唐贾耽记边州入四夷道里考实》卷四则说："《南夷志》云：'小婆罗门国出具齿、白蜡、越诺。'出具齿、白蜡，当作'出瑱玉、象齿、珀蜡'。《明一统志》：'孟养土产琥珀、碧瑱。'《缅甸国志》云：'孟拱产宝石、碧玉、翡翠、琥珀，又出国象、鹿茸。'《滇南杂志》云：'琥珀以火珀及杏红为上，血珀、金珀次之，蜡珀最下。'瑱玉、象齿、珀蜡，谓碧玉、象牙、火珀、杏红珀、血珀、金珀及蜡珀。"究竟什么是"见齿"？实则所谓"见齿"，乃是今本《蛮书》在转抄过程中出现的讹误，"见"字是"贝"字之讹，而"具"字也是"贝"字之讹。"贝齿"这个名称，见于杜佑《通典》"天竺"条，

---

① 李家瑞：《古代云南用贝币的大概情形》，《历史研究》1956年第9期。

《本草纲目》卷四六引《别录》，百衲本《太平御览》亦写作"贝齿"。足证"见""具""贝"三字形近而讹，而以"贝"字为确。可见所谓"贝齿"，其实是"齿贝"的倒文。至于小婆罗门国的所在之地，历来多有歧议，陈序经《骠国考》认为在骠国西北，当今印度的曼尼普尔一带，岑仲勉亦主此说，向达《蛮书校注》则以为在今东印度阿萨姆南部一带[①]。不管其间分歧如何，总之，小婆罗门国属于在东印度和缅甸地区内的古国，则无歧义。

（三）三星堆海贝的来源

中国西南地区出土来源于印度地区的白色海贝，并非只有四川广汉三星堆一处，其他地方还多有所出。例如：云南大理地区剑川鳌凤山的3座早期墓葬中出土有海贝，其中M81出土海贝43枚，M155出土海贝1枚，M159出土海贝3枚。这3座早期墓的碳-14年代为距今2450±90年（树轮校正），约当春秋中期至战国初期[②]。昆明市文物管理委员会在1979年底至1980年初发掘的呈贡天子庙战国中期的41号墓中，出土海贝1500枚[③]。云南省博物馆1955年至1960年发掘晋宁石寨山古墓群（年代从战国末至西汉中叶），有17座墓出土海贝，总数达14.9万枚[④]。四川地区，最早出现海产品是巫山大

[①] 赵吕甫校释：《云南志校释》，北京：中国社会科学出版社，1985年，第323—324页。按：唐樊绰所作《云南志》，自名《蛮志》，宋以后则多称《蛮书》《云南志》《云南记》《南夷志》等。

[②] 云南省博物馆：《剑川鳌凤山古墓发掘报告》，《考古学报》1990年第2期。

[③] 昆明市文物管理委员会：《呈贡天子庙滇墓》，《考古学报》1985年第4期。

[④] 云南省博物馆：《云南晋宁石寨山古墓群发掘报告》，北京：文物出版社，1959年；云南省博物馆：《云南晋宁石寨山第三次发掘简报》，《考古》1959年第9期；《云南晋宁石寨山古墓第四次发掘简报》，《考古》1963年第9期。

溪遗址，但其来源不得而知。岷江上游茂县石棺葬内，亦出土海贝、蚌饰等海产物[①]。云南大理、楚雄、禄丰、昆明、曲靖珠街八塔台和四川凉山州西昌的火葬墓中，也出土海贝[②]。这些地区，没有一处出产海贝，都是从印度地区引入的。将这些出土海贝的地点连接起来，正是中国西南与印度地区的古代交通线路——蜀身毒道。

不过，三星堆出土的海贝，却并非由云南各处间接转递而来，不是这种间接的、有如接力一般的关系。纵观从云南至四川的蜀身毒道上出土海贝的年代，除三星堆外，最早的也仅为春秋时期，而三星堆的年代早在商代中、晚期，差不多要早上千年。再从商代、西周到春秋早期的这千年间看，云南还没有发现这一时期的海贝。不难看出，三星堆的海贝，应是古蜀人直接与印度地区进行经济文化交流的结果。这类未经中转的直接的远距离文化传播，很难在双方之间的间隔地区留下传播痕迹，通常是直接送达目的地。因为无论对于传播一方还是引入一方来说，这些文化因素都是十分珍贵的，否则远距离传播便失去了意义。正如经由南亚次大陆传入古蜀地区的青铜雕像和金杖等文化因素，也未在云南境内留下任何痕迹，而是直接达于成都平原一样。

在广汉三星堆遗址出土的一些陶器上，还发现有刻画符号，作X、∧、R、

---

① 四川省文物管理委员会：《四川文物考古工作三十年》，载《文物考古工作三十年》，北京：文物出版社，1979年。
② 云南省博物馆：《云南古代文化的发掘与研究》，载《文物考古工作三十年》，北京：文物出版社，1979年；王大道：《云南出土货币初探》，《云南文物》第22期，1987年；四川省博物馆等：《四川西昌市郊小山火葬墓群试掘记》，《考古与文物》1981年第1期。

第十章　海贝象牙与南方丝绸之路

弓、⟨图⟩、⟨图⟩、⟨图⟩等形①。在一件Ⅰ式小平底罐的肩部，有三枚成组、两组对称的形符号；在一件Ⅱ式陶盉的裆间，也各有一⟨图⟩形符号。这些陶器上的刻画符号，显然不是偶然的刻画痕迹。同一种符号出现在不同的器物上，这一现象说明，这些符号及其含义已经固定化，约定俗成。其意义，正如大汶口陶器上的刻画符号一样，均代表着较早期的古文字。⟨图⟩符号，原《报告》称为"贝纹"。从这个字的形体分析，确象贝形，显然是一个象形字，当释为"贝"。⟨图⟩字的形体，象以一绳并列悬系两串贝之形，当释为"朋"。此字与甲骨文朋字的字形近似。联系到三星堆一、二号祭祀坑所出土的大多数海贝均有穿孔的情况，释⟨图⟩为贝，释⟨图⟩为朋，当有根据②。

三星堆出土的海贝，大多数背部磨平，形成穿孔，以便将若干海贝串系起来。这种情形，与云南历年出土海贝的情形相同。三星堆海贝，出土时一部分发现于祭祀坑坑底，一部分发现于青铜尊、罍等容器中，这也与云南滇池区域青铜时代将贝币盛装于青铜贮贝器里的现象一致。云南汉晋时期，南诏、大理时期，元明清时期，商道附近几乎均使用贝币，如《新唐书·南诏传》记载："以缯帛及贝市易，贝者大若指，十六枚为一觅。"《马可·波罗游记》说昆明一带"用白贝作钱币，这白贝就是在海中找到的贝壳"，又说大理"也用白贝壳作钱币"，"但这些贝壳不产在这个地方，它们全从印度来的"。马可·波罗所说白贝壳，其实就是白色齿贝。云南历史上长期用齿贝为货币，是受印度的影响所致，彭信威、方

---

① 四川省文物管理委员会、四川省博物馆、广汉县文化馆：《广汉三星堆遗址》，《考古学报》1987年第2期；林向：《三星堆遗址与殷商的西土——兼释殷墟卜辞中的"蜀"的地理位置》，《四川文物》1989年第A1期。
② 段渝：《巴蜀古文字的两系及其起源》，《考古与文物》1993年第1期。

481

国瑜、张增祺先生等[①]都主张这种意见。成都平原深处内陆盆地的底部，从来不产齿贝，因此齿贝为货币，必然是受其他文化的影响所致，而这种影响，必然也同齿贝的来源地区——印度密切相关。需要指出的是，齿贝对于商代的古蜀人来说，主要是充当对外贸易的手段，可以说是古蜀王国最高神权政体的"外汇储备"。古蜀人与南亚、东南亚地区的商品贸易以齿贝为媒介的情形，恰与三星堆文化所包含的其他南亚文化因素的现象一致，绝非偶然。不仅如此，从中原商文化使用贝币，而商、蜀之间存在经济文化往来尤其青铜原料交易的情况[②]，以及三星堆古蜀王国从云南输入青铜原料等情况分析[③]，古蜀与中原和云南的某些经济交往，也是以贝币为媒介的。或许可以说，从四川经蜀身毒道到印度洋的"海贝之路"，是中国最早的"海上丝绸之路"。

上述表明，三星堆海贝是直接来源于印度洋地区和南海地区的，而不是通过云南或其他地区的间接贸易。作为交换商品，三星堆古蜀王国应该是用丝绸进行对外贸易，这就是说，古蜀王国通过在印度洋地区和南海地区进行的丝绸贸易，获得那些地区的海贝，这就如同《新唐书·南诏传》所记载的"以缯帛及贝市易，贝者大若指，十六枚为一觅"。三星堆海贝的穿孔表明是串系起来使用，恰与三星堆遗址中出土陶器上的刻画文字的性质一致，也与《新唐书》记载的完全相同。在印度洋地区，据《三国

---

① 彭信威：《中国货币史·前言》，上海：上海人民出版社，1958年；方国瑜：《云南用贝作货币的时代及贝的来源》，《云南大学学报》1957年第12期；张增祺：《战国至西汉时期滇池区域发现的西亚文物》，《思想战线》1982年第2期。
② 段渝：《政治结构与文化模式——巴蜀古代文明研究》，上海：学林出版社，1999年，第395—409页。
③ 金正耀等：《广汉三星堆遗物坑青铜器的铅同位素比值研究》，《文物》1995年第2期。

志·魏书·乌丸鲜卑东夷列传》裴松之注引《魏略·西戎传》记载，安息人垄断了中国丝绸向西方世界的出口贸易，把中国丝绸"解以为胡绫"，也就是把中国丝绸拆解开来并加工成"胡绫"，再向西方其他地区出口。从古蜀王国在印度洋进行丝绸与海贝贸易的情况分析，安息人所获得的中国丝绸，应该就是古蜀商贾在印度洋与之贸易的丝绸。因为古蜀人有同印度洋地区进行丝绸贸易的历史传统和经验，同时非常重要的是，他们在千百年与印度洋地区进行丝绸贸易的过程中，掌握了与安息人在印度洋进行丝绸贸易的渠道，这种渠道或许还是秘密渠道，决不会透露给他人。此外，古蜀商贾从先秦到汉代一直在从事对印度地区的贸易[①]，而中国其他地区还没有加入此类贸易活动。所以，我们有理由认为，《魏略·西戎传》记载的与安息人在印度洋进行贸易的是古蜀人。

殷墟甲骨文里时常可见"来贝""赐贝"的记载，在殷墟也发现不少海贝，这些海贝主要来自南海。这种情况，或许同样被认为是海上丝绸之路的记载。但是，殷墟的海贝，绝大多数是贡品，即由生存在海边的族群通过其他族群间接贡献到商王朝，而不是由殷人自身完成的。如果是这样，也是一条早期的海上丝绸之路，那么它毕竟是间接相通而不是直通的。同样，西周金文里也有"赐贝""赐朋"的记载，应当也是间接的，而且西周与海的联系远不如商王朝所达到的程度。不论商王朝还是西周，尽管有来源于南海或东海的海贝，但二者却都没有与海外贸易的记录，看来商周王朝还没有开通海上丝绸之路。

[①] 参见《三国志》裴注引《魏略·西戎传》。

（四）三星堆海贝用途的讨论

有的学者认为，三星堆海贝并不具备货币的功能，仅仅是作为装饰品来使用的。但是，如果说三星堆海贝是装饰所用，那么在三星堆青铜文化尤其是青铜人物雕像上应该有所反映，但迄今的三星堆文化考古资料证实，在所有青铜制品尤其是人物雕像中都没有发现有海贝作为装饰品的任何痕迹。海贝来源于印度洋和南海，是远程贸易的产物，它们无疑是非常珍贵的，如果海贝是一种装饰品，那么就应该属于奢侈品一类被随身佩戴，而不是盛装在青铜容器中加以收藏。

其次，云南青铜文化深受古蜀三星堆文化影响，滇文化的贮贝器上的人物雕像等显然是三星堆文化余绪的发扬光大，这与蚕丛的南迁以及开明氏的王子安阳王南迁有关。在深受三星堆文化影响下发展起来的滇文化贮贝器中盛装大量海贝的现象，恰与三星堆青铜罍中盛装大量海贝的现象一致。这种情况表明滇文化的海贝的用途是与三星堆文化海贝功能完全一致的。滇文化海贝是货币即贝币，这是没有什么疑问的。既然如此，那么三星堆文化的海贝必然也是货币即贝币。

至于在三星堆文化时期，除三星堆古蜀王都城外其他地区迄今均未发现贝币的情况，也不能作为三星堆海贝属于贝币的反证。因为很明显，商代三星堆古城是古蜀国的王都，掌控着一切战略资源，海贝作为古蜀国对外贸易的货币，其管辖权力当然属于蜀王及其王族，也就是说蜀王掌管着对外贸易大权，外贸所用的海贝自然不会落入臣下之手而分散到王都以外的其他地区。即令作为商代古蜀国次级城市的成都，在金沙遗址也没有发现海贝，而只出土一枚玉贝。所以，以除三星堆外商代古蜀其他地区迄今未发现海贝的情况作为海贝非贝币的证据，是并不充分的。

迄今在西周以后的古蜀地区几乎没有贝币的遗存，很可能贝币在这个

第十章　海贝象牙与南方丝绸之路

时期以后已失去作用，但贝币在云南地区却发展起来，接续了古蜀文化的贝币贸易行为及其文化。这与三星堆青铜雕像文化在西周消失后，却在春秋战国时期在云南的滇文化中快速发展起来的情形恰相一致，有着奇妙的同步关系。这种情形，不能不令人认为，是蜀人南迁西南夷地区并且立住脚跟从而传播并发扬光大了古蜀文化的结果。从理论上分析，这也正是塞维斯（Elman R. Service）在《文化进化论》（*Cultural Evolutionism:Thoery in Practice*）中所总结的"种系发生进化的非连续性原则"和"进化的地域非连续性原则"[①]那样的情形。

二、成都平原象牙与南方丝绸之路

在三星堆一号祭祀坑内，出土了13支象牙；在二号祭祀坑内，出土了60余支象牙，纵横交错地覆盖在坑内最上层，还出土了120颗象牙珠等[②]。更加令人不可思议的是，2001年以来，在成都市金沙遗址出土100余支象牙，同出有不少象臼齿，还出土大量由整支象牙切割成的短节象牙柱，以及象牙段、象牙片、象牙珠等。成都金沙遗址出

三星堆祭祀坑

[①]　E. R. 塞维斯：《文化进化论》，黄宝玮等译，北京：华夏出版社，1991年，第33—34页。

[②]　四川省文物考古研究所：《三星堆祭祀坑》，北京：文物出版社，1999年。

象牙的重量，竟然超过1吨。在2021年3月三星堆新一轮发掘中，多座祭祀坑内出土象牙，其数量达数百支之多。在金沙遗址10号祭祀遗迹内的一件玉璋上，还刻有四组对称的肩扛象牙的跪坐人像①。这些现象说明，商周时期，在古蜀文明神权政治中心的大型祭祀礼仪中，象牙祭祀盛极一时。在全部中国先秦文化史上，如此壮观的象牙祭祀场面，可谓绝无仅有，令人叹为观止。

（一）古蜀文明的象牙祭祀

古蜀象牙祭祀有不同的形式，其中最盛大的是在举行大型祭祀活动或典礼后，将祭祀活动的物品如祭品、祭器等祭祀用器加以焚烧，使烟火

三星堆青铜神坛第二层人物

---

① 成都文物考古研究所：《金沙——21世纪中国考古新发现》，北京：五洲传播出版社，2005年。

第十章　海贝象牙与南方丝绸之路

直达上天，而后把若干整支象牙有序地铺陈在用于专门瘗埋祭祀典礼用品土坑内的各种器物的最上层，其下为金、铜、玉器等物，三星堆一、二号坑和2021年发掘的祭祀坑以及金沙11号、10号遗迹均如此。这种现象意味着，古蜀的象牙祭祀，不论在形式还是内涵上，都有着固定的、程序化的规则和制度。进一步分析，透过这种固定的、程序化的规则和制度，可以看出三星堆政体和金沙政体具有共同的祭祀对象与内容，表明二者之间具有文化上和政治上的连续性关系，而这种连续性所包含的垂直关系和平面关系两个层面，将会给我们深入分析三星堆与金沙的各种关系提供新的视角和理解。

三星堆青铜神坛第四层人物

三星堆青铜神坛（K2③:296）的第二层和第四层分别塑造有一组铜立人雕像。

其中第四层（盝顶建筑层）的每个人物都跪坐、双臂平抬前伸、双手呈环状，作抱握状，看不出手中握有什么器物。第二层（山形座）的每个铜人的手势完全相同，都是双臂平抬于胸前，双手前伸呈抱握状，手中各握一藤状枝条，此物已经残损，无完整形状。另一座青铜神殿（K2③:296-1）的圆座上有一立人像，双手作横握拳、收臂状。三星堆二号坑的一件跪

487

坐持璋小铜人像（K2③:325），两臂平抬，双手执握一牙璋。二号坑另出有一件小型铜立人像，两臂向前平伸，双手相握，手中有一竖形孔隙，推测所执之物为牙璋一类器物。

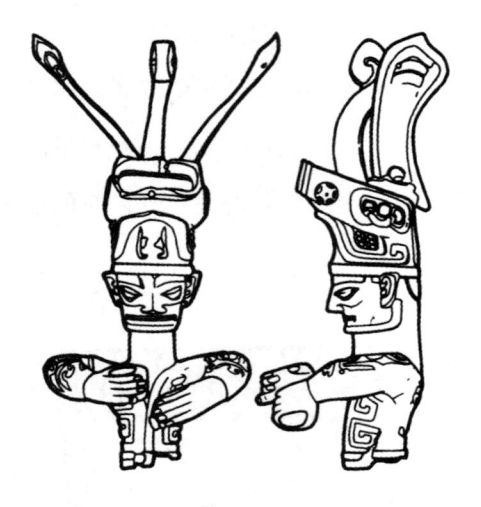

三星堆二号坑出土的青铜戴象首冠人物 　　青铜戴象首冠人物像

　　三星堆二号坑出土的一件青铜戴兽冠人物像（K2③:264），所戴的兽冠应为象首冠，冠顶两侧有两只斜立的大耳，冠顶正中是一只直立而前卷的象鼻。

　　戴象首冠人物的双手曲臂前伸至胸，作握物状，颇为类似青铜大立人双手前握的形状，但角度与大立人不同。从戴象首冠人物像双手前握的角度看，它不具备双手同握一物的条件，很像是双手各执一物的形态，但它所握之物究竟是何器物，目前还无法加以推测。如果联系到金沙遗址出土的短节象牙柱来看，也许这件戴象首冠人物双手所握之物各是一个短节象牙柱。

第十章　海贝象牙与南方丝绸之路

金沙遗址出土的一件青铜小立人雕像，双手也作前伸握物状，其形态也与三星堆青铜大立人近似。从这件立人像双手的角度观察，双手所握之物不在一个同心圆上。这就是说，它双手所握的物体，一定是一件呈弧形的器物，因此不会是璋一类竖直的器物。由此看来，它双手所握之物，有可能是象牙。不过这件青铜立人像仅高14.6厘米，连冠和座通高也仅有19.6厘米，所以它的双手所握之物不会是一支真正的象牙，而可能是象牙的小型仿制品。

金沙遗址10号祭祀遗迹玉璋所刻肩扛象牙跪坐人像[①]，应是一幅写实之作，有可能刻画的是蜀王举行祭祀仪式时的跪祭形象，但也有可能不是蜀王跪祭，而是蜀人肩扛象牙前行即搬运象牙的形象刻画，这一类例子在古代近东文明的雕像中常常可以见到。

通观三星堆和金沙所出青铜人物雕像和刻画图像，可以看出，三星堆青铜大立人双手前伸的形状和角度确实与众不同，他的双手所执之物既不可能是器身竖直的琮，也不可能是器身扁平的璋，更不可能是细长弯曲的枝条。从大立人的手形、两手间的距离和交错弧度等因素来考虑，再比较一下象牙的长度、弧度和直径，可以认为大立人双手所执之物是一整支象牙。其余双手前伸

金沙遗址出土的青铜小立人像

[①] 成都文物考古研究所：《金沙——21世纪中国考古新发现》，北京：五洲传播出版社，2005年，第74页。

489

的铜人像，不是手握牙璋，就是执握他物，或者手上空无一物。金沙小铜人像虽有可能手握象牙，但那只是象征而已，并非真正的象牙。如果此说成立，那么我们当可证明，只有三星堆青铜大立人才能手执整支象牙。因为它既是蜀王，同时又是西南夷各地方性族群之长的形象塑造。

再来看三星堆青铜大立人雕像（K2②:149、150），它的双脚立于一方形青铜座上，而方形座的中部（座腿）是由四个卷鼻的象头组成的①。这个象头座，应与立人手握之物有着密切关联。以此并结合其他相关材料分析，当可以再次证明三星堆青铜大立人双手所执之物是象牙，而不是玉琮。并且可以进一步说明，只有蜀王才有权力执整支象牙进行祭祀。我们曾经指出，三星堆出土的金杖，是古蜀王国最高神权政治领袖的象征，这个最高权力，是对古蜀族群及其王国而言。蜀王手执象牙进

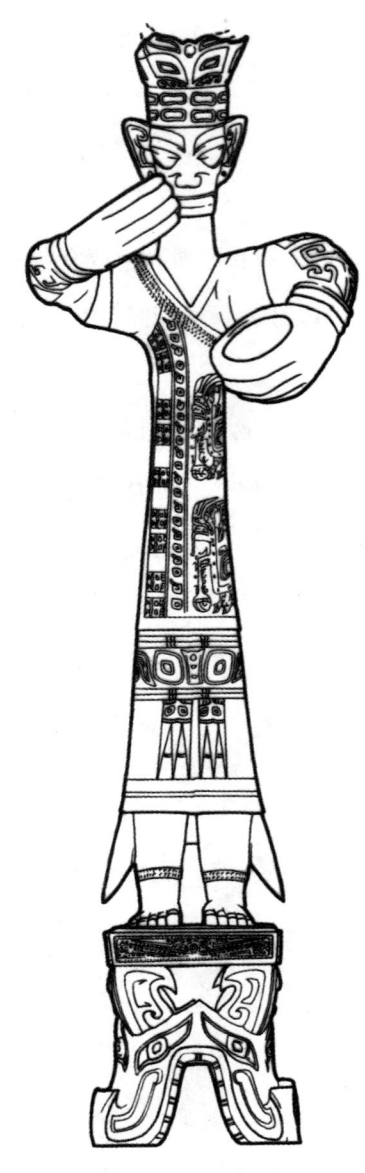

三星堆青铜大立人像

---

① 四川省文物考古研究所：《三星堆祭祀坑》，北京：文物出版社，1999年，第162—164页。按，原报告认为大立人座腿为4个龙头，但仔细观察，实应为4个象头。

行祭祀，则是古蜀王国政治与文化势力范围内各个地方性族群之长共奉蜀王为共同首领的象征。

至于为什么古蜀文明在祭祀仪式上如此重视象牙，这个问题可以从中国西南的生态条件中找到答案。古代中国西南地区至东南亚大陆和南亚次大陆地区，气候条件和生态条件适合大象的生存，是富产大象的地区，至今而然。在印度河文明的摩亨佐·达罗遗址，曾出土不少象牙制品，说明从最早文明的开始，人们就把象牙作为珍品。三星堆和金沙的情况同样如此，都是把象牙作为珍品来看待的。大象以其体量和性情等特点，成为这个区域内各个族群共同的崇拜和敬畏之物，而以象牙尤为珍贵。由于西南夷多以象牙为珍品，所以象牙在西南夷地区被各族奉为共同崇拜之物，并以此在文化上取得认同。在这种文化背景中，同时在蜀王作为西南夷地区各族之长的政治背景中，蜀王手执整支象牙，就意味着他取得了西南夷在文化和政治上的认同，手握了号令西南夷各族的权力[①]。因此象牙被赋予了西南夷各族之长的政治与文化内涵，成为号令西南夷各族权力的象征物。三星堆祭祀坑出土的众多发式各不相同的青铜人头雕像，是西南夷各族君长的象征，它们与青铜大立人的关系，正是蜀王与其文化和政治扩张所及地区的西南夷各地君长之间的主从关系。这种情形，与西周天子执牦牛尾以君临天下的现象及其文化和政治内涵有些类似，也与春秋五霸执牛耳以主中原诸夏会盟的现象[②]有着表现形式上的异曲同工之妙，同时与美索不达米亚和埃及等古文明中国王手执权杖的情形相似。可见，王者手握权力的

---

① 《战国策·秦策一》记载司马错曰："夫蜀，西僻之国也，而戎狄之长也。"这种情形，实自商代以来便是如此。参见段渝：《商代蜀国青铜雕像文化来源和功能之再探讨》，《四川大学学报》1991年第2期。
② 参见《左传》的有关记载。

象征物，这是世界早期文明史上各地文明古国的普遍现象，只是各文明古国王权象征物的具体形式有所不同罢了。

　　从迄今为止的三星堆遗址和金沙遗址的考古发掘资料来看，古蜀的象牙祭祀仅在商代晚期到商周之际的三星堆和金沙盛极一时，在三星堆一号、二号坑之前即殷墟时期以前，以及金沙遗址商周之际和西周中期文化层之后的时期，还没有发现古蜀盛行象牙祭祀的考古学迹象。透过这些现象可以揭示出这样的结构关系：在族群结构上，金沙遗址商周之际文化层的主体族群，是与三星堆文化相同的一个族群或亚族群；在政治结构上，金沙遗址商周之际文化层的政治单位，是三星堆高级政体即以鱼凫王为最高神权政治领袖的古蜀王国内的一个次级政体。

　　（二）古蜀文明象牙的来源

　　三星堆和金沙出土的数量巨大的象牙究竟从何而来呢？据有关史籍记载，中国南方地区历来产象。《国语·楚语上》记载说道："巴浦之犀、氂、兕、象，其可尽乎？"《山海经·海内南经》记载道："巴蛇食象，三岁而出其骨，君子服之，无心腹之疾。"《山海经·中山经》也说："岷山，江水出焉……其兽多犀、象，多夔牛。"《诗经·鲁颂·泮水》记载说："憬彼淮夷，来献其琛，元龟、象齿，大赂南金。"《左传·定公四年》《僖公十三年》，也提到楚地有"象齿"。《尚书·禹贡》则称荆州和扬州贡"（象）齿"。这些文献记载的产象之地，多为长江中下游以南地区，唯"巴浦"与"岷山"，有的学者以为是指巴蜀地区，故认为古巴蜀产象。这是否意味着，三星堆和金沙的大批象群取之于古蜀本土呢？

　　《国语》提到巴浦有象，巴浦在何处呢？《国语·楚语上》"巴浦之犀、氂、兕、象，其可尽乎？"句下韦昭注云："今象出徼外，其三兽则荆、交有焉。巴浦，地名。或曰：巴，巴郡。浦，合浦。"这"或曰"，是指有人作如是说。韦昭于此既未指出是谁作如是说，也未举出此说出自何书，显然是道听途说。其实，巴浦应如韦昭自己的解释，是一个地名，而不是巴郡与合浦的连称。巴郡地在嘉陵江以东地区，合浦地在今广西南部沿北部湾的合浦县东北，两地相隔万里，何以能够连称！况且，《国语》此言出自楚灵王之口，时当公元前529年，为春秋中叶。可是巴郡之设，时当秦灭巴以后，为战国晚期，而合浦之纳于汉家版图，是在汉武帝元鼎六年（前111）。早在春秋中叶的楚灵王，哪能知道晚于他数百年以后的巴郡、合浦等地名？显然可见，巴浦绝不是指巴郡和合浦郡。韦昭自己也明言"今象出徼外"，分明不是言巴郡产象，当然更不是指蜀地产象。联系到《尚书·禹贡》荆、扬二州产象齿的记载，以及《左传》所说楚地多象齿等情况来看，巴浦这个地方，大概是指靠近古荆州的荆南之地，这也与楚灵王所指相合。

《山海经·中山经》提到岷山多象，按《汉书·地理志》，岷山是指今岷江上游地区，为江水所出之地。但是，考古资料却并没有显示出岷江上游产象的任何迹象，而且，《山海经·中山经》中所说的"夒牛"，不知是何物。《华阳国志·蜀志》说岷山之地，其宝有"犀、象"，不少人以这条材料作为岷山产象的证据。但是，犀产于会无金沙江谷地，象则未闻[1]，二者均非岷江上游所产。我们从岷山山区的气候条件而论，岷山为高山峡谷的干寒地区，根本不适应大象生存，要说那里产象尤其是富产群象，无论如何是没有道理的，何况在岷山山区的考古发掘中并没有发现象牙、象骨和象牙制品，所以，岷山产象的说法，当属向壁之论。至于《山

---

[1] 刘琳校注：《华阳国志校注》，成都：巴蜀书社，1984年，第179页。

493

海经·海内南经》所说"巴蛇食象",据《离骚》《淮南子》等来看,也是指古荆州之地,与古梁州的巴蜀之巴无关[①]。由此可见,关于古代成都平原产象的说法是没有根据的,三星堆和金沙的大批象齿不是原产于当地的大象牙齿。事实上,发现象牙和象牙制品的地点,同大象生存的地区,二者之间不一定具有必然的联系,并不必然就是同一地点,正如青铜器的出土地点未必就是青铜原料的产地一样。

古地学资料表明,新石器时代成都平原固然森林茂密,长林丰草,然而沼泽甚多,自然地理环境并不适合象群的生存。至今为止的考古学材料还表明,史前至商周时代成都平原有许许多多的各种兽类,诸多考古遗址中所发现的动物遗骨遗骸,除家猪占很大比重外,主要还有野猪、鹿、羊、牛、狗、鸡等骨骼,然而除宝墩文化时期有零星发现和在三星堆祭祀坑和金沙遗址的大量发现外,其他地方尚未发现大象的遗骸、遗骨,更谈不上数十成百支象牙瘗埋一处。如果成都平原果真产象,那么就已发现的数百支象牙来说,一头公象两支象牙,则意味着有数百头公象被猎获,而象牙被取出后,将会有大量大象遗骸存留下来,但至今所见的考古资料并不支持这种情况。

大家知道,象是群居性动物,以家族为单位,象群一般由20—30只象构成,由年长母象带领,包括母象及其姐妹和未成年公象。公象在性成熟以后,就离开群体单独生活,或与其他公象结伴生活。亚洲象只有成年的公象才有长长的象牙,母性亚洲象长牙不外露。成都平原既有数百头公象的象牙被发现,那么按照常理,就应该有若干个象群在当地活动,还会有

---

① 关于"巴蛇食象"传说与古代巴人的关系问题,可参考段渝:《巴人来源的传说与史实》,《历史研究》2006年第6期。

更多的母象和幼象同时存在。照此说来，当时至少应该有上千头大象在成都平原生存，可是不论文献还是考古资料都无法对此提供证据。足见三星堆和金沙遗址的象牙必定不是原产于成都平原蜀之本土。当然，我们也不排除成都平原偶有象群出没的情况，但如说数百上千头大象在此聚集，那确实是难以想象的。

诚然，新石器时代至商周时代以三星堆文化和金沙遗址为代表的古蜀文明曾经远播于渝东鄂西之地，岷江上游也是构成早期蜀文化的渊源之一。但是，无论在渝东鄂西还是岷江上游地区，数十年来的考古调查和发掘都未曾发现盛产大象的情况，其周邻地区亦然。这种情况表明，这些地区还不是文献所记载的产象之地，因而也谈不上由当地土著部落向蜀王进献象牙或整只象的问题。至于段成式《酉阳杂俎》前集卷一六所谈到的"今荆地象，色黑，两牙，江猪也"，则不仅文献晚出，而且也是指荆南之地，几乎与闽粤之地相接。不难看出，三星堆和金沙的巨量象牙也不可能来自所谓渝东鄂西、岷江上游之地，更与荆南闽粤之地无关。

商代的华北曾经盛产大象，河南古称"豫州"，即与"服象"有关。据《吕氏春秋·古乐》的记载，商末周初，东方江淮之地象群众多，后被驱赶到江南。文中这样说道："（周）成王立，殷民反。……商人服象，为虐于东夷。周公遂以师逐之，至于江南。"所谓"服象"，即驯服大象，使其服役，犹如今之印度、缅甸服象。《孟子·滕文公下》也载有周公驱逐服象的商人的史迹。文中说道："周公相武王，诛纣伐奄，三年讨其君，驱飞廉于海隅而戮之，灭国者五十，驱虎、豹、犀、象而远之，天下大悦。"从《尚书·禹贡》《诗经》《左传》及诸史《地理志》等分析，周公率师将服象的商人远逐于"江南"，远离黄河流域，则象群是南迁到了荆南、闽、粤之地，秦代所置"象郡"大约便与此有一定关系。

无论史籍还是考古资料，均不曾有成批殷民逃往或迁往蜀中的任何蛛丝马迹，更不曾有服象的殷民移徙蜀中的丝毫痕迹。何况殷末时，蜀为《尚书·牧誓》所载参加周武王的诸侯大军，在商郊牧野誓师灭商的"西土八国"之首，协助武王灭纣翦商，而后受封为"蜀侯"，与殷民不共戴天。服象的殷民逃往任何地方，也绝不会自投罗网，投往其域中。商王武丁时期，即在相当于三星堆祭祀坑的年代上下，甲骨文记载商王"登人征蜀"，商、蜀之间还在汉中地区相互置有森严的军事壁垒[①]。此情此景之下，商王朝自不可能赐象予蜀。何况卜辞和史籍中也全然没有这方面的片言只语之载。可以知道，三星堆的象牙，也同样不曾来源于中原商王朝。

　　根据唐人樊绰所著《蛮书》的记载，在开南（今云南景东县）以南多有大象，"或捉得，人家多养之，以代耕田也"[②]。开南在哀牢山西麓，东临澜沧江，古时蛮荒、贫瘠，《华阳国志·南中志》说其地"绝域荒外，山川阻深，生民以来，未尝通中国"[③]，与古代蜀国谈不上有什么经济文化交流，并且开南地区远远偏离古代南方丝绸之路的线路，其民众也没有加入南方国际商道上的商品贸易行列。所以，其地虽有大象，却无缘引入内地，古蜀王国用为神权政治礼仪牺牲的象群，自亦不会与之有关。

　　云南西南部以及以西的缅甸、印度地区，自古为大象的原产之地。不少人以为云南各地均产大象，其实是莫大的误会。汉唐时期的文献材料，对于云南产象的记载，仅限于其西南边陲，即古哀牢以南的地区，这在常璩《华阳国志·南中志》和樊绰《蛮书》里有着清楚的记载。在云南

---

① 段渝：《四川通史》第1册，成都：四川大学出版社，1993年，第45页。
② 赵吕甫校释：《云南志校释·云南管内物产》，北京：中国社会科学出版社，1985年，第283页。
③ 刘琳校注：《华阳国志校注》，成都：巴蜀书社，1984年，第424页。

东部、东北部，即古代滇文化的区域中，以及在云南西部，即滇西文化的区域中，则并无产象的记载。考古发掘中，无论在滇文化区域还是滇西文化区域中，都未曾发现数十支象牙瘗埋一处的情形。古蜀文化与云南的关系，主要是与滇文化和滇西文化的关系，迄今所见的各种材料，尚无与云南西南部有什么关联。由此观之，三星堆祭祀坑内的象牙、象骨以及金沙遗址的象牙，也与滇池文化区域和滇西文化区域无甚关系。

《汉书·西域传》说汉武帝通西域后，外域的各种珍奇宝物充盈府库，其中，"钜象、师子、猛犬、大雀之群食于外囿。殊方异物，四面而至"，表明大象来源于外域，属于"殊方异物"之类。先秦黄河流域有象，殷墟甲骨文有象字，河南为豫州，文献里有象牙及象牙制品，考古也发现有象牙制品。关于此点，徐中舒先生和郭沫若先生均早已有过精深考证和论述[①]。但在周初，周成王"驱虎、豹、犀、象而远之，天下大悦"，至汉，而视象为"殊方异物"，由外域进贡中华朝廷。据竺可桢先生研究，汉代气候转冷，黄河流域的气候已不适应大象生存，所以外域进贡的珍贵的大象，也须"食于外囿"，豢养在中原以外。

在成都平原的三星堆遗址和金沙遗址出土的总重量超过1吨的象牙，是作为珍贵的宝物，只在古蜀的大型礼仪中心即都邑里使用的。三星堆青铜人物雕像群所展示出来的政治和民族结构是：青铜大立人（蜀王）手握象牙，高踞于其他所有青铜人头像之上，他的周围是代表西南夷各酋邦君长的青铜人头像，他们共奉蜀王为西南夷之长[②]，而蜀王手握的象牙，就是号

---

① 郭沫若：《中国古代社会研究》，北京：人民出版社，1964年，第179—180页；徐中舒：《殷人服象及象之南迁》，《中研院历史语言研究所集刊》2本1分，1930年。
② 段渝：《商代蜀国青铜雕像文化来源和功能之再探讨》，《四川大学学报》1991年第2期。

497

令西南夷各君长的权力象征物[①]。但是，在成都平原其他众多遗址里却极少发现象牙，这说明即使在当时，古蜀亦以象牙为珍稀。既然如此，那么大象在成都平原就更是珍奇之物了。可见，在商周时期，成都平原不大可能有大批群象生存。由此可见，三星堆和金沙出土的大量象牙，必然是来源于外域，而不是本地所产。

从成都平原考古发现的实物看，除了三星堆和金沙遗址发现大量象牙外，其他遗址几乎没有发现象牙。在出土青铜器的图形方面，三星堆青铜大立人像座被塑造成四个象头，被称为夔龙凸目面具的其实应该是凸目人像面具（鼻作上卷的象鼻状），还有一件戴象冠的立人像。除此而外，在彭州竹瓦街发现的商周之际的青铜器窖藏中出土一件青铜罍，上面的纹饰也有大象的形象。迄今的考古发现似乎说明，从商周之际以后，成都平原没有发现完整的象牙，在青铜器或其他器物的纹饰里也没有发现大象的图形。成都百花潭战国墓出土的一件水陆攻战铜壶，器盖和器身都铸有各种动物图像，有牛、羊、猪、狗等，应是当时成都平原所见的动物，其中没有大象，似可说明大象并非成都平原的原产动物。

如果说成都平原产象，那么为什么仅在商代和商周之际成都平原出现大象（整只，或象牙），而西周以后却没有了呢？金沙遗址的象牙出土数量，从地层关系看，商周之际以后大大减少，充分表明了供应不足的情况，这与西周以后大象图像的消失是一致的。从成都平原的气候条件和物产来看，不可能是由于西周以后气候变冷致使大象南迁。根据成都市文物考古研究所的报告，宝墩文化时期成都平原的谷物以小米为主，三星堆文化时期小米和水稻并存，金沙遗址则以水稻为主。农产品可以说明当时的

---

① 段渝：《古蜀象牙祭祀考》，《中华文化论坛》2007年第1期。

第十章　海贝象牙与南方丝绸之路

气候，从农业气象的角度来看，先秦成都平原的气候应该是，新石器时代较冷，商代稍暖和，西周以后气候温暖。如果大象是成都平原的原产，那么既然商代的气候条件下大象可以生存，那么西周以后大象更能够生存发展。但从考古发现来看，情况却是恰恰相反，这说明大象并不是成都平原的原产动物。如果要说成都平原的大象已在商周之际被猎光，那么为什么成都平原发现的象牙与象骨的数量似乎又不成比例，这便不足以证明这个问题。

其实，只要我们注意到西周以后古蜀文明古蜀王国政治文化的变迁情况，就可以明白象牙的问题。商代末年蜀王杜宇推翻鱼凫王对古蜀王国的统治，自立为蜀王。杜宇又因率领蜀人参加武王伐纣有功，西周建立后被分封为诸侯，得到周王赐予的"分殷之器物"，立为蜀王，周成王时蜀王还参加成周之会。古蜀既然已成为西周诸侯，当然就会奉行西周典章制度。西周时期，古蜀移都成都，成都成为古蜀杜宇王朝的政治中心。杜宇王朝在政治和文化上进行了大规模变革，革除了三星堆鱼凫王朝的神权政治体系，代之以君权和神权相结合而君权占主导地位的国家体制[①]。在杜宇王朝的祭祀活动中，过去三星堆鱼凫王朝的象牙不再占有重要地位，因而对于象的崇拜不再盛行，在文物制度方面也不再以象首作为神，也不再以象牙作为号令西南夷的权威工具。所以，西周以后蜀地极少象牙和大象图像，是与古蜀王国政治和文化变迁的情况恰相一致的，而不在于其他什么原因。

以上分析表明，商代三星堆和金沙的象牙，既不是成都平原自身的产物，也不来自与古蜀国有关的中国各古文化区。显而易见，这些象群和象

---

① 参见段渝：《成都通史·卷一（古蜀时期）》，成都：四川人民出版社，2011年。

牙是从其他产象之地引进而来。通观文献材料，应当来源于缅、印，即东南亚和南亚。

《史记·大宛列传》记载张骞西行报告说："然闻其西（按：此指"昆明"，即今云南大理之西）可千余里，有乘象国，名曰滇越。""滇越"即印度古代史上的迦摩缕波国，故地在今东印度阿萨姆邦[1]。也有学者认为，东汉时期的掸国就是乘象国[2]，实与阿萨姆相近。《大唐西域记·迦摩缕波国》记载道："迦摩缕波国，周万余里。……国之东南，野象群暴，故此国中象军特盛。"《史记·大宛列传》还说："身毒（印度）在大夏东南可数千里，其俗土著，大与大夏同，而卑湿暑热云。其人民乘象以战，其国临大水焉。"《后汉书·西域传》也说："天竺国，一名身毒，……其国临大水，乘象以战……土出象、犀……"所谓"大水"，据夏鼐先生考证，即今巴基斯坦境内的印度河[3]。据古希腊文献的记载，古印度难陀王朝（前362—前321）建立的军队中，有2万骑兵、20万步兵、2000辆战车、3000头大象，孔雀王朝（前321—前185）的创建者月护王拥有一支有9000头战象、3万骑兵、60万步兵的强大军队[4]，这和中国古文献的记载是完全一致的。汉唐之间的中国古文献极言印度产象之盛，实际上表明了一个事实，即令汉武帝开西南夷，到东汉永平年间永昌郡归属中央王朝后，印度象群的数量之多，仍然令中国刮目相看，使得历代史官为之大书特书。这里也就暗示着中国所见象群不仅稀少，而且物以稀为贵，所以

---

[1] 汶江：《滇越考》，《中华文史论丛》1980年第2辑。
[2] 张公瑾：《傣族文化》，长春：吉林教育出版社，1986年，第16页。
[3] 夏鼐：《中巴友谊的历史》，《考古》1965年第7期。
[4] 引自R.塔帕尔：《印度古代文明》，林太译，杭州：浙江人民出版社，1990年，第50页；刘建、朱明忠、葛维钧：《印度文明》，北京：中国社会科学出版社，2004年，第74页。

中国士人不免为之怦然心动。《史记》和《后汉书》等文献所数称的"大水"（印度河），正是辉煌的印度河文明的兴起之地。考古发掘中，在印度河文明著名的摩亨佐·达罗遗址内，恰恰发现了曾有过象牙加工工业的繁荣景象，还出土不少有待加工的象牙，那里可谓象牙之国。以此联系东印度盛产大象的情况来综合考察，再联系到三星堆祭祀坑内成千枚来自印度洋北部地区的海贝，可以说明三星堆和金沙遗址那些带有热带丛林文化野性的气息，便是从南亚的热带丛林引进而来的。其间的交流媒介，正是一同埋藏在三星堆祭祀坑中的大量贝币——流通于南亚、东南亚和古蜀国的"外汇"。

| 第十一章 |

艺术形式与南方丝绸之路

南方丝绸之路不仅仅是丝绸艺术、丝绸贸易和青铜艺术、黄金艺术等中外文化交流互动的线路，东西方的艺术及其不同作品形式同样也在这条线路上得到传播和交流。在先秦以至汉代，近东文明和印度文明的一些艺术形式及艺术品出现在中国西南地区，正是中外艺术传播与交流的结果。

一、偶像式构图与情节式构图艺术形式的来源

史前从西起比利牛斯山、东到贝加尔湖的广大欧亚地区，存在着一种所谓"偶像式构图"的艺术形式。它的典型代表是裸体女像，学术界称之为"早期维纳斯"。历史时期，在近东、中亚到南亚文明中，发展出了与偶像式构图形式相并行的所谓"情节式构图"的艺术形式。在中国东北地区西辽河流域的红山文化，曾发现裸体女像。但在黄河流域和长江流域，迄今还没有发现这类早期的裸体女像。在先秦时期的中原诸夏中，是不奉

第十一章　艺术形式与南方丝绸之路

行偶像崇拜的。所以在夏商时代，黄河流域中原地区极少有人物图像的塑造品，青铜器和玉石器不流行人物雕像，而以动物和饕餮像为主，零星出现的人物像也主要是小型塑像和人面具，没有大型人物塑像。春秋战国时代，黄河流域青铜器的纹饰受到斯基泰文化的一些影响，但仍然缺乏偶像式以及具有故事情节性的造像和雕刻。汉代河南南阳和山东等地的画像砖，始有富于情节的图像，但这并不是黄

早期维纳斯

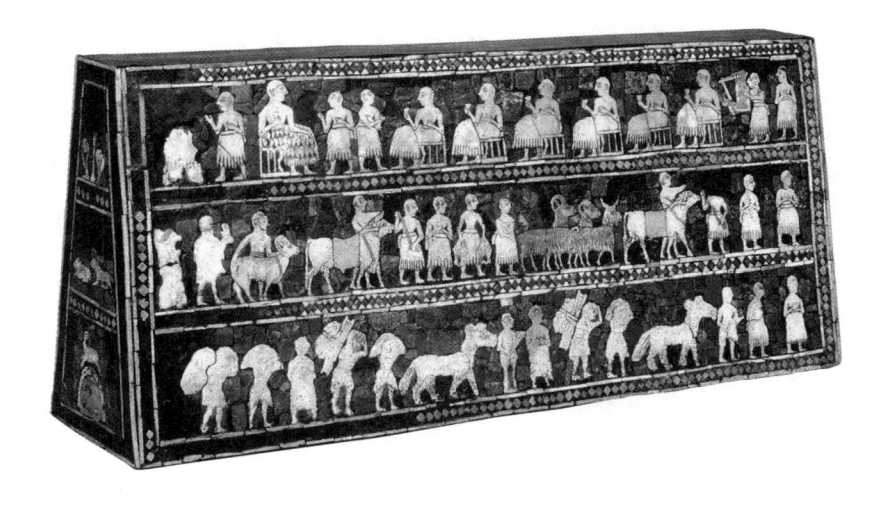

乌尔王朝时期乌尔军旗侧视图

503

乌尔王朝时期乌尔军旗战争场景

河流域的文化传统,从构图形式和刻画内容上看,它们很可能同秦灭巴蜀后,巴蜀的鍪釜甑和饮茶等习俗由秦人北传中原的情形一样,由蜀地传播而去。

在古蜀三星堆和金沙遗址出土的一些文物上,我们可以看到偶像式构图和情节式构图这两种艺术形式的存在。

三星堆青铜神坛(K2③:296)的第二层和第四层分别塑造有一组铜立人雕像。其中,第四层(盝顶建筑层)的每个人物都跪坐、双臂平抬前伸、双手呈环状,作抱握状,看不出手中握有什么器物。第二层(山形座)的每个铜人的手势完全相同,都是双臂平抬于胸前,双手前伸呈抱握状,手中各握一藤状枝条,此物均已经残损,无完整形状。三星堆另一座青铜神坛(K2③:296-1)的圆座上有一立人像,双手作横握拳、收臂状。三星堆二号坑的一件跪坐持璋小铜人像(K2③:325),两臂平抬,双手执握一牙璋[1]。二号坑另出有一件小型铜立人像,两臂向前平伸,双手相握,

---

[1] 四川省文物考古研究所:《三星堆祭祀坑》,北京:文物出版社,1999年,第231—235页。

手中有一竖形孔隙，推测所执之物为牙璋一类器物①。

三星堆二号坑出土的一件戴兽冠人物像（K2③:264）②，所戴的兽冠应为象首冠，冠顶两侧有两只斜立的大耳，冠顶正中是一只直立而前卷的象鼻。戴象首冠人物的双手曲臂前伸至胸，作握物状，颇为类似青铜大立人双手前握的形状，但角度与大立人不同。由此看来，它双手所握之物，有可能是短节象牙柱。

金沙遗址出土的一件青铜小立人雕像，双手也作前伸握物状，其形态也与三星堆青铜大立人近似③。不过这件青铜立人像仅高14.6厘米，连冠和座通高也仅有19.6厘米，所以它的双手所握之物不会是一整支象牙，而可能是象牙的小型制成品。金沙遗址10号祭祀遗迹玉璋所刻肩扛象牙跪坐人像④，应是一幅写实之作，有可能刻画的是蜀王举行祭祀仪式时的跪祭形象，但也有可能不是蜀王跪祭，而是蜀人肩扛象牙前行即搬运象牙的形象刻画，这一类例子在古代近东文明的雕像中常常可以见到。

不难知道，三星堆二号坑出土的上下成四层的青铜神坛，其艺术形式是典型的情节式构图，金沙遗址出土的玉璋所刻四组对称的肩扛象牙跪坐人像同样也是典型的情节式构图。整个三星堆的青铜制品，包括青铜人物雕像动物雕像和植物雕像，如果仅从单件作品看，大量的是偶像式构图；

---

① 四川省文物考古研究所：《三星堆祭祀坑》，北京：文物出版社，1999年，第164—167页。
② 四川省文物考古研究所：《三星堆祭祀坑》，北京：文物出版社，1999年，第164、167—168页。
③ 成都文物考古研究所：《金沙——21世纪中国考古新发现》，北京：五洲传播出版社，2005年，第35—37页。
④ 成都文物考古研究所：《金沙——21世纪中国考古新发现》，北京：五洲传播出版社，2005年，第74页。

但是这些青铜制品的功能是集合性的，必须把它们集合到一起才能充分认识其社会功能和艺术功能。我们已经指出，三星堆青铜制品群既是蜀王作为西南夷各族之长的艺术表现，又是古蜀政治权力宗教化的艺术表现[①]。从这个意义上认识，三星堆大型青铜雕像群是为了表现古蜀王国的政治目的和意识形态意图而制作的，对它们的艺术形式自然也应当从这个角度出发去认识，才有可能切合实际。因此，我们认为，三星堆青铜雕像制品群的总的艺术特征，是情节式构图，各个雕像之间的关系具有连续性，整个雕像群具有可展开的情节性。

如果我们仔细观察三星堆出土文物，可以很清楚地看到，三星堆金杖上的纹饰图案，其实就是情节式构图图案：人、鱼、鸟三者构成这个情节，而且在鱼和鸟之间，一根羽箭将二者连在一起，它所要表现的应该是某个故事、思想或意念，鱼、鸟串联在一起，二者却不与人头相串联。这究竟想要表达什么，我们或许无法获知，但这幅图案的连贯性却是一目了然的，难道不是情节式构图吗？

将金沙遗址10号祭祀遗迹玉璋上所刻四组对称的肩扛象牙跪坐人像图案，联系三星堆二号坑出土的牙璋上所刻祭山图图案，以及三星堆祭祀坑内出土的大型青铜雕像群、金杖图案、神坛以及神殿立雕等分析，商周时期的古蜀文明在艺术形式尤其绘画和雕刻艺术上，盛行具有连续、成组的人物和故事情节的图案，并以这些连续、成组的图案来表达其丰富而连续的精神世界，包括哲学思想、政治观念、意识形态以及价值观和世界观等等。把这些图案分类进行整理并加以综合研究，以分析古蜀文明的艺术形

[①] 段渝：《政治结构与文化模式——巴蜀古代文明研究》，上海：学林出版社，1999年，第108—121页。

第十一章　艺术形式与南方丝绸之路

式及其文化内涵，将是很有意义的。

由此我们还可以进一步看出，三星堆文化运用连续性分层空间，以构成故事情节或场景的立体性和完整性表现的艺术手法，与近东文明不乏相似之处，它们与同一时期中原玉器和青铜器图案的艺术表现形式和内涵有很大不同，而与近东文明艺术形式的某些方面有着表现手法上的相似性。这种情形，当可以再次证实古蜀文明与近东文明之间所存在的某种关系。商周时期古蜀文明这种富于形象思维的文化特征，在它后来的发展史上凝为传统，成为蜀人思维模式的一个重要方面。商周时期古蜀文明有关文化和政治内涵的艺术表现形式及其手法，则在后来的滇文化中得到了比较充分的继承、发扬和创新。

有的学者认为，汉代四川的西王母造像，在制作技术和构图形式等方面，有可能同中亚地区有关[1]。另有一些学者认为，汉代四川的西王母图像，在艺术形式上来源于古蜀三星堆文化[2]。实际上，如果仅从单件雕像制品看，广汉三星堆祭祀坑出土的大量青铜人物雕像，是典型的偶像式构图艺术，但是从总体上看，三星堆青铜雕像却是情节式构图艺术。汉代四川的西王母造像，艺术手法多为圆雕或立雕，这类艺术手法与商代三星堆青铜制品的艺术形式十分相似，很有可能是古蜀文明雕刻艺术传统的传承和演变。从图像形式上看，汉代四川的西王母造像是从情节式构图向偶像式构图的转变，反映了它的早期形式应是起源于情节式构图，这与三星堆和金沙出土文物中有故事情节的雕像或雕刻，在形式和表现手法上十分相似。这就说明，不论情节式构图还是偶像式构图的造像艺术，都是古蜀文

---

[1] 李淞：《论汉代艺术中的西王母图像》，长沙：湖南教育出版社，2000年，第38—47页。

[2] 何志国：《论汉代四川西王母图像的起源》，《中华文化论坛》2007年第2期。

507

明的一种固有传统，它们在古代四川是从商代以来一脉相承的，而均与近东文明的类似传统有关。

二、三星堆文化的带翼龙

仰韶文化龙虎墓

带翼兽的艺术形象，是古代美索不达米亚古巴伦文化和亚述文化的艺术特征，后来为南亚、东亚和中亚草原游牧族群所接受。中国新石器时代和商周时期是没有带翼兽一类艺术形象的，不论河南濮阳西水坡出土的蚌龙[1]，还是红山文化出土的玉龙和三星他拉玉龙[2]、凌家滩C形玉龙，或是陶寺遗址的出土龙纹盘[3]、二里头遗址出土的绿松石龙[4]、湖北黄陂盘龙城遗址出土的金片和绿松石镶嵌的龙，它们的龙身均无翼。

---

[1] 濮阳西水坡遗址考古队：《1988年河南濮阳西水坡遗址发掘报告》，《考古》1989年第12期。

[2] 中国社会科学院考古研究所内蒙古工作队：《内蒙古敖汉旗小山遗址》，《考古》1987年第6期。

[3] 中国社会科学院考古研究所山西工作队、临汾地区文化局：《1978—1980年山西襄汾陶寺墓地发掘简报》，《考古》1983年第1期。

[4] 中国社会科学院考古研究所二里头工作队：《河南偃师市二里头遗址中心区的考古新发现》，《考古》2005年第7期。

第十一章 艺术形式与南方丝绸之路

红山文化玦形玉猪龙

凌家滩文化玉龙

陶寺文化彩绘蟠龙纹陶盘

二里头文化绿松石龙

509

三星堆祭祀坑出土的青铜龙形象，大多带有翅膀。如二号坑出土的青铜神树上的龙，脖颈上生翼，二号坑出土的青铜神坛兽座的兽也是翼兽，在2021年发掘的几个祭祀坑里出土的青铜龙，也多在脖颈或腰背上长出翅膀，这些应是中国最早出现的带翼兽形象。

三星堆神树上的带翼龙　　　　　　三星堆神坛

有学者认为，中国境内带翼兽的出现是在春秋晚期到战国时期[①]，这其实是就黄河流域中原地区而言，事实上最早的应是商代中晚期的古蜀三星堆文化。到了汉代，带翼兽图案多分布在西南的四川地区，如四川绵阳的平阳府君阙上的带翼狮，就是最为典型的代表。后来中国各地出现的麒麟等带翼兽，从渊源看，很可能与三星堆带翼龙有关。带翼兽和双兽母题图案在古蜀地区如此之早地出现，表明从很早的古代起，古蜀与欧亚古代文明之间就已存在文化交流与传播关系。

---

① 李零：《论中国的有翼神兽》《再论中国的有翼神兽》，载《入山与出塞》，北京：文物出版社，2004年。

三、巴蜀印章和青铜器图像中的"英雄擒兽"母题

巴蜀文化有一种文字或符号，形体的基本结构相同，都是中间一个物体，两边分别有一个相同的物体。这一类符号屡见于巴蜀印章文字，在新都马家大墓出土的青铜戈内部、青铜钺、青铜钲、印章，以及涪陵小田溪出土的青铜钲及其他地点出土的青铜器和印章上亦较常见，可以说是巴蜀文化中一种习见的、使用较为普遍的文字符号。在考古学所发现的巴蜀印章图像和青铜器图像中，这一类图像尤其引起学术界的密切关注。这类图像不但分布广泛，意义特殊，而且还显示出近东文明图像常有的一些特点，这就是所谓"英雄擒兽"。

巴蜀图案符玺　　　　　荥经巴蜀印章

（一）巴蜀文化"英雄擒兽"母题的来源

在四川宣汉罗家坝墓葬出土的巴蜀印章里[①]，有数枚印章的基本结构相同，都是中间有一个物体，两侧分别是一个相同的物体。这几枚印章中

---

① 四川省文物考古研究院编：《宣汉罗家坝》，北京：文物出版社，2015年。

511

·南方丝绸之路与欧亚古代文明·

罗家坝巴蜀印章

间的物体，或是一连体的花蒂（M24），或是一串巴蜀文字符号（M25），或是一柄牙璋（M51），或是一枝形物（M57）。在这些图像的两侧，或分别是一个"王"字（M24，M51），或分别是一个巴蜀文字符号（M25），或分别是叶形物体（M57）。此外，在罗家坝出土的青铜器上，多铸刻有巴蜀文字和图像，其中有一种图像的基本结构与上述印章文字图像极其相似，也是中间一个物体，两侧分别各有一"L"形物体或其他相同物体相对（如罗家坝M40）。

诸如罗家坝出土的这一类巴蜀印章和青铜器上的图像，其实并非孤例，与其相同或相似的巴蜀印章以及青铜器上的类似文字、图像及符号，在四川、重庆以及湖北、湖南、云南等地都有发现，一方面可充分证实笔者所提出的巴蜀文字两系说[1]，另一方面可从中观察到古代巴蜀与近东古文

重庆巴县冬笋坝出土巴蜀印章　　　　湖北江陵出土的巴蜀印章

---

[1] 段渝：《巴蜀古文字的两系及其起源》，《成都文物》1991年第3期；《考古与文物》1993年第1期。

第十一章　艺术形式与南方丝绸之路

明的某种关系。

仔细考察古代巴蜀文化中的文字符号和图像，我们可以看到与罗家坝这类文字相同或相似的印章文字或图像。它们的基本结构相同，都是中间一个物体，两边分别一个相同的物体。这一类文字图像屡见于巴蜀印章，并且在巴蜀青铜器如四川新都马家大墓出土的青铜戈内部、青铜钺、青铜钲，重庆涪陵小田溪出土的青铜钲，以及在成都蒲江、大邑五龙、雅安荥经、芦山、犍为、什邡、广元昭化宝轮院、重庆巴县冬笋坝等地点出土的青铜器上亦较常见，20世纪20年代末到30年代卫聚贤在成都搜集到的白马寺坛君庙出土青铜器上亦有较多发现[①]。

从这类文字和图像在巴蜀地区大量存在的情况分析，可以说它们是古代巴蜀文化中所习见的、使用较为普遍的文字、符号或图像。

对于巴蜀印章及图像或文字、符号的含义，由于巴蜀文字迄今尚未被破解，因而目前还不清楚，无法给予解释。

关于这类图像的来源，法兰克福早在20世纪50年代就已指出，这种图像最早源于美索不达米亚，后来流传到埃及和古希腊米诺斯文明，并举出米诺斯文明（或译作迈锡尼文明）的狮子门作为例证[②]。李济先生在其《中国文明的开始》一文里对此类图像有所论述，他把这类图像称作"英雄擒兽"，并引之为中华文明与美索不达米亚文明关系的重要证据。李济先生认为："这种英雄擒兽主题在中国铜器上的表现已有若干重要的改变。英雄可能画成一个'王'字。两旁的狮子，先是变成老虎，后来则是一对公猪或竟是一对狗。有时这位英雄是真正的人形，可是时常在他下方添上一

[①] 卫聚贤：《巴蜀文化》，《说文月刊》3卷4期，1941年；《说文月刊》3卷7期，1942年。
[②] H. Frankfort, *The Birth of Civilizaton in the Near East*, 1954, p.102, 图版十三, 23、24。

迈锡尼狮子门

只野兽。有时中间不是'王'字，代之以一个无法辨识的字。所有这些刻在铜器上的不同花样，我认为是美索不达米亚的原母题的变形。"[1]

法兰克福和李济先生所论证的"英雄擒兽"母题，原是指近东文明中常见的一种图案，即中间一人，两旁各有一兽。这种图案在中国商文化青铜器上也可见到。李济先生认为商文化青铜器上的这种图案母题源于近东文明的看法，近年来得到更多材料的支持，国内一些学者将这类图案称为"一人双兽"母题。

至于这类图案的含义，按照法兰克福和李济先生的看法，在美索不达米亚表现的是"英雄擒兽"。在中国商代，虽然商文化采借了这类图案母

---

[1] 李济：《中国文明的开始》，《李济文集》卷一，上海：上海人民出版社，2006年，第377页。

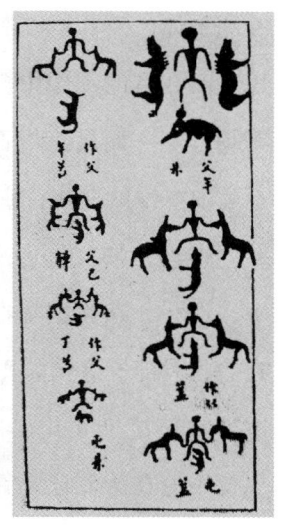

第十一章　艺术形式与南方丝绸之路

近东文明英雄擒兽母题雕像　　　商文化青铜器上的英雄擒兽母题

题的形式，但其内涵已经发生了重要改变，不再用以表现近东文明的"英雄擒兽"。按照一些学者的看法，"英雄擒兽"已演变为商文化某些家族的族徽[①]。

　　仔细观察巴蜀文化中的这类图案，它的基本结构与"英雄擒兽"母题完全一致，都是中间一个人形，两旁各有一兽。只不过在巴蜀文化中的这类图形，中间的人形已经简化或变化，两旁的兽形也已同时简化或增删，以至同其母题相比，除还保留着图像的整体结构而外，似乎有些面目全非的感觉。

　　进一步看，巴蜀文化中这类图像的演变，不单是图形的简化和增删，在相当多的图像中，其图形样式或结构都发生了变化。如，有的图像中的

---

① 在商文化的青铜器铭文中，也有几例这一类文字图像或符号，见容庚《金文编》（增订第2版，长沙，1933年）。一般认为，商文化青铜器上的这一类文字可能是族徽的标志。

515

两侧物体已不相同，有的图像虽然两侧物体相同，但中间已从一物变成数物，而在有的图像中，原来图像中间的物体已移至两侧物体的上方，如此等等，不一而足。尽管如此，但从图像构成的角度看，这些变化实际上并不是根本性的变化，它们不过只是原来图像的变体。

既然巴蜀文化也采借了这类图案母题，并且大量应用到印章和青铜器中，那么，这类图案在巴蜀文化中是否也像商文化那样可能是用以表示家族的族徽呢？这就需要对商与蜀的关系进行一些分析。

从三星堆文化出发分析，商代的古蜀文化与商文化存在较大差别，二者不论在族属还是在文字方面均与商文化不同，古蜀王国在政治上也不属于商王朝的外服诸侯国，但二者之间有着较深的文化交流往来。因此，巴蜀文字中的这类图像完全可能具有与商文化不同的含义。如果它们表示家族的族徽，那么由于图像的基本结构相同，就意味着它们来源于一个共同的祖先，而图形的变化，则可能意味着家族的裂变，表明是共同祖先的不同分支。但这种推测显然是不能成立的，因为这类图像的空间分布如此之广，我们不可能把在四川、重庆、湖北、湖南、云南等地所有出土相同或相似图像的墓主的族属统统归结为同一个祖先的后裔。不过可以肯定的是，如此众多的相同或相似的图像在如此广阔的空间如此大量地分布，显然是文化传播以至文化趋同的结果。

从考古发掘看，其实这类图像，早在三星堆文化时期已经以其变体的形式出现。在属于商代的古蜀文明三星堆一号祭祀坑中出土的金杖，其上有两组相同的图像图案，都是在人头像（蜀王）的上方分别有两只鸟和两条鱼，一支羽箭（？）将鱼和鸟连在一起[①]。这个图形与"英雄擒兽"母题

---

① 四川省文物考古研究所：《三星堆祭祀坑》，北京：文物出版社，1999年。

第十一章　艺术形式与南方丝绸之路

在基本结构上相似，只不过把图像中间人头两侧的鱼、鸟移到了人头上方。三星堆文化金杖图像是迄今所见巴蜀地区出现得最早的"英雄擒兽"母题图像，尽管这两组图像是基于原母题的变体。由于西周春秋时期巴蜀文化的考古资料至今仍然较为缺乏，所以关于这一时期巴蜀文化图像变化的情况目前还不能确知。但从这类变体在战国时代的巴蜀文化图像中已发展成为众多不同图形的情况看，一定是经过了从蜀文化到巴文化的复杂的发展变化过程。当然，从战国时期巴文化与蜀文化已经趋同，在物质文化上已是可分而不可分，以至最终形成今天所谓巴蜀文化的情况看，"英雄擒兽"母题及其变体之在蜀地和巴地相继出现，就不是一个令人感到奇怪，而是可以合理解释的文化现象了。

三星堆金杖图案

（二）中国西南其他地区发现的"英雄擒兽"母题青铜器

在中国西南地区，除在巴蜀文字或符号中发现大量"英雄擒兽"母题而外，在一些地方出土的青铜器纹饰上也发现这类母题，而且还有一些青铜器直接被制作成类似于"英雄擒兽"的形制。

在古蜀文明辐射范围内的今四川盐源县境内，发现大量以"英雄擒兽"或"一人双兽"为母题的青铜器，如被学者称为枝形器的青铜杖首和青铜插件[①]。四川盐源发现的数件青铜枝形器和青铜杖首，下方均为一个腰带短杖（剑或刀）的人，两旁侧上方分别为一匹马。这种图形与商代金文

---

① 在四川盐源县发现的青铜枝形器和青铜杖首形器，藏四川凉山州博物馆和盐源县文化馆。

517

族徽的图像相似，其间关系值得深入探讨。有学者认为盐源"英雄擒兽"枝形器的图像来源于斯基泰文化。但是按照李济先生的研究，商文化的这类图像来源于美索不达米亚，那时斯基泰文化还没有兴起。那么盐源枝形器的图像是否与商文化有关呢？从盐源地区迄今并没有发现商文化的任何遗迹的情况看，这种图像不大可能来源于商文化。考虑到这类图像在古蜀文明和西南夷文化中大量存在的情况，那么盐源发现的这种枝形器图像则应该是受到古蜀文明同类图像影响的产物，而不是来源于西北高原传入的斯基泰文化因素。

　　盐源青铜器群的文化性质是笮文化。笮人属于古羌人的一支，原居岷江上游，为牦牛羌之白狗羌，秦汉时期主要聚居在大渡河（今雅安市汉源

凉山州博物馆藏铜枝形器

一带），是古蜀文明与外域交流的通道南方丝绸之路的重要枢纽之一[①]，所受古蜀文明的影响无疑较大，所以笮文化的这类图形很有可能与古蜀文明有关。

根据《华阳国志·蜀志》的记载，秦汉时蜀郡州治成都少城西南两江有七桥："直西门郫江中曰冲治桥；西南石牛门曰市桥；下，石犀所潜渊也；城南曰江桥；南渡流曰万里桥；西上曰夷里桥，亦曰笮桥；从冲治桥西北折曰长升桥；郫江上西有永平桥。"[②]成都少城是先秦时期古蜀王国都城的中心位置所在地，也是秦汉时期蜀郡郡治的官署所在地。这说明了两个史实：第一，"夷里桥"的名称来源于夷人居住的区域名称"夷里"。第二，"夷里"的"里"，是地方低层行政单位的名称。"十里一亭"，里有里正，是标准的汉制，而汉制本源于秦制，"汉承秦制"。由此可见，在先秦时期，成都城市西南居住着不少夷人，建有专门的街区"夷里"。第三，"夷里桥"亦曰"笮桥"，说明居住在"夷里"的夷人是西南夷中的笮人。既然成都少城西南有夷里桥，又称笮桥，直到秦之蜀郡守李冰治蜀时仍然还居住着西南夷笮人并保留着笮人的街区和名称，那么先秦时期的蜀国与笮人相同，都属于西南夷的组成部分，应该是没有什么疑问的[③]。既然笮人与蜀不论是在族系上还是在文化上都有着如此深厚密切的关系，那么如果说笮人此类"英雄擒兽"形青铜枝片的文化渊源于蜀，是不是较之它的斯基泰文化来源说更加合理呢？

与在四川盐源发现的"英雄擒兽"母题图像青铜器相类似的，还有在云南保山出土的铸刻有双虎纹图案的青铜编钟、双蛇纹图案的青铜编钟、

---

① 段渝：《四川通史》第1册，成都：四川大学出版社，1993年。
② 刘琳校注：《华阳国志校注·巴志》，成都：巴蜀书社，1984年，第227页。
③ 段渝：《先秦汉晋西南夷内涵及其时空演变》，《思想战线》2013年第6期。

叉型双虎纹图案的青铜编钟[1]，在云南大理祥云出土的铸刻有双凤双龙图案的青铜编钟[2]，以及在云南大理大展屯和贵州兴仁交乐分别出土的铸刻有神人双龙图案的青铜连枝灯[3]，如此等等。

在上述发现铸刻有此类图案青铜器以及巴蜀印章的云南、四川、重庆、湖北、湖南、贵州等地区中，云南、四川南部（宜宾和凉山州以南）和贵州属于古代所谓"西南夷"地区，四川盆地及盆周山地、重庆地区和渝东长江干流夔峡、巫峡、巴峡、长江中游湖北西南部、湘西等巴、蜀地区则属于先秦时期的"南夷"之地[4]。由此可以知道两方面的情况：

第一，不论铸刻有"英雄擒兽"母题图案的青铜器还是刻有相同或类似图案的巴蜀印章，绝大多数都分布在古代西南夷和巴蜀文化的地域空间范围内，而西南夷青铜文化在很大程度上是受到巴蜀文化的影响发展起来的[5]。

第二，从巴蜀印章及刻有此类图像的青铜器的分布路径看，从南端的云南保山经大理往北，分成两条线路，其中一条到昭通[6]，经昭通到四川犍

---

[1] 王黎锐：《保山青铜器述略》，载段渝主编《南方丝绸之路研究论集》，成都：巴蜀书社，2008年，第362—373页。

[2] 资料藏云南大理古城博物馆。

[3] 林向：《中国西南地区出土的青铜树》，《青铜文化研究》第1辑，合肥：黄山书社，1999年。

[4] 《汉书·地理志》记载："巴、蜀、广汉本南夷，秦并以为郡。"广汉本为蜀地，汉高帝六年分蜀郡东部置广汉郡。可知，巴、蜀在先秦时期均被视为"南夷"。在《史记》里记载的西南夷，《汉书》分作西夷和南夷，均因西南地区各族所在方位而定。

[5] 段渝：《论金沙江文化与文明起源》，《中华文化论坛》2002年第4期；《跨生态的文化和政治扩张：古蜀与南中诸文化的关系》，《西南民族大学学报》2005年第2期。

[6] 云南省昭通市文物管理所、云南省水富县文化馆：《云南省昭通市水富县张滩土坑墓地试掘简报》，《四川文物》2010年第3期。

第十一章 艺术形式与南方丝绸之路

为①、贵州兴仁，另一条到四川盐源，经盐源到越西②、犍为、芦山③、宝兴④、荥经⑤、蒲江⑥、成都⑦、新都⑧、什邡⑨，然后向东到四川盆地东部地区的四川宣汉，而后沿长江向东到重庆巴县⑩、重庆涪陵⑪，继续沿江东进直到湖北江陵⑫、湖南常德⑬、湖南古丈⑭。如果我们在地图上把发现铸刻有"英雄擒兽"母题图案的青铜器以及刻有同类图像的巴蜀印章等的地点

---

① 四川省文物管理委员会：《四川犍为金井乡巴蜀土坑墓清理简报》，《文物》1990年第5期。
② 四川凉山彝族自治州博物馆、越西县文化馆：《四川越西华阳村发现蜀文物》，《文物资料丛刊》第7辑。
③ 陆德良：《四川芦山县发现战国铜剑及印章》，《考古》1959年第8期；周日琏：《四川芦山出土巴蜀符合印及战国秦汉私印》，《考古》1990年第1期。
④ 四川省文管会、雅安地区文管所、宝兴县文管所：《四川宝兴汉塔山战国土坑积石墓发掘报告》，《考古学报》1999年第3期。
⑤ 四川省文物考古研究所、荥经严道古城遗址博物馆等：《荥经县同心村巴蜀船棺葬发掘报告》，载《四川考古报告集》，北京：文物出版社，1998年；李晓鸥、刘继铭：《四川荥经县烈太战国土坑墓清理简报》，《考古》1984年第7期。荥经县文化馆等：《四川荥经曾家沟战国墓群第一、二次发掘》，《考古》1984年第12期。
⑥ 成都市文物考古工作队、蒲江县文物管理所：《成都市蒲江县船棺墓发掘简报》，《文物》2002年第4期。
⑦ 四川省博物馆：《成都百花潭中学十号墓发掘记》，《文物》1976年第3期。
⑧ 四川省博物馆等：《四川新都战国木椁墓》，《文物》1981年第6期。
⑨ 四川省文物考古研究所、什邡市文物保护管理所等：《什邡市城关战国秦汉墓葬发掘报告》，载《四川考古报告集》，北京：文物出版社，1998年。
⑩ 四川省博物馆：《四川船棺葬发掘报告》，北京：文物出版社，1960年。
⑪ 四川省文物管理委员会、涪陵地区文化局：《四川涪陵小田溪四座战国墓》，《考古》1985年第1期。
⑫ 湖北省文物考古研究所：《江陵九店东周墓》，北京：科学出版社，1995年。
⑬ 湖南省博物馆：《湖南常德德山楚墓发掘报告》，《考古》1963年第9期。
⑭ 湖南省博物馆、湘西土家族苗族自治州文物工作队：《古丈白鹤湾楚墓》，《考古学报》1986年第3期。

连接起来，可以十分清楚看到两条路线图，这就是《史记·西南夷列传》和《史记·大宛列传》所记载的张骞所述的古代蜀身毒道路线图，也就是今日学术界所称以四川成都为中心的南方丝绸之路路线图。

在这两条线路中，除三星堆文化金杖的时代为商代外，其他地点发现的刻有"英雄擒兽"母题及其变体图案和类似图案的青铜器和印章的年代大体上为战国时代，有的或晚至西汉。其中属于战国初期、早期和前期的有：四川大邑五龙[①]、四川新都马家、四川荥经曾家沟、四川蒲江、重庆巴县冬笋坝（M50）、湖南常德（M25）等，其他的基本上都属于战国晚期。这种情况显然意味着，在巴蜀和西南夷地区，"英雄擒兽"母题最早出现在古蜀文明的腹心地区成都平原，而后向东和向南分别传播到巴文化地区和西南夷地区。不止于此，刻有"英雄擒兽"图案的巴蜀印章还进一步传播到楚文化区域。如在湖北江陵九店东周墓（M21）中出土"英雄擒兽"图案巴蜀印章，墓葬年代为战国后期[②]，又如在湘西古丈县白鹤湾楚墓（M17、M31、M60）出土"英雄擒兽"巴蜀印章，墓葬年代为战国中期后段。从各地发现的"英雄擒兽"母题青铜器和巴蜀印章的年代序列考察，不难知道，在巴蜀和中国西南地区以至长江中游地区，"英雄擒兽"母题的最早发祥地在古蜀文明区域，其次为西南夷地区，再次为巴地，最后为与巴蜀文化有密切关系的长江中游楚文化区域。

上文已经说明，根据法兰克福的研究，"英雄擒兽"母题原产于美索不达米亚，而后传播到近东文明其他一些区域，李济先生的研究则表明"英雄擒兽"母题也影响到商文化的青铜器铭文，说明中国早在商代就与

---

① 四川省文管会、大邑县文化馆：《四川大邑五龙战国巴蜀墓葬》，《文物》1985年第5期。
② 湖北省文物考古研究所：《江陵九店东周墓》，北京：科学出版社，1995年。

近东文明发生了关系。在巴蜀文化中，也是早在商代的三星堆文化时期就与近东文明发生了关系，三星堆祭祀坑出土的青铜人物雕像和金杖、金面罩等文化因素的来源，就与近东文明有关，三星堆祭祀坑出土的数千枚来自印度洋的海贝等，也是古蜀文明与印度古文明交流的证据[①]。既然如此，那么，古蜀文明的"英雄擒兽"母题是否同样是从近东文明传入的呢？

有的学者认为在巴蜀和西南夷地区发现的"英雄擒兽"一类图像是从中国西北地区传入的斯基泰文化的因素。但如联系上文所述巴蜀和西南夷地区各地发现的"英雄擒兽"母题青铜器和巴蜀印章的年代序列来看，这种看法显然是有问题的。世界考古说明，斯基泰文化是公元前1000年中叶在南俄和哈萨克斯坦地区兴起的一种文化[②]，主要特征是动物尤其是猛兽或猛禽纹样，以及使用立雕和圆雕手法等，大多体现在青铜兵器和小件青铜器的装饰上，没有重器。但在中国西南地区（西南夷）发现的具有"英雄擒兽"母题的青铜器，如盐源青铜器，多属平雕，而其图案缺乏斯基泰文化最常见的母题"格里芬"或猛兽形象。如此看来，如果要把西南夷地区发现的"英雄擒兽"母题青铜器简单地与斯基

"格里芬"青铜雕像

[①] 段渝：《商代蜀国青铜雕像文化来源和功能之再探讨》，《四川大学学报》1991年第2期；《论商代长江上游成都平原青铜文化与华北和世界文明的关系》，《东南文化》1993年第2期。

[②] Paul Bahn ed., *Collins Dictionary of Archaeology*, Glasgow: Harper Collins Publishers, 1992, p.444.

523

泰文化联系起来，不但在于二者的时代极不对称，而且也还缺乏必要的证据。考虑到古蜀文明这类图像的来源，特别是古蜀文明在青铜文化方面对西南夷的影响，认为西南夷地区的这类图案是受到的古蜀文明的影响，这种看法也许更加符合历史的实际情况。

以上讨论可以说明几点：

第一，在分布广泛的巴蜀墓葬中，绝大多数出土遗物都属于巴蜀文化的典型器物，这些器物尤其青铜器上的图像多与巴蜀印章上的图像相同或相似，充分说明巴蜀印章上的图像为巴蜀文化所独有。

第二，在战国时期的巴蜀墓葬中，也出土中原文化或其他文化如楚文化或秦文化的器物，但不论中原文化还是楚文化或秦文化都没有类似于巴蜀印章和巴蜀青铜器上的图像，也充分说明后者是巴蜀文化所独有。

第三，巴蜀印章和青铜器"英雄擒兽"图像的来源，在巴蜀地区本身只能够上溯到商代三星堆文化，而三星堆文化与印度和近东古文明存在交流关系，可以推测来源于近东文明。虽然目前资料表明巴蜀印章的出现年代为战国早期，但却是上承商周时期的蜀文化而来，不过由于考古资料的缺环，从商周到战国之间的承续、发展和演变情况目前还不清楚，有待于今后的考古发现加以补充论证。

第四，不论罗家坝出土的巴蜀印章与南方丝绸之路具有直接还是间接的关系，总之它是在南方丝绸之路的线路上，说它是巴蜀文化与南方丝绸之路文化的产物，至少与南方丝绸之路有关，应该是没有问题的。

四、"英雄擒兽"与"瑟瑟"

考古学在四川不少地方发掘出玻璃珠，均为不含铅的钠钙玻璃，来源

第十一章　艺术形式与南方丝绸之路

于地中海沿岸，经印度传入。这类珠饰，即是杜甫诗所说的古时卿相墓中"瑟瑟"，也就是料珠，亦即琉璃珠，应是从印度传入。埃及金字塔内木乃伊头上发现来自中国的丝绸，而差不多在同一时期，在古蜀三星堆文化出现颇似古埃及"眼庙"的青铜神殿，还出土大量青铜"眼睛"，三星堆青铜大立人雕像和另一件青铜面具也有外凸的眼睛，意味着两者间的文化联系。

对于考古发掘出土的某些遗物，如果要探讨其文化来源，除了需要对其文物本体作具体分析外，还必须对与其共生的遗物进行分析，尤其是对与其具有组群关系的遗物进行分析，找到其间的相互联系，把它们结合起来加以综合分析，才可能得出切合历史实际的结论。

（一）"瑟瑟"与"英雄擒兽"的关联

迄今在巴蜀及西南地区地区出土的珠饰，大多没有详细的图片和描述资料，不过已出版的四川宣汉遗址和墓地发掘报告使我们有了比较详细的了解。根据宣汉罗家坝发掘报告所述，在罗家坝墓葬的M24、M25、M28、M44、M51、M53、M65等墓中分别出土了不同数量的球形陶珠。其中，M24、M25、M28、M51出土的陶珠相同，都呈扁球形，中间有一圆穿，整体为绿色，球体外表有12个的外凸的深绿色不规则圆点，圆点外均有一周黄褐色圆圈。M44出土的2件亦呈扁球形的陶珠，中间亦有一圆穿，整体为绿色，球体外表

四川宣汉罗家坝墓葬出土的陶制"蜻蜓眼"珠饰

525

布有9个外凸的深绿色圆点,其外均有一圈白色圆圈。M53出土的5件球形陶珠主要是球形,上有不规则圆点,从公布的图上看,其中有2件陶珠的外表布有外凸的不规则圆点。M65出土的1件扁球形陶珠,中间亦有一圆穿,整体为绿色,上有12个深绿色外凸圆点,圆点外均有一周白色圆圈[①]。

这种外表布有外凸圆点的圆形珠饰原产于地中海沿岸地区,在公元前2000年中叶盛行于近东以及埃及,最初是以黏土制作的,俗称"蜻蜓眼",其用意在于人类可以凭借眼睛的力量来消除所谓"恶眼神"所带至的邪恶,从而为人类提供保佑。基于这种理念,蜻蜓眼于是便成为古代地中海沿岸的近东和埃及地区人们的护身符。这种古老的习俗至今仍然在地中海沿岸的西班牙、西亚的土耳其等地区流行不衰[②]。

罗家坝墓葬出土的这类珠饰,均为陶珠(Clay bead),不论其形状还是质地均颇同于地中海地区早期的蜻蜓眼珠饰。不过,罗家坝墓葬出土的珠饰显然不会直接来自地中海地区,联系到墓葬内所出的刻有"英雄擒兽"图像的巴蜀印章和青铜器来看,可以认为罗家坝墓葬这批珠饰的文化来源与巴蜀印章和青铜器图像有着十分密切的关系。

前文已经说过,三星堆文化的青铜人物雕像和金杖、金面罩等文化因素的来源与近东文明有关,除此外,在三星堆祭祀坑中还出土大量青铜眼睛(《三星堆祭祀坑》称为"眼形饰")。这些青铜眼睛被制作成各种不同的形制,有二分之一、四分之一、八分之一以及棱形等形制,而且在三星堆二号祭祀坑出土的青铜大立人雕像和另一件青铜面具均有外凸的眼

[①] 四川省文物考古研究院:《宣汉罗家坝》,北京:文物出版社,2015年,第104、100、111、206、230、235、288页。

[②] 笔者在埃及、西班牙、土耳其、伊朗等地,均见到人们佩戴用玻璃制作的这种蜻蜓眼式珠饰,这种珠饰在民间有大量出售。

睛，此外在三星堆青铜器中还有一件青铜神殿，在屋顶上铸刻出许多类似于眼睛的纹样。在古埃及，也有一座非常有名的被称为"眼庙"的神庙，而古埃及诸神中就有"眼神"，如著名的"太阳神之眼"或"荷鲁斯之眼"

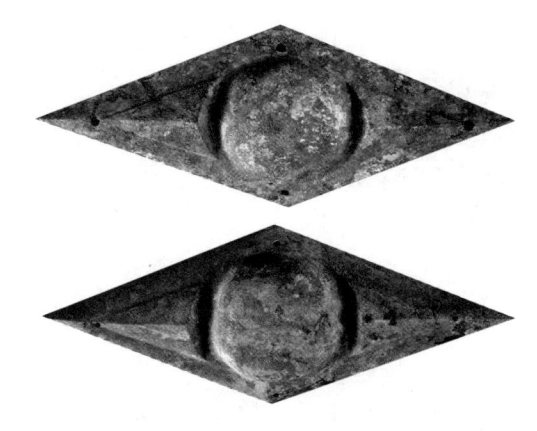

三星堆青铜眼形饰

（Eye of Horus）。"荷鲁斯之眼"一方面表示神明的护佑和神圣的王权，另一方面又作为护身符，瞩目万物，给人带来福音。奇妙的是，古埃及还用"荷鲁斯之眼"来计数，将"荷鲁斯之眼"拆解为6个部分，每个部分各代表一个分数，构成一个等比级数，相加即等于1，公式为1/2＋1/4＋1/8＋1/16＋1/32＋1/64=1（实际上不足1，被古埃及人舍去）。三星堆出土的大量拆解成不同等分的青铜眼睛，与古埃及"荷鲁斯之眼"大有异曲同工之妙，确是耐人寻味的。

在古埃及十八王朝时对于眼睛的崇拜已被制作成蜻蜓眼泥珠。古埃及十八王朝的年代为公元前1550—前1307年，相当于中国的商代。三星堆文化的年代约为公元前2500—前900年，三星堆祭祀坑的年代为殷墟一、二期，为前1200年左右。三星堆祭祀坑中出现的大量青铜眼睛和神殿所表现出的极强的眼睛崇拜，与盛行于古埃及的眼神崇拜和眼庙，不仅形式极其相似，而且三星堆在年代上也稍晚，符合文化传播的速率规律，因此其极有可能是采借了古埃及或近东文明的眼睛崇拜理念而制作，反映了古蜀文

527

三星堆青铜眼形饰

明与近东文明的文化交流关系①。

与此相映成趣的是，20世纪90年代，奥地利大学考古队在古埃及新王国二十一王朝的一座金字塔内的一具木乃伊头发上发现来自中国的丝绸，年代约为公元前11世纪②。虽然目前还不清楚这块中国丝绸的来源地究竟为何处，也不清楚它是间接传播的产物还是直接传播的产物，但无疑与中国有密切关系。我们知道，同一时期在中亚一些地方出现了中国黄河流域商文化的一些因素，表明商文化与中亚一些地方有文化传播和交流关系的存在，但是在西亚和南亚却几乎没有发现这一时期商文化的影响痕迹，倒是在中国西南古蜀文明地区发现印度古文明和近东古文明的因素，包括上

---

① 在一座古埃及十八王朝的金字塔墓内的一具木乃伊头上，发现了来自中国的丝绸。这件丝绸恰与蜻蜓眼形制在三星堆文化出现的年代大致相合，是否与古埃及同中国的文化交流有关，还需要进行深入研究。

② Philippa Scott, *The Book of Silk*, London:Thames & Hudson, 1993, p.78.

第十一章 艺术形式与南方丝绸之路

述在四川广汉三星堆文化祭祀坑中发现的黄金面罩、黄金权杖和青铜人物雕像以及各式青铜眼睛等文化因素。如果我们把在古埃及金字塔内发现的中国丝绸与在中国四川三星堆文化中发现的近东和印度的古文明因素相互联系起来看，是否可能反映了两者之间的文化交流和互动关系呢？对于这个问题，目前还不能贸然作出结论，需要获得更多更翔实的资料进行深入研究。

正如前面所论，"英雄擒兽"母题在中国西南地区最早出现在三星堆文化，而后分别向南和向东传播，而蜻蜓眼珠饰传播亦有可能随之一道传播。在四川成都羊子山、新都马家、什邡城关、荥经同心村、宝兴汉塔山、犍为五联、宣汉罗家坝，云南昭通水富张滩，重庆铜罐驿镇冬笋坝、涪陵小田溪、忠县崖脚、开州余家坝、云阳马粪沱、奉节风箱峡等战国时期的墓葬中，均发现蜻蜓眼式珠饰[1]。在其中不少墓葬中，蜻蜓眼式珠饰与铸刻有"英雄擒兽"母题图像的青铜器或巴蜀印章同出，四川宣汉罗家坝墓葬就不失为一个非常典型的例证。

值得注意的是，罗家坝墓葬出土的蜻蜓眼珠饰均为陶珠，而在中国西南地区战国时期墓葬中出土的珠饰则大多数为玻璃珠。这种情况似乎可以反映出两个方面的情况：一方面，罗家坝陶珠是仿制于巴蜀文化的玻璃珠，另一方面，罗家坝珠饰的来源与在西南夷和巴蜀地区发现的珠饰相同，都来源于古蜀文明的影响。

此外，罗家坝墓葬中还出土了不少非蜻蜓眼的各色珠饰，多与蜻蜓眼珠饰同出一墓。这一类珠饰，在古代伊朗和印度等地被称为"Sit-Sit"，

---

[1] 蜻蜓眼式珠饰出土的情况，参考赵德云：《西周至汉晋时期中国外来珠饰研究》附表三、附表四，北京：科学出版社，2016年，第254、255—256、259页。

是古代地跨西亚和中亚的波斯帝国的宝石名称，中国称其为瑟瑟，是示格南语或阿拉伯语的音译。中国古书关于瑟瑟的性质有不同说法，主要指宝石，明以后主要指人工制造的有色玻璃珠或烧料珠之类[1]。这一类珠饰，在战国时期的古蜀开明王朝曾大量用来制作珠帘。据李膺《成都记》记载："开明氏造七宝楼，以真珠为帘，其后蜀郡火，民家数千与七宝楼俱毁。"[2]《通志》记载："双石笋在兴义门内，即真珠楼基也。"曹学佺《蜀中名胜记》卷二记载："西门，王建武成谓之兴义门矣。"开明氏造七宝楼，以"真珠"为帘。由"真珠"之名可知，制作蜀王开明氏七宝楼帘的"真珠"，应属瑟瑟一类舶来品，原产于西亚和中亚。唐代诗圣杜甫寓居成都时，曾写过一首《石笋行》诗，诗中说道："君不见益州城西门，陌上石笋双高蹲。古来相传是海眼，苔藓蚀尽波涛痕。雨多往往得瑟瑟，此事恍惚难明论。恐是昔时卿相墓，立石为表今尚存……"杜甫所说唐代成都西门多出瑟瑟，这一带正是春秋战国时期蜀王国的墓区所在。唐时瑟瑟往往出于成都西门地下，足见随葬之多。杜甫既称"瑟瑟"，表明是来自西亚、中亚和印度地区之物，恰与成都七宝楼真珠的来源一致。

由此看来，罗家坝出土的非蜻蜓眼珠饰，其文化来源也与蜻蜓眼珠饰一样，是受到了古蜀文明的影响制作而成。

在与古代巴蜀地域毗邻的楚地，考古发掘出土了大量珠饰，尤其在湖北和湖南的楚墓中发现的珠饰数量很大[3]。从两湖地区楚墓所出珠饰的质

---

[1] 劳费尔：《中国伊朗编》，林筠因译，北京：商务印书馆，1964年，第345—347页。
[2] 曹学佺：《蜀中名胜记》卷二引。
[3] 参考后德俊：《楚国的矿冶髹漆和玻璃制造》，武汉：湖北教育出版社，1995年；赵德云：《西周至汉晋时期中国外来珠饰研究》，北京：文物出版社，2016年，第248—254页。

料、珠饰球体形制、球体表明外凸的"蜻蜓眼"的颜色等方面看，多与巴蜀地区所出珠饰不同。最重要的是，在出土珠饰的两湖楚墓中，均未发现伴出刻有"英雄擒兽"图像的青铜器，与巴蜀地区珠饰常与刻有"英雄擒兽"图像的青铜器伴出的情况不同。这表明，巴蜀地区发现的珠饰必不来源于两湖楚地。同时可以进一步说明，不论战国时期巴蜀文字印章还是青铜器上的"英雄擒兽"母题，其文化来源应上溯到商周时期的古蜀文明。

应当指出的是，虽然罗家坝以及李家坝和小田溪出土料珠，但都是陶质，全部都是仿制，而且其年代均为战国及汉代，没有早期的料珠。这种情况表明，巴国在战国时期受到外来文化的影响，而这种影响主要来自西面的蜀国。虽然，在战国时期的楚国墓葬中出土不少料珠，但这个时期正是巴、楚激烈交战而巴国节节失利败退的时期，巴国墓葬中的料珠必不仿制于楚国。其次，楚国料珠的来源目前还不清楚，假如巴国在与楚国交战中对其料珠有所斩获，难免这些料珠就应该是"真珠"而不是仿制品。复次，罗家坝出土陶珠的墓葬内，均未发现楚文化的器物，楚文化的器物多出土在没有随葬陶珠的墓葬内。最后，巴国墓葬出土的青铜器与其西面的蜀国几乎雷同，二者文化相通，地域毗邻，所以巴国的料珠应该是仿制于蜀国而不是楚国。

（二）蜀商与岭南珠饰

秦汉时期，蜀商以其富有闻名海内[①]。蜀商的足迹，不但频繁出现在南方丝绸之路西线蜀身毒道沿途地区[②]，而且还深入岭南以至南海区域。

[①] 参考《史记·货殖列传》。
[②] 参考《史记·西南夷列传》《史记·大宛列传》《汉书·货殖传》《华阳国志·蜀志》等。

考古学在岭南地区的汉代墓葬中，发现数量不少的巴蜀青铜器，绝大多数是炊煮器，意味着汉代巴蜀文化沿南方丝绸之路东线牂牁道向岭南地区传播。在岭南地区的汉代墓葬里发掘出大量珠饰，在巴蜀地区的汉代墓葬中也发现大量同类珠饰，绝大多数为玻璃珠，也有部分琥珀珠饰。这类珠饰全部产自印度洋和太平洋区域。在当时海上丝绸之路已开通的条件下，岭南地区和巴蜀地区发现的汉代珠饰，应是经由海路而来。

在岭南地区发掘的汉代墓葬中出土大量青铜器，其中的炊煮器主要有有鍪、釜等器物。在广州南越王墓出土青铜鍪共16件：Ⅰ型墓出土11件青铜鍪，其中G72、G73、G74、G75、G76、G69、G83号各1件，C5号4件；Ⅱ型墓出土3件，其中G57、G67号各1件，E66号1件；Ⅲ型墓出土2件，其中G63、G65各1件。在广州汉墓出土青铜鍪22件，其中Ⅱ型鍪1件。在广州淘金村汉墓出土青铜鍪3件、青铜鐎壶1件。在贵县洛泊湾M1出土青铜鐎壶1件[1]。迄今在岭南地区考古发现的青铜鍪，均为辫索耳，而辫索耳青铜鍪是巴蜀文化的典型器物，最早出现在成都平原及周边地区古蜀人的墓葬中。不难知道，岭南发现的青铜鍪全数来自古蜀地区。

在岭南地区考古发现的青铜甗可分为三型，其中B型和C型青铜甗实为青铜釜甑[2]，即釜与甑连体，上甑下釜。釜甑与中原地区的甗不同，甗为鼎与甑连体，而釜甑为釜与甑的连体。青铜釜甑也是巴蜀文化的典型炊煮器，最早出现在成都平原，岭南地区发现的釜甑，无疑也是来自成都平原古蜀文化。

在岭南地区考古发现的青铜釜不多，仅有3件，均出土于广州汉墓[3]。

---

① 李龙章：《岭南地区出土青铜器研究》，北京：文物出版社，2006年，第81—82页。
② 李龙章：《岭南地区出土青铜器研究》，北京：文物出版社，2006年，第83页。
③ 李龙章：《岭南地区出土青铜器研究》，北京：文物出版社，2006年，第84页。

其中A型釜2件、B型釜1件。青铜釜同样是古蜀人的典型炊煮器，岭南发现的青铜釜，显然也是来自成都平原古蜀地区。

在田东锅盖岭M2：1出土的1件青铜长骹矛和在平乐银山岭出土的5件青铜长骹矛（35：1、10：10、109：15、168：6、155：16）[1]，实为巴蜀文化特有的双耳系青铜长骹矛，显然也来源于巴蜀文化地区。

此外，在武鸣敢猪岩和灌阳新街出土的青铜戈，为宽三角形形制[2]。这种形制的青铜戈同样是巴蜀文化青铜戈的典型形制。看来这2件青铜戈也与巴蜀文化的南传有关。

从岭南地区出土的汉代巴蜀青铜器绝大多数为普通生活用具，缺乏武器，并且墓葬规模都不大等情况分析，这些器物的主人既非权贵亦非战士，所有遗物均为小群平民的生活用器。以此结合文献分析，它们极有可能是《史记·西南夷列传》所记载的蜀商经牂牁江、红水河、西江远至岭南进行商品贸易所留下的物质文化遗存。

在岭南地区迄今还没有发现先秦时期的珠饰，但发现大量汉代珠饰。岭南地区发现的汉代珠饰，绝大多数属于所谓"印度—太平洋珠"，即采用拉制法制作而成，这类珠饰的直径通常小于5毫米，呈不透明淡红棕色，以及橙、黄、绿色透明琥珀色或紫罗兰色的单彩玻璃珠。据研究，这类珠饰广泛生产和传播于印度洋和太平洋区域[3]。据统计，在岭南地区出土的印度—太平洋珠饰绝大多数分布在广西地区，广东地区仅有少量出土。在西

---

[1] 李龙章：《岭南地区出土青铜器研究》，北京：文物出版社，2006年，第140—141页。
[2] 李龙章：《岭南地区出土青铜器研究》，北京：文物出版社，2006年，第124、125页。
[3] Peter Francis Jr., *Asia's Maritime Bead Trade: 300B. C. to the Present*, Honolulu：University of Hawaii Press, 2002, pp.19-21. 参见赵德云：《西周至汉晋时期中国外来珠饰研究》，北京：科学出版社，2016年，第92页。

南地区，印度—太平洋珠饰在四川、云南、贵州都有出土，且为数不少。在岭南出土的这类珠饰的年代，属于西汉前期的不多，大多数的年代属于西汉后期至东汉。在西南地区出土的这类珠饰的年代，除在贵州赫章可乐出土的为西汉前期外，均为西汉后期到东汉，或晚至蜀汉晚期至晋初。另外，在广西和广东出土的琥珀珠饰，年代主要为西汉晚期至东汉。在四川茂县城关镇出土的这类珠饰，年代可早到战国后期至汉武帝以前。在四川其他地点以及云南和贵州出土的这类珠饰，年代一般为西汉中期至东汉，而以属于东汉时期的出土地点和数量为多[①]。

在汉代巴蜀地区发现的印度洋—太平洋珠，其来源应与岭南地区有关，其中多应与蜀商至岭南贸易有着密切关系。在巴蜀和西南地区发现的印度洋—太平洋珠与在岭南地区发现的巴蜀文化青铜器，它们相互间的往来，显示出他们互通有无的情形。这种情形显然意味着汉代南方丝绸之路与海上丝绸之路的连通，而蜀商在其中扮演着重要角色。

从巴蜀地区通往岭南的交通线，也即南方丝绸之路东线的牂牁道（夜郎道），早在先秦古蜀文明时已经开通。贵州威宁新石器时代遗址出土的器物中，已有成都平原蜀文化的影响因素。贵州威宁、赫章等地春秋战国时期遗址和墓葬出土的大量蜀式青铜器，证实当时这些地区已经受到蜀文化的强烈影响，表明已有道路可通。《华阳国志·蜀志》记载说，蜀王杜宇以"南中为园苑"，南中指四川宜宾以南的贵州和云南。《华阳国志·蜀志》还说蜀王开明氏"雄张僚、僰"，僚即是指贵州地区，僰即僰道，今宜宾，即把四川宜宾和贵州西部地区纳入古蜀国的势力范围，其间

[①] 参见赵德云：《西周至汉晋时期中国外来珠饰研究》附表五、附表六、附表七，北京：科学出版社，2016年，第260—274页。

道路自然是畅通无阻。汉武帝时,为打通汉王朝与南亚次大陆的政治经济通道,数度开发西南夷,终于在西南夷地区重设郡县,重新打通了与西南夷地区的交通,尤其是以僰道为前沿和基地,大量征发巴蜀地区士卒整治从僰道到夜郎的传统交通线,并在沿途设置邮亭对道路进行管理,自此始有牂柯道的命名。可见,牂柯道是以宜宾为枢纽,北上巴蜀,南下岭南地区的。

《史记·西南夷列传》记载:"建元六年,大行王恢击东越,东越杀王郢以报。恢因兵威使番阳令唐蒙风指晓南越。南越食蒙蜀枸酱。蒙问所从来,曰'道西北牂柯,牂柯江广数里,出番禺城下'。蒙归至长安,问蜀贾人,贾人曰:'独蜀出枸酱,多持窃出市夜郎。夜郎者,临牂柯江,江广百余步,足以行船。南越以财物役属夜郎,西至同师,然亦不能臣使也。'"牂柯江即北盘江,其流向为北盘江—红水河—西江,经番禺(今广州)至珠江口入海。蜀商"多持"枸酱贩卖至南越,可见蜀商经由牂柯道与南越地区频繁进行的商品贸易和文化交流有着悠久的历史。

四川宜宾自古出产枸树和枸酱。枸树是蜀人最早栽培的一种木本植物,用枸树果实制成的枸酱,"蜀人以为珍味"[①]。《史记·西南夷列传》记载枸酱"独蜀出",但没有说明具体出产地区。《华阳国志·蜀志》"僰道县"下说,僰道出产"蒟",即是枸酱。清康熙二十五年《四川叙州府志·宜宾县》卷三"土产"记载说:"蒟酱,《史记》蒟酱即此,俱此出戎州。"清《四川通志·食货·物产》"叙州"下记载说:"蒟酱,《史记》所载即此,各属俱出。"据《史记·西南夷列传》记载,汉初唐蒙在南越吃到蜀枸酱,南越的蜀枸酱乃是从夜郎经由牂柯江辗转输入,而

---

① 《史记·西南夷列传》之《索隐》引。

夜郎之蜀枸酱又是蜀商从蜀地"窃出"交易。这说明，蜀商从宜宾收购到枸酱后，先是通过牂牁江，然后再经红水河、西江把蒟酱贩运到番禺（广州），致使蜀枸酱"流味于番禺之乡"[①]。后来，枸酱又传入华北等地，成为众口所向的美味。

以四川宜宾为枢纽，经牂牁道通往两广和香港的道路，早在古蜀三星堆文化时期已经开通。考古学上，在广东揭阳、香港南丫岛等地出土来自古蜀地区的三星堆文化牙璋，而在三星堆文化遗址出土海贝中的一部分则是来自南中国海，其间的交易通道，均应从南中国海经牂牁道到达宜宾，再经五尺道中转，向北经屏山、犍为、乐山转运到成都平原。汉代巴蜀地区出土的印度—太平洋珠饰，应即通过这条南方丝绸之路东线，从海上丝绸之路引入。岭南出土的汉代巴蜀青铜器，也应是经由这条南方丝绸之路东线，从巴蜀地区到达岭南的。唐末以前，从广州贩卖到巴蜀的东南亚香药和奇珍异宝，大部分也是通过这条线路，中经宜宾五尺道枢纽到达成都平原的。

上述分析说明：

第一，历史文献和考古资料充分说明，从先秦到两汉，巴蜀地区与印度洋区域和南海区域都存在经由南方丝绸之路所进行的经济文化往来。从考古资料分析，先秦时期巴蜀与外域的交往重心是南方丝绸之路西线，即通过《史记》所记载的蜀身毒道（灵关道、永昌道、博南道），向西通往印度、中亚、西亚和欧洲地中海区域，还在缅、印与印度洋区域有所交往，并通过南方丝绸之路东线即牂牁道与南海区域交往。两汉时期，巴蜀地区与海外的交往，除蜀身毒道而外，经由南方丝绸之路东线通往岭南

---

① 《文选·蜀都赋》刘逵注。

第十一章　艺术形式与南方丝绸之路

地区至南海的牂牁道业已成为重点交往线路。南方丝绸之路中线即安南道，也在先秦两汉时期巴蜀地区与东南亚的交流传播与互动中发挥了重要作用。

第二，对通过前章所论海贝和本章所述蜻蜓眼料珠所揭示的南方丝绸之路中外交流的实质的认识，我们不能仅仅停留在物资交流或商品贸易的层面上，还应该从更深刻的层面和意义上加以认识。例如，海贝在中国西南地区被作为货币，不仅仅是中国西南地区的族群对其物质形态的认同，更是对其所包含的交换价值的认同。人们使用他们认可的这种物质形态作为商品贸易的等价物，事实上就是对其价值和文化的认同。通过作为货币的海贝，中国西南地区的族群深刻地受到了印度洋地区文化的影响。蜻蜓眼珠饰的情况也是如此。中国西南地区的族群佩戴蜻蜓眼珠饰，不仅是获得了一种有着光鲜漂亮外观的稀有之物，更是对其审美观念的认可与认同。通过人们佩戴这种蜻蜓眼珠饰，中国西南地区的族群的审美观打上了文明交流的烙印。

第三，从对丝绸之路的比较角度认识，在古代中国的四条丝绸之路中，北方丝绸之路和草原丝绸之路均为陆路，没有海路，只有南方丝绸之路和海上丝绸之路有海路。南方丝绸之路既有陆路，又有海路。海上丝绸之路的航路为海上，但商船运送的货物来源于陆上。南方丝绸之路的三条干线均有海路，西线从缅甸、印度均可出海，商周时期成都平原的印度洋海贝即来源于海路。其路线，应如《魏略·西戎传》所说大秦"又有水道通益州、永昌"，从水路登陆缅甸，经陆路西南夷永昌道入蜀。南方丝绸之路中线从红河下航或陆路到越南，安阳王即在越南出海，东南亚的有领手镯也是从蜀传播而去的，其中不乏海路传播。东线早在先秦三星堆时期就有牙璋及海贝的交换，汉代巴蜀地区的珠饰，不少就是从海丝路引入

537

的，而从海上丝绸之路输往外域的商品，大量的应是四川丝绸。所以，先秦两汉的南方丝绸之路海路陆路皆有，南方丝绸之路既是丝路的起源地、运输地、商品贸易地，又是丝绸、茶叶等的生产基地，应是四条丝绸之路中不论内涵还是外延都较为全面完整的。海上丝绸之路在汉代虽然日益重要，但主要是商品贸易地和运送地，不是商品生产基地。至于北方丝绸之路和草原丝绸之路，则均为陆上商品贸易地、运输地，而非商品生产基地。

| 第十二章 |

藏羌彝走廊与南北丝绸之路

藏羌彝走廊的南北方向有着漫长的延长线。在藏彝走廊的北方，由甘青高原向东延伸，并越过北方草原地带，直到俄罗斯。藏彝走廊的南方，由横断山向南，一直伸展到中南半岛。因此，藏彝走廊是一条国际走廊，或是具有国际性和国际意义的走廊。藏彝走廊的形成，与古代族群的迁徙有着直接的关系，是中国西部的民族和文化走廊，在先秦秦汉史的时空范围内，这条走廊的流动性尤其明显，它的民族和文化内涵随历史的变化而变化，具有显著的流动性和不稳定性等特点，而不是像文化板块那样具有稳定化和一成不变的特点。

藏羌彝走廊在沟通南北丝绸之路，进行中外文化互动和交流等方面，发挥了重要的历史作用，是一条极其重要的东西方国际走廊。

一、藏羌彝走廊与丝绸之路的关系

关于藏羌彝走廊的名称和内涵问题，1978—2003年间，费孝通先生曾多次做过说明[1]。费孝通先生谈到中华民族聚居地区由六大板块和三大走廊构成的格局，板块是指北部草原区、东北高山森林区、青藏高原、云贵高原、沿海区、中原区；走廊是指西北民族走廊、藏羌彝走廊、南岭走廊，板块是以走廊相联结的[2]，藏彝走廊是其中的一条。对于藏彝走廊的含义，李绍明先生从民族走廊的理论问题、藏彝走廊范围问题、考古学问题、民族史问题、民族语言问题、民族文化问题、生态与民族的关系问题、民族经济的发展问题等八个方面进行过深刻阐释[3]。依据费孝通先生和李绍明先生的研究成果，这里所讨论的藏羌彝走廊的地理范围，主要是指地理学上的横断山脉地区。丝绸之路，是指从河西走廊至中亚的西北丝绸之路和从川滇至缅印、东南亚的南方丝绸之路。

（一）藏羌彝走廊南北两端的丝绸之路

关于南方丝绸之路与藏羌彝走廊的关系问题，李绍明先生曾从民族学和民族史的角度，在《西南丝绸之路与民族走廊》一文中进行了深刻讨

---

[1] 费孝通：《关于我国民族的识别问题》，《中国社会科学》1980年第1期；《民族社会学调查的尝试》，载《从事社会学五十年》，天津：天津人民出版社，1983年；《谈深入开展民族调查问题》，《中南民族学院学报》1982年第3期。

[2] 费孝通：《民族研究文集》，北京：民族出版社，1988年，第268—285、295—305页。

[3] 李绍明：《藏彝走廊研究中的几个问题》，《巴蜀文化研究》第3辑，成都：巴蜀书社，2006年。

论[1]，文中也提到西北丝绸之路大体与西北民族走廊相当。童恩正先生曾于20世纪80年代提出"我国从东北到西南的边地半月形文化传播带"，[2]主要从中国国内文化传播和交流的角度讨论先秦秦汉时期分布于长城内外、青藏高原和横断山区的民族文化传播带，其视野基本上局限在国内。许倬云先生认为，童恩正先生所划的这条传播带，还应该向南北两头延伸，向北应越过长城以北草原地带，向南应该延伸到中南半岛，这实际上应该是一条国际文化交流传播带[3]。许倬云先生的看法确为精辟之论。

分布和往来于由藏羌彝走廊所连接的南北两条丝绸之路上的民族和文化相当众多，其间关系错综复杂，其中一些族群和文化涉及当今中外关系史的重要内容。实际上是一条古代中外文化传播、交流和民族迁徙往来十分集中的地带，它的外延远远超出了今天中国的范畴。

藏羌彝走廊的南北东西方向，都有对外联系的通道，尤其是它的南北两端，是先秦秦汉时期中国最重要的国际文化交流的进出口。藏羌彝走廊的北方出口，就是北方丝绸之路；而它的南方出口，就是南方丝绸之路。实际上，出口同时也就是进口，古代南北东西的文化以至族群的交流互动，就是通过北方丝路和南方丝路进行的。经由丝绸之路，中国西部的族群和文化与南亚、中亚、西亚以及东南亚中南半岛进行互动与交流。先秦秦汉时期中国的西方文化因素，和同一时期西方的中国文化因素，就是通过藏羌彝走廊两端的南北丝绸之路进行的。

---

[1] 李绍明：《西南丝绸之路与民族走廊》，载四川大学历史系编《中国西南的古代交通与文化》，成都：四川大学出版社，1994年，第35—48页。

[2] 童恩正：《试论我国从东北到西南的边地半月形文化传播带》，载《文物与考古论集》，北京：文物出版社，1986年。

[3] 此为许倬云先生1994年见示作者。

在藏彝走廊北面即中国西北远至阿尔泰地区，从青铜时代开始已同中亚的各种文化发生了不同程度的联系和交流。考古学上，在阿尔泰地区所发现的青铜短剑，研究表明是中亚青铜时代的印欧民族迁徙所传播而至的[①]。中国的两轮马车和单人骑乘，也是从斯基泰人那里传播而来的。同时，在中亚地区的一些考古发现表明，中国商代的一些文化因素在中亚地区亦有分布，表明西北丝绸之路的确是中外文化交流互动的重要通道。

在藏羌彝走廊南面即中国西南地区，由于以三星堆文化为重心的古蜀文明的历时性传播和推动，南方丝绸之路沿线地区相继产生了青铜文化，社会复杂化程度加深，酋邦组织形成，推动了中国西南地区文化的演进。由于成都平原古蜀文明的吸引力和凝聚力，先秦中国西南地区的文化从分散的后进状态逐步走向文明，初步形成了在古蜀文明影响和制约下的政治和文化的一体化状态，这对秦汉时期西南民族地区纳入中国文化大家庭起到了十分重要的作用。古蜀文化对西南民族的整合，基本上就是沿着南方丝绸之路展开的。中国西南地区早在史前时代就与缅、印地区以及东南亚地区发生了文化交流，各种文化交流到商周时期更加频繁。

（二）南北丝绸之路的连接带

南、北丝路的联系，应是通过藏羌彝走廊以及位于其东缘的白龙江流域为通道进行相互联系的。马家窑文化、齐家文化等既在岷江流域出现，又在白龙江流域出现，这个现象可以说明，岷江流域和白龙江流域在史前时期是相通的，二者又均与黄河上游甘青地区相通。

---

① 林梅村：《商周青铜剑渊源考》，载《汉唐西域与中国文明》，北京：文物出版社，1998年，第39—63页。

例如，在广汉三星堆祭祀坑出土的一尊青铜神坛上的人物雕像的衣襟上，铸有十字形纹饰，在成都百花潭中学十号战国墓内出土的1件青铜罍的盖上，有一个十字形符号[①]。这种十字形纹饰符号被认为是卐形纹饰之一种[②]。古蜀地区发现的卐形纹饰不多，可以肯定是从外传播而来的，但究竟是通过青海地区南传还是经由印缅通道传播而来，这个问题还需深入探讨。若是通过青海南传，那么必然与藏羌彝走廊有关。若是经由印缅而来，那么必然与南方丝绸之路有关。

迄今所发现的卐形纹饰，最早出现在公元前3000年古埃及十二王朝时期的塞浦路斯和卡里亚陶器上，在属于公元前3000—前2000年的印度河文明摩亨佐·达罗遗址出土的印章上，也发现卐形纹饰。中国青海乐都柳湾出土的新石器时代彩陶上，亦大量发现卐形纹饰。一般认为，青海乐都柳湾陶器上的卐形纹饰，是从西亚、中亚、南亚的途径传播而来的。

卐形纹饰之在古蜀文化中出现，而古蜀文化是以氐羌民族为主体的古蜀人的文化遗存。这一点，与卡若文化有相似之处。卡若文化中既有西方文化的因素，但主体是当地文化与甘青古羌人文化因素相融合的文化。看来，不排除古蜀文化的卐形纹饰是通过藏羌彝走廊传播而来的可能性。

在西藏的昌都卡若遗址，曾发现一种所谓"勒瓦娄哇"技术，据研究，这种技术是从北欧、北非传到西亚、中亚，再往南传播到南亚，它在中国西藏的昌都卡若出现，很有可能是受到这一传播路线的影响。昌都卡若文化中从西亚、中亚、南亚传播而来的"勒瓦娄哇"技术，和从北面甘青传播而来的打制石器、磨制石器、陶器等文化因素共存，说明卡若一带

[①] 四川省博物馆：《成都百花潭中学十号墓发掘记》，《文物》1976年第3期。
[②] 饶宗颐：《梵学集》，上海：上海古籍出版社，1993年。

是古代中西交通和交流的一条重要通道。

昌都卡若位于藏羌彝走廊的东南部，与古蜀地相近。昌都卡若文化（距今4500—3800年）出土的打制石器、磨制石器、陶器，同甘肃青海黄河上游的古代文化如马家窑、半山、马厂系统等时代相近的文化有密切关系[①]，其中北来的因素应是古羌人文化的传播。

二、古代氐羌与丝绸之路

分布和往来于由藏羌彝走廊所连接的南北两条丝绸之路上的民族和文化相当众多，其中最主要的就是氐、羌民族。从氐、羌民族在藏羌彝走廊的分布来分析，位于今川西北岷江上游古代江源一带的松潘地区以及绵阳北部及甘肃地区的族群恰好处在南北丝绸之路之间的枢纽位置，这条线路及其在这个地理空间范围居息、繁衍、活动的氐、羌族群对于南北丝绸之路的沟通和连接起到了重要作用。

（一）氐羌南下的通道

氐、羌民族的历史十分悠久，在商代就已屡见于史册。《诗经·商颂·殷武》："昔有成汤，自彼氐、羌，莫敢不来享，莫敢不来王，曰商是常。"《竹书纪年》：成汤十九年，"氐、羌来宾"。又载：武丁三十四年，"王师克鬼方，氐、羌来宾"。又载："是时（殷）舆地东不过江、黄，西不过氐、羌，南不过荆蛮，北不过朔方，而颂声作。"《尚

---

① 童恩正、冷健：《西藏昌都卡若新石器时代遗址的发掘及其相关问题》，《民族研究》1983年第1期。

书·牧誓》记载西土八国有羌人。《逸周书·王会篇》:"氐、羌以鸾鸟。"都表明氐、羌为古老民族。

氐、羌同源异流,原居西北甘青高原,后分化为两族。羌,殷墟甲骨文屡见,其字从羊从人。《说文》:"羌,西戎牧羊人也",是以畜牧业为主并营粗耕农业的民族。氐,《说文》释为"本也",原为低、平之义[①]。《逸周书·王会篇》孔晁注曰:"低地之羌不同,故谓之羌,今谓之氐矣。"鱼豢《魏略·西戎传》说氐人"其俗、语不与中国同,及羌杂胡同",又说"其嫁娶有似于羌","其妇人嫁时著袏露,其缘饰之制有似羌,袏露有似中国袍,皆编发"。氐、羌在语言、风俗上的相同处,正是两者同源之证。氐人"俗能织布,善田种,畜养豕、牛、马、驴、骡"[②],以农业为主,羌人则"地少五谷,以产牧为业"[③]。氐人"无贵贱皆为板屋土墙"[④],羌人则是"其屋,织牦牛尾及羖羊毛覆之"[⑤]。两者的差异,又正是其异流的极好证据。综此可知,氐族其实就是从羌族中分化出来后由高地向低地发展并主要经营农业的族类。其初始分化年代,至少可上溯到商代。

从考古学观察,新石器时代至青铜时代今甘肃、青海有众多民族活动居息。甘肃地区的古文化遗存,如马家窑文化、半山文化、马厂文化等,在广义上都同古羌人有一定关系[⑥]。分布在河西地区山丹、民乐至酒泉、玉

---

① 徐中舒:《论巴蜀文化》,成都:四川人民出版社,1982年,第79页。
② 《三国志·魏志·乌丸鲜卑东夷传》注引。
③ 《后汉书·西羌传》。
④ 《三国志·魏志·乌丸鲜卑东夷列传》裴松之注引鱼豢《魏略·西戎传》。
⑤ 《北史·宕昌羌传》。
⑥ 俞伟超:《古代"西戎"和"羌""胡"文化归属问题的探讨》,《青海考古学会会刊》1980年第1期。

门一带的火烧沟类型文化，年代与夏代相当，可能是古羌族文化的一支。相当于殷商时期的辛店文化，也与古羌人有关。在陇山之东西，则分布有相当于殷周时期的寺洼文化。它分两个类型[1]。寺洼类型分布在洮河流域和陇山以西的渭水流域，年代早于西周[2]。安国类型分布在甘肃的泾水、渭水、白龙江、西汉水诸流域，年代大致与西周同时[3]。寺洼文化这两种类型，应即是古代氐族的文化遗存[4]。它们西起洮河，东至白龙江、西汉水（嘉陵江上游），波及甘肃境内的泾水、渭水等域。这些地区，正是文献所记"世居岐、陇以南，汉川以西"[5]，以武都、阴平为中心的古氐人的分布区域[6]。可证寺洼文化为氐人所遗。氐人所居之区，较之古羌人所居的河曲以西、以北[7]，地势相对说来既低且平，又多滨水，正与"氐"字本义相合。所谓低地之羌曰氐族，即由此而来。可见，氐、羌分化，在商代已是如此。

至于辛店文化和寺洼文化均出陶双耳罐，则如上述氐、羌文化风俗的联系一样，是两者同源的反映。《吕氏春秋·义赏》："氐、羌之民其虏也，不忧其系累，而忧其死不焚也。"氐、羌均有火葬之俗。寺洼文化中

---

[1] 甘肃省博物馆：《甘肃古文化遗存》，《考古学报》1960年第2期。
[2] 甘肃省博物馆：《甘肃文物考古工作三十年》，载《文物考古工作三十年 1949—1979》，北京：文物出版社，1979年，第143页。
[3] 宝鸡市博物馆等：《宝鸡竹园沟等地西周墓》，《考古》1978年第5期。
[4] 甘肃省博物馆：《甘肃文物考古工作三十年》，载《文物考古工作三十年 1949—1979》，北京：文物出版社，1979年，第144页。
[5] 《北史·氐传》。
[6] 《三国志·魏志·乌丸鲜卑东夷列传》裴松之注引鱼豢《魏略·西戎传》。
[7] 马长寿：《氐与羌》，上海：上海人民出版社，1984年，第11—12页。

火葬与土葬并存①，不仅证实了文献的可靠性，同时再次证明了古代氐、羌在族源上有着千丝万缕、不可分割的关系。这种起源甚古的火葬之俗，直到战国秦汉时期仍在岷江上游氐人中流传②。

考古资料可以反映出氐羌由西北向西南迁徙的情况。近几十年来，在岷江上游及其支流杂谷脑河岸发现了大量新石器时代文化遗址，大多分布在距河谷100米以上的台地上。这些遗址按其文化面貌可以大致分为两个大的系统，一是含彩陶的系统，主要以属于仰韶晚期的茂县营盘山遗址③和汶川县姜维城遗址④为代表，一是不含彩陶而以夹砂陶和泥质陶为主的属于龙山时代的考古学文化遗存，如茂县白水寨遗址、茂县下关子遗址⑤、汶川

---

① 夏鼐：《临洮寺洼山发掘记》，载《考古学论文集》，北京：科学出版社，1961年。
② 《后汉书·冉駹传》载，冉駹"死则烧其尸"，是为火葬。考古中，岷江上游石棺葬内也存在将尸体火化后，再殡入石棺的火葬。
③ 成都文物考古研究所、阿坝藏族羌族自治州文管所、茂县羌族博物馆：《四川茂县营盘山遗址试掘报告》，《成都考古发现（2000）》，北京：科学出版社，2002年；蒋成、陈剑：《岷江上游考古新发现述析》，《中华文化论坛》2001年第3期；蒋成、陈剑：《2002年岷江上游考古的收获与探索》，《中华文化论坛》2003年第4期；成都文物考古研究所、阿坝藏族羌族自治州文管所、茂县羌族博物馆：《四川茂县营盘山遗址2003年的发掘》，《南方民族考古》2016年第2期。
④ 王鲁茂、黄家祥：《汶川姜维城发现五千年前文化遗存》，《中国文物报》2000年11月26日第1版；黄家祥：《汶川县姜维城新石器时代遗址及汉明城墙》，《中国考古学年鉴（2001）》，北京：文物出版社，2002年；黄家祥：《汶川姜维城遗址发掘的初步收获》，《四川文物》2004年第3期；四川省文物考古研究所、阿坝藏族羌族自治州文管所、汶川县文管所：《四川汶川县姜维城新石器时代遗址发掘报告》，《四川文物》2004年第A1期；四川省文物考古研究所、阿坝藏族羌族自治州文管所等：《四川汶川县姜维城新石器时代遗址发掘简报》，《考古》2006年第11期。
⑤ 成都文物考古研究所、阿坝州文管所、茂县羌族博物馆：《四川茂县白水寨及下关子遗址调查简报》，《成都考古发现（2005）》，北京：科学出版社，2007年。

县高坎遗址①、茂县沙乌都遗址②。后一个系统的即不含彩陶的文化,与四川盆地的新石器文化有着比较密切的关系,而与含彩陶的系统在文化面貌上有较大的差别。含彩陶的系统与黄河上游的马家窑文化等有较密切的关系。马家窑文化的彩陶从西北高原向西南传播到岷江上游干流及支流地区和大渡河上游和中游地区,这在考古学上是比较清楚的。从甘青高原逶迤而南的石棺葬文化,也是沿着这条线路,一直分布到云南。可见,从史前到战国秦汉时期,在中国西部高原存在着一条民族走廊,它从西北经松潘草地到岷江上游和大渡河上游,又沿岷江和大渡河(其后转安宁河)河谷南下,而达云南的鲁甸、昭通、昆明、大理及贵州的毕节等地,通向西南的广大地区。

氐、羌在今四川境内出现,可以追溯到夏商时代,这无论在文献还是考古资料中都有据可证。

川西高原近年发现大批石棺葬,广泛分布于岷江上游、雅砻江流域和金沙江流域,在大渡河流域也有发现。川西石棺葬起源甚早,延续时间也很长。川西高原石棺葬的族属,总的说来应是氐、羌系统的文化遗存。

从石棺葬的起源看,近年考古说明,最早出现在西北高原。1975年在甘肃景泰县张家台墓地发现的22座半山类型墓葬中,既有木棺墓,也有石棺墓,以石棺墓为主③。半山类型的年代,约在公元前2200—2000年④,

---

① 资料存成都市文物考古研究所。
② 成都文物考古研究所、阿坝州文管所、茂县羌族博物馆:《四川茂县沙乌都遗址调查简报》,载《成都考古发现(2004)》,北京:科学出版社,2006年。
③ 甘肃省博物馆:《甘肃景泰张家台新石器时代的墓葬》,《考古》1976年第3期。
④ 中国社会科学院考古研究所编:《新中国的考古发现和研究》,北京:文物出版社,1984年,第126页。

相当于五帝时代之末和夏代之初的纪年范围，早于川西高原石棺葬。石棺葬于夏商时代出现在川西高原，说明氐羌系统的民族中，有一部分在此期间已进入川境，而不是过去所认为的春秋战国时代。但由于氐、羌同源异流，文化、风俗上异同并存，加以早期活动地域相近，很难区分彼此，因而西北石棺葬就很难划分具体族属。从景泰张家台石棺葬所揭示出来的情形看，无论是氐还是羌，都应有石棺葬传统，此外也还有土葬、火葬等传统，不可非此即彼，一概而论。由此出发，川西高原石棺葬属氐属羌，也不能一概而论。综合多方面资料，大体说来，岷江上游石棺葬应是氐族文化，雅砻江、金沙江和大渡河流域的石棺葬，则应是羌族文化。

在岷江上游汶、理、茂等县所属地区，当地羌族称石棺葬为"戈基嘎布"，意为"戈基人的墓"。在羌族端公（巫师）唱词和民间口头相传的《羌戈大战》长篇叙事诗中，戈基人是在羌族南下与之激战后被赶走的一个民族，先于羌人在岷江上游定居[①]。既然不是羌族墓葬，就只可能是氐族墓葬了。戈基人即是氐人。文献方面，《山海经·海内南经》记载："氐人国在建木西，其为人，人面而鱼身，无足。"建木，《淮南子·地形训》谓"建木在都广"，《山海经·海内经》记有"都广之野"，即成都平原。都广之野以西，正是岷江上游之地。《汉书·地理志》记载秦在蜀西设湔氐道，湔氐道即是因氐人聚居而置。可见建木以西的氐人，恰恰是在岷江上游之地。所谓"建木西"，也恰与《史记·西南夷列传》所记氐族冉駹"在蜀之西"相合。又，《大戴礼记·帝系》说"青阳降居泜水"，《史记·五帝本纪》作"江水"，古以岷江为长江正源，可知此泜

[①] 罗世泽整理：《羌戈大战》，载《木姐珠与斗安珠》，成都：四川民族出版社，1983年，第81—124页。

指岷江，表明也与氐族有关。综此诸证，先秦岷江上游的石棺葬，应是氐族的文化遗存。

大渡河、雅砻江和金沙江流域的石棺葬，则应与古代羌族有关。据《水经·青衣水注》："县故青衣羌国也。"青衣江、大渡河流域古为羌族地，有筰、徙等族，故其石棺葬应与青衣羌、牦牛羌等有关。雅砻江和金沙江流域也是古羌人居地。从巴塘扎金顶墓葬年代在公元前1285年即商代后期来看[1]，羌人早在商代就已入川，其南下路线当沿金沙江、雅砻江河谷而行。

（二）江源松潘地区的古代族群

松潘位于古代的江源地区，历代舆地志对此记载颇为详细。《水经·江水一》记载："岷山在蜀郡氐道县，大江所出，东南过其县北。江水自天彭阙，东经汶关而历氐道县北。"郦道元《注》云："岷山，即渎山也，水曰渎水矣，又谓之汶阜山，在徼外，江水所导也。《益州记》曰：大江泉源，即今所闻，始发羊膊岭下……东南下百余里至白马岭，而历天彭阙，亦谓之为天彭谷也……汉武帝元鼎六年，分蜀郡北部置汶山郡以统之。（氐道）县，本秦始皇置，后为升迁县也。"《华阳国志》亦云："氐道县有岷皁山，江所出之处也。"[2] 氐道县，杨守敬《水经注疏》作湔氐道。秦氐道县即晋升迁县，位置在今松潘县北。李元《蜀水经·江水一·松潘厅》曰："松潘分府，故湔氐道也。"又云："晋分置兴乐县，又改湔氐道为升迁县，俱属汶山郡。"

---

[1] 中国社会科学院考古研究所实验室：《放射性碳素测定年代报告（七）》，《考古》1980年第4期。

[2] 《北堂书钞》卷一五七引。

第十二章　藏羌彝走廊与南北丝绸之路

古代江源主要是氐羌族群的居息繁衍之地，在这个地区活动的族群主要是冉駹和白马。根据史籍的记载，冉駹分布在岷江上游，而其分布地域相当广阔。《后汉书·冉駹传》记载："冉駹夷者，武帝所开。元鼎六年，以为汶山郡。至地节三年，夷人以立郡赋重，宣帝乃省并蜀郡为北部都尉。"蜀汉汶山郡辖有绵虒、汶江、湔氐、蚕陵、广柔、都安、白马、平康等八县，中心区域当在今四川阿坝藏族羌族自治州的茂县、汶川县和理县一带，北部在松潘一带。

从史册关于古代松潘地区族群的习俗看，多与冉駹相同。李元《蜀水经》卷一引《豁㟭纤记》曰："松潘，古冉駹地，积雪凝寒，盛夏不解。人居累石为室，高者至十余丈，名曰碉房，亲死，斩衰布衣，五年不浴。犯淫事者，输金请和，而弃其妻。惟处女嫠妇勿禁。有罪者，树一长木，击鼓集众杀之，富者贳死，烧其屋，夺其田畜。部落甚众，无总属，推一人为长。"将这段史料与《后汉书》相对照，显然可见是基本相同的。《后汉书·冉駹传》记载："冉駹夷者，武帝所开。元鼎六年，以为汶山郡，至地节三年，夷人以立郡赋重，宣帝乃省并蜀郡为北部都尉。其山有六夷七羌九氐，各有部落。其王侯颇知文书，而法严重。贵妇人，党母族。死则烧其尸。土地多寒，在盛夏冰犹不释……皆依山居止，累石为室，高者至十余丈，为邛笼。"由此可知，古代松潘的族群中，很大一部分属于冉駹族群。

松潘也是古代白马羌的居地之一。《史记·西南夷列传》记载："自冉駹以东北，君长以什数，白马最大，皆氐类也。"白马即指白马氐，先秦时分布在今四川绵阳地区北部与甘肃南部武都之间的白龙江流域[①]。《后汉书·西羌传》记载:"羌无弋爰剑者,秦厉公时为秦所拘执,以为奴隶。不知爰剑何戎之别也。后得亡归,而秦人追之急,藏于岩穴中,得免……遂俱亡入三河间……至爰剑曾孙忍时,秦献公初立,欲复穆公之迹,兵临渭首,灭狄獂戎。忍季父卬畏秦之威,将其种人附落而南,出赐支河曲西数千里,与众羌绝远,不复交通。其后子孙分别,各自为种,任随所之,或为牦牛种,越嶲羌是也;或为白马种,广汉羌是也;或为参狼种,武都羌是也……羌之兴盛从此起矣。"至汉代,上述白马氏之地多见羌人活动,称为"白马羌",表明羌族中的一支已迁入其地,而因白马之号[②]。这支羌人,即《后汉书·西羌传》所说"或为白马种,广汉羌是也"的白马羌。白马羌的分布,除今绵阳地区北部外,也向西延展到松潘。李元《蜀水考》卷一"东南下百余里至白马岭"下朱锡谷补注云:"(白马岭)在松潘厅西北,古白马羌地,蜀汉置白马屯守,晋分置兴乐县,即今白马寨夷地。"白马岭之白马羌与今绵阳地区古代的广汉羌之白马羌当是同一支系,《后汉书·冉駹传》记载的"其山有六夷七羌九氐",其中当即包括了今松潘和绵阳的白马羌。从地图上看,藏羌彝走廊连同它的南北两条丝绸之路,就像两个头向外、尾相连的巨大的"Y"形,深深地刻印在中国西部的大地之上。因此,藏羌彝走廊实际上是一条沟通南北丝绸之路的国际走廊,是一条具有国际性和国际意义的历史、地理、民族和文化走

[①] 据《汉书·地理志》,汉高帝在这一区域的南部置有甸氐道(今四川九寨沟县)、刚氐道(今四川平武县东)、阴平道(今甘肃文县西北),属广汉郡,汉武帝在其北部置武都郡,所辖武都、故道、河池、嘉陵道、循成道、下辨道等,均为氐族所居。其中,今甘肃武都、文县和四川九寨沟、平武县一带的氐人,即是白马氐。《史记》所述,正是指此。

[②] 冉光荣、李绍明、周锡银:《羌族史》,成都:四川民族出版社,1984年,第98—99页。

廊[1]。位于这两个头向外、尾相连"Y"形的中端或枢纽,正是江源松潘草地一带。

分布和往来于由藏羌彝走廊所连接的南北两条丝绸之路上的民族和文化众多,其中最主要的就是氐羌民族。从氐羌民族在藏羌彝走廊的分布来分析,位于今川西北岷江上游古代江源一带的松潘地区以及绵阳北部及甘肃地区的族群恰好处在南北丝绸之路之间的枢纽位置,这条线路及其在这个地理空间范围居息、繁衍、活动的氐羌族群对于南北丝绸之路的沟通和连接起到了重要作用。

---

[1] 段渝:《藏彝走廊与丝绸之路》,《西南民族大学学报》2010年第2期。

结　语

一

古代从四川经云南、贵州、广西、广东出域外，分别至东南亚、缅甸、印度、阿富汗、中亚、西亚及欧洲地中海地区的国际交通线，学术界称为南方丝绸之路或西南丝绸之路，简称"南丝路"。南方丝绸之路的起点为中国西南古代文明的重心——成都，由此向南分为东、中、西三线南行：西线主要有两条干道，西道为从四川经云南、缅甸到印度的蜀身毒道，东汉时又称灵关道或牦牛道，后称为川滇缅印道；东道为从四川经贵州入云南并在大理与西道会合的五尺道，这条线路通往中亚、西亚和欧洲地中海区域。中线为从四川经云南到越南的步头道和进桑道，或又统称为安南道，后来称为中越道。东线为从四川经贵州、广西、广东至南海的牂牁道，或称为夜郎道、南夷道。三条线路都在古代中国西南地区的对外经济文化交流中发挥了积极而重要的作用。

古代中国在西南方向对外部世界的联系和交流，大多是经由南方丝绸之路进行的，它是古代中国西南地区同东南亚、南亚、中亚、西亚及欧洲地中海地区文明交流互动的载体。

南方丝绸之路是巴蜀丝绸输往南亚、中亚并进一步输往西方的最早线路，早在商代中晚期，南方丝绸之路已初步开通。古代南方丝绸之路至少发挥了经济贸易、文化交流、技术交流、民族迁徙等功能。南方丝绸之路对外贸易中最著名的货物是丝绸。古史传说西陵氏之女嫘祖发明蚕桑丝绸并非虚言，青铜器铭文和《左传》等记载均可证实。四川是中国丝绸的原产地和早期起源地之一，至迟在战国时代已具有相当规模。《史记》多次提到"蜀布"等"蜀物"，是张骞在中亚看到的唯一的中国商品。张骞在中亚大夏（今阿富汗）所看见的"蜀布"，其实就是蜀地生产的丝绸，由蜀人商贾经南方丝绸之路长途贩运到印度出售，而由大夏商人从在印度经商的蜀人商贾手中买回。

印度梵语中的"支那"（Cina），我们认为是古代"成都"的对音和转生语，而"Cinapatta"是梵语对成都丝绸的称呼。"支那"名称从印度西传中亚，讹变为Sindabil和Sindifu，二者均指成都。这个名称从中亚再传欧洲，欧洲人按照自己的语言，把梵语的Cina一词音转成西语的Seres。这几个名称都是伴随着中国丝绸的西传，传播到中亚、西亚和欧洲的。

南方丝绸之路国际贸易行用的货币是一种产于印度洋的白色海贝。古代文献对印度洋地区使用贝币有相当多的记载，在先秦时期，南方丝绸之路中国西南沿线地带如四川三星堆和云南地区都出土了大量白色海贝，都是从印度地区交换而来。这些海贝，是作为国际贸易的货币即贝币使用的。

南方丝绸之路不仅仅是丝绸贸易、青铜艺术、黄金艺术等中外文化交流互动的线路，而且还是东西方的艺术及其不同作品形式传播和交流的线路。在先秦以至汉代，近东文明和印度文明的一些艺术形式，如偶像式和情节式构图形式、"英雄擒兽"母题等出现在中国西南地区，以及中国西南经由南方丝绸之路从印度、西班牙和埃及等所进行的"瑟瑟（sit-sit）"或珠饰贸易等，都是中外艺术传播与交流的结果。

　　先秦时期的南方丝绸之路是由古蜀王国官方掌控的对外贸易线路，三星堆遗址考古发现的大量象牙和海贝等外来文化因素等，更多地集结在像三星堆这样的大型都城和区域统治中心内，即是明证。古蜀经由南方丝绸之路进行的对外贸易，主要有直接贩运和转口贸易两种形式。在转口贸易中，古蜀产品要抵达南亚等地，需由古蜀—滇—外国商人经过多次转口交易来完成。

　　先秦时期中国西部存在一条由北而南的民族迁徙通道即藏羌彝走廊。藏羌彝走廊既是一条民族走廊，又是一条古代交通线，南方丝绸之路即是藏羌彝走廊中的一条国际通道，是连接南方丝绸之路和北方丝绸之路的枢纽和桥梁，而南、北丝路就是古代中国最早的世界窗口。

二

　　南方丝绸之路的重要枢纽地区有三个：中国、印度（包括印度河文明地区）、近东地区。

　　西亚地区富于黄金，但缺乏木材、建筑材料、香料等，而印度富于这些产品，却又缺乏黄金，这就促成了两地的交换和贸易，互通有无，"以所多易所鲜"，这应该是近东文明与古印度文明贸易和文化交流的原因。很明显，其间贸易的起因在于各自的需求，而对方又能够在某种程度上满足或至少提供这种需求，于是产生了贸易交换行为。这种情况，如果我们只是从文献上去寻找证据，以便获得求证，几乎是不可能的，但通过考古发现的一些情况，就可以取得相当不错的证据。当然，这些证据都不可能是直接证据，它们大多数是间接证据。在印度河文明中发现了西亚文明的因素，在西亚同样发现了印度河文明的印章，充分说明了两种文明的交流。印度需要丝绸，需要中国西南的物品，中国西南地区则需要印度的海贝、象牙，于是在两种文明之间互有需求的情况下，发生了相互间的贸易和文化交流。正如柴尔德所说，"看起来是由于人类所特有的向自己邻居学习的能力，一个社会为适应特殊环境而进行的创造发明，能被另一个社会采用，以满足其相当不同的需要"[1]。

由于印度河文明与近东文明具有交流的通道，近东文明在流入印度河文明后，也会随着印度河文明与中国西南文明的商品贸易和文化交流而流入中国西南，或古蜀人在印度河文明地区与近东文明有所接触和交流，因此古蜀三星堆文化接受了近东文明的某些因素。前者属于间接吸收，是随印度河文明流入的近东文明的因素的影响所致；后者属于直接的主动吸收，是古蜀人与近东文明直接接触后的主动采借。这两种情况都是存在的，尽管两者有很大区别。

近东文明因素在三星堆文化中的影响，除本书的研究外，还可进一步寻找证据。例如，在美索不达米亚的乌尔，墓葬出土用黄金包裹树枝的神树，神树旁有金羊。在三星堆祭祀坑，同样出土了用黄金包裹的金枝，也出土了神羊（爬龙柱形器），不是偶然的，而且，三星堆文化与印度河文明之间交流的证据是十分丰富的，如大量来自印度洋的海贝，数百支完整的象牙，金沙遗址出土的象牙达到1吨，等等。不难看出，三星堆文化中既

---

[1] 戈登·柴尔德在哈佛艺术和科学300周年纪年大会上的"欧洲与近东：一个史前考古学家对传播的解释"演讲，《独立、平行发展与效仿》，第4页。引自D.P.辛加尔：《印度与世界文明》，庄万友等译，北京：商务印书馆，2015年，第12页。

含有印度河文明的因素，又含有近东文明的因素，显然它与后二者都有一定程度的交流关系或商品贸易关系。

印度河文明的创造者达罗毗荼人，当印度河文明衰落后，其中一部分人南迁到东印度，与西南夷相邻。达罗毗荼人属于地中海人，身材矮小，身体黝黑，被称为"小黑人"，也就是中国古文献中所记载的"僬侥"。《华阳国志·南中志》记载说永昌有"身毒之民"，永昌地与东印度相毗邻，僬侥也应当是把印度河文明和近东文明因素带入中国西南的传播者。

不论古蜀文明还是印度河文明或是近东文明，都盛行偶像崇拜，其中或许有一定的关联。古蜀文明的偶像崇拜，从迄今的资料看，源于三星堆文化时期，此前在古蜀地区没有发现有偶像崇拜的痕迹。《华阳国志》记载说"蚕丛死，做石棺石椁，国人从之"，其中并无偶像崇拜的影子。三星堆出土的所谓"纵目人"青铜雕像，也并非蚕丛造像，它所表现的很有可能是古蜀人的某种神话，或是希望看得远、听得远、声音传得远的愿望，所以眼睛直目、大耳、大嘴，与四川盆地为群山环绕而又日照少的自然生态环境有关（联系"蜀犬吠日"传说，可以了解这一点）。总之，在三星堆文化之前，古蜀地区并无偶像崇拜传统，是可以肯定的。

三星堆文化的偶像崇拜，是和青铜雕像、金面罩、金杖一道出现的，这就使我们有理由认为三星堆文化的偶像崇拜有同样来源于印度或近东文明的可能。

古蜀三星堆文化对印度和近东文明的采借，不论是采借青铜雕像也好，还是金杖黄金面罩也好，并非如某些论著所说仅仅是获取奢侈品。实际上，古蜀三星堆文明采借印度和近东文明的青铜雕像文化因素、黄金面罩、金杖文化因素以及珠饰等文化因素，并不是或不仅是为了获取几种高级奢侈品，而是具有在更广空间范围内、更高程度上和更深内涵上的政治和文化意义，这些文化因素的采借和创新性应用，被古蜀王国作为对西南夷和西南夷地区的跨地域的文化和政治扩张的权力象征物，代表着古蜀王国对西南夷地区的某种程度上的统一。并且，三星堆文化上层阶级获取奢侈品的行为，不仅仅是奢侈品的问题，它牵涉一系列相关的政治和经济行为，如组织商队，为商队提供运输工具、提供保护，制备交易物品，等等。因此，文化因素的采借和创新性应用的成功，应是更高程度上的文明成果，它促进了青铜文明在更大空间范围的传播，因而促进了西南夷文化的发展和古蜀文明的向心力。不仅如此，从历史的长时段看，还有利于西南地区中华文明空间范围的奠定，为后来汉武帝通过蜀地和蜀人（尤其是成都人司马相如）开发西南夷奠定了坚实的政治和文化基础。

中国文化在东南亚的传播，早在史前时期已经存在，中国文化的若干因素，通过古蜀地区经云南传入东南亚，到青铜时代这种影响更加明显。历史文献所记载的蜀王子安阳王在红河流域今越南河内以北建立政权，也有大量考古资料予以证实。在东南亚若干地点发现的有领青铜手镯，形制与四川和云南的同类器物完全相同，而在东南亚却没有发现这些器物的发生形式和早期发展序列，因此这些器物的形制必然是从东南亚以外的地方传播而去的。东南亚大陆青铜文化中与中国西南相同或相似的器形和纹饰的来源，应当是中国西南，其传播路线，应当是南方丝绸之路。印度文化进入东南亚较晚，上座部佛教进入东南亚晚于公元前6世纪佛陀的诞生，而中国文化早在新石器时代晚期已传播到东南亚，商代三星堆文化不少物质文化要素在越南北部红河流域出现，直到战国时期蜀王子安阳王在北越建国时，印度文化尚未进入东南亚。

三

对南方丝绸之路中外交流的实质的认识，我们不能停留在物质文化交流或商品贸易的层面上，还应该从更深刻的层面和意义上加以认识。例如，海贝在中国西南地区被作为货币，不仅仅是中国西南地区的族群对其物质形态的认同，更是对其所包含的交换价值的认同。人们使用他们认可的这种物质形态作为商品贸易的等价物，事实上就是对其价值和文化的认同。通过作为货币的海贝，中国西南地区的族群深刻地受到了印度洋地区文化的影响。蜻蜓眼珠饰的情况也是如此。中国西南地区的族群佩戴蜻蜓眼珠饰，不仅仅是获得了一种有着光鲜漂亮外观的稀有之物，更是对其审美观念的认可与认同。通过人们佩戴这种蜻蜓眼珠饰，中国西南地区的族群的审美观深深地打上了西方文化的烙印，受到了深刻影响。同样，西方包括印度文明接受了中国丝绸，实际上也不仅仅是接受了丝绸的优良质地和优美外观，而且接受了中国丝绸所蕴含的深刻内涵，把它作为世界上最华美、最高贵和最受尊敬的物质，直至把丝绸作为政治权威的最高象征。

丝绸之路对于早期的区域化和全球化起到了开风气之先的作用，它开始了中国与缅甸、印度、中亚、西亚以至欧洲地中海区域的从商品贸易到其他经济交流和文化交往等联系，并推动了中国以外地区之间以丝绸为纽带的经济文化以至政治方面的多种联系和交流。虽然说这种联系和交流在最初时期的规模不是很大，但它毕竟开启了东方和东方、东方和西方以及西方和西方之间联系的通道，产生了深远的历史影响。

参考文献

（一）古籍文献

《春秋左传正义》，十三经注疏本，北京：中华书局，1982年。

《国语》四部丛刊初编本，上海：上海古籍出版社，1978年。

《论语注疏》，十三经注疏本，北京：中华书局，1982年。

《毛诗正义》，十三经注疏本，北京：中华书局，1982年。

《孟子注疏》，十三经注疏本，北京：中华书局，1982年。

《尚书正义》，十三经注疏本，北京：中华书局，1982年。

《世本八种》，北京：中华书局，2008年。

《逸周书》，四部丛刊初编本。

《周礼注疏》，十三经注疏本，北京：中华书局，1982年。

（汉）班固：《汉书》，北京：中华书局，1962年。

（汉）刘安：《淮南子》，上海：上海古籍出版社，1989年。

（汉）刘向：《战国策》，上海：上海古籍出版社，2015年。

（汉）司马迁：《史记》，北京：中华书局，1959年。

（汉）许慎撰，（清）段玉裁注：《说文解字注》，上海：上海古籍出版社，1981年。

（汉）袁康、吴平辑录，乐祖谋点校：《越绝书》，上海：上海古籍出版社，1985年。

（晋）陈寿：《三国志》，北京：中华书局，1959年。

（晋）常璩撰，刘琳校注：《华阳国志校注》，成都：巴蜀书社，1984年。

（晋）常璩撰，任乃强校注：《华阳国志校补图注》，上海：上海古籍出版社，1987年。

（南朝宋）范晔：《后汉书》，北京：中华书局，1982年。

（南朝梁）沈约：《宋书》，北京：中华书局，1983年。

（北魏）杨衒之撰，周祖谟校释：《洛阳伽蓝记校释》，北京：中华书局，1963年。

（唐）杜光庭：《墉城集仙录》，济南：齐鲁书社，1995年。

（唐）李延寿：《北史》，北京：中华书局，1974年。

（唐）李肇：《唐国史补》，上海：上海古籍出版社，1979年。

（唐）欧阳询：《艺文类聚》，北京：中华书局，1965年。

（唐）魏徵等：《隋书》，北京：中华书局，1973年。

（唐）杨晔：《膳夫经手录》，上海：上海古籍出版社，1996年。
（唐）虞世南：《北堂书钞》，北京：中国书店，1989年。
（后晋）刘昫等：《旧唐书》，北京：中华书局，1975年。
（宋）李昉等：《太平御览》，北京：中华书局，1960年。
（宋）李焘：《续资治通鉴长编》，北京：中华书局，1985年。
（宋）吕陶：《净德集》，北京：中华书局，1985年。
（宋）欧阳修、宋祁：《新唐书》，北京：中华书局，1975年。
（宋）司马光等：《资治通鉴》，北京：中华书局，1956年。
（宋）王象之：《舆地纪胜》，北京：中华书局，1992年。
（宋）郑樵：《通志》，北京：中华书局，1987年。
（元）脱脱等：《宋史》，北京：中华书局，1977年。
（明）曹学佺：《蜀中广记》，上海：上海古籍出版社，1993年。
（明）陶宗仪：《说郛》，北京：中国书店，1986年版。
（明）王圻：《续文献通考》，杭州：浙江古籍出版社，1988年。
（清）顾炎武：《日知录集释》，上海：上海古籍出版社，2006年。
（清）严可均校辑：《全上古三代秦汉三国六朝文》，北京：中华书局，1958年。
（清）焦循：《孟子正义》，北京：中华书局，1957年。
（清）孙星衍：《尚书今古文注疏》，北京：中华书局，1986年。
方诗铭、王修龄：《古本竹书纪年辑证》，上海：上海古籍出版社，1981年。
黄怀信等：《逸周书汇校集注》，上海：上海古籍出版社，1995年。
穆根来、汶江、黄倬汉译：《中国印度见闻录》，北京：中华书局，1983年。
王国维：《水经注校》，上海：上海古籍出版社，1984年。
阎振益、钟夏校注：《新书校注》，北京：中华书局，2000年。
杨伯峻编著：《春秋左传注》，北京：中华书局，1981年。
袁珂校注：《山海经校注》，上海古籍出版社，1980年。
赵吕甫校释：《云南志校释》，北京：中国社会科学出版社，1985年。
［法］戈岱司编，耿昇译：《希腊拉丁作家远东古文献辑录》，北京：中华书局，1987年。

（二）学术专著

北京大学历史系考古教研室商周组编：《商周考古》，北京：文物出版社，1979年。
北京钢铁学院《中国古代冶金》编写组：《中国古代冶金》，北京：文物出版社，1978年。
陈直：《史记新证》，天津：天津人民出版社，1979年。
成都市文物考古研究所编著：《金沙——21世纪中国考古新发现》，北京：五洲传播出版社，2005年。
邓少琴：《巴蜀史迹探索》，成都：四川人民出版社，1983年。
丁山：《古代神话与民族》，北京：商务印书馆，2005年。
段渝：《四川通史》，成都：四川大学出版社，1993年。

段渝：《政治结构与文化模式——巴蜀古代文明研究》，上海：学林出版社，1999年。

段渝主编：《南方丝绸之路研究论集》，成都：巴蜀书社，2008年。

段渝：《成都通史·卷一（古蜀时期）》，成都：四川人民出版社，2011年。

段渝等：《西南酋邦社会与中国早期文明——西南夷政治与文化的演进》，北京：商务印书馆，2015年。

方国瑜：《中国西南历史地理考释》，北京：中华书局，1987年。

方豪：《中西交通史》，长沙：岳麓书社，1987年。

费孝通：《民族研究文集》，北京：民族出版社，1988年。

冯承钧编译：《西域南海史地考证译丛》，北京：商务印书馆，1962年。

复旦大学历史地理研究所修订：《辞海·历史地理》，上海：上海辞书出版社，1982年。

顾颉刚：《史林杂识》，北京：中华书局，1962年。

郭宝钧：《中国青铜器时代》，北京：生活·读书·新知三联书店，1963年。

郭宝钧：《浚县辛村》，北京：科学出版社，1964年。

郭沫若：《殷契粹编考释》，北京：北京图书馆出版社，1937年。

郭沫若：《中国古代社会研究》，北京：人民出版社，1964年。

后德俊：《楚国的矿冶髹漆和玻璃制造》，武汉：湖北教育出版社，1995年。

华觉明等编译：《世界冶金发展史》，北京：科学技术文献出版社，1985年。

华觉明：《中国古代金属技术——铜和铁造就的文明》，郑州：大象出版社，1999年。

黄新亚：《丝绸文化·沙漠卷》，杭州：浙江人民出版社，1995年。

季羡林：《中印文化关系史论文集》，北京：生活·读书·新知三联书店，1982年。

蒋廷瑜：《铜鼓史话》，北京：文物出版社，1982年。

蓝勇：《南方丝绸之路》，重庆：重庆大学出版社，1992年。

李殿元、屈小强、段渝主编：《三星堆文化》，成都：四川人民出版社，1993年。

李济：《李济考古学论文选集》，北京：文物出版社，1990年。

李济：《李济文集》，上海：上海人民出版社，2006年。

李昆声、黄德荣：《中国与东南亚的古代铜鼓》，昆明：云南美术出版社，2008年。

李龙章：《岭南地区出土青铜器研究》，北京：文物出版社，2006年。

李凇：《论汉代艺术中的西王母图像》，长沙：湖南教育出版社，2000年。

梁启超：《佛学研究十八篇》，北京：中华书局，1989年。

林剑鸣编译：《简牍概述》，西安：陕西人民出版社，1984年。

林梅村：《汉唐西域与中国文明》，北京：文物出版社，1998年。

刘建、朱明忠、葛维钧：《印度文明》，北京：中国社会科学出版社，2004年。

刘迎胜：《丝绸文化·海上卷》，杭州：浙江人民出版社，1995年。

刘迎胜：《丝路文化·草原卷》，杭州：浙江人民出版社，1995年。

罗世泽：《木姐珠与斗安珠》，成都：四川人民出版社，1983年。

马长寿：《氐与羌》，上海：上海人民出版社，1984年。

蒙文通：《巴蜀古史论述》，成都：四川人民出版社，1981年。

蒙文通：《古学甄微》，成都：巴蜀书社，1987年。
蒙文通：《越史丛考》，北京：人民出版社，1983年。
莫东寅：《汉学发达史》，上海：上海书店，1989年。
彭信威：《中国货币史》，上海：上海人民出版社，1958年。
冉光荣、李绍明、周锡银：《羌族史》，成都：四川民族出版社，1985年。
饶宗颐：《梵学集》，上海：上海古籍出版社，1993年。
容庚、张维持：《殷周青铜器通论》，北京：文物出版社，1984年。
石云涛编著：《早期中西交通与交流史稿》，北京：学苑出版社，2004年。
四川大学历史系编：《中国西南的古代交通与文化》，成都：四川大学出版社，1994年。
四川省文物考古研究所编：《四川考古报告集》，北京：文物出版社，1998年。
四川省文物考古研究所编：《三星堆祭祀坑》，北京：文物出版社，1999年。
四川省盐亭县志编纂委员会编纂：《盐亭县志》，成都，四川文艺出版社，1991年。
唐作藩编著：《上古音手册》，南京：江苏人民出版社，1982年。
田继周：《先秦民族史》，成都：四川民族出版社，1988年。
王国维：《观堂集林》，北京：中华书局，1959年。
王国维：《观堂别集》，北京：中华书局，1959年。
夏光南编著：《中印缅道交通史》，北京：中华书局，1940年。
夏鼐：《考古学论文集》，北京：科学出版社，1961年。
夏鼐：《中国文明的起源》，北京：文物出版社，1985年。
夏湘蓉、李仲均、王根元：《中国古代矿业开发史》，北京：地质出版社，1980年。
辛树帜：《禹贡新解》，北京：农业出版社，1964年。
徐中舒：《论巴蜀文化》，成都：四川人民出版社，1982年。
徐中舒：《先秦史论稿》，成都：巴蜀书社，1992年。
徐中舒主编：《巴蜀考古论文集》，北京：文物出版社，1987年。
杨伯峻、徐提编：《春秋左传词典》，北京：中华书局，1985年。
杨泓：《古代兵器通论》，北京：紫禁城出版社，2005年。
杨泓：《中国古兵器论丛》（增订本），北京：中国社会科学出版社，2007年版。
杨宪益：《译余偶拾》，济南：山东画报出版社，2006年。
姚宝猷：《中国丝绢西传史》，上海：商务印书馆，1944年。
云南省博物馆编：《云南晋宁石寨山古墓群发掘报告》，北京：文物出版社，1959年。
张公瑾：《傣族文化》，长春：吉林教育出版社，1986年。
张光直著，郭净译：《美术、神话与祭祀》，沈阳：辽宁教育出版社，1988年。
张星烺编著：《中西交通史料汇编》，北京：中华书局，2003年。
张正明：《楚文化史》，上海：上海人民出版社，1987年。
章太炎：《太炎文集·续篇》，武汉：武汉印书馆，1938年。
赵德云：《西周至汉晋时期中国外来珠饰研究》，北京：科学出版社，2016年。
郑为编著：《中国彩陶艺术》，上海：上海人民出版社，1985年。

中国大百科全书出版社编辑部：《中国大百科全书·考古学》，北京：中国大百科全书出版社，1986年。

中国社会科学院考古研究所：《居延汉简》，北京：中华书局，1980年。

中国社会科学院考古研究所：《新中国的考古发现和研究》，北京：文物出版社，1984年。

周一良：《中外文化交流史》，郑州：河南人民出版社，1987年。

庄锡昌、孙志民编著：《文化人类学的理论构架》，杭州：浙江人民出版社，1988年。

《世界上古史纲》编写组：《世界上古史纲》，北京：人民出版社，1979年。

［埃及］尼阿玛特·伊斯梅尔·阿拉姆著，朱威烈、郭黎译：《中东艺术史》，上海：上海人民美术出版社，1985年。

［法］伯希和著，冯承钧译：《交广印度两道考》，北京：中华书局，1955年。

［美］C.沃伦·霍利斯特著，鲁品越、许苏明译：《西方传统的根源》，郑州：河南人民出版社，1990年。

［美］E.R.塞维斯著，黄宝玮等译：《文化进化论》，北京：华夏出版社，1991年。

［美］劳费尔著，林筠因译：《中国伊朗编》，北京：商务印书馆，1964年。

［缅］波巴信著，陈炎译：《缅甸史》，北京：商务印书馆，1965年。

［日］绫部恒雄编，中国社会科学院日本研究所社会文化室译：《文化人类学的十五种理论》，北京：国际文化出版公司，1988年。

［日］梅原末治著，胡厚宣译：《中国青铜器时代考》，上海：商务印书馆，1936年。

［日］藤田丰八著，何健民译：《中国南海古代交通丛考》，上海：商务印书馆，1936年。

［苏联］С.И.鲁金科著，孙危译，马健校注：《匈奴文化与诺彦乌拉巨冢》，北京：中华书局，2012年。

［苏联］罗塞娃等著，严摩罕译：《古代西亚埃及美术》，北京：人民美术出版社，1985年。

［苏联］兹拉特科夫斯卡雅著，陈筠等译：《欧洲文化的起源》，北京：生活·读书·新知三联书店，1984年。

［印］D.P.辛加尔著，庄万友等译：《印度与世界文明》，北京：商务印书馆，2015年。

［印］R.塔帕尔著，林太译：《印度古代文明》，杭州：浙江人民出版社，1990年。

［印］谭中、［中］耿引曾：《印度与中国——两大文明的交往和激荡》，北京：商务印书馆，2006年。

［英］D.G.E.霍尔：《东南亚史》上册，北京：商务印书馆，1982年。

［英］彼得·弗兰科潘著，邵旭东、孙芳译：《丝绸之路———一部全新的世界史》，杭州：浙江大学出版社，2016年。

［英］哈威著，姚楠译：《缅甸史》，北京：商务印书馆，1957年。

［英］约翰·霍布森著，孙建党译：《西方文明的东方起源》，济南：山东画报出版社，2009年。

［越］黎文兰、范文耿、阮灵等：《越南青铜时代的第一批遗迹》，河内：河内科学出版社，1963年。

（三）学术论文

巴纳：《对广汉埋藏坑青铜器及其他器物之意义的初步认识》，《南方民族考古》第5辑，成都：四川科学技术出版社，1993年。

曾中懋：《广汉三星堆一、二号祭祀坑出土铜器成分的分析》，《四川文物》"广汉三星堆遗址研究专辑"，1989年第A1期。

陈德安：《三星堆遗址的发现与研究》，《中华文化论坛》1998年第2期。

陈梦家：《殷代铜器》，《考古学报》1954年第7期。

陈世桂：《"鸠杖"考古话敬老》，《历史知识》1988年第1期。

陈显丹、陈德安：《从三星堆遗址看早蜀文化的特征及其发展》，四川省文管会印，1986年10月。

陈显丹：《广汉三星堆遗址发掘概况、初步分期——兼论"早蜀文化"的特征及其发展》，《南方民族考古》第2辑，成都：四川科技出版社，1990年。

陈显丹：《论广汉三星堆遗址的性质》，《四川文物》1988年第4期。

陈炎：《略论海上"丝绸之路"》，《历史研究》1982年第3期。

杜常顺：《略论明代甘青少数民族的"差发马赋"问题》，《民族研究》1990年第5期。

段渝：《巴蜀古代城市的起源、结构和网络体系》，《历史研究》1993年第1期。

段渝：《巴蜀古文字的两系及其起源》，《成都文物》1991年第3期。

段渝：《巴蜀青铜文化的演进》，《文物》1996年第3期。

段渝：《巴蜀文化与汉晋学术和宗教》，《中华文化论坛》1999年第1期。

段渝：《楚为殷代男服说》，《江汉论坛》1982年第9期。

段渝：《荆楚国名问题》，《江汉论坛》1984年第8期。

段渝：《古代巴蜀与南亚和近东的经济文化交流》，《社会科学研究》1993年第3期。

段渝：《古代中国西南的世界文明》，《先秦史研究动态》1990年第1—2期合刊。

段渝：《商代蜀国青铜雕像文化来源和功能之再探讨》，《四川大学学报》1991年第2期。

段渝：《论商代长江上游川西平原青铜文化与华北和世界文明的关系》，《东南文化》1993年第2期。

段渝：《古代中印交通与中国丝绸西传》，《天府新论》2014年第1期。

段渝：《古蜀象牙祭祀考》，《中华文化论坛》2007年第1期。

段渝：《论巴楚联盟及其相关问题》，《江汉论坛》1990年增刊。

段渝：《论巴蜀地理对文明起源的影响》，《四川大学学报》1988年第2期。

段渝：《论金沙江文化与文明起源》，《中华文化论坛》2002年第4期。

段渝：《跨生态的文化和政治扩张：古蜀与南中诸文化的关系》，《西南民族大学学报》2005年第2期。

段渝：《论秦汉王朝对巴蜀的改造》，《中国史研究》1999年第1期。

段渝：《论蜀史"三代论"及其构拟》，《社会科学研究》1987年第6期。

段渝：《商代黄金制品的南北系统》，《考古与文物》2004年第2期。

段渝：《试论商周时期柳叶形青铜短剑的来源》，《巴蜀文化研究动态》2008年第1期。

段渝：《试论宗姬巴国与廪君蛮夷的关系》，《四川历史研究文集》，成都：四川省社会科学院出版社，1987年。

段渝：《先秦巴蜀文化的尚五观念》，《四川文物》1999年第5期。

段渝：《先秦汉晋西南夷内涵及其时空演变》，《思想战线》2013年第6期。

段渝：《先秦秦汉成都的市及市府职能的演变》，《华西考古研究》（一），成都：成都出版社，1991年。

段渝：《支那名称起源之再研究》，载四川大学历史系编《中国西南的古代交通与文化》，成都：四川大学出版社，1994年。

段渝：《中国西南早期对外交通——先秦两汉的南方丝绸之路》，《历史研究》2009年第1期。

方国瑜：《南诏通安南道》，载段渝主编《南方丝绸之路研究论集》，成都：巴蜀书社，2008年。

方国瑜：《云南用贝作货币的时代及贝的来源》，《云南大学学报》1957年第12期。

方国瑜：《云南与印度缅甸之古代交通》，《西南边疆》1941年第12期。

费孝通：《关于我国民族的识别问题》，《中国社会科学》1980年第1期。

费孝通：《民族社会学调查的尝试》，《中央民族学院学报》1982年第2期。

费孝通：《谈深入开展民族调查问题》，《中南民族学院学报》1982年第3期。

冯汉骥、童恩正：《岷江上游的石棺葬》，《考古学报》1973年第2期。

冯汉骥：《关于"楚公豪"戈的真伪并略论四川"巴蜀"时期的兵器》，《文物》1961年第11期。

冯汉骥：《云南晋宁石寨山出土文物的族属问题试探》，《考古》1961年第9期。

高至喜：《"楚公豪"戈》，《文物》1959年第12期。

葛剑雄：《关于古代西南交通的几个问题》，段渝主编《南方丝绸之路研究论集》，成都：巴蜀书社，2008年。

郭大顺：《试论魏营子类型》，《考古学文化论集》（一），北京：文物出版社，1987年。

何平：《中南半岛北部孟高棉语诸民族的形成》，载方铁主编《西南边疆民族研究》第3辑，昆明：云南大学出版社，2003年。

何志国：《论汉代四川西王母图像的起源》，《中华文化论坛》2007年第2期。

贺圣达：《缅甸藏缅语各民族的由来和发展——兼论其与中国藏缅语诸民族的关系》，载方铁主编《西南边疆民族研究》第3辑，昆明：云南大学出版社，2003年。

胡鉴民：《羌民的信仰和习为》，《边疆民族论丛》1940年。

霍巍、黄伟：《试论无胡蜀式戈的几个问题》，《考古》1989年第3期。

季羡林：《中国蚕丝输入印度问题的初步研究》，载《中印文化关系史论文集》，北京：生活·读书·新知三联书店，1982年。

贾大泉、尉艳芝：《浅谈茶马贸易古道》，《中华文化论坛》2008年第A2期。

贾兰坡、张振标：《河南淅川县下王岗遗址中的动物群》，《文物》1977年第6期。

江章华：《巴蜀柳叶形剑渊源试探》，《四川文物》"三星堆古蜀文化研究专辑"，1992年第A1期。

蒋成、陈剑：《岷江上游考古新发现述析》，《中华文化论坛》2001年第3期。
蒋成、陈剑：《2002年岷江上游考古的收获与探索》，《中华文化论坛》2003年第4期。
蒋猷龙：《就家蚕的起源和分化答日本学者并海内诸公》，《农业考古》1984年第1期。
靳枫毅：《夏家店上层文化及其族属问题》，《考古学报》1987年第2期。
阚勇：《试论云南新石器文化》，《云南省博物馆建馆三十周年纪念文集 1951—1981》，云南省博物馆，1981年。
库尔班·外力：《〈西王母〉新考》，《新疆社会科学》1982年第3期。
赖有德：《成都南郊出土的铜器》，《考古》1959年第8期。
李伯谦：《城固铜器群与早期蜀文化》，《考古与文物》1983年第2期。
李家瑞：《古代云南用贝币的大概情形》，《历史研究》1956年第9期。
李绍明：《藏彝走廊研究中的几个问题》，《巴蜀文化研究》第3辑，成都：巴蜀书社，2006年。
李绍明：《关于羌族古代史的几个问题》，《历史研究》1963年第5期。
李绍明：《南方丝绸之路滇越交通探讨》，《三星堆研究》第2辑，北京：文物出版社，2007年。
李绍明：《邛都夷与大石墓的族属问题》，《西南民族学院学报》1981年第2期。
李绍明《西南丝绸之路与藏彝走廊》，《中国西南的古代交通与文化》，成都：四川大学出版社，1994年。
李学勤：《〈帝系〉传说与蜀文化》，《四川文物》1992年第A1期《三星堆遗址研究专辑》。
李学勤：《〈三星堆与南方丝绸之路青铜文化研讨会论文集〉序》，《三星堆研究》第2辑，北京：文物出版社，2007年。
李学勤：《商代通向东南亚的道路》，《学术集林》卷一，上海：上海远东出版社，1994年。
李学勤：《论新都出土的蜀国青铜器》，《文物》1982年第1期。
李学勤：《盘龙城与商朝的南土》，《文物》1976年第2期。
廖新民：《郑州市发现的一处商代居民与铸造铜器遗址简介》，《文物》1957年第6期。
林梅村：《商周青铜剑渊源考》，载《汉唐西域与中国文明》，北京：文物出版社，1998年。
林名均：《四川威州彩陶发现记》，《说文月刊》第4卷，1944年。
林声：《试释云南晋宁石寨山出土铜片上的图画文字》，《云南青铜器论丛》，北京：文物出版社，1981年。
林向：《巴蜀文化辩证》，《巴蜀文化研究》第2辑，成都：巴蜀书社，2006年。
林向：《"三星伴月"话蜀都——三星堆考古发掘琐记》，《文物天地》1987年第5期。
林向：《三星堆青铜艺术的人物造型研究》，《中华文化论坛》2000年第3期。
林向：《三星堆遗址与殷商的西土——兼释殷墟卜辞中的"蜀"的地理位置》，《四川文物》1989年第A1期。
林向：《蜀酒探原》，《南方民族考古》第1辑，成都：四川大学出版社，1987年。
林向：《中国西南地区出土的青铜树》，《青铜文化研究》第1辑，合肥：黄山书社，1999年。

林沄：《商文化青铜器与北方地区青铜器关系之再研究》，《考古学文化论集》（一），北京：文物出版社，1987年。

凌纯声：《记台大二铜鼓兼论铜鼓的起源及其分布》，《中国边疆民族与环太平洋文化》（上），台北：联经出版事业公司，1979年。

刘弘：《巴蜀文化在西南地区的传播》，载段渝主编《南方丝绸之路研究论集》，成都：巴蜀书社，2008年。

刘起釪：《〈禹贡〉的写成年代与九州来源诸问题探研》，载《九州》第3辑，北京：商务印书馆，2003年。

刘屿霞：《殷代冶铜术之研究》，《安阳发掘报告》1933年第4期。

卢连成：《草原丝绸之路——中国同域外青铜文化的交流》，载上官鸿南、朱士光编《史念海先生八十寿辰学术文集》，西安：陕西师范大学出版社，1996年。

鲁琪、葛英会：《北京市出土文物展览巡礼》，《文物》1978年第4期。

马健：《黄金制品所见中亚草原与中国早期文化交流》，《西域研究》2009年第3期。

蒙文通：《略论〈山海经〉的写作时代及其产生地域》，《中华文史论丛》1962年第1辑。

莫润先：《斯基泰文化》，《中国大百科全书·考古学》，北京：中国大百科全书出版社，1986年。

牟永抗、魏正瑾：《马家浜文化和良渚文化——太湖流域原始文化的分期问题》，《文物》1978年第4期。

牟永抗、吴汝祚：《水稻、蚕丝和玉器——中华文明起源的若干问题》，《考古》1993年第6期。

饶宗颐：《蜀布与Cinapatta——论早期中、印、缅交通》，《史语所集刊》45本4分，1974年。

任乃强：《中西陆上古商道——蜀布之路》，《文史杂志》1987年第1、2期。

任新建：《茶马古道与茶马古道文化》，《边茶藏马——茶马古道文化遗产保护（雅安）研讨会论文集》，北京：文物出版社，2012年。

沙畹：《魏略·西戎传笺注》，载冯承钧编《西域南海史地考证译丛》七编，1957年。

石兴邦：《有关马家窑文化的一些问题》，《考古》1962年第6期。

石云涛：《3—6世纪的草原丝绸之路》，《社会科学战线》2011年第9期。

石璋如：《河南安阳后冈的殷墓》，《中研院历史语言研究所集刊》第13本，1948年。

苏北海：《汉、唐时期我国北方的草原丝路》，载张志尧主编《草原丝绸之路与中亚文明》，乌鲁木齐：新疆美术摄影出版社，1994年。

苏仲湘：《论"支那"一词的起源与荆的历史和文化》，《历史研究》1979年第4期。

唐云明：《我国育蚕织绸起源初探》，《农业考古》1985年第2期。

田广金等：《西沟畔匈奴墓反映的诸问题》，《文物》1980年第7期。

童恩正、冷健：《西藏昌都卡若新石器时代遗址的发掘及其相关问题》，《民族研究》1983年第1期。

童恩正、魏启鹏、范勇：《〈中原找锡论〉质疑》，《四川大学学报》1984年第4期。

童恩正：《略谈秦汉时代成都地区的对外贸易》，《成都文物》1984年第2期。

童恩正：《试论我国从东北到西南的边地半月形文化传播带》，《文物与考古论集》，北京：文物出版社，1987年。
童恩正：《试谈古代四川与东南亚文明的关系》，《文物》1983年第9期。
童恩正：《我国西南地区青铜剑的研究》，《考古学报》1977年第2期。
万家保：《殷商的青铜工业及其发展》，《大陆杂志》1970年第4期。
王炳华：《西汉以前新疆和中原地区历史关系考察》，《新疆大学学报（哲学社会科学版）》1984年第4期。
王大道：《滇池区域的青铜文化》，载《云南青铜器论丛》，北京：文物出版社，1981年。
王大道：《云南出土货币初探》，《云南文物》第12期，1987年。
王大道：《云南出土货币概述》，《四川文物》1988年第5期。
王开发、张玉兰：《根据孢粉分析推论沪杭地区一万多年来的气候变迁》，《历史地理》创刊号，上海：上海人民出版社，1981年。
王黎锐：《保山青铜器述略》，载段渝主编《南方丝绸之路研究论集》，成都：巴蜀书社，2008年。
王毅：《成都市蜀文化遗址的发现及其意义》，《成都文物》1988年第1期。
王有鹏：《犍为巴蜀墓的发掘与蜀人的南迁》，《考古》1984年第12期。
卫聚贤：《巴蜀文化》，《说文月刊》第3卷第4期，1941年。
汶江：《滇越考》，《中华文史论丛》1980年第2辑。
乌恩：《关于我国北方的青铜短剑》，《考古》1978年第5期。
吴其昌：《〈王会篇〉国名补证》，《中国史学》第1期。
吴振录：《保德县新发现的殷代青铜器》，《文物》1972年第4期。
武敏：《吐鲁番出土蜀锦的研究》，《文物》1984年第6期。
夏鼐：《临洮寺洼山发掘记》，载《考古学论文集》，北京：科学出版社，1961年。
夏鼐：《碳-14测定年代和中国史前考古学》，《考古》1977年第4期。
夏鼐：《我国古代蚕、桑、丝、绸的历史》，《考古》1972年第2期。
夏鼐：《中巴友谊的历史》，《考古》1965年第7期。
辛树帜：《禹贡注释》，载《中国古代地理名著选读》第1辑，北京：科学出版社，1959年。
熊永忠：《云南古代用贝试探》，《四川文物》1988年第5期。
徐苹芳：《考古学上所见中国境内的丝绸之路》，载联合国教科文组织、中国社会科学院考古研究所编《十世纪前的丝绸之路和东西文化交流》，北京：新世界出版社，1996年。
徐中舒：《巴蜀文化续论》，《四川大学学报》1960年第1期。
徐中舒：《四川彭县濛阳镇出土的殷代二觯》，《文物》1962年第6期。
徐中舒：《殷人服象及象之南迁》，《中研院历史语言研究所集刊》2本1分，1930年。
严耕望：《汉晋时代滇越通道考》，《中国文化研究所学报》1976年第8卷第1期。
杨甫旺：《云南和东南亚新石器文化的比较研究》，《云南文物》第37期，1994年。
杨益清：《云南大理收集到一批汉代铜器》，《考古》1966年第4期。
俞伟超、高明：《周代用鼎制度研究》，《北京大学学报》1978年第1、2期，1979年第1期。

俞伟超：《古代"西戎"和"羌""胡"文化归属问题的探讨》，《青海考古学会会刊》1980年第1期。

岳润烈：《四川汉源出土商周青铜器》，《文物》1983年第11期。

张增祺：《滇西青铜文化初探》，载《云南青铜器论丛》，北京：文物出版社，1981年。

张增祺：《战国至西汉时期滇池区域发现的西亚文物》，《思想战线》1982年第2期。

张正明：《对古蜀文明应观于远近》，载《巴蜀文化研究》第3辑，成都：巴蜀书社，2006年。

张忠培、孔哲生、张文军等：《夏家店下层文化研究》，载《考古学文化论集》（一），北京：文物出版社，1987年。

郑德坤等：《中国青铜器的起源》，《文博》1987年第2期。

周匡明：《钱山漾残绢片出土的启示》，《文物》1980年第1期。

周匡明：《养蚕起源问题的研究》，《农业考古》1982年第1期。

周连宽、张荣芳：《汉代我国与东南亚国家的海上交通和贸易关系》，《文史》第9辑。

周日琏：《四川芦山出土巴蜀符号印及战国秦汉私印》，《考古》1990年第1期。

竺可桢：《中国近五千年来气候变迁的初步研究》，《考古学报》1972年第1期。

[缅]吴耶生：《公元802年骠国使团访华考》，《中外关系史译丛》（第1辑），上海：上海译文出版社，1984年。

[日]滕泽毅美：《古代东南亚的文化交流——以滇缅路为中心》，《南亚与东南亚资料》1984年第5辑。

（四）考古报告

安宁河流域联合考古队：《西昌坝河堡子大石墓发掘简报》，《考古》1976年第5期。

安志敏：《唐山石棺墓及其相关的遗物》，《考古学报》1954年第7期。

宝鸡茹家庄西周墓葬发掘队：《陕西省宝鸡市茹家庄西周墓发掘简报》，《文物》1976年第4期。

宝鸡市博物馆、渭滨区博物馆：《宝鸡竹园沟等地西周墓》，《考古》1978年第5期。

宝鸡市博物馆：《宝鸡竹园沟西周墓地发掘简报》，《文物》1983年第2期。

宝兴县文化馆：《四川宝兴出土的西汉铜器》，《考古》1978年第2期。

宝兴县文化馆：《四川宝兴县汉代石棺墓》，《考古》1982年第4期。

保山地区文管所：《昌宁县大田坝青铜兵器出土情况调查》，《云南文物》第13期，1983年。

北京钢铁学院冶金史组：《中国早期铜器的初步研究》，《考古学报》1981年第3期。

北京市文物管理处、中国科学院考古研究所、房山县文教局琉璃河考古工作队：《北京琉璃河夏家店下层文化墓葬》，《考古》1976年第1期。

北京市文物管理处：《北京地区的又一重要考古收获——昌平白浮西周木椁墓的新启示》，《考古》1976年4期。

北京市文物管理处：《北京市平谷县发现商代墓葬》，《文物》1977年第11期。

曾中懋：《广汉三星堆一、二号祭祀坑出土铜器成分的分析》，《四川文物》"广汉三星堆遗址研究专辑"，1989年。

陈黎清：《四川峨眉县出土的一批战国青铜器》，《考古》1986年第11期。

陈玉寅：《江苏吴江梅堰新石器时代遗址》，《考古》1963年第5期。

成都市文物考古工作队等：《四川省郫县古城遗址调查与试掘》，《文物》1999年第1期。

成都市文物考古研究所：《成都金沙遗址Ⅰ区"梅苑"东北部地点发掘一期简报》，《成都考古发现（2002）》，北京：科学出版社，2004年。

成都市文物考古研究所：《成都市商业街船棺、独木棺墓葬发掘报告》，《成都考古发现（2000）》，北京：科学出版社，2002年。

成都市文物考古研究所：《金沙遗址"国际花园"地点发掘简报》，《成都考古发现（2004）》，北京：科学出版社，2006年。

成都市文物考古研究所等：《四川茂县营盘山遗址试掘报告》，《成都考古发现（2000）》，北京：科学出版社，2002年。

成都文物考古研究所、阿坝州文管所、茂县羌族博物馆：《四川茂县白水寨及下关子遗址调查简报》，《成都考古发现（2005）》，北京：科学出版社，2007年。

成都文物考古研究所、阿坝州文管所、茂县羌族博物馆：《四川茂县沙乌都遗址调查简报》，《成都考古发现（2004）》，北京：科学出版社，2006年。

成都文物考古研究所、新津县文管所：《新津宝墩遗址调查与试掘简报（2009—2010年）》，《成都考古发现（2009）》，北京：科学出版社，2011年。

大理州文管所、祥云县文化馆：《云南祥云检村石椁墓》，《文物》1983年第5期。

段渝：《论新都蜀墓及所出"邵之飤鼎"》，《考古与文物》1991年第3期。

甘肃省博物馆：《甘肃古文化遗存》，《考古学报》1960年第2期。

甘肃省博物馆：《甘肃景泰张家台新石器时代的墓葬》，《考古》1976年第3期。

葛季芳：《云南昭通闸心场新石器时代遗址的发掘》，《考古》1960年第5期。

贵州省博物馆考古组、贵州省赫章县文化馆：《赫章可乐发掘报告》，《考古学报》1986年第2期。

贵州省博物馆考古组、威宁县文化局：《威宁中水汉墓》，《考古学报》1981年第2期。

贵州省文物考古研究所、四川大学历史文化学院考古系、威宁县文物管理所：《贵州威宁县红营盘东周墓地》，《考古》2007年第2期。

河北省博物馆文管处：《河北省出土文物选集》，北京：文物出版社，1980年。

河北省文物管理处台西工作队：《河北藁城台西村商代遗址发掘简报》，《文物》1979年第6期。

河北省文物管理委员会：《河北唐山市大城山遗址发掘报告》，《考古学报》1959年第3期。

河北省文物考古研究所编：《藁城台西商代遗址》，北京：文物出版社，1985年。

河姆渡遗址考古队：《浙江河姆渡遗址第二期发掘的主要收获》，《文物》1980年第5期。

河南省博物馆、郑州市博物馆：《郑州商代城遗址发掘报告》，《文物资料丛刊》（一），北京：文物出版社，1977年。

湖北省博物馆：《盘龙城商代二里冈期的青铜器》，《文物》1976年第2期。

湖北省文物考古研究所编著：《江陵九店东周墓》，北京：科学出版社，1995年。

湖南省博物馆、湘西土家族苗族自治州文物工作队：《古丈白鹤湾楚墓》，《考古学报》1986年第3期。

湖南省博物馆：《湖南常德山楚墓发掘报告》，《考古》1963年第9期。

黄家祥：《汶川姜维城遗址发掘的初步收获》，《四川文物》2004年第3期。

黄家祥：《汶川县姜维城新石器时代遗址及汉明城墙》，《中国考古学年鉴（2001年）》，北京：文物出版社，2002年。

金正耀等：《广汉三星堆遗物坑青铜器的铅同位素比值研究》，《文物》1995年第2期。

考古研究所实验室：《放射性碳素测定年代报告（七）》，《考古》1980年第4期。

昆明市文物管理委员会：《呈贡天子庙滇墓》，《考古学报》1985年第4期。

昆明市文物管理委员会：《昆明呈贡石碑村古墓群第二次清理简报》，《考古》1984年第3期。

赖文到：《古雒城遗址出土的东山文化青铜器》，《越南考古学》2006年第5期。

礼州遗址联合考古发掘队：《四川西昌礼州新石器时代遗址》，《考古学报》1980年第4期。

李济：《安阳最近发掘报告及六次工作之总估计》，《李济考古学论文选集》，北京：文物出版社，1990年。

李济：《西阴村史前的遗存》，清华大学研究院丛书第3种，1927年。

李晓鸥、刘继铭：《四川荥经县烈太战国土坑墓清理简报》，《考古》1984年第7期。

李昭和、莫洪贵、于采芑：《青川县出土秦更修田律木牍——四川省青川县战国墓发掘简报》，《文物》1982年第1期。

凉山彝族地区考古队：《四川凉山喜德拉克公社大石墓》，《考古》1978年第2期。

凉山彝族自治州博物馆：《米易弯丘的两座大石墓》，《渡口文物考古、历史、民族研究资料选辑》第1辑，1985年。

凉山州博物馆、西昌市文管所、盐源县文管所：《盐源近年出土的战国西汉文物》，《四川文物》1999年第4期。

凉山州博物馆：《四川普格小兴场大石墓》，《考古与文物》1982年第5期。

凉山州博物馆：《四川西昌一号墓发掘简报》，《考古学集刊》1983年第3期。

林名均：《四川威州彩陶发现记》，《说文月刊》1944年第4卷。

刘屿霞：《殷代冶铜术之研究》，《安阳发掘报告》1933年第4期。

陆德良：《四川芦山县发现战国铜剑及印章》，《考古》1959年第8期。

茂汶羌族自治县博物馆：《四川茂汶别立、勒石村的石棺葬》，《文物资料丛刊》1983年第9辑。

茂汶羌族自治县文化馆：《四川茂汶营盘山的石棺葬》，《考古》1981年第5期。

茂县博物馆、阿坝州文管所：《四川茂县牟托一号石棺墓及陪葬坑清理简报》，《文物》1994年第2期。

内蒙古文物工作队编：《内蒙古文物资料选辑·战国时期》，呼和浩特：内蒙古人民出版社，1964年。

蒲江县文物管理所：《成都市蒲江县船棺墓发掘简报》，《文物》2002年第4期。

山东省博物馆：《山东益都苏埠屯第一号奴隶殉葬墓》，《文物》1979年第8期。

石楼县文化馆：《山西永和发现殷代铜器》，《考古》1977年第5期。

石湍：《记成都交通巷出土的一件"蚕纹"铜戈》，《考古与文物》1980年第2期。

四川大学博物馆、成都市博物馆：《成都指挥街周代遗址发掘报告》，《南方民族考古》第1辑，成都：四川大学出版社，1987年。

四川大学历史系：《四川理县汶川县考古调查简报》，《考古》1965年第12期。

四川省博物馆、彭县文化馆：《四川彭县西周窖藏铜器》，《考古》1981年第6期。

四川省博物馆：《成都百花潭中学十号墓发掘记》，《文物》1976年第3期。

四川省博物馆：《成都青羊宫遗址试掘简报》，《考古》1959年第8期。

四川省博物馆：《四川犍为巴蜀墓》，《考古》1983年第9期。

四川省博物馆：《四川新繁水观音遗址试掘简报》，《考古》1959年第6期。

四川省博物馆：《四川荥经秦汉墓发掘简报》，《文物资料丛刊》1981年第4辑。

四川省博物馆编：《四川船棺葬发掘报告》，北京：文物出版社，1960年。

四川省博物馆等：《四川西昌市郊小山火葬墓群试探记》，《考古与文物》1981年第1期。

四川省博物馆等：《新都战国木椁墓》，《文物》1980年第6期。

四川省考古所、涪陵地区博物馆、涪陵市文管所：《涪陵市小田溪9号墓发掘报告》，《四川考古报告集》，北京：文物出版社，1998年。

四川省文管会、阿坝州文馆所：《四川理县佳山石棺葬发掘清理报告》，《南方民族考古》第1辑，成都：四川大学出版社，1987年。

四川省文管会、成都市博物馆：《成都十二桥商代建筑遗址发掘简报》，《文物》1987年第12期。

四川省文管会、大邑县文化馆：《四川大邑五龙战国巴蜀墓葬》，《文物》1985年第5期。

四川省文管会、涪陵地区文化局：《四川涪陵小田溪四座战国墓》，《考古》1985年第1期。

四川省文管会、雅安地区文管所、宝兴县文管所：《四川宝兴汉塔山战国土坑积石墓发掘报告》，《考古学报》1999年第3期。

四川省文管会：《成都战国土坑墓发掘简报》，《文物》1982年第1期。

四川省文管会等：《四川新都战国木椁墓》，《文物》1981年第6期。

四川省文物管理委员会、四川省博物馆、广汉县文化馆：《广汉三星堆遗址》，《考古学报》1987年第2期。

四川省文物管理委员会：《成都羊子山土台遗址清理报告》，《考古学报》1957年第4期。

四川省文物管理委员会：《四川犍为金井乡巴蜀土坑墓清理简报》，《文物》1990年第5期。

四川省文物管理委员会等：《广汉三星堆遗址二号祭祀坑发掘简报》，《文物》1989年第5期。

四川省文物管理委员会等：《广汉三星堆遗址一号祭祀坑发掘简报》，《文物》1987年第10期。

四川省文物管理委员会、宝兴县文化馆：《四川宝兴陇东东汉墓群》，《文物》1987年第10期。

四川省文物考古研究所、阿坝藏族羌族自治州文管所、汶川县文管所：《四川汶川县姜维城新石器时代遗址发掘简报》，《考古》2006年第11期。

四川省文物考古研究所、阿坝州文物管理所、汶川县文物管理所：《四川汶川县姜维城新石器时代遗址发掘报告》，《四川文物》2004年增刊。

四川省文物考古研究所、达州地区文物管理所、宣汉县文物管理所：《四川宣汉罗家坝遗址2003年发掘简报》，《文物》2004年第9期。

四川省文物考古研究所、什邡文管所：《什邡市城关战国秦汉墓葬发掘报告》，《四川考古报告集》，北京：文物出版社，1998年。

四川省文物考古研究所、荥经严道古城遗址博物馆：《荥经县同心村巴蜀船棺葬发掘报告》，《四川考古报告集》，北京：文物出版社，1998年。

四川省文物考古研究所等：《四川巴塘、雅江的石棺葬》，《考古》1981年第3期。

四川省文物考古研究所等：《四川炉霍卡莎湖石棺墓》，《考古学报》1991年第2期。

四川省文物考古研究院、凉山州博物馆、西昌市文物管理所：《2004年西昌洼垴、德昌阿荣大石墓发掘简报》，《文物》2006年第2期。

四川省文物考古研究院等编著：《宣汉罗家坝》，北京：文物出版社，2015年。

唐金裕、王寿芝、郭长江：《陕西省城固县出土殷商铜器整理简报》，《考古》1980年第3期。

天津市文化局考古发掘队：《河北大厂回族自治县大坨头遗址试掘简报》，《考古》1966年第1期。

天津市文物管理处：《天津蓟县张家园遗址试掘简报》，《文物资料丛刊》第1辑，北京：文物出版社，1977年。

天津市文物管理处考古队：《天津蓟县围坊遗址发掘报告》，《考古》1983年第10期。

王仁湘、叶茂林：《四川盆地北缘新石器时代考古新收获》，载《三星堆与巴蜀文化》，成都：巴蜀书社，1993年。

文物编辑委员会编：《文物考古工作三十年（1949—1979）》，北京：文物出版社，1979年。

乌兰察布盟文物工作站：《察右前旗豪欠营第六号辽墓清理简报》，《文物》1983年第9期。

西昌地区博物馆：《西昌河西大石墓》，《考古》1978年第2期。

夏鼐、殷玮璋：《湖北铜绿山古铜矿》，《考古学报》1982年第1期。

肖明华：《云南剑川海门口青铜时代早期遗址》，《考古》1995年第9期。

谢青山、杨绍舜：《山西吕梁县石楼镇又发现铜器》，《文物》1960年第7期。

叶茂林、罗进勇：《四川汶川县昭店村发现的石棺葬》，《考古》1999年第7期。

易漫白：《新疆克尔木齐古墓群发掘简报》，《文物》1981年第1期。

荥经严道古城遗址博物馆：《四川荥经南罗坝村战国墓》，《考古学报》1994年第3期。

营盘发掘队：《云南昭通营盘古墓群发掘简报》，《云南文物》第8期，1995年。

游有山：《鲁甸野石新石器时代遗址调查报告》，《云南文物》第18期，1985年。

云南省博物馆、昌宁县文化馆：《近年来云南昌宁出土的青铜器》，《考古》1990年第3期。

云南省博物馆：《剑川海门口古文化遗址清理简报》，《考古通讯》1958年第6期。

云南省博物馆：《云南江川李家山古墓群发掘报告》，《考古学报》1975年第2期。

云南省博物馆：《云南晋宁石寨山第三次发掘简报》，《考古》1959年第9期。

云南省博物馆：《云南晋宁石寨山古墓第四次发掘简报》，《考古》1963年第9期。

云南省博物馆编：《云南晋宁石寨山古墓群发掘报告》，北京：文物出版社，1959年。

云南省博物馆保管部：《云南永胜金官龙潭出土的青铜器》，《云南文物》第19期，1986年。

云南省博物馆考古发掘工作组：《云南晋宁石寨山古遗址及墓葬》，《考古学报》1956年第1期。

云南省博物馆文物工作队：《云南呈贡天子庙古墓群的清理》，《考古学集刊》1983年第3期。

云南省考古所：《剑川鳌凤山古墓发掘报告》，《考古学报》1990年第2期。

云南省考古研究所：《云南昌宁坟岭岗青铜时代墓地》，《文物》2005年第8期。

云南省文物工作队：《云南安宁太极山古墓葬清理报告》，《考古》1965年第9期。

云南省文物工作队：《云南省昭通后海子东晋壁画墓清理简报》，《文物》1963年第12期。

云南省文物工作队：《云南昭通马厂和闸心场遗址调查简报》，《考古》1962年第10期。

云南省昭通市文物管理所、云南省水富县文化馆：《云南省昭通市水富县张滩土坑墓地试掘简报》，《四川文物》2010年第3期。

赵殿增、陈显双、李晓鸥：《四川荥经曾家沟古墓群第一、二次发掘》，《考古》1984年第12期。

浙江省博物馆自然组：《河姆渡遗址动植物遗存的鉴定研究》，《考古学报》1978年第1期。

浙江省文物管理委员会：《吴兴县钱山漾遗址第一、二次发掘报告》，《考古学报》1960年第2期。

郑若葵、叶茂林：《四川绵阳市边堆山新石器时代遗址发掘简报》，《考古》1990年第4期。

郑州市文物考古研究所：《荥阳青台遗址出土纺织物的报告》，《中原文物》1999年第3期。

中国科学院考古研究所：《辉县发掘报告》，北京：科学出版社，1956年。

中国科学院考古研究所：《一九五三年安阳大司空村发掘报告》，《考古学报》1955年第1期。

中国科学院考古研究所安阳发掘队：《1958—1959年殷墟发掘简报》，《考古》1961年第2期。

中国科学院考古研究所编：《沣西发掘报告》，北京：文物出版社，1962年。

中国科学院考古研究所二里头工作队：《河南偃师二里头发掘简报》，《考古》1965年第5期。

中国科学院考古研究所二里头工作队：《河南偃师二里头遗址地三——八区发掘简报》，《考古》1975年第5期。

中国科学院考古研究所实验室：《放射性碳素测定年代报告》，《考古》1972年第1期。

中国社会科学院考古研究所内蒙古工作队：《宁城南山根发掘报告》，《考古学报》1975年第1期。

（五）报刊

陈德安、罗亚平：《蜀国早期都城初露端倪》，《中国文物报》1989年9月15日。

段渝：《古蜀文明富于世界性特征》，《社会科学报》1990年3月15日。

段渝：《略论蜀古文化的物资流动机制》，《社会科学报》1990年12月6日。

段渝：《略谈南方丝绸之路》，《光明日报》1993年5月24日。

方国瑜：《十三世纪前中国与缅甸的友好关系》，《人民日报》1965年7月27日。

高至喜、熊传新：《湖南商周考古的新发现》，《光明日报》1979年1月24日。

李伯谦：《黄帝时代的开始——黄帝文化与中国古代文明起源研究》，《光明日报》2017年8月26日第11版。

陆思贤：《龙起源于七八千年前的内蒙古》,《光明日报》1987年12月14日。

四川省文物考古研究院、陕西省考古研究院：《中越两国首次合作：越南义立遗址2006年度考古发掘的收获》,《中国文物报》2007年4月6日。

王鲁茂、黄家祥：《四川姜维城遗址》,《中国文物报》2000年11月26日。

王鲁茂、黄家祥：《汶川姜维城发现五千年前文化遗存》,《中国文物报》2000年11月26日。

（六）外文文献

A. Lucas, *Ancient Egyptian Materials*, London, 1962.

A. T. White, *Lost Worlds*, 1956.

B. and R. Allchin, *The Rise of Civilization in India and Pakistan*, Cambridge: Cambridge University Press, 1982.

C. L. Woolley, *The Regal Cemetery*, 1934.

Charls Higham, *Early Cultures of Mainland Southeast Asia*, Bangkok: River Books, 2002.

F. Hirth, *China and the Roman Orient: Researches into their Ancient and Mediaeval Relations as Represented in Old Chinese Records*, Shanghai and Hong Kong, 1885.

F. Michel, *Recherches sur le Commerce: La Fabrication et L'usage des Etoffes de Soie*, Paris, 1852.

G. A. Barton, *The Royal Inscriptions of Sumer and Akkd*, 1929.

G. Barraclough ed., *The Times Altas of World History*, London, 1979.

G. Mokhtar ed., *General History of Africa*, Vol. Ⅱ, Heinemann California Unesco, 1981.

General Notes on Maritime Commerce and Shipping in the Early Centuries C. E., http://depts.washington.html.

H. R. Hall, "The Ancient History of the Near East", *Studies an Irish Quarterly Review*, 1947.

H. Frankfort, *The Birth of Civilizaton in the Near East*, Doubleday, 1954.

Jennifer Harris, *5000 Years of Textiles*, London: The British Museum Press, 2012.

J. Mellaart, *Catal Huyuk: A Neolithic Town in Anatolia*, 1967.

J. P. Hardiman, *Silk in Burma*, Burma: Rangoon Goverment Priting, 1901.

Leslie Aitchison, *A History of Metals*, Macdonald and Evans Ltd, 1960.

Lionel Casson, *The Periplus Mar is Erythraei*, *Text with Introduction*, *Translation and Commentary*, Princeton: Princeton University Press, 1989.

Mary Schoeser, *Silk*, Yale University Press, 2007.

Paul Bahn ed., *Collins Dictionary of Archaeology*, Glasgow: Harper Collins Publishers, 1992.

Philippa Scott, *The Book of Silk*, London: Thames & Hudson, 1993.

R. F. Tylecote, *A History of Metallurgy*, 1976.

R. Willis, *Western Civilization: An Urban Perspective*, Cengage Learning, 1981.

Rattan C. Rawlley, *Economics of the Silk Industry: A Study in Industrial Organizations*, London: P. S. King, 1919.

Shashi Asthana, *History and Archaeology of India's Contacts with Other Countries–From Earliest Times to 300 B.C.*, Delhi: B. R. Publishing Corporation, 1976.

Susan La Niece, *Gold*, London: The British Museum Press, 2009.

W.Beermann, *Biochemical Diffeerencitiation in Insect Glands*, Springer-Verlag, 1977.

W. Lamb, *Excavation at Thermi in Lesbos*, Cambridge: Cambridge University Press, 1936.